Gerhard Zacharias
Studienführer Sozialwissenschaften

Gerhard Zacharias

Studienführer Sozialwissenschaften

Soziologie, Politikwissenschaft

7., überarbeitete und aktualisierte Auflage

Die Deutsche Bibliothek – CIP-Einheitsaufnahme
Ein Titeldatensatz für diese Publikation ist bei der Deutschen Bibliothek erhältlich.

Das Werk und seine Teile sind urheberrechtlich geschützt. Jede Verwertung in anderen als den gesetzlich zugelassenen Fällen bedarf deshalb der vorherigen schriftlichen Einwilligung des Verlages.

Der Lexika Verlag erscheint bei der Robert Krick Verlag GmbH + Co. KG, Eibelstadt

© 2009 Robert Krick Verlag GmbH + Co. KG
Druck: Schleunungdruck, Marktheidenfeld
Printed in Germany ISBN 978-3-89694-452-8

Vorwort zur 7. Auflage

Die siebte Auflage des Studienführers Sozialwissenschaften informiert über die vielfältigen sozialwissenschaftlichen Bachelor- und Masterstudiengänge und was bei der neuen Studienstruktur zu beachten ist. Seit der Bologna-Deklaration von 1999 befindet sich das Hochschulwesen nicht nur in Deutschland, sondern in ganz Europa im Wandel. Wesentliche Gesichtspunkte dieses Prozesses sind:

- Einführung gestufter Studiengänge, d.h. Einführung eines ersten berufsqualifizierenden Abschlusses mit dem Bachelorexamen nach zumeist drei Jahren und der Möglichkeit, direkt anschließend oder nach einer Phase der Berufstätigkeit in einem ein- oder zweijährigen Masterstudiengang weiter zu studieren,
- Zusammenfassung verwandter Lehrveranstaltungen zu Lehrmodulen mit einem klaren Ausbildungsprofil und integrierter Prüfung,
- Einführung eines Kreditpunktesystems nach dem European Credit Transfer System (ECTS), das die vom Studierenden erbrachten Studienleistungen zwischen den Hochschulen sowie international vergleichbar und anrechenbar machen soll,
- Betonung der Beschäftigungsfähigkeit (employability) als Ziel der Hochschulausbildung,
- Einführung einer neuen Form der Qualitätssicherung des Studiums im Akkreditierungsverfahren durch Akkreditierungsagenturen.

Dieser umfangreichste Reformprozess im deutschen Hochschulwesen seit Beginn der siebziger Jahre des vorigen Jahrhunderts wird flankiert von einer Professionalisierung des Hochschulmanagements auf der Ebene der Hochschulleitungen und der Fachbereiche bzw. Fakultäten. Hinzu kommen neue Zulassungsregelungen zum Studium, die den einzelnen Hochschulen mehr Souveränität bei der Auswahl ihrer Studierenden einräumen und die Einführung von Studiengebühren in einer Reihe von Bundesländern. Die Studienlandschaft ist dadurch vielfältiger und unübersichtlicher geworden. Auch fehlen nach wie vor Studienplätze. Experten fordern rund 275.000 zusätzliche Studienplätze um das bildungspolitische Ziel zu erreichen, dass 40 % eines Altersjahrgangs ein Studium aufnehmen.

Neuere Entwicklungen auf dem Arbeitsmarkt sind eingearbeitet und Angebote zur Berufsvorbereitung sowie die an vielen Hochschulen bestehenden Career Center dargestellt. Ein besonderer Abschnitt ist wegen der zunehmenden Bedeutung der europäischen Institutionen den auf Europa bezogenen Studienangeboten gewidmet.

Neu aufgenommen ist auch ein Überblick über sozialwissenschaftliche Graduierten-Schulen. Angesichts des raschen Wandels der Hochschullandschaft sind die Hinweise auf Informationsangebote und eigene Recherchemöglichkeiten nochmals ausgeweitet worden.

Bremen, im Januar 2009, Gerhard Zacharias

Inhalt

Gebrauchsanleitung 11

**I ALLGEMEINER TEIL: ENTSCHEIDUNGS- UND
ORGANISATIONSHILFE** 15

1 Studienentscheidung
1.1 Studienabschlüsse – die neuen sind da. 16
1.2 Hochschulort – wo ist ein Zimmer frei? 22
1.3 Hochschulspektrum – Uni, FH & Co? 26

2 Zulassungsverfahren
2.1 Bewerbung direkt – die Hochschule entscheidet 30
2.2 Mehrfachbewerbung – Chancen nutzen 32
2.3 Wechsel der Hochschule – was ist zu beachten? 32

3 Kleines Einmaleins fürs Studium
3.1 Orientierung – wer hat denn hier was zu sagen? 34
3.2 Veranstaltungen – Module, Übungen, Seminare und was noch? 39
3.3 Prüfungen – was sind Scheine? 43
3.4 Beratung – im Dschungel der Ratgeber 46

4 Studienfinanzierung
4.1 BAföG – was der Staat finanziert 51
4.2 Förderwerke und Stiftungen – wer unterstützt mich? 54
4.3 Studiengebühren, Verwaltungskosten und mehr 59

5 Studium im Ausland 61

6 Exkurs Praktikum 65

7 Der Arbeitsmarkt für Hochschulabsolventen 76

8 Hinweise zur Informationsbeschaffung 82

II FÄCHERSPEZIFISCHER TEIL: DAS STUDIUM DER SOZIOLOGIE UND DER POLITIKWISSENSCHAFT 87

1 Das Studium der Soziologie (Sozialwissenschaft)
1.1 Inhalte und Studienaufbau 95
1.2 Das Studienangebot und die Zulassung zum Studium 103
1.3 Spezialisierungsmöglichkeiten 114
1.4 Studium in einem Bachelorstudiengang 123
1.5 Studium in einem Masterstudiengang 130
1.6 Studiengänge mit besonderem Profil 142
1.7 Beruf – Arbeitsmarkt und Tätigkeitsfelder 148
1.8 Neugierig? Verbände, Institutionen, Internet; Fachzeitschriften, Bücher .. 156

2 Das Studium der Politikwissenschaft
2.1 Inhalte und Studienaufbau 164
2.2 Das Studienangebot und die Zulassung zum Studium 173
2.3 Spezialisierungsmöglichkeiten 184
2.4 Das Studium in einem Bachelorstudiengang 192
2.5 Das Studium in einem Masterstudiengang 200
2.6 Studiengänge mit besonderem Profil 213
2.7 Beruf – Arbeitsmarkt und Tätigkeitsfelder 220
2.8 Neugierig? Verbände, Institutionen, Internet; Fachzeitschriften, Bücher .. 227

3 Das Lehramtsstudium
3.1 Inhalte und Studienaufbau 233
3.2 Neuordnung der Lehrerausbildung – Bachelor und Master 237
3.3 Das Studienangebot 239
3.4 Beruf und Arbeitsmarkt 250
3.5 Neugierig? Verbände, Institutionen, Internet; Fachzeitschriften, Bücher .. 255

III SPEZIAL: EUROPASTUDIENGÄNGE UND SPEZIALISIERTE MASTERSTUDIENGÄNGE, GRADUIERTENSCHULEN 261
1. Europastudiengänge 262
2. Spezialisierte Masterstudiengänge mit sozialwissenschaftlicher Ausrichtung 271
3. Sozialwissenschaftliche Graduiertenschulen 286

IV	**BERUFSVORBEREITUNG UND SCHLÜSSELQUALIFIKATIONEN**	293
1	**Berufsvorbereitung für Studierende**	293
2	**Erwerb von Schlüsselqualifikationen**	294

Anhang 298
Adressen der Hochschulen und Studienberatungsstellen 298
Tabellenverzeichnis. 305
Register

Gebrauchsanleitung

Es gibt viele Studienführer, Ratgeber für den Studienstart und ähnliche Publikationen. Schließlich ist ein Studium nicht mehr wie in den sechziger Jahren, als nur gut 6 % der 18- bis 20jährigen in der Bundesrepublik Deutschland eine Hochschulreife besaßen, die Ausbildung für eine kleine Minderheit. In den Folgejahren stieg diese Zahl kontinuierlich an und erreichte im Jahr 2006 die Marke von 43 %. Dabei gibt es zwischen den Bundesländern große Unterschiede: Beim Spitzenreiter Nordrhein-Westfalen verfügten über die Hälfte der Schulabgänger (53,4 %) über eine Hochschulreife, beim Schlusslicht Mecklenburg-Vorpommern noch nicht einmal jeder Dritte (32,2 %). Übrigens erwarben weit mehr Schülerinnen (Quote: 47 %) als Schüler (Quote: 40 %) eine Studienberechtigung. Für etwas mehr als ein Drittel beginnt das Studium unmittelbar nach der Schule. Sechs Jahre nach Schulabschluss haben gut drei Viertel der Studienberechtigten ein Studium aufgenommen. In den letzten Jahren bedeutete dies um die 350.000 Studienanfänger jährlich, darunter ca. 5.500 in Sozialwissenschaft/Soziologie (2006: 5.815) und in Politikwissenschaft (2006: 5.673); jeweils ohne Lehramt. Inzwischen beginnen fast alle Studienanfänger in Soziologie und Politikwissenschaft ihr Studium in einem Bachelorstudiengang.

Es hat sich herumgesprochen, dass die Berufschancen mit einem Studienabschluss deutlich besser sind als mit einer geringeren Qualifikation. Über die jeweils spezifischen Bedingungen und Probleme des Berufseintritts informieren die Abschnitte zu Arbeitsmarkt und Tätigkeitsfelder in diesem Buch.

Dieser Studienführer behandelt die benachbarten Disziplinen Politikwissenschaft und Soziologie, die sich mit Fragen des Zusammenlebens von Menschen und den dazugehörigen gesellschaftlichen Organisationsformen auseinandersetzen. Dabei steht im Mittelpunkt der soziologischen Betrachtungsweise häufig das – auch empirisch zu erforschende – Verhalten bzw. Handeln von kleineren oder größeren Menschengruppen (z.B. Familien, Angestellte, Migranten), die Analyse gesellschaftlicher Bereiche (z.B. Wirtschaft, Freizeit, Bürokratie) sowie die dahinterliegenden Strukturen (z.B. Kultur, Normen, Werte). Aus politikwissenschaftlicher Sicht spielen die nationalstaatlichen sowie internationalen Institutionen (z.B. Parlamente, Parteien, Regierung, UNO, WTO, EU) und ihr Agieren (Politikfeldanalyse) eine besondere Rolle. Schon bei dieser ersten groben Positionsbestimmung wird deutlich, dass es weite Überschneidungsbereiche zwischen den beiden Disziplinen gibt. Genauere Beschreibungen und mögliche Kriterien für die Studienfachwahl sind in den Fachkapiteln zu finden.

Wie nützlich kann dieser Studienführer sein? Kein Studienführer ist in der Lage, alle individuellen Fragen umfassend zu beantworten. Allerdings kann er Richtungsentscheidungen vorbereiten helfen und den Weg zu weiteren Detailentscheidungen aufzeigen. Und er kann dazu anregen, Fragen zu stellen, die einem sonst nicht in den Sinn gekommen wären. Deshalb sei an dieser Stelle eine kurze Gebrauchsanleitung gegeben:

1. Arbeiten Sie diesen Studienführer sorgfältig durch und lesen Sie zuerst den „Allgemeinen Teil". Machen Sie sich Notizen, falls Sie etwas nicht verstehen oder zusätzliche Fragen auftauchen. Überlegen Sie, mit wem Sie darüber sprechen oder wo Sie nachschauen können (z.B. Lexika, Internet, Studienberatungsstellen, Berufsverbände).

2. Glauben Sie nicht, wenn Sie diesen Studienführer gelesen haben, dass Sie alles über Ihr Studium wissen. Sie sind vielmehr einen ersten Schritt auf einem längeren Weg bis zur Entscheidung für einen Studiengang und eine Hochschule gegangen.

3. Nutzen Sie alle zugänglichen weiteren Informationsquellen. Angesichts des raschen Wandels der Studienlandschaft sind in den einzelnen Kapiteln umfangreiche Hinweise und zum Teil eigene Abschnitte hierzu enthalten. Nutzen Sie das Internet, um das durch die Einführung von Bachelor- und Masterstudiengängen eher unübersichtlicher gewordene Studienangebot zu durchschauen. Von den Studienberatungsstellen der Hochschulen erhalten sie Informationsmaterial zu den aktuellen Zulassungsbedingungen und zum Studium selbst. Je präziser Ihre Anfrage ist, desto genauer wird sie in der Regel auch beantwortet.

4. Bedenken Sie aber auch, dass die Atmosphäre der Universität, die teilweise drangvolle Enge, der Massenbetrieb oder die idyllische Lage einer Provinzuniversität das Studium beeinflussen. Auch das Lehrpersonal, das vom begnadeten Erkenntnisvermittler bis zum gnadenlosen Power-Point-Abspuler reicht, spielt für den Erfolg Ihres Studiums eine wesentliche Rolle. Sehen Sie sich also, wenn irgend möglich, Ihre Wunschuniversität vorher an und besuchen probehalber Lehrveranstaltungen. Eine solche Hochschulerkundung ist allerdings vorzubereiten. Schreiben Sie sich auf, was Sie alles erkunden wollen und informieren Sie sich vor der Anreise über Räume, Sprech- und Veranstaltungszeiten. Hinweise hierzu finden Sie in Kapitel I Abschnitt 3. Reden Sie mit Lehrenden und Studierenden, auch der Austausch über Internetplattformen wie beispielsweise studiVZ kann hilfreich sein.

5. Überlegen Sie sich, wie sich das Studium in Ihre gesamte „Lebensperspektive" einpassen soll. Welche Rolle spielt für Sie die Berufsqualifikation, auf welche The-

men richtet sich Ihre Neugier. Am besten setzen Sie sich auch schriftlich mit Ihren Hoffnungen und Erwartungen an ein Studium auseinander und überprüfen diese dann in Gesprächen (z.B. Studien- oder Berufsberater, aber auch Eltern, Freundin/ Freund usw.). Leitfragen zu diesem Thema im Kapitel I.

6. Wenn es für Sie besonders wichtig ist, mit dem Studium ein bestimmtes Berufsziel zu erreichen, versuchen Sie mit Leuten zu reden, die im angestrebten Beruf arbeiten. Wenn im Verwandten- und Freundeskreis keine Ansprechpartner zur Verfügung stehen, fragen Sie bei Berufsverbänden nach oder schauen ins Branchentelefonbuch. Neugier und Eigeninitiative sind für das Studium notwendige und unverzichtbare Tugenden. Welche Unterstützung es dabei an den Universitäten gibt, lesen Sie in Kapitel IV des fachspezifischen Teils.

7. Bedenken Sie, dass die Bundesrepublik Deutschland ein föderalistischer Staat ist, in dem die Kulturhoheit bei den Bundesländern liegt. Gerade im Hochschul- und Bildungswesen sind je nach kulturpolitischem Glaubensbekenntnis und Regierungspartei(en) die Unterschiede groß. Dies gilt für Details der örtlichen Zulassungsverfahren ebenso wie für Hochschulgesetze, Prüfungsordnungen und Studiengebühren. Es ist also notwendig, sich stets mit den neuesten Entwicklungen vertraut zu machen und weitere aktuelle Informationen einzuholen. Dabei helfen die im Kapitel I angegebenen Internetadressen weiter.

8. Nicht alles in den Hochschulen wird vom Staat vorgegeben. Die ehrwürdige Hochschulautonomie erlebt derzeit unter dem Stichwort Deregulierung eine neue Blüte. Hochschulen regeln daher vieles in eigener Regie. Daher kommt es, dass für den gleichen Vorgang – beispielsweise den Zugang zu einem Masterstudiengang – unterschiedliche Regelungen an den Universitäten eines Bundeslandes, ja sogar an verschiedenen Fakultäten einer Universität gelten. Sie können sich im Internet aktuell informieren und bei den im Anhang aufgeführten Studienberatungsstellen die praktische Anwendung der Regelungen erfragen.

9. Das Grundgesetz garantiert in Artikel 5: „Kunst und Wissenschaft, Forschung und Lehre sind frei. Die Freiheit entbindet nicht von der Treue zur Verfassung". Dieser Studienführer soll Sie auch dazu ermuntern, die Freiheit der Lehre in Anspruch zu nehmen und sie einzufordern. Schauen Sie über die Grenzen des eigenen Studiengangs, der eigenen Fakultät oder des Fachbereichs hinaus. Betrachten Sie die Jahre in der Hochschule, wenn nicht als die wertvollsten, so doch als wichtige und in dieser Form sich nicht wiederholende Jahre in Ihrem Leben. Werden Sie kein „Fachidiot", sondern versuchen Sie, etwas von der Weite der akademischen Welt in

Ihrem Studium zu erkunden. Dafür bieten sich insbesondere die nunmehr an vielen Hochschulen bestehenden „General Studies" an. Näheres hierzu in Kapitel IV im Abschnitt 2 des fachspezifischen Teils.

10. Schließlich ist es für angehende Sozial- und Politikwissenschaftler eine Einübung in spätere Praxis, sich an der Gestaltung der Universität zu beteiligen. Dies kann in den verschiedenen Gremien der Akademischen Selbstverwaltung und der Verfassten Studentenschaft aber auch in studentischen Initiativen und Gruppen geschehen. Werden Sie also aktiv und lernen Sie dabei die Praxis gesellschaftlichen Handelns. Wo und wie dieses geht, finden Sie im Kapitel I im Abschnitt 3.

I ALLGEMEINER TEIL: ENTSCHEIDUNGS- UND ORGANISATIONSHILFE

1 Studienentscheidung

„Wer die Wahl hat, hat die Qual" sagt ein weitverbreitetes volkstümliches Sprichwort. Allerdings gibt es bei der Studienwahl Rahmenbedingungen, die die Möglichkeiten beeinflussen. Zu nennen sind hier insbesondere

- Zulassungsbeschränkungen – auch Numerus Clausus genannt – die den Zugang zum Wunschstudium erschweren oder gar verwehren,
- studiengangsspezifische Zulassungskriterien, die nicht erfüllt werden,
- das regionale Angebot an Studiengängen, wenn ein Studium weit entfernt von zu Hause nicht finanzierbar ist oder wegen bestehender Freundschaften nicht in Frage kommt,
- in jüngerer Zeit auch die in einigen Ländern zu zahlenden Studiengebühren.

All dies ist für den gewünschten Studiengang und Studienort zunächst in Erfahrung zu bringen. Wie das geht, darüber gibt das Kapitel 2 „Zulassungsverfahren" erste Hilfen. Manche mögen sich aber mit der Wahl des Studienfachs nicht allzu sehr quälen und springen munter in das nächste erreichbare Studium, was nicht selten einen gehörigen Katzenjammer nach ein bis zwei Semestern zur Folge hat. Sicher ist nur: Eine wie immer getroffene Wahl hat Folgen, und Patentrezepte gibt es nicht. Wohl aber auf Erfahrungen beruhende Hinweise, wie sich vorhersehbare Enttäuschungen vermeiden lassen.

Zunächst ist es wichtig, sich einige Gedanken darüber zu machen, warum man eigentlich ein Studium beginnen will. Besteht ein gefestigtes Interesse an bestimmten Fächern und/oder Problemen? Liegen Kenntnisse und Fähigkeiten auf besonderen Gebieten vor? Bestehen bereits bestimmte berufliche Vorstellungen? Hat es mit der Lehrstelle nicht geklappt und erscheint das Studium als Ausweg? Nerven die Eltern, man solle endlich etwas machen? Ziehen einen die Freundin oder der Freund in ein Studium? Oder fällt mir gerade nichts besseres ein, als ein irgendwie interessant erscheinendes Studium zu beginnen?

Um in dem Wust der Motive, Ängste, Vorurteile usw., die einen Entscheidungsprozeß mit größerer Tragweite üblicherweise begleiten, nicht die Übersicht zu verlieren, ist es nützlich, sich auch schriftlich mit der eigenen Situation auseinander zu setzen.

> **✓ Leitfragen für diese Auseinandersetzung können sein:**
>
> - Welche Themen/Probleme interessieren mich so stark, dass ich Arbeit in sie investiere z.B. im Rahmen einer Vereinsmitgliedschaft, Bücher dazu lese, im Internet recherchiere o.Ä.?
> - Auf welchen Gebieten bringe ich in der Schule gute und auf welchen schlechte Leistungen?
> - Wie wichtig ist es mir, mit dem Studium ein klares Berufsziel anzustreben?
> - Welche „Opfer" bin ich bereit, für mein Wunschziel zu erbringen (z.B. längere Wartezeit auf einen Studienplatz, Umzug in eine andere Stadt, Auseinandersetzungen mit den anders gearteten Vorstellungen der Eltern)?
> - Kann, will oder muss ich mich sofort nach dem Abitur festlegen, oder kann bzw. muss ich erst eine „Warteposition" (z.B. Praktikum, Auslandsaufenthalt, Jobben, Bundeswehr, Zivildienst, Freiwilliges Soziales Jahr usw.) einnehmen und kann die Zeit nutzen, mir über meine Wünsche, Neigungen und Fähigkeiten klarer zu werden?
> - Welche finanziellen Rahmenbedingungen muss ich beachten (Finanzierung, Wohnung, Jobben)?
> - Was erwarte ich allgemein von meinem Leben sowohl privat als auch beruflich?

1.1 Studienabschlüsse – die neuen sind da

Die in diesem Studienführer behandelten Studiengänge sind fast vollständig auf die neue gestufte Studienstruktur mit einem ersten Abschluss Bachelor und einem möglichen zweiten Abschluss Master umgestellt. Derzeit (WS 2008/09) gibt es zwar noch die traditionellen Studienabschlüsse Diplom, Magister oder Staatsexamen für ein Lehramt, allerdings ist eine Bewerbung und Einschreibung für Studienanfänger nur noch in wenigen Ausnahmefällen möglich. In die auslaufenden Altstudiengänge werden nur noch Hochschulwechsler in höheren Semestern aufgenommen.

Studienstruktur, Studienaufbau und Prüfungsmodalitäten der früheren und der neuen Studiengänge unterscheiden sich erheblich. In den folgenden Kapiteln werden diese Unterschiede erklärt. Eine der wichtigsten Neuerungen ist, dass die Karten nach dem Bachelorexamen neu gemischt werden und die Entscheidung, ob und wann noch ein Masterstudium begonnen wird, eine eigenständige neue Studienentscheidung ist.

Das Studium in einem Bachelorstudiengang

Aus dem angelsächsischen Raum stammt das System gestufter Studiengänge mit einem ersten Abschluss als Bachelor of Arts (B.A.) in geistes- und sozialwissenschaftlichen Disziplinen und der Möglichkeit, anschließend oder zu einem späteren Zeitpunkt (nach erfolgreicher Bewerbung) zusätzlich einen Mastertitel zu erwerben.

An die klassischen Diplomstudiengänge knüpfen üblicherweise die Ein-Fach-Bachelorstudiengänge (Vollfach-Bachelor) an. Klassische Magisterfächer finden sich dagegen häufig in den Zwei-Fach-Bachelorstudiengängen. Letztere enthalten zumeist auch die Option für das Lehramt, da eine Lehrbefähigung jeweils für zwei Schulfächer erworben werden muss. Allerdings ist für die Ausübung der Lehramtsoption eine bestimmte Studiengestaltung nötig (z.B. Studium der Bildungswissenschaften inkl. Didaktik, Fächerkombinationsvorschriften, bestimmte Schulpraktika).

Während die Regelstudienzeit in Diplom-, Magister- und Staatsexamensstudiengängen (Lehramt) bei 8 bis 9 Semestern lag – die tatsächliche Studienzeit war um einiges höher – wird der Bachelorabschluss nach 6 Semestern erreicht. Das Studium findet in Modulen statt, d.h. verschiedene thematisch zusammenhängende Lehrveranstaltungen sind zu einem Modul zusammengefasst, das eine Teilqualifikation vermitteln. In der Modulbeschreibung sind die Lernziele, die fachlichen Inhalte, die Organisation und die Prüfungsmodalitäten des Moduls niedergelegt.

Die Abschlussprüfung des Studiums setzt sich aus einer Reihe von Modulprüfungen zusammen. Mit ihnen werden Credit Points (CP oder ECTS) erworben. Diese sollen den Studienortwechsel im nationalen und internationalen Rahmen erleichtern, da sie als „Verrechnungswährung" zum neuen Studienort mitgenommen werden. Pro Semester sind regelhaft 30 ECTS-Punkte zu erwerben, was bei einem der üblichen sechssemestrigen Bachelorstudiengänge insgesamt 180 ECTS-Punkte ergibt. ECTS-Punkte sind im Kern eine Maßeinheit für die Arbeitsbelastung der Studierenden, d.h. hinter jedem Punkt verbergen sich 30 Arbeitsstunden (nicht Lehrveranstaltungsstunden).

Zu beachten ist, dass das endgültige Nichtbestehen einer Modulprüfung bereits zum Ausschluss aus diesem Studiengang in ganz Deutschland führt, da damit ein

Teil der Abschlussprüfung endgültig nicht bestanden ist. Neu ist auch, dass an die Stelle der umfangreichen Examensarbeit, wie sie im Diplom-, Magister oder Staatsexamen üblich ist, eine wesentlich kleinere Bachelorarbeit tritt, die häufig durch die Einbettung in ein Modul besser mit dem Studium verzahnt ist.

Das insgesamt straffere Studienmodell soll zur Einhaltung der Regelstudienzeit und Erhöhung der Absolventenquote beitragen. Die Hochschulen sind gehalten, die Pflichtmodule zeitlich überschneidungsfrei anzubieten. Wer ein Teilzeitstudium absolvieren will oder muss, kann durch den festen und in weiten Teilen längerfristig festliegenden Studienplan sein Studium besser planen. Allerdings werden dann nicht alle für ein Semester vorgesehenen Module zu studieren und die üblichen 30 ECTS-Punkte pro Semester erreichbar sein. Welche prüfungsrechtlichen Regelungen in diesem Fall greifen, ist bei beabsichtigtem Teilzeitstudium rechtzeitig zu klären.

Eine weitere Neuerung der Bachelorstudiengänge ist die Stärkung des Berufsbezugs. Dem wird u.a. mit dem verpflichtenden Erwerb von Schlüsselqualifikationen Rechnung getragen. Weitgehend unklar ist noch, wie der Arbeitsmarkt den neuen Titel tatsächlich aufnimmt. Für den Öffentlichen Dienst haben die Kultusminister im Beschluss zur laufbahnrechtlichen Zuordnung von Bachelorabschlüssen festgestellt: *„Bachelor-/Bakkalaureatsabschlüsse sind unabhängig davon, ob sie an einer Fachhochschule oder an einer Universität erworben wurden, dem gehobenen Dienst zuzuordnen. Die Übergangsmöglichkeiten vom gehobenen zum höheren Dienst sind zu erleichtern. Insbesondere soll hervorragenden Absolventinnen und Absolventen dieser Studiengänge nach Eignung, Leistung und fachlicher Befähigung der Eintritt in den Vorbereitungsdienst zum höheren Dienst eröffnet werden."* (Beschluss der Kultusministerkonferenz vom 14.4.2000 zur Laufbahnrechtlichen Zuordnung von Bachelor-/Bakkalaureus und Master-/Magisterabschlüssen gem. § 19 HRG)

Allerdings beruht der Berufszugang für Soziologinnen oder Politikwissenschaftler ohnehin eher auf dem rechtzeitigen Knüpfen von persönlichen Netzwerken als auf dem Erwerb des akademischen Titels. Wobei, um nicht missverstanden zu werden, der Besitz eines solchen Titels aus formalen Gründen in der Regel erforderlich ist.

Das Studium in einem Masterstudiengang

Die Bewerbung für einen Masterstudiengang setzt einen Bachelorabschluss (oder einen der traditionellen Hochschulabschlüsse) voraus. In der Einführungszeit gibt es zumeist in den örtlichen Zulassungsordnungen Übergangsvorschriften, die auch einen Wechsel nach bestandenem Vordiplom bzw. bestandener Zwischenprüfung und einem weiteren mindestens zweisemestrigen Studium (Erwerb von insgesamt mind. 180 Credit Points) zulassen. Grundsätzlich gibt es drei Arten von Masterstudiengängen:

- Masterstudiengänge, die das Bachelorstudium im (Haupt)Fach wissenschaftlich vertieft fortführen und im Prinzip auf eine Promotion (Promotionsstudium) und Wissenschaftslaufbahn vorbereiten;
- Masterstudiengänge, die das Bachelorstudium interdisziplinär erweitern und auf ein wissenschaftliches Problemfeld oder berufliches Tätigkeitsfeld ausgerichtet sind;
- Masterstudiengänge, die weiterbildend spezifische Berufsqualifikationen für zumeist außeruniversitäre Berufsfelder vermitteln (z.B. berufsbezogene Spezialisierung), die oft erst nach einer Phase der Berufstätigkeit (Bewerbungsvoraussetzung) studiert werden können.

Masterstudiengänge sind in der Regel vor Ort zulassungsbeschränkt. Häufig werden neben der formalen Voraussetzung eines ggf. fachlich einschlägigen Bachelorabschlusses weitere Qualifikationen (z.B. Sprachkenntnisse, wissenschaftliches Essays, Referenzen) für die Zulassung verlangt. Verbreitet sind auch Zulassungsverfahren, die eine schriftliche Begründung für die Wahl des Studienganges voraussetzen.

Der Studienaufbau der Masterstudiengänge ähnelt denen der Bachelorstudiengänge, d.h.
- sie sind in Module unterteilt, die mit Modulprüfungen abgeschlossen werden,
- die Arbeitsleistung wird in ECTS-Punkten ausgedrückt, i.d.R. 30 Punkte pro Semester,
- es ist eine allerdings wesentlich umfangreichere Masterarbeit zu schreiben.

Üblich sind zweijährige Masterstudiengänge (vier Semester) die insgesamt den Erwerb von 120 ECTS-Punkten erfordern. Es gibt aber auch einjährige Masterstudiengänge (zwei Semester). In diesem Fall ist darauf zu achten, dass einschließlich des vorhergehenden Studiums sowohl nach internationalen als auch nationalen Rahmenrichtlinien mindestens 300 ECTS-Punkte für den Erwerb eines Mastergrades Standard sind.

Der Abschluss eines Masterstudiums an einer Universität eröffnet grundsätzlich die Möglichkeit, sich für eine Stelle des „höheren Dienstes" im Öffentlichen Dienst

(Bund, Land, Kommunen) zu bewerben. Ein abgeschlossenes Masterstudium an einer Fachhochschule enthielt diese Berechtigung nach einer Vereinbarung der Kultus- und der Innenministerkonferenz aus dem Jahr 2002 nur, wenn dies im Akkreditierungsverfahren für den betreffenden Studiengang ausdrücklich festgestellt wurde. Diese Vereinbarung ist mit Wirkung zum 1.1.2008 durch einen neuen Beschluss der Innen- und Kultusminister abgelöst worden, so dass nunmehr diese gesonderte Feststellung entfällt und der an Fachhochschulen erworbene Master ebenfalls die Eingangsvoraussetzungen für den höheren Dienst erfüllt. Für das Lehramt ist stets ein Masterabschluss erforderlich. Mit dem Erwerb des Mastergrades, egal ob an einer Universität oder einer Fachhochschule erworben, ist nach einem Beschluss der Kultusministerkonferenz vom 14.4.2000 grundsätzlich die Berechtigung zur Promotion (Erwerb eines Doktorgrades) gegeben. Die jeweiligen örtlichen Promotionsordnungen legen fest, welche Voraussetzungen im Einzelnen darüber hinaus erfüllt sein müssen.

Das Studium in einem der traditionellen Studiengänge

Zur Verdeutlichung der Unterschiede in der Studienstruktur, der Prüfungsorganisation und dem Studienaufbau sollen an dieser Stelle noch kurz die bisher üblichen Studiengänge dargestellt werden.

Magisterstudiengänge orientieren sich generell eher an wissenschafts- bzw. fachsystematischen Gesichtspunkten als an aus dem Berufsleben abzuleitenden Qualifikationsanforderungen. Dabei werden zwei Ziele verfolgt: der Erwerb gründlicher Fachkenntnisse und die Fähigkeit zu selbstständiger wissenschaftlicher Arbeit. Es ist eine Zwischenprüfung üblich, die nach dem viersemestrigen Grundstudium abgelegt wird. Danach folgen das ebenfalls viersemestrige Hauptstudium und die Examensphase, insbesondere das Schreiben der Magisterarbeit, für die nochmals ein Semester einzurechnen ist. Ein weiteres Charakteristikum des Magisterstudiums ist, dass stets mehrere Fächer zu studieren sind: entweder das Studium eines Hauptfaches und zweier Nebenfächer oder das Studium zweier Hauptfächer. In den Prüfungsordnungen der einzelnen Universitäten ist angegeben, welche Fächer als Haupt- oder Nebenfächer wählbar und welche Kombinationen zulässig sind. Manche Universitäten bieten die Möglichkeit, über die in der Magisterprüfungsordnung aufgezählten Fächer hinaus weitere auf Antrag in das Magisterstudium einzubeziehen. Der Abschluss eines Magisterstudiums an einer Universität eröffnet grundsätzlich die Möglichkeit, sich für eine Stelle des „höheren Dienstes" im Öffentlichen Dienst (Bund, Land, Kommunen) zu bewerben. Mit dem Abschluss Magister ist auch eine notwendige Voraussetzung zur Promotion (Erwerb eines Doktorgrades) gegeben.

Diplomstudiengänge sind im Gegensatz zu den Magisterstudiengängen auf mehr oder minder breite Berufsfelder bezogen und konzentrieren sich in der Regel mehr auf ein Fach. Generell sind Diplomstudiengänge in ein Grundstudium, das mit dem Vordiplom abgeschlossen wird und die erste Studienhälfte (4 Semester) umfasst, und in das Hauptstudium bis zur Diplomprüfung unterteilt. Während im Grundstudium ein weitgehend vorgeschriebenes Lehrprogramm zu absolvieren ist, kann im Hauptstudium den eigenen Neigungen nachgegangen und ein persönliches Qualifikationsprofil durch Auswahl von Lehrveranstaltungen und ggf. Studienschwerpunkten erworben werden. Das Hauptstudium dient auch der wissenschaftlichen Spezialisierung. Stets sind auch Nebenfächer zu studieren. Der Abschluss eines Diplomstudiums an einer Universität eröffnet grundsätzlich die Möglichkeit, sich für eine Stelle des „höheren Dienstes" im Öffentlichen Dienst (Bund, Land, Kommunen) zu bewerben. Mit dem Abschluss Diplom ist auch eine notwendige Voraussetzung zur Promotion (Erwerb eines Doktorgrades) gegeben.

Das Lehramtsstudium (Staatsexamen) wird wie eine Reihe anderer Studiengängen (z.B. Jura, Medizin, Pharmazie) traditionell mit einem Staatsexamen abgeschlossen. Diese Studiengänge zeichnen sich dadurch aus, dass sie für bestimmte, zumeist durch Gesetz geregelte Berufe ausbilden und die Inhalte der Ausbildung verstärkt staatlicher Aufsicht unterliegen. Da die Kulturhoheit nach dem Grundgesetz der Bundesrepublik Deutschland bei den Bundesländern liegt und die jeweiligen bildungspolitischen Vorstellungen der Landesregierungen die Regelungen über das Schulwesen und die Lehrerausbildung bestimmen, gibt es eine Vielzahl unterschiedlicher Ausbildungsmodelle. Ein genereller Streitpunkt ist, in welchem Verhältnis fachwissenschaftliche Kenntnisse und pädagogische Vermittlungskompetenz stehen sollen. Mit anderen Worten: Sollen Lehrer in erster Linie Pädagogen oder Fachwissenschaftler sein? Auch bei der Umstellung des Staatsexamens auf die neue Studienstruktur gibt es viele länderspezifische Besonderheiten. In den meisten Ländern ersetzt neuerdings das Masterexamen im speziellen Master of Education das 1. Staatsexamen für das Lehramt. Weitere Informationen sind in Teil II Kapitel 3 über das Lehramtstudium zu finden.

Anerkennung von Studienabschlüssen in der Europäischen Union

Für den Bereich der Europäischen Union (EU) regelt die Richtlinie zur allgemeinen Anerkennung von Hochschulabschlüssen von 1991 die gegenseitigen Anerkennung von Hochschulexamina, die in einem mindestens dreijährigen Studium erworben wurden. Bei wesentlichen Unterschieden der Ausbildung in den Staaten der

Europäischen Union kann jedoch vom Bewerber ein Anpassungslehrgang oder ein Eignungstest verlangt werden.

 Weitere Informationen unter:
www.eu-info.de/europa/EU-Anerkennung-Diplome.

Wechsel zwischen den Abschlussarten

Der Wechsel von einer Abschlussart zu einer anderen im gleichen Fach, beispielsweise von einem Magister- oder Diplomstudiengang Soziologie (Hauptfach) zu einem Bachelorstudiengang Soziologie, ist zwar möglich – manchmal erst nach Überwindung von Zulassungsbeschränkungen – aber in der Regel mit einem Zeitverlust verbunden, da die zu erbringenden Studienleistungen und Prüfungen unterschiedlich sind. Eine intensive Diskussion darüber mit der Studienfachberatung ist vor der Einreichung des Wechselantrags dringend empfohlen. Bei BAföG-Empfängern ist der Verlust der Förderung möglich. Näheres hierzu im Kapitel 4 unter Ziffer 4.1.

1.2 Hochschulort – wo ist ein Zimmer frei?

Die Statistik sagt uns, dass an fast jeder Hochschule 70 % bis 80 % der Studierenden aus der näheren Umgebung kommen. Das liegt einerseits an den Finanzen, verschlingt doch die Miete durchschnittlich ein Drittel des studentischen Monatsbudgets. Andererseits spielt das soziale Umfeld, das man nicht missen möchte, eine bedeutende Rolle.

Bildungspolitisch hat die ungleichmäßige Verteilung der Hochschulen und Studienangebote in der Vergangenheit übrigens dazu geführt, dass in hochschulfernen Regionen der Bundesrepublik deutlich weniger Abiturienten und Abiturientinnen ein Studium aufnahmen als in solchen, in denen eine oder mehrere Universitäten vor der Tür lagen. Inzwischen sind in Westdeutschland durch die Universitätsgründungen der sechziger und siebziger Jahre die Lücken weitgehend geschlossen, wenngleich noch ein gewisses Nord-Süd-Gefälle hinsichtlich des regionalen Angebots an Studienplätzen zu verzeichnen ist. Recht günstig sieht die Situation noch im Osten der Republik aus. Zwar haben einige der umstrukturierten und neu ausgestatteten Hochschulen in den neuen Bundesländern in Großstädten wie Dresden oder Leipzig an Beliebtheit gewonnen, doch generell gibt es in den östlichen Bundesländern insbesondere an den kleineren Hochschulen weniger Andrang. Dabei sind gerade diese Hochschulen oft noch überschaubar und in den letzten Jahren mit moderner Technik ausgestattet worden. In Zukunft werden sich die Zulassungsmöglichkeiten an den westdeutschen Hochschulen – trotz des Hochschulpaktes zwischen Bundesregierung und Bundesländern zur Finanzierung zusätzlicher Studienplätze – tendenziell weiter verschlechtern.

Wer dazu die Möglichkeit hat, sollte bei der Wahl des Hochschulortes auch überlegen, dass das Studium eine gute Gelegenheit ist, sich auf eigene Füße zu stellen. Dies ist häufig in einiger Entfernung vom Elternhaus besser zu bewerkstelligen – allerdings wegen der Miete auch teurer. Manche nehmen daher per Wochenendheimfahrt weiterhin die Unterstützung der Familie von der Waschmaschine bis zum Lebensmittelpaket in Anspruch.

Da die Mietkosten der größte Einzelposten im studentischen Budget sind, lohnt es im Kreise der Verwandten und Bekannten Ausschau zu halten sein, ob diese eine günstige Unterkunft anbieten können. Zimmer in Studentenwohnheimen stehen in Westdeutschland nicht in ausreichendem Maße zur Verfügung, so dass es lange Wartelisten gibt. Auch sind sie längst nicht mehr billige Sonderangebote, allerdings bieten sie auch mehr Komfort als in der Vergangenheit. Anders sieht die Wohnheimsituation in Ostdeutschland aus. Hier stehen oft ausreichend, wenn auch manchmal karg ausgestattete Studentenzimmer zur Verfügung. Doch trotz in den letzten Jahren gestiegener Mieten sind Zimmer im Studentenwohnheim weiterhin günstig. Einigermaßen preiswert wohnen kann man auch in den beliebten Studenten-Wohngemeinschaften (WG). Am teuersten ist stets das eigene Appartement. Großstädte sind teurer als Kleinstädte und die Mieten in begehrten Städten wie München oder Freiburg/Breisgau sind wesentlich höher als in Halle-Wittenberg oder selbst Dresden.

> **!** Bei der Wohnungssuche helfen Zimmervermittlungen, die bei den Studentenwerken und/oder dem Allgemeinen Studentenausschuss (AStA) zu finden sind. Auch gibt es in jeder Hochschule Anschlagbretter, in denen studentische Wohngemeinschaften Zimmer anbieten oder Nachmieter suchen. Schließlich lohnt sich die Recherche im Internet, etwa bei www.immobilienscout24.de oder immonet.de. Wenn der Ort feststeht, kann auch auf der Homepage einschlägiger großer örtlicher Wohnungsbaugesellschaften recherchiert werden.

Neben finanziellen und sozialen Aspekten spielen aber selbstverständlich auch studienfachbezogene Gründe bei der Ortswahl eine Rolle. So mag ein nur an wenigen Universitäten zu findendes Lehrangebot, eine geschätzte Professorin bzw. geschätzter Professor oder eine bestimmte gewünschte Schwerpunktbildung ausschlaggebend sein. Auch die Größe und Ausstattung der Universität kann eine Rolle spielen oder ihr – zumeist durch die Medien aufgebauter und nicht unbedingt mit der Realität übereinstimmender – Ruf. Einen detaillierten Überblick gibt das Hochschulranking des Centrums für Hochschulentwicklung (CHE) im Internet unter der Adresse www.che-ranking.de zu finden Im Rahmen der Erhebung für das Ranking an den Hochschulen werden eine Reihe unterschiedlichster Kriterien berücksichtigt. Deshalb können bis zu fünf dieser Kriterien ausgewählt werden, um sich ein persönliches Ranking nach der eigenen Einschätzung ihrer Wichtigkeit erstellen zu lassen. Im Ranking sind auch die in diesem Studienführer behandelten Fächer Politikwissenschaft und Soziologie/Sozialwissenschaft vertreten. Beachten Sie aber, dass sich die Situation an der Hochschule seit dem Ranking verändert haben kann, so dass mit diesem Instrument im Wesentlichen die Hochschulen herausgefiltert werden können, bei denen sich eine intensivere Recherche lohnt. Unter www.hochschulkompass.de befindet sich auch ein Link auf die Ergebnisse des Akkreditierungsverfahrens für die jeweiligen Studiengänge. In diesem Verfahren wird das jeweilige Studienangebot von einer auswärtigen Fachkommission geprüft.

Dass Absolventen und Absolventinnen bestimmter Universitäten generell bessere berufliche Chancen hätten als die anderer Universitäten, hat sich bislang wissenschaftlich nicht belegen lassen. Doch sind sicherlich die Kontakte einzelner Fachbereiche und Lehrender zu Wirtschaftsunternehmen, Verwaltungen, Verbänden, Gewerkschaften, Parteien usw. unterschiedlich breit und intensiv. Es lohnt sich daher, einmal genauer hinzuschauen, über wen und an welchem Ort sich günstige Verbindungen ergeben könnten. Dies wird allerdings häufig erst während des Studiums herauszufinden sein, so dass dann unter Umständen ein Studienortwechsel in Betracht zu ziehen ist. Vorher feststellen lässt sich aber, ob die Hochschule über ein Career-Center verfügt, spezielle berufsvorbereitende Programme anbietet oder das Fach bzw. der Fachbereich ein Praktikumbüro unterhält. Für diejenigen, die ihre berufliche Zukunft in der Forschung sehen, kann das Forschungsranking des Centrums für Hochschulentwicklung (CHE) interessant sein. Hier ist zur Zeit allerdings aus diesem Studienführer nur das Fach Soziologie einbezogen. Ein Download der Ergebnisse steht im Internet unter www.che-ranking.de unter der Rubrik Forschungsranking bereit.

Schließlich gibt es noch gewitzte Leute, die sehr genau die Prüfungsordnungen ihres Faches an den einzelnen Universitäten vergleichen und in realistischer Einschätzung ihres Talents allzu hohe Hürden zu vermeiden trachten. Doch hier ist Vorsicht geboten. Die formalen Bestimmungen sind die eine Seite der Medaille, die Praxis der Anwendung die andere. Auch gilt es sich zu vergegenwärtigen, dass heutzutage ein schönes Hochschuldiplom allein nur wenig bewirkt, sofern nicht entsprechende Kenntnisse und Fähigkeiten dahinterstecken. Ein Vergleich von Studien- und Prüfungsordnungen ist gelegentlich jedoch tauglich, um unterschiedlichen „Philosophien", d.h. Auffassungen vom Inhalt, Sinn und Zweck eines Faches an den verschiedenen Hochschulen auf die Spur zu kommen. Und auch die schon erwähnten Schwerpunkte (Spezialisierungsmöglichkeiten) können diesen Ordnungen entnommen werden.

 Die Anwendung der Ordnungen und die Klärung der Frage, ob es Lehrende gibt, die eine andauernde hohe Durchfallquote für ein Zeichen von Güte und nicht als Indiz schlechter Lehre betrachten, kann bei den entsprechenden Fachschaften geklärt werden.

Eine weitere Informationsquelle sind die Vorlesungs- oder Veranstaltungsverzeichnisse der Hochschulen. Die Hochschulen stellen sie ins Internet. Bei den Fächern (Instituten) sind oft noch zusätzlich Kommentare bzw. Inhaltsangaben zu den Lehrveranstaltungen zu finden. Hier stehen auch die Professoren und Professorinnen des Fachs mit ihren Spezialgebieten und Veröffentlichungen im Netz. Bei der Entscheidung zwischen verschiedenen Studienorten sind diese Informationsquellen hilfreich.

Wer es irgendwie einrichten kann, sollte sich die gewünschte Universität selbst anschauen und mit Lehrenden, Studierenden, Studienberatern oder -beraterinnen usw. sprechen. Natürlich auch die Stadt und die Lage der Universitätsgebäude erkunden. Dafür sind einige Vorbereitungen zu treffen. So ist es ratsam, die im Internet von der Zentralen Studienberatung, der Hochschulverwaltung und den Fachbereichen/Instituten zur Verfügung gestellten Materialien zu studieren und sich einen Spickzettel mit den aufgetretenen Fragen zu machen.

Wichtig ist, die Öffnungszeiten zu beachten. Die Erfahrung lehrt leider, dass freitags nachmittags um siebzehn Uhr an den wenigsten Universitäten noch kompetente Ansprechpartner zur Verfügung stehen, was bei der Planung der beliebten Wochenendbesichtigungen zu berücksichtigen ist. Sonst bleibt es bei einem Kneipencheck.

1.3 Hochschulspektrum – Uni, FH & Co?

Die Hochschullandschaft der Bundesrepublik Deutschland ist keineswegs so monoton, wie es in der Öffentlichkeit den Anschein hat. Zunächst gibt es Hochschulen mit Promotionsrecht, d.h. dem Recht, Doktortitel zu verleihen (Universitäten) und Hochschulen ohne Promotionsrecht (Fachhochschulen). Als bildungspolitischen Versuch, diese Trennung zu überwinden, gab es zeitweise die Gesamthochschule.

Die weitaus meisten Hochschulen sind staatliche Einrichtungen. Sie sollen aber mehr Unabhängigkeit vom Staat erhalten. Am weitesten sind dabei bislang das Land Nordrhein-Westfalen mit seinem Hochschulfreiheitsgesetz und das Land Niedersachsen gegangen, dass seinen Hochschulen die Rechtsform einer Stiftung anbietet. Neben den staatlichen Hochschulen gibt es eine größere Anzahl kirchlicher Hochschulen und eine Reihe von Privathochschulen. Letztere bieten in der Regel nur ein kleines Fächerspektrum – häufig sogar nur ein Fach – an und beschränken sich auf Studiengänge, für die Interessenten bereit sind, viel Geld zu bezahlen. Mit Ausnahme der Jacobs University Bremen spielen Privathochschulen für die Fächer dieses Studienführers keine Rolle. Sonderfälle stellen die Universitäten der Bundeswehr in Hamburg und München sowie die für die Ausbildung des Nachwuchses des gehobenen öffentlichen Dienstes eingerichteten Verwaltungsfachhochschulen dar. Wer neben seiner Berufstätigkeit studieren will, ist in der Regel auf ein Fernstudienangebot angewiesen. Eine große private Einrichtung ist AKAD, ein Hochschulverbund mit Standorten in ganz Deutschland (www.akad.de), als staatliche Einrichtung am bekanntesten ist die bundesweit operierende Fernuniversität Hagen (www.fernuni-hagen.de). Schließlich sind noch die Berufsakademien zu nennen, die eine duale Ausbildung im Betrieb und an der Hochschule anbieten. Es gibt sie in staatlicher und privater Trägerschaft. Sie spielen aber für die Fächer dieses Studienführers keine Rolle. Ein Überblick ist im Internet unter www.studieren.de/berufsakademien.0.html zu finden.

Universitäten

Universitäten bieten noch ein mehr oder minder universales Studienangebot an, wenngleich die Finanzmisere unter dem Schlagwort „Profilbildung" zu Reduzierungen im Angebot führt. Im Rahmen der Exzellenzinitiative dürfte sich das Studienangebot der daran beteiligten Universitäten stärker auf die national und international renommierten Forschungsschwerpunkte der jeweiligen Hochschule verlagern. Eine weitere Entwicklung besteht darin, das Lehrangebot benachbarter

Universitäten und Hochschulen im regionalen Verbund zu nutzen (z.B. Bremen/ Oldenburg). Immerhin können flexible Studierende mit Eigeninitiative ihr Studium dadurch reichhaltiger gestalten (z.b. Fächer oder Schwerpunkte, die nicht im Lehrangebot der Heimatuniversität sind, an der Nachbaruniversität studieren). Neben altehrwürdigen Universitäten mit langer Tradition wie beispielsweise Heidelberg, Tübingen, Göttingen usw. gibt es Neu- oder Wiedergründungen wie Passau, Bochum oder Potsdam, was sich im universitären Alltag gelegentlich bemerkbar macht.

Einige Universitäten heißen Technische Universität oder Technische Hochschule, was bedeutet, dass sie ursprünglich eine ingenieurwissenschaftliche Bildungsstätte gewesen sind. Auch heute noch dominieren an diesen Universitäten die technischen und naturwissenschaftlichen Fächer, wenngleich im Laufe der Jahre geistes- und sozialwissenschaftliche Disziplinen hinzu gekommen sind.

Wer voll berufstätig ist und nicht täglich Lehrveranstaltungen an einer Präsenzuniversität besuchen kann, kann auf das Fernstudium an der Fernuniversität Hagen, ausweichen. Über Fernstudienbriefe, abendliche Tutorien und gelegentliche Präsenzphasen wird hier das Studium absolviert.
Zugangsvoraussetzung zu einem universitären Studiengang ist die Allgemeine Hochschulreife, in der Regel über das Abitur an einem Gymnasium oder Gesamtschule erworben, oder auch die fachgebundene Hochschulreife, die nur zum Studium bestimmter Fächer berechtigt.

Fachhochschulen

Die Fachhochschulen bieten – ebenso wie die Berufsakademien – derzeit kaum eigenständigen Studiengänge in Soziologie oder Politikwissenschaft an, deshalb sollen sie an dieser Stelle nur kurz vorgestellt werden. Anfang der siebziger Jahre ohne Promotionsrecht aus den damaligen Akademien und höheren Fachschulen entstanden, haben Fachhochschulen in der Vergangenheit ein kürzeres, in der Regel sechssemestriges Studium angeboten. Sie haben in den letzten Jahren ihr Profil geschärft und firmieren heute in der englischen Bezeichnung als „University of Applied Sciences". und bieten ebenso wie die Universitäten die neuen Bachelor- und Masterstudiengänge an.

Der Zugang zur Fachhochschule ist mit der sogenannten Fachhochschulreife (Fachabitur), die normalerweise auf der Fachoberschule erworben wird, möglich. Ein gymnasiales Abitur, mit dem natürlich auch an der Fachhochschule studiert werden kann, ist nicht nötig.

Wechsel von der Fachhochschule zur Universität

Generell erwerben mit dem Abschluss eines Fachhochschulstudiums auch diejenigen, die als schulische Vorbildung lediglich die Fachhochschulreife haben, die Berechtigung zum Universitätsstudium.

Leider hat dieser Weg zum Studium an der Universität einige entscheidende Nachteile. Einerseits fallen in den zulassungsbeschränkten Studiengängen Bewerber mit Fachhochschulabschluss in der Regel unter die Zweitstudienregelung, d.h. sie können nur unter erschwerten Bedingungen zugelassen werden, andererseits ist eine Förderung nach dem Bundesausbildungsförderungsgesetz häufig nicht mehr möglich. Diese Regelungen gelten allerdings nicht, wenn an der Fachhochschule ein Bachelorabschluss erworben wurde und an der Universität dann in einem Masterstudiengang weiter studiert werden soll.

2 Zulassungsverfahren

Die Wege zum Studium haben sich in den letzten Jahren immer mehr zu einem für den Außenstehenden kaum zu durchschauenden Labyrinth entwickelt. Hinlänglich bekannt ist, dass ein Medizin- oder Psychologiestudienplatz nicht einfach zu bekommen ist. Dass aber auch eine Vielzahl von örtlichen Zulassungsbeschränkungen beim Eintritt in die Hochschule überwunden werden wollen, ist weit weniger im Bewusstsein der Studieninteressenten. Zum Wintersemester 2008/09 waren beispielsweise bei 95 von insgesamt 135 grundständigen politikwissenschaftlichen Studiengängen örtliche Zulassungsbeschränkungen zu überwinden. Angesichts der chronischen Unterfinanzierung der Hochschulen hat sich dieser örtliche Numerus Clausus in den letzten Jahren immer weiter ausgedehnt. Hinzu treten an einer Reihe von Universitäten studiengangspezifische Zulassungsvoraussetzungen, die bereits in den grundständigen Studiengängen (z.B. Bachelor) erfüllt sein müssen, um überhaupt am Zulassungsverfahren teilzunehmen. Dies können beispielsweise bestimmte Noten (Punkte) im Abitur in studiennahen Schulfächern, Fremdsprachenkenntnisse auf einem bestimmten Niveau oder das Bestehen eines Tests sein. Hintergrund dieser Entwicklung sind einerseits rechtliche Regelungen, die den einzelnen Hochschulen mehr Einfluss auf die Auswahl ihrer Studierenden ermöglichen, andererseits die verstärkte Profilbildung der Hochschulen. Die klassischen Auswahlkriterien „Notendurchschnitt" auf der Leistungsliste und „Wartezeit" auf der Wartezeitliste verlieren daher an Bedeutung, wenngleich sie in vielen örtlichen Zulassungsverfahren nach wie vor angewandt werden. In den Masterstudiengängen, die fast durchweg nur eine begrenzte Anzahl von Studienplätzen anbieten, kommen je nach Ausrichtung weitere Kriterien hinzu, z.B. eine qualifizierte Berufstätigkeit nach dem ersten Hochschulabschluss in Masterstudiengängen, die der beruflichen Weiterbildung dienen.

Während die örtlichen Zulassungsbeschränkungen oft recht spät zur Kenntnis genommen werden, ist die ZVS (Zentralstelle für die Vergabe von Studienplätzen in Dortmund) immer noch recht bekannt, obwohl sie ihre alte Bedeutung teilweise verloren hat. Da sich viele Studieninteressenten an mehreren Hochschulen um einen Studienplatz bewerben, was einen hohen Verwaltungsaufwand für die jeweiligen Hochschulen bedeutet und letztlich auch dazu führt, dass trotz Nachrückverfahren Studienplätze frei bleiben, soll die ZVS zu einer Servicestelle für die Hochschulen bei örtlichen Zulassungsbeschränkungen umgewandelt werden.

Für die in diesem Studienführer vorgestellten Studiengänge spielt die Vergabe von Studienplätzen über die ZVS derzeit (Wintersemester 2008/09) keine Rolle und es wird deshalb auf eine Darstellung der ZVS-Zulassungsverfahren verzichtet. Die Bewerbung um einen Studienplatz ist also an die jeweilige Hochschule zu richten. Ob örtliche Zulassungsbeschränkungen und evtl. weitere zu erfüllende Zulassungsvoraussetzungen zu beachten sind, kann über die Internetseite www.hochschulkompass.de herausgefunden werden.

Wie gehe ich bei der Suche nach Zulassungsbeschränkungen vor?
Schritt 1: Startseite www.hochschulkompass.de aufrufen und Rubrik „Studium" anklicken.
Schritt 2: „Grundständiges Studienangebot suchen Fächerindex" anklicken.
Schritt 3: Auf „erweitertes Suchformular" gehen.
Schritt 4: Im erweiterten Suchformular kann das „Sachgebiet" ausgewählt werden (z.B. Politikwissenschaften) und zusätzlich in der Rubrik „Zulassungsbeschränkung" beispielsweise „keine Zulassungsbeschränkung" ausgewählt werden. Sie bekommen dann eine Liste der zulassungsfreien Studiengänge des gewählten Sachgebiets.

Studienplatzklage

Wer einen Studienplatz einklagen will, tut gut daran, rechtlichen Rat einzuholen. Spezialisierte Anwälte aus der Heimatregion sind im Internet z.B. unter der Adresse www.anwalt24.de zu finden (Kategorie: Staat, Verwaltung, Bildung; Rechtsgebiet: Verwaltungsrecht).

Studieren ohne Abitur

Auf dem Deutschen Bildungsserver ist eine Zusammenstellung der rechtlichen Regelungen für den Hochschulzugang ohne Abitur zu finden. Die Internetadresse lautet: www.bildungsserver.de.

An vielen Hochschulen werden Studienanfänger nur zum Wintersemester zugelassen, da das Studium in Studienjahren organisiert ist. In den beiden folgenden Abschnitten sollen einige grundsätzliche Verfahrensmodalitäten, die zur Zeit bei der Studienplatzvergabe der in diesem Studienführer vertretenen Fächer angewandt werden, in ihrer Systematik dargestellt werden.

2.1 Bewerbung direkt – die Hochschule entscheidet

Bei der Bewerbung direkt bei der Hochschule ist zwischen reinen Einschreibstudiengängen (keine Zulassungsbeschränkung) und Studiengängen mit Zulassungsbeschränkungen zu unterscheiden. Bei letzteren findet ein örtliches Auswahlverfahren statt. Es kann durchaus sein, dass ein Fach an der einen Hochschule zulassungsbeschränkt und an einer anderen zulassungsfrei ist. So ist z.B. der Bachelorstudiengang Soziologie an der Universität Göttingen im Wintersemester 2008/09 zulassungsbeschränkt, während die Universität Bremen keine Zulassungsbeschränkungen hat, allerdings als besondere Zulassungsvoraussetzung Englischkenntnisse verlangt.

Die Auswahlverfahren haben sich in den letzten Jahren von Hochschule zu Hochschule unterschiedlich entwickelt. Grundsätzlich gibt es Studienplatz-Vorabquoten für Härtefälle, Ausländer, Zweitstudienbewerber, Berufsqualifizierte und wegen Ableistung eines Dienstes (z.B. Wehr- oder Zivildienst) bevorzugt Auszuwählende. Die übrigen Studienplätze werden in der Regel nach Leistung (Leistungsliste) und Alter der Hochschulzugangsberechtigung (Wartezeitliste) vergeben. In der Wartezeitliste zählen die seit dem Erwerb der Hochschulzugangsberechtigung vergangenen Halbjahre, in denen nicht in Deutschland studiert wurde. Beide Listen werden getrennt ausgewertet. Jeder Bewerber steht auf beiden Listen. Die Grenzwerte, mit denen noch ein Studienplatz erreicht wird, werden nicht vorher festgelegt, sondern ergeben sich aus dem Verhältnis von Angebot (Zahl der Studienplätze) und Nachfrage (Bewerber). Zu beachten ist auch, dass bei der Bewerbung für eine Fächerkombination, z.B. in einem Zwei-Fach-Bachelorstudiengang, die Zulassung für beide Fächer ausgesprochen werden muss, um sich einschreiben zu können. Einzelne Hochschulen verlangen auch Bewerbungsschreiben mit einer Begründung für das Studium oder führen Aufnahmegespräche durch. Da sich die Regeln für jedes Aufnahmesemester ändern können, ist jeweils der neueste Stand zu recherchieren. Kompetent und meist verwaltungsunabhängig informieren und beraten hierzu die zentralen Studienberatungsstellen der Hochschulen.

Immer sind für die Bewerbung Formulare erforderlich, inzwischen häufig auch im Internet. Stets gilt es Fristen zu beachten. Oft liegen diese für Tests, Aufnahmegespräche u.ä. vor den für zulassungsbeschränkten Studiengänge bekannten Daten 15. Juli (Studienbeginn zum Wintersemester) bzw. 15. Januar (Studienbeginn zum Sommersemester). Angesichts sommerlicher Ferienpläne sollte allerdings niemand bis zum letzten Tag warten. Es empfiehlt sich vielmehr, die erforderlichen Unterlagen so früh wie möglich zu besorgen (spätestens März/April für den Studienbeginn zum Wintersemester, November/Dezember für den Studienbeginn zum Sommersemester). Dann können die Formulare in aller Ruhe ausgefüllt und eventuell fehlende Unterlagen ohne Zeitnot beschafft werden. Bei schriftlichen Anfragen sollte grundsätzlich ein adressierter und ausreichend frankierter Rückumschlag beigelegt werden.

Wie erfahre ich die für meinen Studienwunsch aktuellen Fristen?
Schritt 1: Startseite www.hochschulkompass.de aufrufen und Rubrik „Studium" anklicken.
Schritt 2: „Grundständiges Studienangebot suchen Fächerindex" anklicken.
Schritt 3: Gewünschtes Fach eingeben (z.B. Soziologie) und „weiter" anklicken
Schritt 4: In der dann erscheinenden Liste in der Rubrik „Details" auf mehr klicken, es erscheint eine Übersicht zum Studiengang, in der die Zeile „Fristen und Termine" anzuklicken ist, um zu den gewünschten Angaben zu kommen.

2.2 Mehrfachbewerbung – Chancen nutzen

Natürlich ist es möglich, sich bei mehreren Hochschulen um einen Studienplatz zu bewerben. Sinnvoll ist dies allerdings nur, wenn es sich nicht um reine Einschreibstudiengänge handelt, da in diesem Fall jede Bewerbung erfolgreich ist. Anders sieht die Sachlage aus, wenn an einer oder mehrerer der in Betracht kommenden Hochschulen Zulassungsbeschränkungen bestehen. Dann ist es durchaus üblich, sich an mehreren Hochschulen zu bewerben. Eventuell gibt es auch noch eine Hochschule ohne Zulassungsbeschränkungen als Auffangposition. Da die Einschreibtermine später als die Bewerbungstermine liegen kann oft das Ergebnis der Bewerbungen abgewartet werden, um bei negativem Ausgang noch eine Einschreibung in einem zulassungsfreien Studiengang vorzunehmen.

Darüber hinaus ist es auch möglich, einen bereits zugesagten Studienplatz zurückzugeben, wenn im Nachrück- oder Losverfahren noch ein Platz an einem beliebteren Studienort errungen wird. Hat man sich allerdings bereits immatrikuliert, sind die in unterschiedlicher Höhe von den einzelnen Hochschulen verlangten und bereits bezahlten Semesterbeiträge verloren.

2.3 Wechsel der Hochschule – was ist zu beachten?

Wer während des Studiums die Hochschule, nicht aber Fach und Abschlussart (Bachelor, Diplom, Magister, Lehramt) wechseln will, tut gut daran, diese Operation sorgfältig vorzubereiten. Als Fortgeschrittener bewerben sie sich übrigens grundsätzlich bei der Wechselhochschule.

Zunächst sollten die Studien- und Prüfungsordnung von der angestrebten Hochschule angefordert werden. Tauchen auch nur geringe Zweifel hinsichtlich der Anerkennung bereits erbrachter Studienleistungen auf, ist schriftlich beim Prüfungsausschuss oder Prüfungsamt der Wechselhochschule nachzufragen. Ebenfalls ist zu recherchieren, ob auch für Fortgeschrittene Zulassungsbeschränkungen gelten. Die Zulassungswahrscheinlichkeit kann mit der Zentralen Studienberatung abgeklärt werden.

Normalerweise sind beim Ortswechsel im gleichen Studiengang die BAföG-Zahlungen nicht gefährdet. Probleme treten aber auf, wenn nicht alle bisher studierten Semester anerkannt werden. Dann kann es schwierig werden die erforderliche Eignungsbescheinigung rechtzeitig zu erbringen oder das Studium kann nicht mehr im

Rahmen der Höchstförderungsdauer abgeschlossen werden. Schwierigkeiten beim Ortswechsel dürften auch dann auftreten, wenn – trotz Beibehaltung eines Fachs - von einem Ein-Fach-Bachelor in einen Zwei-Fach-Bachelor gewechselt wird.

 Literaturhinweise, Internet

www.zvs.de
Unter dieser Internetadresse sind alle Informationen zu den Studiengängen und Zulassungsverfahren zu finden, die über die Zentralstelle für die Vergabe von Studienplätzen (ZVS) abgewickelt werden.

Herrmann, Dieter; Verse-Herrmann, Angela: Erfolgreich bewerben an Hochschulen. So bekommen Sie ihren Wunschstudienplatz. Frankfurt/Main: Eichborn-Verlag, 2008.

3 Kleines Einmaleins fürs Studium

Für die meisten Studienanfänger beginnt mit dem Studium ein neuer Lebensabschnitt. Schule, Wehr- bzw. Zivildienst oder auch Lehre liegen hinter ihnen. Vielleicht wurde auch der Schritt aus dem Berufsleben gewagt und das Abitur auf dem zweiten Bildungsweg nachgeholt. Jetzt lockt die „Berufsbezeichnung" Student bzw. Studentin. Die Eltern sind häufig weiter weg und der Alltag ist zu organisieren, vom Arbeiten übers Essen bis zur Wohnung.

Bei genauerem Hinschauen ergibt sich, dass das Studentenleben bei weitem nicht so frei ist, wie es auf den ersten Blick den Anschein hat. Soll das Ziel eines akademischen Abschlusses erreicht werden, sind viele Fristen und das in den letzten Jahren ständig enger geknüpfte Netz der Vorschriften in Prüfungs- und Studienordnungen zu beachten. Dazu mehr im Abschnitt „Prüfungen – was sind Scheine?" Und das Überschreiten der Regelstudienzeiten wird in den meisten Bundesländern mit Strafgebühren geahndet.

Zunächst steht der Anfänger vor Beton oder Ziegelwerk, alt oder neu, massiv als Campusuniversität am Stadtrand gebaut oder auf vielerlei historische Gebäude über das ganze Stadtgebiet verteilt. Ob Mammutuniversität in der Großstadt mit mehreren zehntausend oder beschauliche Provinzuni mit einigen hundert Studenten und Studentinnen: Durchschreiten wir also die Tore der Alma mater (nahrungsspendende Mutter).

3.1 Orientierung – wer hat denn hier was zu sagen?

Gelobt sei die Hochschule, die einen einigermaßen lesbaren und übersichtlichen Lageplan im Internet zur Verfügung stellt oder in ihrer Broschüre für Studienanfänger abdruckt. Wer bei den Pfadfindern oder sonst wo Kartenlesen gelernt hat, mag mit dieser Hilfe zu den Menschenschlangen am Cafeteriatresen finden bzw. in die mit zuständigen Amtspersonen besetzten Räume der Verwaltung vordringen.

Wie in jedem Betrieb gibt es in der Hochschule eine Organisationsstruktur, in der man sich zurechtfinden muss. Sozialwissenschaftlich Ausgebildete unterscheiden da fein säuberlich zwischen rechtlich zuständigen und entscheidungsbefugten Personen bzw. Gremien und informellen Strukturen. Im Alltag helfen oft die informellen Strukturen weiter, d.h. Gespräche mit erfahrenen Studierenden oder wissenschaftlichen Mitarbeiterinnen bzw. Mitarbeitern. Viele kleinere und größere Entscheidungen werden oft in dieser Sphäre vorbereitet. Über die informellen Strukturen kann man nur nach einiger Zeit an der Hochschule und insbesondere nach Mitarbeit in Gremien der Hochschulselbstverwaltung etwas erfahren, über die formellen Strukturen steht einiges in diesem Kapitel.

Räumliche Orientierung oder wo bitte ist das „Schwarze Brett"?

Die erste Stelle, mit der angehende Studenten und Studentinnen zu tun haben, ist das Immatrikulationsamt, gelegentlich auch Studentensekretariat genannt. Es ist für die Bewerbung und Einschreibung (Immatrikulation) der universitären Neubürger und für die Rückmeldung zum nächsten Studiensemester zuständig. Obwohl einige Universitäten es ermöglichen, die Einschreibung auf postalischem Weg oder per Internet abzuwickeln, wird sich ein Gang in die Räume des Amtes früher oder später als notwendig erweisen. Da das Immatrikulationsamt zur Zentralverwaltung der Universität gehört, ist es häufig auch im Gebäude der Zentralverwaltung untergebracht.

Ebenfalls frühzeitig wird sich ein Teil der Studierenden an das **BAFöG-Amt** wenden, das für die Annahme und Bearbeitung der Anträge auf Förderung nach dem Bundesausbildungsförderungsgesetz zuständig ist. Obwohl es organisatorisch in der Regel zum Studentenwerk und nicht zur Hochschule gehört, ist es fast immer auf dem Hochschulgelände oder in unmittelbarer Nachbarschaft untergebracht. 45 der 58 Studentenwerke verfügen auch über eine **Sozialberatungsstelle**, die beispielsweise bei Fragen zu Wohn- oder Kindergeld, Versicherungen sowie allgemein über die in der Sozialgesetzgebung geregelten Leistungen berät und informiert.

Daneben sind **Mensa** (zentrale Universitätskantine) und die verschiedenen dezentralen **Cafeterien** zu erkunden, um das leibliche Wohl nicht zu kurz kommen zu lassen. Ebenso wird es für einen Teil der Studierenden wichtig sein, sich mit der Lage und Anzahl der **Studentenwohnheime** sowie den Modalitäten der Vergabe der Wohnheimplätze vertraut zu machen. Die meisten Wohnheime werden ebenfalls von den schon erwähnten Studentenwerken verwaltet, die zur Zeit bundesweit rund 180.000 Wohnheimplätze zur Verfügung stellen. An vielen Orten herrscht zu Semesterbeginn eine arge Wohnraumknappheit. Manchmal werden sogar vom **Allgemeinen Studentenausschüssen** (AStA) Notunterkünfte, z.B. in Seminarräumen, befristet eingerichtet. Im Büro des AStA und in den Büros der **Fachschaften** (studentischen Vertretungen auf der Ebene des Studienfachs) kann man nach allem und jedem fragen.

Eine ähnlich umfassende Anlaufstelle bilden die an fast allen Hochschulen vorhandenen **Zentralen Studienberatungsstellen** (ZSB). Weiß man hier nicht weiter, so ist doch mindestens ein Tipp zu bekommen, wer weiterhelfen könnte. An vielen Hochschulen erhalten Studierende mit psychischen Problemen (z.B. Sprechangst, Lernstörungen) Hilfe bei **Psychotherapeutischen Beratungsstellen** oder der Zentralen Studienberatung. Neben der Einzelberatung gibt es in der Regel Gruppenangebote, z.B. für Studierende mit Examensängsten. Relativ neu sind die **Career Center**, die den Weg in den Beruf nach dem Studium erleichtern sollen. Neben Beratung bieten sie auch oft Fortbildung in sogenannten soft skills wie Rhetorik, Moderation, Präsentation usw. an.

Es ist sinnvoll, besonders wenn die Hochschule nicht weit entfernt ist, sich schon vor Beginn des Studiums mit dem **Bibliothekssystem** vertraut zu machen. Dort kann dann schon einmal in der Fachliteratur gestöbert werden, um einen ersten Eindruck von Attraktivität und Schwierigkeit der behandelten Themen zu bekommen. Neben der Zentralbibliothek gibt es häufig dezentral untergebrachte Instituts-, Seminar- oder Bereichsbibliotheken für einzelne Fächer oder Fächergruppen. Organisatorisch wird zwischen Freihandbibliotheken, in denen die Mehrzahl der Bücher für jeden zugänglich nach einer bestimmten Systematik in Regalen stehen, und Magazinbibliotheken unterschieden, in denen der Benutzer die gewünschten Bücher mit Hilfe des Katalogs aussucht. Die Bücher werden dann für die Ausleihe aus dem Magazin, das für Benutzer nicht zugänglich ist, geholt. Nachteil dieser Form des Bibliothekssystems ist, dass nicht durch schnelles Durchblättern sofort festgestellt werden kann, ob das Buch die mit dem Titel geweckten Erwartungen auch erfüllt. Aus Platzgründen ist allerdings immer ein Teil der Literatur magaziniert. Angehenden Studierenden sei besonders empfohlen, sich mit den Katalogen bzw.

Suchmöglichkeiten vertraut zu machen. In der Regel steht der Bibliothekskatalog – zumindest teilweise und was die neueren Titel angeht - auch im Internet. Neben der Titel- bzw. Verfassersuche sind systematische Recherchen möglich, bei denen die Literatur nach bestimmten Schlagwörtern gesucht wird. Sofern die Bibliothekskataloge online zugänglich sind, kann mit einem entsprechenden Netzanschluss auch von zu Hause aus gesucht werden.

Die Universitäten ermöglichen ihren Studierenden über die Rechenzentren eine kostenlose **Internetnutzung**, eine E-Mail-Adresse oder auch die Gestaltung einer eigenen Homepage. In vielen Hochschulen ist die Nutzung auch zwingend notwendig, da die Anmeldung zu Lehrveranstaltungen oder Prüfungen über das Internet organisiert ist. Jeder Studierende erhält dann zu Beginn des Studiums sein individuelles Passwort. Auch die Verbreitung von **elektronischen Lernplattformen** wie beispielsweise StudIP nimmt stetig zu. Sie ermöglichen Studierenden und Lehrenden eine zeit- und ortsunabhängige Kommunikation (z.B. über Termine, Texte, Veranstaltungskritik). Da die Universitäten ihre Gelände zunehmend mit einem Funknetzwerk ausstatten, kann zumindest bei Campusuniversitäten mit Laptop und W-LAN-Ausstattung auch von der sommerlichen Wiese am Uni-See das Studium betrieben werden, etwa Vorlesungen zeitversetzt im Netz verfolgen (E-Learning-Angebot).

Kernpunkt der räumlichen Orientierung für die Studierenden ist jedoch die **Fakultät** oder der **Fachbereich**, bei großen Fakultäten mit vielen Fächern auch das **Institut** oder **Seminar**. Hier sind neben den Vorlesungs- und Seminarräumen die Zimmer der Lehrenden mit gütigen oder abweisenden Vorzimmerdamen, die Fakultätsverwaltung, die Seminar- bzw. Institutsbibliotheken, kurzum alles, was zum täglichen Studentenleben gehört. Es gibt glücklicherweise nur wenige Universitäten, wo dieser räumliche Kulminationspunkt fehlt und alles beliebig über mehrere Gebäude verstreut ist. In vielen Fällen findet sich auch ein PC-Labor mit weltweiten Recherchemöglichkeiten im Internet. Beim Seminar oder Fachbereich ist auch das immer noch verbreitete Schwarze Brett, das selbstverständlich auch grün, rot, weiß oder sonst wie aussehen kann. Wichtig ist es nach wie vor, weil hier z.B. die in der Regel zahlreichen Raum- und Zeitänderungen für die Lehrveranstaltungen angekündigt werden, die Sprechzeiten der Lehrenden aushängen oder angeschlagen ist, wer was prüfen darf. Im Rahmen des Fachbereichs bzw. des Instituts ist auch die **Studienfachberatung** angesiedelt, die von Angehörigen des Lehrkörpers wahrgenommen wird. Als ein Ergebnis der Organisationsreform in den Hochschulen ist durch eine Reihe von Landeshochschulgesetzen das Amt des **Studiendekans** eingeführt worden. Diese meist nicht beneidenswerte Person ist mehr oder minder für

den Lehr- und Studienbetrieb der Fakultät bzw. des Fachbereichs verantwortlich. Wenn es also mit der Lehre Probleme gibt sollte man keine Scheu haben, sich an den Studiendekan oder die Studiendekanin zu wenden.
Zum Abschluss noch ein Hinweis für Studieninteressenten, deren Bewegungsmöglichkeiten eingeschränkt sind (z.B. Rollstuhlfahrer, Blinde). Bitte setzen Sie sich sehr frühzeitig, am besten ein halbes Jahr vor beabsichtigtem Studienbeginn, sowohl mit der Zentralen Studienberatung als auch – sofern für die Hochschule benannt – mit der oder dem **Behindertenbeauftragten** in Verbindung. So können rechtzeitig bei einem Ortstermin bauliche und/oder organisatorische Probleme erkundet und hoffentlich behoben werden.

Institutionelle Orientierung oder wer hat hier was zu sagen?

Wer die Hochschulpolitik der letzten Jahre aufmerksam verfolgt hat, würde sicher an erster Stelle den jeweiligen Finanzminister nennen. Wir wollen uns jedoch auf die inneruniversitäre Szene beschränken und der Hochschulautonomie nachspüren. Nachdem das Bundesverfassungsgericht 1973 aus Artikel 5 des Grundgesetzes (Freiheit von Wissenschaft, Forschung und Lehre) die Vorherrschaft der Professoren bei der Gestaltung der Hochschule herausinterpretiert hatte, wurden alle Versuche, den anderen großen Statusgruppen der Hochschule (Studierende, Mittelbau, Dienstleistungspersonal) ein stärkeres Mitspracherecht in den Hochschulgremien einzuräumen, gedämpft und zurückgeschraubt. Die jüngsten Reformen haben außerdem den Einfluss der Selbstverwaltungsgremien weiter begrenzt. Sie sind in der Regel noch für strategische Grundsatzentscheidungen und die Wahl der Leitungen zuständig, während das operative Geschäft auf zentraler Ebene vom Rektorat bzw. Präsidium, auf dezentraler Ebene vom Dekan bzw. Dekanat wahrgenommen wird. Und selbst diese Kompetenzen sind inzwischen teilweise auf mit externen Repräsentanten besetzte Hochschulräte oder Kuratorien verlagert.

In den Gremien wird im Rahmen staatlicher Vorgaben und Genehmigungsvorbehalte insbesondere entschieden über:
- Hochschulentwicklungsplanungen;
- Einrichtung und Schließung von Studienangeboten;
- Wahl, ggf. auch Abwahl, der jeweiligen Leitung.

Da die Landeshochschulgesetze je nach hochschul- und bildungspolitischer Richtung der amtierenden Landesregierung im Detail außerordentlich unterschiedlich sind, seien hier nur grobe Anhaltspunkte für die Entscheidungsstrukturen gegeben. Politisch Interessierte werden ohnehin an ihrer Hochschule bald merken, wie der Hase läuft.

Die Hochschulleitung besteht aus dem Rektor oder Präsidenten - auch immer häufiger wieder nach alter Sitte mit Magnifizenz angeredet – und den ihm zur Seite stehen Konrektoren oder Vizepräsidenten. Der Kanzler als Chef der Universitätsverwaltung und Herr über den Haushalt gehört ebenfalls dazu.

Als Selbstverwaltungsgremium agieren auf zentraler Ebene gelegentlich noch ein **Konvent** oder eine **Grundordnungsversammlung**. Hier sind alle universitären Gruppen vertreten, um die hochschulpolitische Grundsatzdiskussion zu führen und ggf. die Hochschulleitung zu wählen. Wichtiger aber ist der **Akademische Senat** das Gremium, in dem kontinuierlich über die Geschicke der Universität diskutiert und im Grundsatz auch entschieden wird. In ihm sind in der Regel auch einige Studenten und Studentinnen vertreten, die aber nur Einfluss in Koalitionen mit anderen Mitgliedern des Gremiums gewinnen können.

Oft bedeutender als die Mitglieder des Akademischen Senats sind die **Dekane** – gegebenenfalls mit Spektabilität anzureden – die ihre Fakultät/ihren Fachbereich als Sprecher vertreten. Zur Fachbereichsleitung gehören neben dem Dekan ein oder mehrere Prodekane und in der Regel ein Studiendekan. Letzterer ist ein wichtiger Ansprechpartner für Studierende und Sachwalter der Lehre. Dem Dekanat zur Seite steht als Beratungs- und Entscheidungsgremium der **Fakultäts-** oder **Fachbereichsrat**. Hier fallen viele für Studierende interessanten Entscheidungen, so dass eigentlich jeder einmal eine solche öffentliche Ratssitzung besuchen sollte. Auf der Ebene der Fächer kann es Studienkommissionen, Fachkommissionen, Institutsräte usw. geben.

Die Gremien haben aber nur begrenzten Einfluss auf die Kernbelegschaft der traditionellen Universität, die ordentlichen Professoren und Institutsdirektoren, kurzum: die **Ordinarien**. Ihnen zugeordnet sind die Mitarbeiter und Mitarbeiterinnen ihres Lehrstuhls, vom habilitierten Oberassistenten bis zur Sekretärin. Letztere erweist sich für Studierende häufig als einzig greifbare und oft auch Rat wissende Ansprechpartnerin.

Nach dieser Tour d'horizon durch die Gremien- und Honoratiorenlandschaft noch ein Blick auf die **Studentenschaft**. In vielen Bundesländern ist die sogenannte Verfasste Studentenschaft (d.h. sie hat eine juristische Festschreibung, eine Verfassung) Teil der Körperschaft Hochschule. Regelmäßig wird ein Studentenparlament gewählt, welches seinerseits den **Allgemeinen Studentenausschuss (AStA)** kürt, der die laufenden Geschäfte erledigt. Bedauerlicherweise beteiligt sich immer nur eine kleine Minderheit der Studierenden an dieser Wahl, was zwar mit vielerlei Gründen zu erklären, aber nicht zu entschuldigen ist. Schließlich verfügt der AStA über nicht unerhebliche Mittel, die zum Teil von den Studierenden als Zwangsbeitrag aufgebracht, zum Teil als Zuschuss aus dem staatlichen Haushalt gewährt werden. Damit lassen sich nicht nur die bekannte studentische Flugblatt-Politik betreiben, sondern auch soziale Dienste (z.B. Sozialberatung, Wohnungsvermittlung, Transportervermietung) sowie die Organisation kultureller, sportlicher und touristischer Veranstaltungen, durch die der studentische Alltag aufgeheitert wird.

> **!** Zum Schluss ein Vorschlag: Versuchen Sie als Sozialwissenschaftlerin oder Sozialwissenschaftler, der bzw. die Sie ja werden wollen, die Methoden und Erkenntnisse Ihrer wissenschaftlichen Disziplinen einmal auf die Hochschule selbst anzuwenden, um zu ergründen, wie die Entscheidungsbefugnisse gesetzlich geregelt sind und warum Entscheidungen so und nicht anders fallen.

3.2 Veranstaltungen – Module, Übungen, Seminare und was noch?

Die erste Schwierigkeit, vor der frisch Immatrikulierte stehen, ist die Auswahl der Lehrveranstaltungen. Mit der Einführung des modularisierten Studiums ist diese Aufgabe einfacher geworden, da es einen Studienplan mit festen Pflichtmodulen und einem – in der Regel ebenfalls überschaubaren – Wahlpflichtbereich gibt, in dem zwischen verschiedenen Modulen nach Interesse gewählt werden kann. Da die Universitäten gehalten sind, das Studium auch studierbar zu organisieren, sollten zumindest für den Pflichtbereich feste und zeitlich überschneidungsfreie Stundenpläne existieren. Bei einem Ein-Fach-Studium ist dies einfacher zu bewerkstelligen als bei einem Zwei-Fach-Studium, da Absprachen zwischen zwei Fächern erfahrungsgemäß schwieriger sind. Auf jeden Fall ist die Überschneidung zweier für ein Semester vorgesehener Pflichtveranstaltungen ein Fall für den Studiendekan, der dann angesprochen werden sollte.

In der Regel ist das Studium in Semestern organisiert, wobei das Wintersemester an den Universitäten den Zeitraum von Oktober bis Ende März und das Sommersemester den Zeitraum von Anfang April bis Ende September umfasst. Die so genannten Semesterferien – eigentlich veranstaltungsfreie Zeit – beginnen im Frühjahr etwa gegen Ende Februar und dauern bis Ende März/Anfang April, nach dem Sommersemester enden die Lehrveranstaltungen im Juli und beginnen wieder Anfang/

Mitte Oktober. Da diese Einteilung des Studienjahres für ein Auslandsstudium eher ungünstig ist, hat die Universität Mannheim kürzlich die Semesterzeiten erheblich verändert. Ihr Frühjahrssemester beginnt in der zweiten Februarhälfte und endet Mitte Juni, das Herbstsemester beginnt Anfang September und endet vor Weihnachten im Dezember. Eine derartige Veränderung der Lehrveranstaltungszeiten wird auf Anregung der Hochschulrektorenkonferenz derzeit breiter diskutiert. Da in der veranstaltungsfreien Zeit häufig Prüfungsblöcke liegen, Pflichtpraktika zu absolvieren oder Studienarbeiten anzufertigen sind, ist der Begriff Ferien inzwischen kaum noch zutreffend. Damit wird auch die Zeit für Ferienjobs, auf die viele zur Studienfinanzierung angewiesen sind, immer knapper.

Wer neben dem Studium noch einer weiteren Arbeit nachgeht, um seine Existenz zu sichern, kann oft nur ein sog. **Teilzeitstudium** machen. Immerhin studieren in den Sozialwissenschaften nach einer Studie des Centrums für Hochschulentwicklung (CHE) knapp ein Viertel in dieser Form. Dafür einschreiben kann man sich nur an wenigen Universitäten und die rechtlichen Folgen sind weder klar noch erfreulich. In modularisierten Studiengängen bedeutet ein Teilzeitstudium, dass nicht alle Module, die für ein bestimmtes Semester vorgesehen sind, studiert werden können. Damit sind auch die üblicherweise pro Semester zu erwerbenden 30 Leistungspunkte nicht zu erbringen. Manche Ordnungen sehen dann einen verpflichtenden Besuch bei der Fachstudienberatung vor, um die Gründe für den reduzierten Erwerb von Leistungspunkten darzulegen.

Grundsätzlich geben die **Prüfungsordnungen** und **Studienpläne** vor, welche Fachgebiete in welchem Umfang im Studium zu studieren und welche Leistungen in welcher Form zu erbringen sind. Sofern keine Studiengebühren oder Zwangsexmatrikulationen bei Überschreitung der Regelstudienzeiten drohen, besteht jedoch zeitliche Dispositionsfreiheit bei der Erbringung der Leistungen.

Zunächst ein Wort zum quantitativen Umfang des Studiums. In früheren, auf die traditionellen Studiengänge bezogenen Ordnungen waren die **Semesterwochenstunden (SWS)** die quantitative Einheit. Dabei handelt es sich um eine Rechnungseinheit, die folgendermaßen zu interpretieren ist: Wer eine zweistündige Lehrveranstaltung ein Semester lang besucht, hat damit zwei Semesterwochenstunden abgearbeitet. Hinter einer Angabe von 20 SWS verstecken sich also keineswegs nur 20 Stunden, sondern beispielsweise 10 zweistündige Lehrveranstaltungen, die über ein 15wöchiges Semester laufen, d.h. 300 Stunden. Allerdings beträgt die Lehrveranstaltungsstunde in der Regel nur 45 Minuten. In den heute üblichen modularisierten Bachelorstudiengängen werden die SWS von **Leistungspunkten** (ECTS-Points, auch

LP oder Credit Points/CP genannt)) als Rechnungseinheit abgelöst. Sie drücken ein bestimmtes Arbeitspensum aus, das für eine Lehrveranstaltung oder für eine Prüfung durchschnittlich aufzuwenden ist. Im Vollzeitstudium sind pro Semester 30 Punkte, im Studienjahr mithin 60 zu erwerben. Jedes Modul bzw. jede Lehrveranstaltung ist mit einem Punktwert versehen, der bei erfolgreichem Besuch, d.h. in der Regel dem Bestehen der Modulprüfung, dem Studienkonto gutgeschrieben wird. Die Punktwerte der Module und Lehrveranstaltungen sind in den Studienplänen ausgewiesen und in den Modulbeschreibungen finden sich Hinweise, wie die dahinter stehenden Arbeitsstunden berechnet worden sind.

> **!** Anzuraten ist, sich bereits bei der Auswahl des Studienfachs bzw. des Studienorts, Prüfungsordnung, Studienplan und – bei modularisierten Studiengängen – Modulbeschreibungen zu besorgen (z.B. aus dem Internet). Diese sind hinsichtlich der eigenen Vorstellungen und Interessen abzuklopfen. Dabei werden sicher eine Reihe von Fragen auftauchen, die notiert und mit der Studienberatung (Zentrale Studienberatung, Fachstudienberatung und auch studentische Beratung) zu klären sind.

Die neue Studienstruktur besteht aus **Studienmodulen**, die Ähnlichkeiten mit dem in den siebziger Jahren aufgekommenen Projektstudium aufweisen. Auch hier wurden mehrere Lehrveranstaltungen problembezogen zusammengefasst. Allerdings ist der Leitgedanke eines Moduls nicht unbedingt die Lösung eines Problems, sondern die Vermittlung einer definierten Teilqualifikation. Diese in den Dimensionen Kenntnisse und Fähigkeiten präzise zu definieren sowie ein Prüfungssystem zu entwickeln, welches zuverlässig den Vermittlungserfolg misst, ist eine schwierige und oftmals erst unzulänglich gelöste Aufgabe. Die bereits mehrfach erwähnten Modulbeschreibungen geben hierüber Aufschluss, aber auch die im Rahmen der Akkreditierung des Studienangebots abgegebenen Statements der Akkreditierungsagentur (siehe unter www.akkreditierungsrat.de). Module können ein- oder mehrsemestrig sein und im Rahmen eines Moduls werden verschiedene Lehrveranstaltungsformen (Vorlesungen, Seminare, Übungen usw.) angeboten.

Die großen **Vorlesungen** in Amphitheatern gleichenden Hörsälen haben weithin das Erscheinungsbild akademischer Lehre in der Öffentlichkeit geprägt, wenngleich die eigentliche Arbeit eher woanders stattfindet. In den Vorlesungen beschränkt sich die Tätigkeit des Studierenden zumeist aufs Zuhören und eventuelles Mitschreiben, wenn es nicht ohnehin – oft gegen Bares - Vorlesungsskripte gibt. In jüngster Zeit stellen einige Universitäten Vorlesungen ins Netz, so dass sie jederzeit abgerufen werden können.

Verbreitet sind **Übungen** und **Proseminare**. Früher eher familiäre Veranstaltungen, haben sie heute oft hundert und mehr Teilnehmer. Allerdings halten sich die Studierendenzahlen in den in diesem Studienführer besprochenen Studiengängen an manchen Hochschulen in Grenzen, so dass durchaus noch Kleingruppenarbeit möglich ist. Sofern die Anfertigung eines Referates vorgesehen ist, können bei hohen Teilnehmerzahlen nicht mehr alle damit rechnen, ihr mühsam erarbeitetes, erstes wissenschaftliches Werk auch wirklich vortragen zu dürfen. Im Sekretariat des Lehrstuhls abgegeben, kann es, eventuell mit Randbemerkungen versehen, zusammen mit dem damit erworbenen Leistungsnachweis (umgangssprachlich: Schein), irgendwann abgeholt werden.

Für Studienanfänger von besonderer Wichtigkeit ist das **Tutorium**. Tutorien haben meist studieneinführenden Charakter oder sie begleiten größere Fachveranstaltungen. In ihnen wird unter Anleitung eines akademischen Tutors (d.h. der Tutor hat schon ein Examen) oder eines studentischen Tutors (d.h. es handelt sich um Studierende im höheren Semesters) in kleineren Gruppen gearbeitet. In Einführungstutorien können alle Probleme des Studienanfangs angesprochen werden.

In den traditionellen Studiengängen mussten bereits eine Anzahl von Übungen und/oder Proseminaren erfolgreich absolviert und die Zwischenprüfung bestanden sein, um zur Teilnahme an einem **Hauptseminar** oder dem noch exklusiveren **Oberseminar** berechtigt zu sein. In diesen Veranstaltungen produzieren schon gestandene Studentinnen und Studenten unter virtuoser Verwendung einschlägiger Fachtermini ihr Wissen. In den modularisierten Studiengängen gibt es neben Einführungsmodulen auch **Aufbau- und Spezialisierungsmodule**, deren Besuch nur nach erfolgreicher Absolvierung bestimmter, in der Prüfungsordnung genannten anderen Modulen möglich ist. Eine solche Regelung soll sicherstellen, das die wissenschaftliche Arbeit im Modul von einem bereits vorhandenen fachlichen Niveau aus weitergeführt werden kann.

Die meisten Studiengänge bieten **Examenskolloquien** oder **Examensmodule** (auch Abschlussmodule genannt) an. In diesen gilt es, sich auf das Examen vorzubereiten und die Abschlussarbeit voranzutreiben.

Zu wünschen ist, dass neben diesen traditionellen geistes- und sozialwissenschaftlichen Lehrveranstaltungsformen das **Projektstudium** in Gestalt neuer Spezialisierungsmodule überlebt. Als Reaktion auf eine starke Parzellierung der Fächer und die theoretische Abgehobenheit akademischer Lehre entwickelt, wurde und wird damit versucht, konkrete und zumeist auch aktuelle Themen zum Gegenstand eines Ensembles von Lehrveranstaltungen zu machen. In Projekten werden verschiedene Aspekte eines Themas, unter Verwendung theoretischer Kenntnisse und methodischer Verfahren auch aus Nachbardisziplinen, bearbeitet. Durch diese Verknüpfung von theoretischem Wissen und methodischen Kenntnissen bezogen auf eine praktische Aufgabenstellung, ist die Lernmotivation in der Regel größer, allerdings auch der zeitliche Aufwand für alle Beteiligten. Ein weiterer Vorteil dieser Studienform liegt darin, dass sich alle Beteiligten zu einem arbeitsfähigen Team zusammenfinden müssen. Eine solche Erfahrung ist hilfreich für die spätere Berufstätigkeit. Die neuen Studiengänge sind auch gehalten, ihren Absolventen „employability" (Beschäftigungsfähigkeit) zu vermitteln. Dazu werden, leider oft recht unverbunden mit dem jeweiligen Fach, Veranstaltungen zu Soft Skills angeboten, von Kommunikationstraining über Stressresistenzprogramme bis zum Zeitmanagement.

Neben Lehrveranstaltungen in der Hochschule gibt es auch solche außerhalb, die sogenannten **Praktika**. Dies können Schulpraktika für angehende Lehrer, Berufspraktika oder Forschungspraktika für Soziologen und Politologen sein. Weiter seien noch die in den Natur- und Ingenieurwissenschaften beheimateten **Labor- und Experimentalübungen** erwähnt. Für die Soziologen und Politologen spielen gelegentlich noch **Exkursionen**, eventuell verbunden mit Feldstudien, an Brennpunkte des sozialen Geschehens eine Rolle.

Zum Schluss noch ein Hinweis für mit universitären Gepflogenheiten nicht Vertraute: Lehrveranstaltungen beginnen in der Regel „c.t.(lateinisch: cum tempore)", d.h. 15 Minuten nach der angegebenen vollen Stunde (auch Akademisches Viertel genannt). Bei einer Ankündigung „8,00 Uhr s.t. (lateinisch: sine tempore)" ist dagegen pünktlich um acht Uhr Beginn.

3.3 Prüfungen – was sind Scheine?

Bisher wurde zwischen Staatsprüfungen, Magisterprüfungen und Diplomprüfungen unterschieden. Heute und in Zukunft bestimmen Bachelor/Bakkalareus-Prüfungen und Masterprüfungen die akademische Landschaft.

Nach Abschluss eines traditionellen Studiums mit Diplom-, Magister- oder Staatsexamen bzw. dem neueren Masterabschluss besteht die Möglichkeit zur **Promotion**, d.h. dem Erwerb eines Doktortitels. Immer öfter werden auch in den Sozial- und Geisteswissenschaften Promotionsstudien angeboten, organisiert in Graduiertenkollegs, graduate schools usw.

In den herkömmlichen traditionellen Studiengängen ist in der Mitte des Studiums eine Zwischenprüfung (Vordiplom) zu bestehen, um weiterstudieren zu können. In modularisierten Studiengängen entfällt diese, es sind vielmehr jedes Semester Modulprüfungen zu bestehen.

Wie sehen nun aber Prüfungen grundsätzlich aus? Trotz der Vielfalt, es dürften sich selbst für den gleichen Studiengang kaum zwei identische Prüfungsordnungen an deutschen Hochschulen finden lassen, gibt es einige allgemeine Strukturmerkmale.

Zunächst gilt es **Prüfungsvorleistungen** von Prüfungen zu unterscheiden. Fast in jedem Studium, egal ob traditionell oder modularisiert, sind als Prüfungsvorleistungen so genannte Scheine zu erwerben. Dabei werden **Leistungsscheine** und **Teilnahmescheine**, letztere gelegentlich respektlos Sitzscheine genannt, unterschieden. Einen Leistungsschein erhält man, wenn die erforderliche Leistung in der in der Prüfungsordnung festgelegten Form (z.B. Hausarbeit, Referat, Klausur, Protokoll, kommentierte Bibliographie) erbracht wurde. Es gibt benotete und unbenotete Leistungsscheine, wobei erstere gelegentlich in die Prüfungsnoten eingerechnet werden. Die Prüfungsordnungen legen fest, wie viele dieser Scheine in welcher Form und in welchen Prüfungsgebieten (Lehrveranstaltungen, Modulen) zu erbringen sind.

Nach Erwerb der entsprechenden Leistungs- und Teilnahmescheine kann die Zulassung zur Zwischen- oder Abschlussprüfung bzw. zur Modulprüfung beantragt werden. Dies geschieht in einer Reihe von Universitäten inzwischen auf elektronischem Wege. Dabei übernimmt das elektronische System die Prüfung, ob die erforderlichen Vorleistungen zur Prüfungsanmeldung erbracht wurden. Falls nicht, ist der Zugang zur Prüfungsanmeldung gesperrt. Die **Prüfungen** (Zwischenprüfung, Abschlussprüfung) bestehen in traditionellen Studiengängen in der Regel aus mündlichen und schriftlichen Teilen. In modularisierten Studiengängen entfallen diese punktuellen Prüfungen, stattdessen wird kontinuierlich durch die Modulprüfungen am Examen gearbeitet.

Viele Prüfungsordnungen erlauben Examenssemestern das Zuhören bei mündlichen Prüfungen. Um Informationen über das Prüfungsgebaren von Prüferinnen und Prüfern zu gewinnen, sollte diese Möglichkeit genutzt werden.

Schriftliche Teile der Prüfung werden zumeist als Klausur erbracht. Dabei ist eine schriftliche Arbeit zu einem vorgegebenen Thema, ggf. kann aus zwei oder drei Themen gewählt werden, unter Aufsicht und in begrenzter Zeit (oft 4 Stunden) zu verfassen. Der umfangreichste Teil der traditionellen Abschlussprüfung ist die Diplom-, Magister- oder Staatsexamensarbeit. Dabei handelt es sich um eine längere wissenschaftliche Abhandlung, deren Umfang (Seiten) gelegentlich in der Prüfungsordnung geregelt ist. In der Examensarbeit soll bewiesen werden, dass die Kandidatin bzw. der Kandidat zu selbstständiger wissenschaftlicher Arbeit fähig ist und die einschlägigen wissenschaftlichen Methoden beherrscht. Das Thema der Examensarbeit wird vom zuständigen Prüfungsausschuss oder Prüfungsamt ausgegeben oder zumindest genehmigt. Nach Genehmigung des Themas und Zulassung zur Prüfung beginnt die offizielle, mehrmonatige Bearbeitungsfrist. Verlängerungen dieser Frist sind nur in einem formellen Verfahren mit Genehmigung des Prüfungsamts möglich. Ob inoffiziell bestimmte Themeneingrenzungen für die Examensarbeit schon vorher mit den Prüfern ausgehandelt werden können, muss auf den berühmten informellen Wegen vor Ort geklärt werden. Modularisierte Studiengänge haben eine andere Struktur. Wie bereits gesagt, sollen Module definierte Teilqualifikationen vermitteln. Der Erwerb dieser Teilqualifikation wird zum Ende des Moduls abgeprüft und zertifiziert. Die Summe der Modulprüfungen ersetzt die traditionellen Zwischen- und Abschlussprüfungen, es wird daher von einem studienbegleitenden Prüfungssystem gesprochen. Auch die Abschlussarbeit (Examensarbeit) bekommt in den Bachelor-Studiengängen einen anderen Stellenwert und ist nicht mehr sehr umfangreich. Dies ist in Masterstudiengängen, deren Abschlussarbeit häufig auf eigenen Forschungen beruht, anders.

> Da in modularisierten Studiengängen die Modulprüfungen bereits Teil der Abschlussprüfung sind, ist die genaue Kenntnis der Prüfungsmodalitäten von besonderer Bedeutung, da beim endgültigen Nichtbestehen einer Modulprüfung die Zwangsexmatrikulation aus dem betreffenden Studiengang droht. Es ist daher zu klären: Wie viele Wiederholungsmöglichkeiten habe ich? Kann ich im Wahlpflichtbereich beim zweiten Versuch auf ein anderes Modul ausweichen? Besteht die Modulprüfung aus einem oder mehreren Teilen? Bei geteilten Modulprüfungen: Muss jede Teilprüfung bestanden werden oder wird ein Gesamtprüfungsergebnis gebildet?

Während bei Diplom- und Magisterexamen, auch bei Bachelor- und Masterprüfungen die Prüfer aus dem Bereich der Universität kommen und damit mehr oder minder bekannt sind, wirken bei **Staatsprüfungen** auch außeruniversitäre Prüfer mit. Dies erhöht in der Regel das Prüfungsrisiko. Wichtig ist auch zu erkunden, ob ein offizielles (oder inoffizielles) Vorschlagsrecht der Prüflinge für die Prüfer besteht. Immer wieder gibt es auch Prüfer und Prüferinnen, die eine besonders hohe Durchfallquote als Zeichen hoher Qualität und nicht etwa schlechter Lehre werten. Wie die Prüfungen vor Ort gehandhabt werden, sollte bei der Fachschaft des Studienganges erkundet werden. Dort sind auch Tipps zur Prüfungstaktik und/oder zu bestimmten Eigenarten der Prüfer erhältlich.

Neben der Urkunde zur Graduierung z.b. als Magister, Diplom-Soziologe oder Bachelor of Arts (B.A.) wird ein Zeugnis ausgegeben, in dem die einzelnen Prüfungsleistungen aufgeführt sind. Für Absolventinnen und Absolventen von Bachelorstudiengängen gibt es ein Diploma Supplement, auch in englischer Sprache, das neben den Prüfungs- und Studienleistungen einen Kurzüberblick über das deutsche Hochschulwesen enthält, damit bei einer Bewerbung im Ausland der erworbene Abschluss richtig eingeordnet werden kann.

3.4 Beratung – im Dschungel der Ratgeber

Erfahrene Berater wissen, dass sich viele in das Abenteuer Studium stürzen, ohne Erkundigungen über die geistigen Ströme, die ihren Weg kreuzen werden, die Fallgruben der Prüfungsordnungen oder die Klippen studentischer Wohnungsnot eingeholt zu haben. Dabei gibt es eine Vielzahl offizieller und selbsternannter Ratgeber. In der Schule kommen die meisten mit der **Berufsberatung** der *Bundesagentur für Arbeit* in Kontakt. Doch noch zu wenige nutzen die Möglichkeit, sich kostenlos berufsbezogene Informationen zu besorgen oder ein berufskundliches Dokumentationszentrum aufzusuchen. Auch der Internetauftritt der *Bundesagentur für Arbeit* sollte genutzt werden. Während des Studiums bieten die an einer Reihe von Hochschulorten bestehenden **Hochschulteams** – oft in Zusammenarbeit mit der örtlichen Studienberatung – berufskundliche Diskussionsforen und praktische Seminare (z.B. Bewerbungstraining) an. Da nach dem Studium die Bundesagentur erneut auf den Plan tritt, sei es als Vermittler einer Arbeitsstelle oder von Fortbildung oder Umschulung, ist es ratsam, sich bereits in der Examensphase Rat und Information zu Angeboten und Möglichkeiten zu holen.

In der Hochschule ist die **Allgemeine Studienberatung** (Zentrale Studienberatung) die sinnvolle erste Anlaufstelle. Ihr Vorteil besteht darin, dass sie nicht wie die beratenden Sachbearbeiter der Zulassungsstelle, des Prüfungsamts oder der BAFöG-Abteilung zugleich Entscheidungen trifft. Ihre Mitarbeiterinnen und Mitarbeiter wissen über die verschiedensten Bereiche des Studiums Bescheid und sind geschult im Umgang mit psychosozialen Problemen. Die Allgemeine Studienberatung bietet eine orientierende und umfassende Beratung. Sie dient als Wegweiser durch die vielfältig gegliederte Institution Universität.

Zur Klärung von fachlichen Detailfragen wird es nötig sein, sich an dezentrale Stellen zu wenden: die **Studienfachberatung**, die von Angehörigen des Lehrkörpers (Professoren, akademische Mitarbeiter) und von den Fachschaften (studentische Interessenvertretung des Faches) wahrgenommen wird.

In Prüfungsfragen ist es sinnvoll, Informationen vom zuständigen **Prüfungsamt** (oder Prüfungsausschuss) einzuholen. Im Falle der klassischen Staatsprüfungen (Lehramt) gehören die Prüfungsämter nicht zur Hochschule, sondern sind staatliche Dienststellen, die oft auch örtlich von der Hochschule getrennt sind. Bei den Bachelorstudiengängen mit Lehramtsoption sind die Hochschulen zuständig.

Für psychische Probleme, seien sie durch das Studium selbst entstanden oder im Privatleben aufgebrochen, gibt es **Psychotherapeutische Beratungsstellen**, die in der Regel den Studentenwerken angegliedert sind. Aber auch bei Problemen Arbeitsproblemen, z.B. Schwierigkeiten wissenschaftliche Texte zu verfassen, gibt es Hilfe durch die an einer Reihe von Hochschulen bestehenden Schreibzentren oder Studierwerkstätten.

 Ein Schreibtrainer für wissenschaftliches und berufliches Schreiben ist im Internet unter www.uni-due.de/schreibwerkstatt/trainer zu finden.

Im Studentenwerk ist auch die für **Ausbildungsförderung (BAföG)** zuständige Abteilung zu finden. Viele Studentenwerke verfügen darüber hinaus über eine **Sozialberatungsstelle**, die auch über andere Stipendiengeber, Wohngeld, Sozialhilfe usw. Bescheid weiß.

Für das schwierige Problem, wie eine Wohnung oder ein Zimmer zu bekommen sind, gibt es Hilfestellung bei der **Wohnungs- und Zimmervermittlung** beim Allgemeinen Studentenausschuss (AStA) oder Studentenwerk. Die **Wohnheimverwaltung** des Studentenwerks vergibt die Zimmer in den Studentenwohnheimen.

Schließlich sind alle, die schon länger an der Hochschule studieren und ihre Erfahrungen gemacht haben, eine gute Auskunftsquelle. Hierbei sollte aber beachten werden, dass Erfahrungen je nach eigenem Weltbild und Wertsystem unterschiedlich bewertet werden. Die simple Frage, ob etwas gut oder schlecht sei, kann ohne vorherige Klärung, was denn wohl als „gut" und was als „schlecht" anzusehen ist, nicht beantwortet werden. Auch möge sich jeder, der auf den Ratschlag anderer hört oder hören möchte, fragen, ob der Ratgeber eventuell eigene Interessen (hochschulpolitische, arbeitsmäßige usw.) mit seinem Rat verfolgt. Schließlich ist dringend darauf hinzuweisen, dass sich in der Hochschullandschaft (z.B. Prüfungsordnungen) ständig vieles verändert. Ratschläge, die vor einem Jahr noch gut und brauchbar waren, können inzwischen durch rechtliche oder organisatorische Änderungen überholt sein. Viele Informationen rund um das Studium bietet das Internetportal www.studis-online.de, u.a. fachbezogene Foren zu Themen wie Studienwahl, Studienplatztausch, Wohnen, Geld usw.

 Literaturhinweise

Centrum für Hochschulentwicklung (CHE), Hennings, Mareike: Indikator im Blickpunkt: Das Teilzeitstudium. Auswertung aus dem CHE-Hochschulranking. Gütersloh, Dezember 2006 (als Download unter www.che.de/downloads/Indikator_Teilzeitstudium.pdf erhältlich)

Becher, Stephan: Schnell und erfolgreich studieren. Organisation, Zeitmanagement, Arbeitstechniken. 3. überarbeitete und aktualisierte Auflage. Eibelstadt: Lexika-Verlag, 2008.

Bünting, Karl-Dieter; Bitterlich, Axel; Pospiech, Ulrike: Schreiben im Studium: mit Erfolg. Ein Trainingsprogramm mit CD-ROM. 5. Auflage. Frankfurt am Main: Cornelsen/Scriptor Verlag, 2006.

Metzig, Werner; Schuster, Martin: Prüfungsangst und Lampenfieber. Verhaltenstipps für Prüfungssituationen. 2. aktualisierte Auflage. Berlin: Springer Verlag, 2006.

Peters-Kühlinger, Gabriele; John, Friedel: Soft Skills. Freiburg: Haufe Verlag, 2008.

Rossig, Wolfram; Prätsch, Joachim: Wissenschaftliche Arbeiten. Leitfaden für Haus- und Seminararbeiten, Bachelor- und Masterthesis, Diplom- und Magisterarbeiten, Dissertationen. 7. erweiterte Auflage. Achim: BerlinDruck, 2008.

Rost, Friedrich: Lern- und Arbeitstechniken für das Studium. 5. durchgesehene Auflage. Wiesbaden: VS Verlag, 2008.

> Schlichte, Klaus: Einführung in die Arbeitstechniken der Politikwissenschaft. Wiesbaden: VS Verlag, 2005.
> Weiß, Hans-Joachim: Prüfungsangst. Wie entsteht sie? Was richtet sie an? Wie begegne ich ihr? 2. Auflage. Eibelstadt: Lexika-Verlag, 1997.

4 Studienfinanzierung

Über die wirtschaftliche und soziale Lage der Studierenden werden regelmäßig vom Deutschen Studentenwerk (DSW) Erhebungen in Auftrag gegeben. Derzeit liegen die Ergebnisse der 18. Sozialerhebung vor, die auf einer Befragung im Sommersemester 2006 basiert. Einige wichtige Ergebnisse der Sozialerhebung sind:

- Die meisten Studierenden bestreiten ihren Lebensunterhalt aus mehreren Finanzierungsquellen, in der Regel zwei oder drei. Die durchschnittlichen Gesamteinnahmen pro Monat haben sich von 703 Euro im Jahr 2000 auf 770 Euro im Jahr 2006 erhöht. Die Spannweite ist allerdings groß und ein Drittel der Studierenden muss mit weniger als dem von der Rechtssprechung entwickelten Bedarfssatz von 640 Euro /Monat auskommen.
- Wichtigste Finanzierungsquelle für das Studium ist nach wie vor die Unterstützung durch das Elternhaus, gefolgt von Mitteln aus eigener Erwerbstätigkeit und Mitteln aus dem Bundesausbildungsförderungsgesetze (BAföG). 2006 zahlten bei 90 % der Studierenden die Eltern eine Unterstützung, wobei die Tendenz gegenüber dem Jahr 2000 steigend war. Von 1991 bis 2006 erhöhte sich der Elternanteil an den monatlichen Einkünften der Studierenden von knapp 45 % auf 52 %. Durchschnittlich erhielten die Studierenden 448 Euro im Monat von ihren Eltern. Dabei ist allerdings zu berücksichtigen, dass durch Kindergeld und steuerliche Freibeträge ein Teil der Unterstützungsleistung wieder hereinkommt (staatliche Transferleistung). Nicht überraschen kann, das bei Studierenden aus niedrigen sozialen Schichten die Unterstützung durch die Eltern nur 29 % des Monatsbudgets ausmacht (BAföG 32 %, eigener Verdienst 29 %) während Studierende aus hohen sozialen Schichten 65 % ihres Monatsbudgets von den Eltern erhalten (BAföG 6 %, eigener Verdienst 20 %). Der Anteil der Studierenden, die ihr Budget durch eigenen Verdienst aufbessern, ist von 63 % (2003) auf 60 % (2006) leicht zurück gegangen. Auch die hinzu verdiente Summe ist von

durchschnittlich 325 Euro /Monat auf 308 Euro /Monat gesunken. Es kann vermutet werden, dass dieses erste Auswirkungen der neuen Studienstruktur sind, die Erwerbsarbeit während des Studiums oftmals erschwert.
- Nachdem der Anteil der durch das Bundesausbildungsförderungsgesetz unterstützten Studierenden von 1991 (33 %) bis 1997 (19 %) ständig zurückgegangen ist, steigt er seitdem wieder an und lag 2006 bei knapp 29 %.
- Der größte Ausgabenposten ist nach wie vor die Wohnung, die mindestens ein Drittel des verfügbaren Einkommens verschlingt. 2006 mussten hierfür im Durchschnitt 266 Euro /Monat aufgewendet werden. Am preisgünstigsten war das Wohnheim mit durchschnittlich 201 Euro/Monat, gefolgt von der Untermiete (234 Euro/Monat), der Wohngemeinschaft (246 Euro/Monat) und der Wohnung mit Partner (292 Euro/Monat). Teuer kam die allein bewohnte eigene Wohnung (316 Euro/Monat). Auch der Wohnort hat einen großen Einfluss auf die Miete. So waren in München durchschnittlich 336 Euro monatlich für Miete und Nebenkosten aufzubringen, in Chemnitz nur 199 Euro. Die Ausgaben für Lernmittel (z.B. Fachliteratur, Computerzubehör) beliefen sich mit starken fachspezifischen Schwankungen auf durchschnittlich 35 Euro/Monat, wobei die Sozialwissenschaften hier eher günstig abschneiden. Für Fahrtkosten fielen ca. 82 Euro/Monat an. Bei diesem Posten zahlen Studierende mit eigenem Auto deutlich mehr (116 Euro) als Studierende, die öffentliche Verkehrsmittel benutzen (35 Euro), zumal es an vielen Orten das günstige Semesterticket gibt. Hinzu kommen Ausgaben für Ernährung, Kleidung, Freizeit, Kultur, Sport, Kommunikation (z.B. Telefon, Internet) sowie Gesundheit (z.B. Krankenversicherung, Medikamente).

Die monatlichen Lebenshaltungskosten dürften für Studierende, die nicht bei den Eltern wohnen, um ca. 680 bis 780 Euro liegen. Wer allerdings eine günstige Unterkunft hat, kommt billiger weg. Für Studierende gibt es auch zahlreiche Ermäßigungen in Museen und kulturellen Einrichtungen. Selbst eine Befreiung von den Rundfunk- und Fernsehgebühren ist über das Sozialamt möglich. Fürs Reisen lohnt sich, einen Internationalen Studentenausweis zu erwerben, der z.B. Flugreisen verbilligt.

Dennoch: Die finanzielle Lage für Studierende ist, sofern sie nicht aus begütertem Elternhaus kommen oder selbst über Einkommen und Vermögen verfügen, nach wie vor schwierig. Studierende aus weniger wohlhabenden und bildungsfernen Schichten sind daher weiter unterrepräsentiert. Nur 17 % der an Universitäten Studierenden gaben 2006 die berufliche Stellung des Vaters mit Arbeiter an (zumeist Facharbeiter), dagegen hatten 43 % Angestellte als Väter (zumeist in gehobener

Position), 19 % Beamten und 21 % Selbstständige bzw. Freiberufler. Auch bei der Betrachtung des höchsten Schulabschlusses der Eltern wird die anhaltende soziale Schieflage deutlich: War 1985 in 36 % der Elternhäuser von Studierenden als höchster Bildungsabschluss ein Hochschulabschluss anzutreffen, so war dies 2006 in 51 % der Fall.

 Mehr Informationen über die aktuelle soziale Lage der Studierenden sind unter der Internetadresse www.sozialerhebung.de erhältlich.

4.1 BAföG – was der Staat finanziert

Seit der BAföG-Reform 2001 steigt die Zahl der geförderten Studierenden wieder. Im Jahr 2006 erhielten 29 % eine finanzielle Unterstützung nach dem Bundesausbildungsförderungsgesetz, in den neuen Bundesländern übrigens deutlich mehr als in den alten. Die maximale Förderung beträgt derzeit (2008) 414 Euro/Monat für bei den Eltern wohnende Studierende und 512 Euro für Studierende mit eigener Wohnung. Hinzu kommt ein Zuschlag für die Kranken- und Pflegeversicherung von 59 Euro (ab SoSe 2009: 64 Euro) und ggf. ein nachweisabhängiger Wohnzuschlag bei eigener Wohnung von 72 Euro (bei einer Miete über 146 Euro). Für Studierende mit Kindern kommt noch ein Kinderbetreuungszuschlag von 113 Euro für das erste Kind und 85 Euro für jedes weitere hinzu. Allerdings erhalten längst nicht alle Geförderten den Höchstbetrag. Der durchschnittliche Förderungssatz lag 2007 bei 375 Euro, was deutlich macht, dass viele mit wesentlich geringeren Zuschüssen auskommen müssen. Gut 61 % der Geförderten erhielt lediglich eine Teilförderung. Neben einer Ausbildung im Inland kann nach § 5 und § 16 des Bundesausbildungsförderungsgesetzes auch unter bestimmten Bedingungen eine Ausbildung im Ausland gefördert werden. Dabei gibt es Zuschläge zum Bedarf für Studiengebühren, Fahrtkosten, Krankenversicherung und höhere Lebenshaltungskosten. Insgesamt ist damit die Förderung nach dem Bundesausbildungsförderungsgesetz (kurz BAföG) die wichtigste Finanzierungsquelle für Studierende aus weniger begüterten Elternhäusern.

Nach § 1 des Gesetzes hat derjenige einen Rechtsanspruch auf individuelle Ausbildungsförderung, dem für eine seiner Neigung, Eignung und Leistung entsprechende Ausbildung die erforderlichen Mittel für den Lebensunterhalt anderweitig nicht zur Verfügung stehen. Diese allgemeine, zunächst viel versprechend klingende Aussage hat bei näherem Hinsehen aber ihre Einschränkungen.

- Gefördert werden in der Regel Deutsche und EU-Ausländer. Andere Ausländer, Asylberechtigte und Aufenthaltsberechtigte können ebenfalls bei Erfüllung bestimmter, in § 8 definierter Voraussetzungen, gefördert werden. Gleiches gilt für Kinder von ausländischen Staatsbürgern, wenn zumindest ein Elternteil bereits längere Zeit in Deutschland wohnt und arbeitet.
- Eine weitere Einschränkung ist das Alter. Nur wer bei Beginn des Studiums das 30. Lebensjahr noch nicht vollendet hat, kann in der Regel Geld erhalten. Ausnahmen gibt es z.b. für Studieninteressenten, die das Abitur auf dem zweiten Bildungsweg erworben haben, oder solche, die durch persönliche (z.b. Krankheit) oder familiäre Gründe (z.b. die Erziehung von Kindern) vom früheren Studienbeginn abgehalten wurden (vgl. § 10 BAföG). Auch für Opfer politischer Verfolgung in der DDR gibt es eine Ausnahmeregelung (§ 60 Nr.1). Ob eine Ausnahmesituation vorliegt, ist in der BAföG-Beratung zu klären.
- Die Eignung für ein Studium wird bei Vorliegen einer Hochschulzugangsberechtigung zunächst einmal unterstellt. Allerdings ist spätestens zu Beginn des fünften Fachsemesters eine Eignungsbescheinigung vorzulegen, um weiter gefördert zu werden. Sieht der Studiengang eine Zwischenprüfung schon vor diesem Termin vor (z.b. nach dem zweiten oder dritten Fachsemester), so ist die Eignungsbescheinigung bereits dann vorzulegen.(vgl. § 9, § 48 BAföG).
- Schließlich ist generell zu prüfen, ob die Mittel für den Lebensunterhalt nicht anderweitig, durch Eltern oder Ehegatten, zur Verfügung gestellt werden können. Das Gesetz sieht verschiedene Freibeträge für das Einkommen und das Vermögen der Eltern vor. Übersteigende Beträge werden teilweise auf den Höchstförderungssatz angerechnet, bis sich dieser auf Null reduziert und damit der BAföG-Anspruch entfällt. In einigen Fällen wird auch elternunabhängig gefördert, d.h. das Einkommen der Eltern wird nicht berücksichtigt. Hierzu gehören z.b. über 30jährige Studienanfänger mit Erwerb der Hochschulreife über den Zweiten Bildungsweg oder Studienanfänger, die bereits mehrere Jahre berufstätig waren. Die Berechnung eines Förderungsbetrags an Hand der individuellen Einkommensverhältnisse ist kompliziert, so dass hier nur auf die angegebenen Informationsquellen und Beratungsstellen verwiesen werden kann.
- Wichtig ist, dass in der Regel nur für ein Studium Ausbildungsförderung geleistet wird. Ein Zweitstudium wird nur in wenigen Ausnahmen gefördert (vgl. § 7 BAföG), ein Drittstudium überhaupt nicht. Ob ein Ausnahmetatbestand vorliegt, kann durch einen Vorabbescheid geklärt werden.
Auch der Wechsel des Studienfachs während des Studiums führt leicht zum Verlust der BAföG-Zahlungen. Nach einem Fachrichtungswechsel (§ 7 Abs. 3 BAföG) wird Ausbildungsförderung für das neue Studium nur geleistet, wenn ein wichtiger Grund (Wechsel bis zum Ende des 4. Fachsemesters) oder ein

Studienfinanzierung

unabweisbarer Grund (Wechsel ab 5. Fachsemester) dafür gegeben war. Bei einem erstmaligen Fachrichtungswechsel bis zum Beginn des dritten Fachsemesters wird dieser wichtige Grund in der Regel vermutet, d.h. im ersten Studienjahr ist ein Wechsel noch relativ einfach möglich. Danach wird es schwierig und es sollte unbedingt vor dem Wechsel eine vom BAföG-Amt unabhängige Beratungsstelle (z.B. die AStA-Sozialberatung) in Anspruch genommen werden. Wichtige bzw. unabweisbare Gründe sind übrigens auch dann nachzuweisen, wenn für das ursprüngliche Studium gar kein BAföG-Antrag gestellt wurde.
Ebenfalls zu bedenken ist, dass insbesondere bei einem Wechsel in einem höheren Fachsemester die bisherigen Semester nicht voll angerechnet werden und sich damit das Studium verlängert. In diesem Fall wird selbst bei Anerkennung eines wichtigen bzw. unabweislichen Grundes die zusätzlich notwendige Zeit nur als Bankdarlehen gewährt.

- Ein Masterstudium wird nur nach einem Bachelorabschluss gefördert, wenn er fachlich in derselben Richtung weiterführt, d.h. auf dem Bachelorstudium aufbaut. Die Hochschulen weisen solche Masterstudiengänge als konsekutive Studiengänge aus. Ein Masterstudium nach einem traditionellen Diplom-, Magister- oder Staatsexamen wird in der Regel nicht gefördert. Ebenso ist eine Förderung zumeist nicht möglich, wenn zu Beginn des Masterstudiums das 30. Lebensjahr überschritten wurde.
- Wer die Höchstförderungsdauer (Regelstudienzeit) überschreitet, aber bereits zum Examen angemeldet ist, kann bis zu 12 Monate eine Hilfe zum Studienabschluss bekommen (§ 15 Abs. 3a BaföG)
- Seit 1990 sind die BAföG-Zahlungen nicht mehr voll, sondern nur noch zu 50 % zurückzuzahlen. Außerdem ist mit der BaföG-Reform der maximal zurück zu zahlende Betrag auf 10.000 Euro begrenzt worden (geförderte Ausbildungen ab 28.2.2001). Das Darlehen wird zinslos gewährt. Bei schnellem Studium und/oder einem gutem Examen wird ein Teil des Darlehens erlassen. Bei Rückzahlung einer höheren Summe auf einen Schlag können weitere Beträge gespart werden. Da die Rückzahlungsverpflichtung in der Regel erst fünf Jahre nach Ende der Regelstudienzeit beginnt und bei geringem Einkommen ausgesetzt wird, sollte sich niemand scheuen, diese staatliche Unterstützung in Anspruch zu nehmen.

 Eine überschlägige Berechnung möglicher BAföG-Leistungen ist mit dem BAFÖG-RECHNER unter www.bafoeg-rechner/de möglich. Dort findet sich auch ein Studienfinanzierungsrechner, in dem alle monatlichen Ausgaben und Einnahmen bilanziert werden können.

Da die Bestimmungen des Gesetzes und der dazu erlassenen Verordnungen kompliziert sind, es im Einzelfall auch um Ermessensspielräume gehen kann, sind Detailfragen direkt mit den jeweils zuständigen Ämtern für Ausbildungsförderung (in der Regel beim Studentenwerk angesiedelt), zu klären. Oft gibt es auch beim Sozialreferat des Allgemeinen Studentenausschusses (AStA) gute Tipps. Einige Studentenwerke haben unabhängig von der BAFöG-Abteilung arbeitende Sozialberatungsstellen eingerichtet, die über weitere finanzielle Unterstützungsmöglichkeiten Bescheid wissen. Manchmal kann auch die Zentrale Studienberatung weiterhelfen.

Die Adressen der Studentenwerke und ihrer Bafög-Abteilungen sind im Internet unter der Adresse www.studentenwerke.de zu finden. Ausführliche Informationen für den individuellen Förderanspruch sind unter der Internetadresse www.das-neue-bafoeg.de zu finden.

Wer mit dem Bafög nicht auskommt, weil beispielsweise teure Studienmaterialien gekauft werden müssen oder eine kostspielige aber vorgeschriebene Exkursion ansteht, der kann für bis zu 24 Monate einen Bildungskredit von monatlich 300 Euro von der Kreditanstalt für Wiederaufbau (KfW bekommen. Voraussetzung ist aber, dass mindestens bereits eine Zwischenprüfung vorliegt. Auch Studierende eines Masterstudiengangs können diesen Kredit bekommen. Der Antrag ist an das Bundesverwaltungsamt, 50728 Köln zu richten.

Informationen zum Bildungskredit unter:
www.bildungskredit.de

4.2 Förderwerke und Stiftungen – wer unterstützt mich?

Neben der BaföG-Förderung vergeben die Begabtenförderungswerke Stipendien für das Studium und zur Promotion. Die 11 Einrichtungen stehen zumeist Parteien, Kirchen, Gewerkschaften oder Arbeitgeberverbänden nahe. Neben den Stipendien, die auch ein Büchergeld enthalten, ist der Vorteil dieser Einrichtungen, dass sie die Studierenden mit Kollegs, Tagungen, Seminaren, Praktika, Auslandsaufenthalten usw. zusätzlich fördern. In der Regel gibt es an den jeweiligen Hochschulen Vertrauensdozentinnen bzw. –dozenten, die sich um die Stipendiaten kümmern. Außerdem ist der Zugang zum Ehemaligennetzwerk der Einrichtungen nicht zu unterschätzen. Die Anschriften der Begabtenförderungswerke sind im folgenden aufgeführt:

Studienstiftung des Deutschen Volkes
Ahrstr. 41, D-53175 Bonn
Telefon: (02 28) 82096-0, Fax: (02 28) 82096-103
mailto: info@studienstiftung.de
Internet: www.studienstiftung.de
(Keine Selbstbewerbung, es bedarf eines Vorschlags z.b. durch die Schule, durch einen Hochschullehrer oder einen Fachbereich. Einige Universitäten haben Studienstiftungsstipendiaten von den Studiengebühren befreit)

Friedrich-Ebert-Stiftung
Godesberger Allee 149, D-53175 Bonn
Telefon: (02 28) 883-0, Fax: (02 28) 883-697
mailto: stipendien@fes.de
Internet: www.fes.de/studienfoerderung
(Nähe zur SPD. Selbstbewerbung. Auswahlkriterien, Auswahlverfahren und Fristen sowie Bewerbungsformulare im Internet. Stipendium zur Probe für Erstsemester aus einkommensschwachen Familien oder mit Migrationshintergrund.)

Konrad-Adenauer-Stiftung
Rathausallee 12, D-53757 St. Augustin
Telefon: (0 22 41) 246-2281, Fax: (0 22 41) 246-2573
mailto: Angelika.Beuth@kas.de
Internetwww.kas.de/begabtenfoerderung
(Nähe zur CDU. Selbstbewerbung. Auswahlkriterien, Auswahlverfahren und Fristen sowie Bewerbungsformulare im Internet.)

Friedrich-Naumann-Stiftung für die Freiheit
Begabtenförderung
Karl-Marx-Str. 2, D-14482 Potsdam-Babelsberg
Telefon: (0331) 7019-349, Fax: (0331) 7019-222
mailto: mohammad.shahpari@fnst.org oder begabtenfoerderung@fnst.org
Internet: www.fnst.de (Link: Stipendien)
(Nähe zur FDP. Selbstbewerbung. Auswahlkriterien, Auswahlverfahren und Fristen sowie Bewerbungsformulare im Internet.)

Hanns-Seidel-Stiftung
Förderungswerk
Lazarettstraße 33, D-80636 München
Telefon: (0 89) 1258-0, Fax: (0 89) 1258-403
mailto: info@hss.de
Internet: www.hss.de/studienfoerderung.shtml
(Nähe zur CSU. Selbstbewerbung. Auswahlkriterien, Auswahlverfahren und Fristen sowie Bewerbungsformulare im Internet.)

Heinrich-Böll-Stiftung
Studienwerk
Schumannstr. 8, D-10117 Berlin
Telefon: (0 30) 28534-0, Fax: (0 30) 28534-409
mailto: studienwerk@boell.de
Internet: www.boell.de (Link Stipendien)
(Nähe zu Bündnis 90 / DIE GRÜNEN. Selbstbewerbung. Auswahlkriterien, Auswahlverfahren und Fristen sowie Bewerbungsformulare im Internet.)

Rosa-Luxemburg-Stiftung
Studienwerk
Franz-Mehring-Platz 1, D-10243 Berlin
Telefon: (030) 44310-223, Fax: (030) 44310-188
mailto: studienwerk@rosalux.de
Internet: www.rosalux.de (Link Stipendienprogramm)
(Nähe zur PDS. Selbstbewerbung. Auswahlkriterien, Auswahlverfahren und Fristen sowie Bewerbungsformulare im Internet.)

Hans-Böckler-Stiftung
(Studien- und Mitbestimmungsförderungswerk des DGB)
Hans-Böckler-Sraße 39, D-40476 Düsseldorf
Telefon: (0211) 7778-0, Fax: (0211) 7778-120
mailto: Dietrich-Einert@boeckler.de
Internet: www.boeckler.de/studienfoerderung
(Selbstbewerbung. Auswahlkriterien, Auswahlverfahren und Fristen sowie Bewerbungsformulare im Internet. Böckler Aktion Bildung für Familien, die sich ein Studium ihrer Kinder nicht leisten können)

Stiftung der deutschen Wirtschaft
Studienförderwerk Klaus Murmann
Breite Straße 29, D-10178 Berlin
Telefon: (030) 2033-1540, Fax: (030) 2033-1555
mailto: studienfoerderwerk@sdw.org
Internet: www.sdw.org/studienfoerderwerk
(Selbstbewerbung. Auswahlkriterien, Auswahlverfahren und Fristen sowie Bewerbungsformulare im Internet.)

Cusanuswerk
(Bischöfliche Studienförderung, katholisch)
Baumschulallee 5, D-53115 Bonn
Telefon: (0228) 98384-0, -08, Fax: (0228) 98384-99
mailto: info@cusanuswerk.de
Internet: www.cusanuswerk.de
(Vorschlag durch Schule oder Selbstbewerbung, katholische Konfession, Auswahlkriterien, Auswahlverfahren und Fristen sowie Bewerbungsformulare im Internet.)

Evangelisches Studienwerk e.V.
Haus Villigst
Iserlohner Straße 25, D-58239 Schwerte
Telefon: (02304) 755-196, Fax: (02304) 755-250
mailto: info@evstudienwerk.de
Internet: www.evstudienwerk.de
(Selbstbewerbung. Zugehörigkeit zu einer evangelischen Kirche, Auswahlkriterien, Auswahlverfahren und Fristen sowie Bewerbungsformulare im Internet)

 Ein schneller Überblick (mit Links) über die Begabtenförderungswerke ist unter www.begabtenfoerderungswerke.de erhältlich.

Darüber hinaus gibt es noch eine Vielzahl von kleineren und größeren Stiftungen und Einrichtungen, die Stipendien vergeben. Oft sind diese Stipendien an das Studium eines bestimmten Faches und/oder an einer bestimmten Hochschule gebunden.

 Eine Übersicht über Förderprogramme in Form einer Datenbank wird gerade von e-fellows.net aufgebaut (www.e-fellows.net/forms/stipdb).

Auf die **Erziehungsbeihilfe** nach dem Bundesversorgungsgesetz (BVG) besteht ein gesetzlicher Anspruch. Sie hat Vorrang vor dem Bundesausbildungsförderungsgesetz und ist daher vor dem BAföG zu beantragen. Antragsberechtigt sind folgende Personengruppen:
- Kriegsbeschädigte, die eine BVG-Rente erhalten, für ihre Kinder;
- Waisen, die Rente oder Waisenbeihilfe nach dem BVG beziehen.

Sozialleistungen können behinderte und chronisch kranke Studierende bekommen, ebenfalls Studierende mit Kindern für die Kinder. Unter bestimmten Umständen ist auch die Gewährung eines Wohnkostenzuschusses nach § 22 Abs. 7 SGB II möglich. Bei einer Studienunterbrechung (z.B. Beurlaubung) kann Arbeitslosengeld II (ALG II) von arbeitsfähigen Studierenden beantragt werden. Beruht die Studienunterbrechung auf einer Krankheit, die arbeitsunfähig macht, kann nach SGB XII Hilfe zum Lebensunterhalt beantragen. Insgesamt sind die Regelungen recht rigide und es werden genaue Prüfungen der Einkommens- und Vermögensverhältnisse vorgenommen.

> **!** Die Sozialberatung der Studentenwerke oder der Allgemeinen Studentenausschüsse um Rat fragen. Hilfreiche Informationen finden sich auch auf der Internetseite der Koordinierungsstelle gewerkschaftlicher Arbeitslosengruppen (www.erwerbslos.de) und der Plattform www.studis-online.de/Studinfo (Link Geld+ BAföG).

Seit einiger Zeit gibt es auch spezielle **Studentenkredite** zur Bestreitung des Lebensunterhalts (Achtung: Nicht mit Studienbeitragsdarlehen, Ziffer 4.3 verwechseln). Durch das Presseecho ist insbesondere der Studienkredit der KfW-Foerderbank (www.kfw-foerderbank.de) bekannt geworden. Aber auch andere Geldinstitute wie z.B. die Deutsche Bank mit ihrem dbStudentenkredit oder die Citibank ziehen nach. Doch auch hier gilt wie so oft im Leben: Erst vergleichen und bewerten und dann entscheiden.

> **!** Im Internet steht unter www.che-studienkredit-test.de der Studienkredit-Test des Centrums für Hochschulentwicklung (2008) zum Download zur Verfügung. Aktuelle Konditionen der Anbieter sind unter www.studis-online.de/StudInfo/Studienfinanzierung/studiendarlehen.php zu finden.

Einige Gewitzte versuchen auch durch Teilnahme an Quizshows wie „Wer wird Millionär?" oder das Quiz mit Jörg Pilawa an Geld zu kommen. Interessant nicht nur wegen der Geldpreise sind auch Teilnahmen an Wettbewerben, insbesondere solchen, die mit dem Studium und/oder den Berufsvorstellungen in Verbindung stehen. Beispiel sind der Studierendenwettbewerb des Bundesministeriums des Innern, der Nachwuchswettbewerb des Art Directors Club oder auch der Aufsatzwettbewerb der japanischen Botschaft.

 Hinweise auf aktuelle Studentenwettbewerbe gibt es im Internet auf dem Studentenportal unter www.studserv.de/studium/wettbewerbe.php

4.3 Studiengebühren, Verwaltungskosten und mehr

Staat und Hochschulen sind gleichermaßen erfinderisch, wenn es darum geht, Studierende zur Kasse zu bitten. Bei den Hochschulen resultiert der Drang zum studentischen Portemonnaie aus der Tatsache, dass sie seit Jahren unterfinanziert sind. Bei den semesterweise anfallenden Kosten ist zu unterscheiden zwischen
- dem **Sozialbeitrag (Semesterbeitrag)**, den es schon lange gibt. Er dient zur anteiligen Finanzierung der Studentenwerke und ihrer studentenbezogenen Dienste (z.B. der Psychotherapeutischen Beratungsstellen). Ein Teilbetrag kommt der Studentenschaft (AStA, Studierendenräte usw.) zu Gute. In den letzten Jahren haben viele Studierendenvertretungen mit den örtlichen Verkehrsverbünden Semestertickets vereinbart, die freie Fahrt in der Region ermöglichen. Die Kostenpauschale hierfür wird ebenfalls mit dem Semesterbeitrag eingezogen. Ohne Semesterticket liegen die Beiträge etwa zwischen 50 Euro und 90 Euro, mit Semesterticket bei etwa 150 bis 190 Euro.
- den **Verwaltungskosten**, die nicht überall anfallen. Hiermit sollen die Kosten für das Immatrikulations- und Rückmeldeverfahren gedeckt werden. Die Verwaltungskosten liegen pro Semester bei 50 bis 75 Euro.
- den **allgemeinen Studiengebühren**, die inzwischen in einer Reihe von Bundesländern für die staatlichen Hochschulen eingeführt worden sind, gelegentlich auch wieder abgeschafft (Hessen) oder modifiziert (Hamburg) werden. Die staatlichen Stellen sprechen übrigens aus juristischen und kosmetischen Gründen von „Studienbeiträgen". Schon seit Jahren gibt es an den staatlichen Hochschulen der meisten Bundesländer Gebühren für Langzeitstudierende (Studierende, die die Regelstudienzeit ihres Studiengangs um mehrere Semester überschreiten) und in der Regel für das Seniorenstudium. Auch für Weiterbildungsstudiengänge mussten bereits Gebühren bezahlt werden und selbstverständlich haben die Privathochschulen von jeher Studiengebühren verlangt. Neu ist, nachdem

das Bundesverfassungsgericht ein entsprechendes Verbot des Hochschulrahmengesetzes aufgehoben hat, die Einführung von allgemeinen Studiengebühren für das Erststudium an staatlichen Hochschulen. Zum Wintersemester 2006/07 haben Bremen (nur für außerhalb Bremens Wohnende nach zwei Semestern), Niedersachsen und Nordrhein-Westfalen (Entscheidung trifft Hochschule) diese Gebühr eingeführt, Baden-Württemberg, Bayern und Hamburg (ab WS 08/09 nur 375 Euro und nach dem Studium zu zahlen) folgten im Sommersemester 2007, das Saarland hat sie für das Wintersemester 2007/08 angekündigt. Rheinland-Pfalz hat ein Studienkontenmodell. In Hessen wurden die Gebühren zum WS 2008/09 wieder abgeschafft. In den anderen Bundesländern ist die Diskussion noch nicht abgeschlossen. Zumeist sind 500 Euro pro Semester zu zahlen. Da die Regelungen außerordentlich unterschiedlich sind und in einer Vielzahl von Gerichtsverfahren überprüft werden, ist es notwendig, sich zeitnah zum Studienbeginn über die an der gewünschten Hochschule geltenden Regelungen zu informieren.

> **!** Eine aktuelle Übersicht ist unter der Internetadresse www.studis-online. de/StudInfo/Gebuehren zu finden. Außerdem enthält der hochschulkompass.de in seiner erweiterten Suchfunktion die Möglichkeit, gezielt nach Hochschulen ohne Studienbeitrag (Studiengebühren) zu suchen.

Da das Bundesverfassungsgericht in seinem Urteil, mit dem es Studiengebühren bzw. Studienbeiträge grundsätzlich für zulässig erklärt, auch Ausführungen zur sozialstaatlichen Verantwortung der zuständigen Länder gemacht hat, sind eine Reihe von Modellen für **Studienbeitragsdarlehen** entstanden. Die Darlehensmodalitäten unterscheiden sich von Land zu Land, einige strukturelle Merkmale sind jedoch allgemein verbreitet:
- die Darlehen sehen Altersgrenzen zu Beginn des Studiums bzw. der Darlehensbeantragung vor,
- das Darlehen wird nur begrenzte Zeit gewährt, in der Regel vier Semester über die Regelstudienzeit hinaus, wobei alle Hochschulsemester zählen (wichtig bei Fachwechsel),
- es gibt Schuldenobergrenzen und Zinsobergrenzen, deren Garantiezeiten aber genau betrachtet werden sollten,
- die Rückzahlung muss nicht sofort nach Studienabschluss erfolgen, sondern nach einer Karenzzeit von 18 Monaten (Bayern) bzw. 24 Monaten und ist an ein Mindestnettoeinkommen gekoppelt und

- die Bestimmungen zu den möglichen monatlichen Rückzahlungsraten variieren beträchtlich (Mindestrückzahlungsraten zwischen 20 und 50 Euro).

Im Einzelfall ist dann immer noch zu prüfen, ob eine Ausnahme- oder Härtefallregelung in Anspruch genommen werden kann.

 Erkundigungen bei der studentischen Sozialberatung (AStA, Studentenvertretung) über die Lage vor Ort einholen. Dort auch gezielt nach einschlägigen anhängigen Klageverfahren und Urteilen fragen.

 Literaturhinweise

BAföG- 2008
GEW-Handbuch für Schülerinnen und Schüler, Studentinnen und Studenten mit Gesetzestexten, Musterbriefen Berechnungsbeispielen und vielen Tipps. 21. Auflage, Schüren Verlag, Marburg. Erscheint nach jeder BAföG-Änderung neu, deshalb jeweils neueste Auflage beschaffen.

Siewert, Horst H.: Studieren mit Stipendien. Deutschland. Weltweit. 2. überarbeitete Auflage. Freiburg: interconnections Verlag, 2007.

Für Statistikfreaks
Statistisches Bundesamt, Bildung und Kultur, Fachserie 11, Ausbildungsförderung nach dem Bundesausbildungsförderungsgesetz (BAföG) 2007, Wiesbaden 2008 kostenlos zum Download im Netz bei www.destatis.de

5 Auslandsstudium

Wer ein Auslandsstudium ins Auge fasst, hat zunächst eine Menge Informationen zu besorgen. Nachdem feststeht, in welches Land es gehen soll, können die Grundinformationen zum Bildungs- und Hochschulwesen einschließlich der Zulassungsbedingungen zum Studium schnell und einfach dem Internetportal (www.daad.de) des **Deutschen Akademischen Austauschdienstes (DAAD)** entnommen werden. Dazu sind die „Informationen für Deutsche" aufzurufen, dann „Studienmöglichkeiten" und dem Link „Länderinformationen und Studienbedingungen" zu folgen, der zunächst zu einer Weltkarte führt. Nachdem der Kontinent und anschließend das Land gewählt wurde, erscheint die Informationsübersicht zum gewünschten Land. In der Übersicht sind nicht nur Kapitel zu Hochschulen, Studiensystem, Sprachvoraussetzungen, Studiengebühren, Lebenshaltungskosten usw. zu finden, sondern auch Erfahrungsberichte von Studierenden und Informationen zur finanziellen Förderung. Der Hochschulkompass der Hochschulrektorenkonferenz (www.hochschulkompass.de) enthält in der Rubrik „Internationale Kooperationen" alle Kooperationen deutscher mit ausländischen Hochschulen. Zumeist gibt es für jede Kooperation einen Ansprechpartner an der Hochschule, der über umfangreiche Informationen verfügt. Zentraler Anlaufpunkt ist auch das Akademische Auslandsamt (International Office) ihrer Hochschule. Spezielle Informationen können von der Botschaft des gewünschten Studienlandes eingeholt werden (z.B. Einreise- und Aufenthaltsbestimmungen).

Für den Einstieg in das Thema Auslandsstudium über www.daad.de „Infos für Deutsche" aufrufen und mit der Rubrik „Tipps vorab und allgemeine Hinweise" beginnen.

Je nach Interesse gibt es verschiedene Möglichkeiten eines Auslandsstudiums:

- **Ein volles Auslandsstudium inklusive Abschlussexamen.** Dies kommt insbesondere in den Fällen in Betracht, in denen ein entsprechendes Studienangebot bzw. eine entsprechende Studienspezialisierung in der Bundesrepublik Deutschland nicht besteht oder von vornherein Leben und Arbeiten in einem anderen Land angestrebt wird. Nach der Studienstrukturreform wird auch ein Masterstudium im Ausland nach einem in Deutschland erworbenen Bachelorgrad interessant.
- Ein zumeist **ein- oder zweisemestriger Studienaufenthalt** im Ausland, der das Studium in Deutschland unterbricht. Ein solches Auslandsstudium kommt in der Regel in einem fortgeschrittenen Studienabschnitt in Betracht. In den traditionellen Studiengängen wurden die Auslandssemester meist nach dem Vordiplom oder der Zwischenprüfung eingeschoben, im Bachelorstudiengang ist häufig das vierte und fünfte Fachsemester ein günstiger Zeitpunkt. In internationalen Studiengängen ist das Auslandsstudium im Studienplan fest vorgesehen. Bei den kurzen Masterstudiengängen sind Auslandssemester meist nur sinnvoll, wenn sie im Studienplan fest verankert, d.h. vorgeschrieben oder empfohlen sind oder für die Durchführung eines im Studium vorgesehenes Forschungsprojekts.

- Ein **Studienaufenthalt** im Ausland **während der Semesterferien**, der häufig der Verbesserung der Fremdsprachenkompetenz dient. Viele Hochschulen bieten dafür z.B. Sommercamps bzw. Sommerkurse an.
- Ein Auslandsstudium, das sich als **Vertiefungs- oder Spezialisierungsstudium** an das Examen in Deutschland anschließt, z.B. in Form eines Masterstudiums nach einem in Deutschland abgeschlossenen Bachelorstudium. Auch ein Promotionsstudium ist möglich.
- Schließlich können **Pflicht- und Wahlpraktika** im Ausland absolviert werden. Dies empfiehlt sich nicht nur bei Interesse an einer, ggf. zeitweiligen Berufstätigkeit im Ausland, sondern auch zur Erweiterung des Horizonts.

Neben den komplexen Zulassungsbedingungen, Sprachvoraussetzungen, Studienaufbau und Finanzierung sind insbesondere Fragen zur Anerkennung der im Ausland erbrachten Studien- und Prüfungsleistungen an der Heimathochschule nach wie vor kompliziert. Während dies im Rahmen der Europäischen Union mit dem vor dem Auslandsstudium abzuschließenden **Learning Agreement** einigermaßen abgesichert ist, wird in anderen Fällen die Kontaktaufnahme mit dem zuständigen Prüfungsamt bzw. Prüfungsausschuss unumgänglich sein. Eine Innovation ist die Einführung des European Credit Transfer System (ECTS), das die Anerkennung von ausländischen Studienzeiten und -leistungen verbessern soll. Fragen zu Einreise- und Aufenthaltsgenehmigungen sind ebenso zu klären wie die soziale Absicherung (Krankenversicherung, Unfallschutz). Daher sollte spätestens ein Jahr vor Beginn des beabsichtigten Aufenthalts im Ausland die heiße Phase des Informierens, Beantragens usw. eingeleitet werden.

> **!** Erste Anlaufstelle ist das Akademische Auslandsamt ihrer Hochschule. Dort erhalten sie alle Grundinformationen und werden ggf. weitergeleitet.
> Zusicherungen der Anerkennung von im Ausland erbrachten Studien- und Prüfungsleistungen sind immer schriftlich mit dem zuständigen Prüfungsamt zu vereinbaren.

Etwas einfacher ist alles, wenn die Heimatuniversität mit der ausländischen Hochschule einen Kooperations- oder Partnerschaftsvertrag abgeschlossen hat. Noch einfacher ist es, wenn im Rahmen eines integrierten Auslandsstudienprogramms studiert wird. Gute Möglichkeiten für gemeinsame Studienprogramme und ein Auslandsstudium bietet das von der Europäischen Gemeinschaft ins Leben gerufene SOKRATES-Programm (früher ERASMUS). Unter www.hochschulkompass. de und auf den Internetseiten der Akademischen Auslandsämter und der Institute für Soziologie bzw. Politikwissenschaft findet man in der Regel die ausländischen Partneruniversitäten. Fachliche Details sind in diesem Fall mit den Sokrates-Beauftragten der Fächer zu besprechen, die häufig die Partneruniversität und die dort Lehrenden durch Besuche kennen. Auch mit ausländischen Studierenden, die aus dem Land ihrer Wahl kommen, bietet sich ein Gespräch an. Neben den Akademischen Auslandsämtern haben auch die Ausländerreferate des AStA Kontakt zu diesem Studierendenkreis.

Wer weder in einem internationalem Programm noch im Rahmen einer universitären Partnerschaft studieren kann, hat außer den Hürden der Zulassung auch finanzielle Probleme zu bewältigen, da neben den Lebenshaltungskosten in vielen Ländern hohe Studiengebühren zu bezahlen sind. Hier helfen neben Stipendien die Finanzierungsmöglichkeiten über das Bundesausbildungsförderungsgesetz (BAföG). Es unterscheidet zwischen der Förderung eines Studiums in einem EU-Mitgliedstaat oder in einem Nicht-EU-Staat. Ein Studium in einem EU-Land oder der Schweiz kann von Anfang an und bis zum Abschluss gefördert werden. Für einen Studienaufenthalt außerhalb der EU ist Voraussetzung, dass bereits mindestens ein Jahr in Deutschland studiert wurde und zumindest eine teilweise Anrechnung des Auslandsstudiums auf das Studium in Deutschland erfolgt. Diese im BAföG als „Ausbildungsaufenthalte" bezeichneten Studien müssen eine Mindestdauer von sechs Monaten (ein Semester) bzw. bei Hochschulkooperationen von zwölf Wochen umfassen. Die maximale Förderungsdauer beträgt fünf Semester. Ebenfalls gefördert wird ein im Ausland durchgeführtes Pflichtpraktikum, wenn es mindestens zwölf Wochen umfasst.

> **!** Da für ein Auslandsstudium außerhalb der EU Zuschläge zum Bafög gezahlt werden, die erhöhte Lebenshaltungskosten bzw. Kaufkraftunterschiede abdecken sollen, kommen auch Studierende in den Genuss eines finanziellen Zuschusses, die in Deutschland wegen der Anrechnung des Elterneinkommens kein Bafög erhalten. Also nachfragen und nachrechnen.

Da ein Auslandsstudium politisch erwünscht ist und gefördert werden soll, wird die zusätzliche Auslandsförderung als Zuschuss geleistet. Seit 1999 wird ein Jahr Auslandsausbildung auch nicht mehr auf die Förderungshöchstdauer angerechnet. Schließlich können neben Reisekosten und Kosten einer Auslandskrankenversicherung auch anfallende Studiengebühren bis 4.600 Euro für maximal ein Jahr erstattet werden. Nähere Auskünfte erteilen die für BAföG-Angelegenheiten zuständigen Studentenwerke. Dabei ist zu beachten, dass für die Förderung eines Auslandsstudiums einzelne Studentenwerke bundesweit für bestimmte Staaten oder Teile eines

Kontinents zuständig sind. Welches Amt für ihr Wunschland zuständig ist, können sie bei ihrem Heimatstudentenwerk erfragen.

Zu guter Letzt: Selbstverständlich sind gute Kenntnisse der jeweiligen Landessprache unabdingbare Voraussetzung für ein erfolgreiches Auslandsstudium, sofern es sich nicht um ein englischsprachiges Studienprogramm handelt. In der Regel wird ein Sprachnachweis vor der Einschreibung von der ausländischen Hochschule verlangt. Wer lediglich einzelne Kurse (auch Sprachkurse) besuchen will, kann dies im Rahmen der an vielen ausländischen Universitäten angebotenen Sommerkursprogramme tun.

Literaturhinweise

Siewert, Horst H.: Studieren mit Stipendien. Deutschland, Weltweit. 2. überarbeitete Auflage. Freiburg: interconnections Verlag, 2007.

Reinders, Hayo; Moore, Nick; Lewis, Marilyn: The International Student Handbook. Palgrave Macmillan, 2008.

Troll, Susanne Gr.: Die Auslandsreise 2008. Arbeiten, Studieren und Lernen im Ausland. Alles über Arbeitsaufenthalt, Au-pair, Sprachreisen, Praktikum, Studienaufenthalt, Homestay, Erlebnisreisen im Ausland. 6. erweiterte Auflage. Berlin: Troll Verlag, 2008.

6 Exkurs Praktikum

Für Studierende der Soziologie bzw. Politikwissenschaften ist ein Praktikum häufig bereits in der Prüfungsordnung vorgeschrieben. Sinnvoll ist es allemal, vollzieht sich doch der Übergang in den Beruf gerade nach einem sozialwissenschaftlichen Studium in der Regel über soziale Netzwerke, die es rechtzeitig zu knüpfen gilt. Allerdings kann ein Praktikum sehr unterschiedlich aussehen. Um nicht mit reinen Hilfs- oder Büroarbeiten abgespeist zu werden, bedarf es der Klärung der eigenen Erwartungen, Interessen und Kompetenzen vor der Bewerbung. Wie sie diese Fragen für sich klären können, wie Praktika aufgespürt werden, worauf bei Bewerbung und Arbeitszeugnis zu achten ist, ist Thema dieses Exkurses.

Die in der letzten Zeit durch die Medien geisternde „Generation Praktikum" bezieht sich übrigens auf Praktika nach dem Studium in der Hoffnung, damit in den Beruf einzusteigen. Hier ist höchste Wachsamkeit geboten, um nicht in immer wieder neuen Warteschleifen nur Zeit zu vergeuden. Grundsätzlich sollten in dieser Phase auch keine unbezahlten Praktika gemacht werden.

> **!** Unter anderem über Rechte von Praktikanten und Bewertungen von Praktika informiert der von Hochschulabsolventen gegründete Verein fairwork e.V. (www.fairwork-verein.de). Auch das vom Deutschen Gewerkschaftsbund (DGB) verantwortete Portal www.dgb-jugend.de/studium enthält viele hilfreiche Informationen, darunter einen Überblick über örtliche Beratungsangebote und eine Online-Beratung.

Was sind meine Fähigkeiten und Interessen?

Der Einstieg in das Thema „Suche nach der Praktikumsstelle" beginnt mit einer Reihe von Fragen und selbstkritischen Prüfungen.

Am Anfang steht die Analyse der eigenen Stärken, Schwächen und Interessen. Dabei ist nicht nur an die fachliche Kompetenz oder zusätzliche Qualifikationen vom Beherrschen einer Fremdsprache über EDV-Kenntnisse bis hin zum Führerschein zu denken, sondern auch an persönliche Fähigkeiten wie Kommunikationsfreude, Redegewandtheit oder schnelles Zurechtfinden in ungewohnten Situationen. Persönlichen Qualifikationen werden nicht nur im Studium erworben. Vielmehr zählen hier Kenntnisse und Fähigkeiten aus den unterschiedlichsten sozialen Feldern wie beispielsweise Tätigkeit im Sportverein, einer Bürgerinitiative, im Modellbauzirkel, einer Kirchengemeinde oder auch im Aushilfsjob.

Die Analyse ihrer Fähigkeiten sollten Sie schriftlich machen, das zwingt zu größerer Präzision. Ein Fragebogen dafür ist am Ende dieses Exkurses abgedruckt. Wenn dann die Selbsteinschätzung noch mit Freundinnen oder Freunden diskutiert wird, kommen oft weitere wertvolle Hinweise dazu. Hilfreich sind auch Checklisten zur Selbst- und Fremdwahrnehmung, wie sie in Büchern zum Thema „Bewerbungstraining" zu finden sind (siehe Literaturhinweise).

Angehende Sozialwissenschaftler beginnen ihr Studium selten mit klar umrissenen beruflichen Zielen. Ihre Berufsfelder sind vielfältig und in der Regel nicht speziell auf ihr Studium zugeschnitten. Häufig konkurrieren Sie mit Studierenden anderer Studiengänge, sowohl um einen Praktikumsplatz als auch später bei der ersten

Arbeitstelle. Deshalb schon ein Rat: Lassen Sie sich nicht davon abschrecken, dass ein Praktikumsplatz für Studierende einer anderen Fachrichtung ausgeschrieben ist. Analysieren Sie vielmehr Anforderungen und Inhalte der angebotenen Tätigkeit und prüfen Sie, ob Sie diesen gewachsen sind. Wenn ja, dann bewerben Sie sich trotzdem. Dabei sind natürlich Ihre einschlägigen Qualifikationen in Bezug auf die definierten Anforderungen so präzise wie möglich darzustellen.

An welchem Ort soll das Praktikum stattfinden? Zwar werden die weitaus meisten Praktika am Studien- oder Heimatort gemacht, doch es ist durchaus interessant, die bekannten Regionen zu verlassen. Dabei taucht die kostenträchtige Frage der Unterbringung auf. Zum einen lohnt es sich, im Bekannten- und Verwandtenkreis herumzuhorchen, ob nicht darüber an eine unentgeltliche oder preiswerte Schlafstatt zu kommen ist. Zum anderen kann auch die Praktikumsinstitution gefragt werden, ob sie bei der Unterkunftssuche behilflich ist. Jugendherbergen, Zeltplätze oder die Ausleihe des elterlichen Wohnwagens dürften nur letzte Rettungsanker sein.

Erst wenn Sie die Selbstanalyse abgeschlossen haben und Klarheit über die eigenen Fähigkeiten und Wünsche herrscht, ist der Zeitpunkt der Suche nach einem Praktikumsplatz gekommen.

Praktikumsformen

Bei der Suche sollten Sie berücksichtigen, dass es unterschiedliche Arten von Praktika gibt. Im **Erfahrungspraktikum** oder **Orientierungspraktikum** geht es darum, Erfahrungen/Orientierungen in unbekannten sozialen Situationen und einen allgemeinen Einblick in den Alltag einer Praktikumsinstitution zu gewinnen. Oft führt ein solches Praktikum durch verschiedene Abteilungen/Bereiche einer größeren Einrichtung bzw. eines Betriebes. Die eigene Tätigkeit wird schwerpunktmäßig im Anlernbereich liegen und wenig Eigenständigkeit ermöglichen. Ein solches Praktikum erfordert eine systematische Vorbereitung in der sozialwissenschaftlichen Methode der teilnehmenden Beobachtung und eine Auswertung, die mit Lehrenden und/oder Studierenden diskutiert werden sollte.

Klassisch ist die Form des **Berufspraktikums**. Hier geht es darum, im Studium und/oder anderweitig erworbene Qualifikationen im Berufsalltag umzusetzen. Dabei ist darauf zu achten, dass zumindest ein Teil der Arbeit eigenständig erfolgt. Um das Praktikum optimal auszunutzen, kann in geeigneten Fällen ein auf den Zeitrahmen des Praktikums abgestimmtes Projekt vereinbart werden, das mit einer Zielvorgabe selbstständig bearbeitet wird. Diese Form der Arbeit wird zunehmend typisch für akademische Arbeitsplätze.

Ein Sonderfall des Berufspraktikums ist das **Forschungspraktikum**. Es ist geeignet für diejenigen, die ihre berufliche Zukunft in der Forschung sehen. Dabei kann der Praktikumsplatz innerhalb oder außerhalb der Hochschule liegen. Studierende mit dem Ziel Industrieforschung oder Forschung in marktwirtschaftlich operierenden Unternehmen (z.B. Markt- und Meinungsforschung) sollten allerdings ihr Forschungspraktikum außerhalb der Universität machen. Die Arbeitsbedingungen außerhalb der Alma mater sind nämlich trotz spürbarer Ökonomisierung der Hochschulen noch weitaus mehr von Zeitknappheit und Budgetrahmen bestimmt.

Von der Arbeitsorganisation wird zwischen **Blockpraktikum** und **studienbegleitendem Praktikum** unterschieden. Während im ersteren Fall in einem bestimmten Zeitraum (Block) täglich und mit der üblichen Arbeitszeit in der Praktikumsstelle zu arbeiten ist, wird im zweiten Fall eine Gesamtstundenzahl vereinbart, die im Rahmen des Praktikums abgearbeitet wird.

Wie komme ich zu einem Praktikumsplatz?

Die Wege zum Praktikumsplatz sind ebenso vielfältig wie verschlungen. Zunächst ist es sinnvoll, sich im Fachbereich zu erkundigen, ob es ein Praktikumsbüros oder einen Praktikumsbeauftragten gibt. Auch haben viele Hochschulen sogenannte Transferstellen, die sich auch um Wissenschafts- und auch Personaltransfer kümmern oder Career-Center. Beide Institutionen haben, ggf. in Zusammenarbeit mit der Bundesagentur für Arbeit, häufig Praktikumsangebote. Eine weitere Möglichkeit ist, sich an Berufsverbände zu wenden, die im angestrebten Tätigkeitsfeld aktiv sind, zum Beispiel den Berufsverband Deutscher Soziologinnen und Soziologen (BDS) oder den Berufsverband der Merkt- und Meinungsforscher. Auch die an manchen Universitäten vorhandenen gewerkschaftlichen Hochschul-Informations-Büros, die gute Kontakte zu Betriebs- und Personalräten pflegen, bieten Vermittlungsmöglichkeiten. Selbstverständlich ist bei einem beabsichtigten Auslandspraktikum das Akademische Auslandsamt (International Office) aufzusuchen. Da ein Auslandspraktikum besonderen Bedingungen unterliegt, ist ihm ein eigener Abschnitt weiter unten gewidmet.

Eine rasante Entwicklung haben in der letzten Zeit die Praktikumsbörsen im Internet genommen. Wenn Sie bei der Suchmaschine Google das Wort Praktikum eingeben, erhalten Sie seitenweise Hinweise auf Praktikumsbörsen und einzelne Praktikumsstellen. An dieser Stelle sei daher nur auf ein Portal aufmerksam gemacht, über das weitere Stellen- und Praktikabörsen im Netz erschlossen werden können, übrigens auch branchen- oder länderspezifisch.

Exkurs Praktikum 69

 Einen Einstieg in den Kosmos der Job- und Praktikabörsen ermöglicht www.stellenboersen.de. Dort sind u.a. auch internationale Stellenbörsen, die Bundesagentur für Arbeit, die entsprechenden Börsen überregionaler Tageszeitungen verlinkt, und es gibt eine Metasuchmaschine.

Wer über eine Praktikumsbörse fündig geworden ist, tut gut daran, sich auf der Homepage der jeweiligen Institution zusätzliche Informationen zu holen. Auch Unternehmen, Institutionen und Verbände haben ihre Praktikumsangebote auf ihrer Homepage. Interessant sind Erfahrungsberichte von Studierenden über ihre Praktika. So findet man im Netz die Erlebnisse beim Praktikum in einer Firma für Verkauf und Vermietung von Segelyachten auf Hawaii ebenso wie die bei der Bremer Landesorganisation der SPD. Insbesondere für Auslandspraktika können Netzrecherchen schnell und kostengünstig durchgeführt werden.

! Viele Praktikumsberichte, gegliedert nach Bereichen und Ländern, sind unter www.praktikanten.net, ein seit 1998 bestehendes nichtkommerzielles Internetprojekt, zu finden.

Neben dem elektronischen Netz soll das persönliche nicht vergessen werden. Persönliche Netzwerke, beispielsweise Verwandte, Bekannte, Freunde, Clubkameradinnen und -kameraden usw. müssen nur befragt werden. Eine gezielte Ansprache dieser Personen erbringt in der Regel nicht nur eine Fülle von nützlichen Informationen, sondern oft auch entscheidende Tipps oder Fürsprache. Auch die Freunde von StudyVZ, StayFriends oder Xing können weiterhelfen.

Bei der Bewerbung sind zwei Varianten zu unterscheiden:
- die Bewerbung auf eine ausgeschriebene Praktikumsstelle oder
- die Initiativbewerbung, ohne dass eine Praktikumsstelle angeboten wurde.

Zunächst zum ersten Fall. Hier gilt es, sorgfältig die eigenen Wünsche und vor allem das eigene Können mit der Ausschreibung zu vergleichen. Dabei sind soviel Informationen wie möglich über die Praktikumsstelle zu beschaffen. Wenn in der Ausschreibung ein anderes Fach verlangt wird, sollte das nicht unbedingt abschrecken. Studienwege können individuell gestaltet werden und daher können die geforderten Qualifikationen auch bei Studierenden anderer Fachrichtungen vorliegen.

Im zweiten Fall der Initiativbewerbung sind einige weitere Vorarbeiten zu leisten. Die schlichte Anfrage, ob „bei ihnen ein Praktikum möglich ist" wird – wenn überhaupt – zumeist mit einem ebenso schlichten „nein" beantwortet oder es wird, insbesondere bei größeren Firmen bzw. Verwaltungen, auf ein eingefahrenes Verfahren der Praktikumsbewerbung (oft mit Formblättern) verwiesen. Es gilt daher, wie bei der Bewerbung um einen Arbeitsplatz, das Interesse des „Praktikumsgebers" an der eigenen Person zu wecken. Dies setzt eine Recherche über die Aufgaben bzw. Produkte sowie die Organisation der ins Visier genommenen Praktikumsinstitution voraus. Danach kann dann eine Bewerbung erfolgen, in der die Nützlichkeit der eigenen Person für die Praktikumsinstitution und die hohe Motivation, gerade dort ein Praktikum machen zu wollen, in den Vordergrund gestellt wird.

Sonderfall Auslandspraktikum

Ein Praktikum im Ausland erfordert weitaus mehr Vorbereitungen als ein Inlandspraktikum. Dank E-Mail ist die Korrespondenz heute schnell und kostengünstig abzuwickeln, wenngleich meist nicht gänzlich auf den Postweg verzichtet werden kann. Reise-, Wohn- und Lebenshaltungskosten wollen bewältigt werden.

Der Deutsche Akademische Austauschdienst (DAAD) vergibt Reisekostenzuschüsse und in bestimmten Fällen auch Kurzstipendien für Auslandspraktika. Näheres, auch über weitere allgemeine oder universitätsspezifische Programme, ist im Akademischen Auslandsamt (Internationel Office) zu erfragen. Auch nach dem Bundesausbildungsförderungsgesetz (BAFöG) kann ein Praktikum gefördert werden. Es muss allerdings zwölf Wochen dauern und für die Ausbildung erforderlich sein (Pflichtpraktikum). Ob ein beabsichtigtes Auslandspraktikum gefördert wird, kann man durch einen Vorabentscheid feststellen lassen. In jedem Fall ist eine ausführliche Beratung durch eine BAFöG-Beratungsstelle angezeigt (siehe auch Abschnitt Studienfinanzierung).

Angebote für Auslandspraktika finden Sie in den oben genannten Praktikumsbörsen. Darüber hinaus gibt es Organisationen und Firmen, die für einzelne Länder oder Ländergruppen vermittelnd tätig sind. Die Vermittlungsbemühungen sind allerdings in der Regel mit Kosten verbunden. Eine Alternative ist, sich darüber zu informieren, welche Lehrenden zum Ausland intensive Kontakte pflegen (z.B. im Rahmen einer Hochschulpartnerschaft) und sich dort beraten zu lassen. Oft gibt es auch Auslandsbeauftragte in den Fakultäten/Fachbereichen/Fächern. Ebenfalls verbreitet sind studentische Initiativen, die fach- oder länderbezogen ihre Praktikumerfahrungen weitergeben.

Eine gute Informationsquelle für Auslandspraktika ist die 1948 gegründete und seit 1956 auch in Deutschland registrierte studentische Organisation Association Internationale des Etudiants en Sciences Economiques et Commerciales (AISEC), die durchaus auch für Sozialwissenschaftler mit beruflichen Interessen in Wirtschaftsunternehmen interessant ist. Sie verfügt über Ortsgruppen an fast allen Hochschulstandorten (www.aisec.de).

Schließlich studieren viele Ausländerinnen und Ausländer an unseren Universitäten. Sie einmal einzuladen und dabei auch über Praktikumsmöglichkeiten in ihrem Heimatland zu sprechen, ist keine schlechte Idee. Ebenso sind die in größeren Städten anzutreffenden länderspezifischen Freundschaftsgesellschaften eine gute Informationsquelle.

Unter www.laenderkontakte.de ist unter dem Link „Allgemeine Kontaktstellen" ein Verzeichnis der deutsch-internationalen Beziehungen mit entsprechenden Gesellschaften und vielfältigen anderen Institutionen zu finden.

Die nachfolgenden Tipps für die Bewerbung gelten grundsätzlich auch für ein Auslandspraktikum, wenngleich spezifische formale und kulturelle Bedingungen zusätzlich zu beachten sind (siehe auch Literaturhinweise).

Wie mache ich mich für ein Praktikum interessant?
In allen Fällen, in denen es nicht wie in Großinstitutionen Praktikantenprogramme (und entsprechende Betreuungskapazität) gibt, wird die Anfrage nach einem Praktikum zunächst unter dem Blickwinkel „macht zusätzliche Arbeit" betrachtet und dann oft abgeschmettert. Es kommt also darauf an, der anvisierten Praktikumsinstitution deutlich zu machen, welchen Vorteil sie von der Beschäftigung eines Praktikanten oder einer Praktikantin hat. Dazu ist es zunächst wichtig zu wissen, womit sich die Institution beschäftigt und wie sie organisiert ist. Hier können Jahres- oder Geschäftsberichte, Werbematerial und sonstige Selbstdarstellungen (auch im Internet) weiterhelfen. Diese können Sie von den Presse- oder Öffentlichkeitsstellen der Institution anfordern (eventuell von Freund/in anfordern lassen, wenn Sie selbst noch im Hintergrund bleiben möchten).

Wenn herausgefunden wurde, womit und mit welchem Ziel sich die Praktikumsinstitution beschäftigt, ist der Vergleich mit den eigenen Wünschen und Fähigkeiten

angesagt. Findet sich hier eine ausreichende Übereinstimmung, kann die Arbeit am Bewerbungsschreiben beginnen. Dabei müssen einerseits die standardmäßigen Informationen geliefert werden, andererseits weitere knappe Hinweise, die Aufmerksamkeit erregen. Standardmäßig gehören zu einer Bewerbung:
- Ein Anschreiben mit allen Angaben, wie der Kontakt zum Bewerber bzw. zur Bewerberin schnell herzustellen ist (also auch E-Mail oder Fax). In dem Anschreiben ist bereits gezielt auf einen eventuellen Ausschreibungstext bzw. grundsätzlich auf den in der Institution vorhandenen Tätigkeitsbereich und die eigenen Qualifikationen dafür einzugehen. Auch eine Begründung, warum gerade bei dieser Institution ein Praktikum angestrebt wird, sollte nicht fehlen.
- Ein tabellarischer Lebenslauf und ein Passbild (in der Regel farbig).
- Kopien von Zeugnissen bzw. Leistungsnachweisen, die für das angestrebte Praktikum aussagekräftig sind (d.h. nicht die Menge macht es, sondern die Einschlägigkeit).
- Weitere Hinweise auf nützliche Tatbestände: z.B. Führerschein, frühere Ausbildungen, abgeschlossene Lehrgänge.

Selbstverständlich ist dies alles in einer auch optisch ansprechenden Form zu präsentieren. Herausgerissene Zettel aus einem Block Umweltschutzpapier sind nicht erfolgsversprechend. Handschriftliches spielt bei der Bewerbung um ein Praktikum keine große Rolle, insbesondere Bewerberinnen und Bewerber mit unleserlichen Handschriften sollten daher darauf verzichten. Ob eine Bewerbung per E-Mail sinnvoll oder gewünscht ist, muss ebenfalls herausgefunden werden.

Doch das alles ist Standard. Wie können Sie sich aus der Masse der Bewerbungen hervorheben?

Sicher ist es nur in bestimmten Fällen möglich, so zu verfahren, wie es mir der Inhaber einer großen Werbeagentur geschildert hat. Ihn erreichte eine Bewerbung in Form eines großen Pakets mit einem aufgeblasenen Luftballon darin, auf dessen Hülle das Bewerbungsschreiben verfasst war, während sich die Unterlagen im Ballon befanden. Der Bewerber erhielt sein Praktikum, hatte er doch Kreativität, Mut und Initiative gezeigt, wie sie in der Werbebranche gern gesehen sind. Immerhin kann das Beispiel dazu anregen, einmal darüber nachzudenken, ob eine spezielle Form der Bewerbung in einem bestimmten Kontext die Chancen verbessern kann.

Eine weitere Möglichkeit ist, ein Projekt vorzuschlagen, das im Praktikum bearbeitet werden soll. Dabei müssen Sie natürlich darauf achten, dass es in die Aufgabenstellung der Institution und in den zeitlichen Rahmen des Praktikums passt. Ein solcher Vorschlag zeugt davon, dass Sie sich vorinformiert haben, über eigene Vorstellungen verfügen und vermutlich selbstständig arbeiten können. Beim Vorstellungsgespräch ist dann allerdings eine gewisse Flexibilität in Hinblick auf das vorgeschlagene Projekt angesagt. Es gilt jetzt, die Interessen von Bewerber und Institution in Einklang zu bringen. Kommt es zum Abschluss, sollten die zu bearbeitenden Aufgaben schriftlich in einem Vertrag festgehalten werden.

Praktikumsvertrag und Praktikumszeugnis
Es ist ratsam über das Praktikum einen Vertrag zu schließen. Darin sind sowohl die Aufgaben zu benennen, die während des Praktikums zu erledigen sind, als auch soziale Fragen zu regeln. In großen Firmen/Institutionen existieren Standardverträge. Auch die universitären Praktikumbüros halten Musterverträge bereit. Wichtig ist, dass nicht nur ihre Aufgaben als Praktikant benannt werden, sondern auch die Verpflichtungen der Praktikumsinstitution. Dazu gehören insbesondere:
- Wird ein eingerichteter Arbeitsplatz zur Verfügung gestellt? Die Ausstattung des Arbeitsplatzes bestimmt weitgehend die Möglichkeiten der Praktikumstätigkeit.
- Ist die Betreuung gesichert, zumindest aber ein Ansprechpartner bei Problemen benannt? Trotz angestrebter selbstständiger Tätigkeit im Praktikum muss bei Schwierigkeiten klar sein, wer angesprochen werden kann.
- Ist die Unfallversicherung geklärt? Das kann entweder der Versicherungsträger sein, der auch für das Studium die Unfallversicherung trägt oder, insbesondere bei Arbeitsverträgen, die zuständige Berufsgenossenschaft. Ggf. kommt auch noch der Abschluss einer Haftpflichtversicherung in Betracht.
- Schließlich ist die prekäre Frage der Praktikumsvergütung zu klären. Zumeist gibt es bei Praktika im Öffentlichen Dienst und bei Vereinen/Initiativen aus dem sozialen Bereich keine Bezahlung, während Praktika in Wirtschaftsunternehmen in der Regel bezahlt werden (ca. 300 EUR bis 600 EUR pro Monat). Sicher kommt es bei dieser Frage auch darauf an, wie groß der wirtschaftliche Nutzen des Praktikums für die Institution ist. Häufig besteht die Möglichkeit, bei unbezahlten Praktika dennoch für Teilaufgaben ein Honorar zu bekommen. Generell muss jeder selbst abwägen, wie hoch der individuelle Nutzen bei unbezahlten Praktika einzuschätzen ist.

Kann eine unvergütetes Praktikum in Vollzeitform finanziell nicht verkraftet werden, kann evtl. ein Praktikum in Teilzeitform verabredet werden. *„Ohne Praktika finden Absolventen keinen Arbeitsplatz – ohne Job kommen sie nicht durchs Studium"* betitelte die Süddeutsche Zeitung das Dilemma. Ein anderer Ausweg ist, den Job zum Praktikum zu machen. Dies erfordert allerdings eine zusätzliche, mit dem Praktikumsbeauftragten abzusprechende Aufgabenstellung, die von der Art des Jobs (studiennah oder eher -fern) abhängt.

Neben der für die Prüfungsämter vorgesehenen Praktikumsbescheinigung sollte ein Arbeitszeugnis ausgestellt werden. Es ist hilfreich bei späteren Bewerbungen und soll mindestens enthalten:
- eine genaue Auflistung der von Ihnen während des Praktikums erledigten Arbeiten,
- eine zusammenfassende Bewertung Ihrer Arbeitsleistung,
- eventuell Hinweise auf von Ihnen besonders gut erledigte Arbeiten, gezeigte besondere Fähigkeiten, eingebrachte Vorschläge und Ideen,
- die üblichen Formulierungen zum „Sozialverhalten".

Wenn Ihr Praktikum wegen guter Arbeit verlängert worden ist oder man Ihnen eine Weiterbeschäftigung angeboten hat, sind diese Punkte im Zeugnis zu erwähnen. Insgesamt wird das Arbeitszeugnis nicht länger als eine Seite und auf offiziellen Briefpapier geschrieben sein. Um keine Überraschungen zu erleben, machen Sie sich an Hand der unten angegebenen Literatur mit den Standardformulierungen für Arbeitszeugnisse vertraut.

Auch der Praktikumsbericht ist nicht nur mit Sorgfalt zu verfassen, sondern aufzuheben, um später ein Dokument über die im Praktikum erbrachten Leistungen in Händen zu haben.

 Literaturhinweise

Backer, Anne: Arbeitszeugnisse. Entschlüsseln und mitgestalten. 5. aktualisierte Auflage. Freiburg: Haufe Verlag, 2008.

Eicker, Annette: Jobguide Praktikum. 60.000 freie Plätze. Arbeitgeber, Stellenmarkt, Selbsttests, Förderprogramme, Erfahrungsberichte, Netzwerke. MatchboxMedia, 2008.

Keller, Heidi; Nöhmaier, Nadine: PraktikumsKnigge. Der Leitfaden zum Berufseinstieg.2. überarbeitete und erweiterte Auflage. ClashJugendkommunikation, 2005.

Püttjer, Christian; Schnierda, Uwe: Bewerben um ein Praktikum. Frankfurt/Main: Campus Verlag, 2006.

Schneider, Frank; König, Bettina; Rienecker, Susanne: Vom Praktikum zum Job (mit CD-ROM). Freiburg: Haufe-Verlag, 2006.

Arbeitsbogen zur Praktikumsfindung

Meine Interessenschwerpunkte
(Welche eigenen Interessen verfolge ich mit dem Praktikum? Mit welchen Themen/ Problemstellungen will ich mich im Praktikum auseinandersetzen?)

Meine beruflichen Vorstellungen
(In welchen Berufsfeldern/Tätigkeitsfeldern will ich welche Erfahrungen sammeln? Welche Kontakte/Netzwerke will ich im Praktikum knüpfen?)

Mein allgemeines Qualifikationsprofil
(Stärken und Schwächen. Was kann ich gut bzw. nicht so gut, z.B. Organisieren, Analysieren, Kommunizieren/Kontaktfreude/Redegewandtheit)

Meine fachlichen Qualifikationen
(Welche Kenntnisse/Fähigkeiten will ich im Praktikum anwenden? z.B. Statistik/ Methoden, Spezielle Soziologien, Politikfelder, Nebenfächer. Welche Kenntnisse/ Fähigkeiten will ich im Praktikum erwerben?)

Meine Fremdsprachenkenntnisse
(schriftlich und mündlich, Zertifikate usw.)

Meine EDV Kenntnisse
(z.B. Betriebssysteme, Anwendersoftware, Programmierkenntnisse)

Meine außerhalb des Studiums erworbenen Qualifikationen
(Berufsausbildung, Weiterbildung, schon absolvierte Praktika)

Für das Praktikum nützliche außeruniversitäre Aktivitäten
(z.B. in Vereinen/Verbänden, Kirchen, Gewerkschaften, Parteien, Jobs)

Mein Informationsstand – Welche Informationen benötige ich noch?

Soll das Praktikum mir auch Hilfestellung bei der Gestaltung meines weiteren Studiums geben?
(z.B. bei der Schwerpunktbildung oder in Hinblick auf ein aufbauendes Studium)

In welchem Zusammenhang steht das Praktikum mit meiner Persönlichkeitsentwicklung?
(z.B. das Zurechtkommen in unbekannten Situationen lernen)

Welche materiellen Rahmenbedingungen sind für mich zwingend?
(z.B. Bezahlung, Dauer, Ort der Praktikumsstelle)

7 Der Arbeitsmarkt für Hochschulabsolventen

An dieser Stelle soll auf einige allgemeine Arbeitsmarktentwicklungen hingewiesen werden, die generell für Hochschulabsolventen und auch für Sozialwissenschaftler von Bedeutung sind. Ausführungen zu den fachspezifischen Teilarbeitsmärkten und Strategien zum Berufseinstieg finden sich im zweiten Teil des Buchs in den entsprechenden Kapiteln.

> **!** Das Informationssystem Studienwahl & Arbeitsmarkt mit Informationen zu fachspezifischen Teilarbeitsmärkten ist unter www.uni-essen.de/isa zu finden. Die Bundesagentur für Arbeit bietet unter http://ifobub.arbeitsagentur.de/berufe eine Suchmaschine zu diversen Berufen an. Ergebnisse einer Onlineumfrage zum Berufseinstieg, durchgeführt von der Zeitschrift DER SPIEGEL und McKinsey & Company, sind unter www.studentenspiegel.de zu finden.

In den 60er und 70er Jahren des 20. Jahrhunderts war die Sorge um einen Arbeitsplatz unter Hochschulabsolventen weitgehend unbekannt. In der Bundesrepublik Deutschland lag die Gesamtarbeitslosenquote 1979 bei 2,9 %, bei Personen mit Hochschulabschluss bei 1,7 %. Dies änderte sich ab Mitte der 80-Jahre, jedoch waren Akademiker stets weit weniger arbeitslos als anders ausgebildete Gruppen. Im Jahr 2005 vermeldet die Statistik z.B. 11,8 % Prozent aller Erwerbspersonen als arbeitslos, aber nur 4,1 % der Personen mit einem Hochschulabschluss. Akademikerinnen waren mit einer Quote von 5 % allerdings deutlich stärker betroffen als ihre männlichen Kollegen (Quote: 3,5 %). Ein Faktor – wenn auch nicht der alleinige – mögen die von Frauen stark nachgefragten geistes-, sozial- und kulturwissenschaftlichen Fächer sein, die größere Probleme am Arbeitsmarkt haben. Männer dominieren dagegen in den stärker gefragten MINT-Fächern (Mathematik,

Informatik, Naturwissenschaften, Technik). Die Beschäftigungslage ist jedoch von Fach zu Fach sehr unterschiedlich und unterliegt – oft recht kurzfristigen - konjunkturellen Schwankungen.

Die Zunahme prekärer Beschäftigungsformen wie Teilzeitarbeit, befristete Stellen, Honorar- und Werkverträge sowie Scheinselbstständigkeit hat auch den Teilarbeitsmarkt für Akademiker erreicht. Für diejenigen, die in der Universität bleiben und promovieren, ist der befristete Teilzeitvertrag ein seit Jahren bekanntes Phänomen. Nunmehr bedienen sich immer mehr Unternehmen und Verwaltungen dieses Instruments. Die grundlegenden Arbeitsprozesse werden von einer kleinen Stammbelegschaft bewältigt, Auftragsschwankungen oder neue Projekte von befristet Beschäftigten, oft mit so genannte Leiharbeitern. Auch in diesem Sektor sind zunehmend Hochschulabsolventen zu finden. Freelancer arbeiten projektbezogen insbesondere in der expandierenden Kreativwirtschaft. Einführung und Ausbreitung neuer Technologien - besonders im IT-Sektor – verändern die Anforderungsprofile am Arbeitsplatz. Gleiches gilt hinsichtlich der Globalisierungstendenzen, die im Sektor der Hochqualifizierten zunehmend einen Weltarbeitsmarkt schaffen. Für hoch qualifizierte und flexible Hochschulabsolventen beinhalten diese Entwicklungen Chancen. Denn generell ist der Trend zur Beschäftigung Höherqualifizierter in den letzten Jahren nicht nur in der Bundesrepublik ungebrochen. So stieg der Anteil der Akademiker/innen an allen Erwerbstätigen in Deutschland zwischen 1991 und 2005 um 5 % auf 17 %.

Wie sieht es mit der allgemeinen Konkurrenzsituation im Teilarbeitsmarkt für Akademiker aus? Trotz erheblich steigender Studierendenzahlen war der Anstieg bei den Examina nur gering. Während von 1994 bis 2004 die Zahl der Erstsemester sich um rund 100.000 auf über 350.000 (2004) erhöhte, blieb die Zahl der Absolventen konstanter und schwankte im selben Zeitraum zwischen gut 208.000 und 237.000. Im Jahr 2006 verließen 220.800 frisch Examinierte Erstabsolventen die Hochschulen in Richtung Arbeitsmarkt. Ein Grund ist die hohe Studienabbruchquote, sie liegt immer noch insgesamt bei 21 %. Erwartet wird, dass die Einführung der Bachelorstudiengänge mit kürzerer Studienzeit und strukturierterem Studium die Erfolgsquote erhöhen wird. Erste Untersuchungen geben hierzu allerdings keine eindeutigen Aussagen. Ob in den nächsten Jahren die Nachfrage nach hoch qualifizierten Arbeitskräften befriedigt werden kann, wird in verschiedenen Studien und Hochrechnungen angezweifelt. Auch das Nürnberger Instituts für Arbeitsmarkt- und Berufsforschung sieht einen Akademikermangel. Dies wird neben dem Trend zur Beschäftigung Höherqualifizierter auch mit der schrumpfenden Bevölkerung einerseits und der ungünstigen Altersstruktur der beschäftigten Akademiker ande-

rerseits begründet. Bis 2020 könnte der Zusatzbedarf an akademisch Ausgebildeten bei weit über einer Million liegen. Im IAB-Kurzbericht 18/2008 formuliert das Institut auf Seite 6:
„Die schon bislang vergleichsweise guten Beschäftigungschancen von Akademikern und Akademikerinnen dürften sich weiter verbessern. Bereits auf mittlere Sicht wird ein breiterer Akademikermangel immer wahrscheinlicher".

Es bleibt also festzuhalten: Für keine andere auf den Arbeitsmarkt drängende Gruppe werden so gute Chancen prognostiziert wie für die Absolventen eines Studiums – auch in Zeiten der globalen Finanzkrise.

Die Kurzberichte und weitere Informationen des Instituts für Arbeitsmarkt- und Berufsforschung (IAB) der Bundesagentur für Arbeit stehen auf der Homepage des IAB zum kostenlosen Download bereit (www.iab.de).

Eine Rolle für die Konkurrenzsituation spielt auch, ob die frischgebackenen Bachelor in großer Zahl den Arbeitsmarkt oder eher ein weiterführendes Masterstudium ansteuern. Eine erste Erhebung der Hochschul-Informations-System GmbH (HIS) aus dem Jahr 2004 ergab, dass sich neun Monate nach dem Bachelorabschluss mit 77 % der Universitätsbachelor und 58 % der Fachhochschulbachelor die Mehrzahl der Absolventen in einem weiteren Studium befanden. Es bleibt abzuwarten, ob es sich hierbei um ein Übergangsphänomen handelt. Auch geht die Politik der Hochschulen dahin, vor dem Masterstudium Barrieren aufzubauen. Dabei hat sich der Berufseinstieg nach der bereits erwähnten HIS-Studie für diejenigen Bachelorabsolventen, die diesen Schritt nach dem Examen gemacht haben, gar nicht so schlecht angelassen. Insbesondere Fachhochschulbachelor haben im Laufe des ersten Dreivierteljahres nach dem Examen eine reguläre Stelle gefunden, bei den Universitätsbachelors waren es nur knapp ein Drittel. Bei letzteren spielen Sucharbeitslosigkeit, Praktika, Honorartätigkeiten und Scheinselbstständigkeit eine größere Rolle. Als Probleme beim Berufseinstieg identifiziert Kolja Briedis als Mitautor der Studie Folgendes:

„Eine bachelortypische Schwierigkeit bei der Stellensuche ist der geringe Bekanntheitsgrad des Abschlusses. Rund die Hälfte der Bachelorabsolventen (Uni: 43 %, FH: 50 %) gibt an, dass sich die geringe Kenntnis über den Bachelorabschluss auf Seiten der Arbeitgeber bei der Stellensuche als problematisch herausgestellt hat. Damit eng verbunden ist auch das Problem, dass häufig ein anderer Abschluss

verlangt wurde (Uni: 30%, FH: 24%). Ansonsten sind die Schwierigkeiten von Bachelorabsolventen bei der Stellensuche überwiegend vergleichbar mit denen von Absolventen traditioneller Abschlüsse..."

Er weist dann allerdings auch noch darauf hin, dass rund ein Drittel der Fachhochschul- und ein Viertel der Universitätsbachelor überhaupt keine Probleme bei der Stellensuche hatten. Immerhin haben führende deutsche Wirtschaftsunternehmen 2004, 2006 und nunmehr auch 2008 die Kampagne „Bachelor Welcome!" gestartet.

> Informationen zu Erfahrungen von Personalchefs und Bachelor-Absolventen sowie weitere Links in der Online-Ausgabe (Livepaper) von Wirtschaft&Wissenschaft, Heft 3/2008 unter www.stifterverband.de/wuw. Das Netzwerk „Wege ins Studium" ist eine gemeinsame Initiative der Bundesanstalt für Arbeit, des Bundeselternrats, des Bundesministeriums für Bildung und Forschung, der Bundesvereinigung der Deutschen Arbeitgeberverbände, des Deutschen Gewerkschaftsbundes, des Deutschen Studentenwerks, der Hochschulrektorenkonferenz und der Bildungsministerien der Länder. Das Netzwerk informiert u.a. über den Akademikerarbeitsmarkt im Internet unter der Adresse www.wege-ins-studium.de.

Auf welche beruflichen Positionen kommen aber Bachelorabsolventen tatsächlich. Im Öffentlichen Dienst ist der Einstieg in der Laufbahn des gehobenen Dienstes zunächst festgelegt. In der HIS- Untersuchung wurden verschiedene Gruppierungen gebildet, die die berufliche Position markieren.

Danach ergab sich folgendes Bild:

Position	Bachelor Universität	Bachelor Fachhochschule
Leitende Position	3 %	5 %
Wiss. qualifizierter Angestellter mit Leitungsfunktion	14 %	6 %
Wiss. qualifizierter Angestellter ohne Leitungsfunktion	29 %	30 %
Qualifizierter Angestellter	22 %	35 %
Werk-/Honorarverträge	10 %	7 %
Freiberufler/Unternehmer	15 %	6 %
Sonstige/unbekannt	7 %	11 %

Eine weitere, in der soziologischen Berufsforschung häufig gestellte Frage, ist die nach der Adäquanz der Beschäftigung. Dabei wird zwischen Niveauadäquaz, d.h. die berufliche Position und die Tätigkeiten entsprechen einer akademischen Ausbildung, und Fachadäquanz, d.h. die beruflichen Tätigkeiten haben eine große Nähe zum Fachstudium, unterschieden. Volladäquat, d.h. auf beiden Adäquanzebenen entsprechend beschäftigt, waren 32 % der Universitätsbachelor und 35 % der Fachhochschulbachelor, inadäquat waren 25 % der Universitätsbachelor und 37 % der Fachhochschulbachelor beschäftigt. Die restlichen waren entweder nur niveauadäquat oder nur fachadäquat beschäftigt. Aber: Wer Karriere machen will, kommt um ein Studium kaum herum.

Weitere Informationen zur zitierten Studie und anderen Themen aus Hochschule und Studium unter www.his.de in der Rubrik Publikationen.

Für akademisch Ausgebildete sind die Beschäftigungsmöglichkeiten auf dem internationalen Arbeitsmarkt zunehmend von Bedeutung. Auf Grund von Abkommen zur gegenseitigen Anerkennung von Hochschulabschlüssen und des garantierten freien Arbeitnehmerverkehrs (Artikel 39 des EU-Vertrags) sind die Länder der Europäischen Union einfach zugänglich. Für andere Länder bestehen, je nach Einwanderungsphilosophie, unterschiedlich hohe Hürden. Dies gilt insbesondere für Nordamerika und Australien. Für den Teilarbeitsmarkt Wissenschaft/Forschung (z.B. Beschäftigung bei einer ausländischen Hochschule oder einem Forschungsinstitut) gibt es jedoch häufig Sonderregelungen.

Unter www.nrw.dgb.de/themen/Europa/Mobility_Guide/index steht ein Leitfaden für mobile europäische Arbeitnehmerinnen und Arbeitnehmer zum Download bereit.

Doch es bleibt dabei, dass der Übergang vom Studium in den Beruf ein Unterfangen mit Tücken ist. Ohne Eigeninitiative wird es nicht gehen. Doch auch die Hochschulen tun in letzter Zeit einiges, um die Arbeitsmarktchancen ihrer Absolventinnen und Absolventen zu verbessern. Career Services bieten Hilfestellung, während des Studiums zu absolvierende berufsbezogene Programme sind im Angebot und Ehemaligennetzwerke werden geknüpft. Auch der Schritt in die Selbstständigkeit wird vielerorts durch Vorbereitungsprogramme unterstützt. Ob Dritte-Welt-Laden oder EDV-Dienstleistungen, Frauen-, Gesundheits- und Bildungsarbeit, Consulting und Coaching, die Palette neuer Selbstständigkeit als Freiberufler bzw. Unternehmer ist bunt. Die in den 70er und 80er Jahren boomenden alternativen Projekte gibt es allerdings nur noch vereinzelt.

Das traditionelle Selbstbild des Akademikers hat sich gewandelt. Der Tübinger Erziehungswissenschaftler Dr. Eckart Liebau fasste dies bei einer Tagung der Studienberater in folgenden Thesen zusammen:

„Die Ausbildung an einer traditionellen Universität war an einer einheitlichen Sozialfigur orientiert: dem ‚Akademiker'. Diese Figur trägt heute nicht mehr ... Bei allen notwendigen Differenzierungen ... lässt sich doch sagen, dass der akademische Status der Absolventen überfachliche Gemeinsamkeiten im Lebensstil, im Selbstverständnis und im ‚Blick auf die Welt und die Gesellschaft' konstruierte, die die Akademiker als i.d.R. hochprivilegierte, elitäre gesellschaftliche Gruppe von allen anderen gesellschaftlichen Gruppen abgrenzen. Die Funktion der traditionellen Hochschule – Elitenbildung – korrespondierte mit elitären Habitusformen, die sich in Sprache und Geschmack, in Handlungsweisen und Urteilsformen, in Wahrnehmungs- und Denkformen niederschlugen und die Sozialfigur des ‚Akademikers' ausmachten. Dabei war i.d.R. auch der arme Akademiker zunächst einmal Akademiker und erst dann arm. Für das Selbstverständnis, aber auch für die gesellschaftliche Einordnung innerhalb des Statussystems wog der Bildungsstatus höher als der materielle Status (Einkommen, Macht). Dass die Sozialfigur des Akademikers als relativ geschlossenes Bild erscheinen konnte, verdankte sie hauptsächlich der Tatsache, dass die Akademiker, bezogen auf die gesamte Bevölkerung, nur eine sehr kleine Gruppe ausmachten – ihrer Seltenheit also. Die Zugehörigkeit zur Gruppe der Akademiker garantierte in jedem Fall Exklusivität. Mit der Entwicklung zur mass higher education sind Seltenheit und Exklusivität hinfällig geworden; die Sozialfigur des ‚Akademikers' hat ihre orientierende Funktion für die Hochschulkultur, für das Studium und für die Studenten verloren."

Literaturhinweise

Bundesagentur für Arbeit: Arbeitsmarkt Kompakt für verschiedene Akademikergruppen, z.B. Sozialwissenschaftler (2007), zum Download unter www.arbeitsagentur.de, Rubrik Veröffentlichungen, Link Arbeitsmarkt Kompakt.

Institut für Arbeitsmarkt- und Berufsforschung (IAB): Akademiker/innen auf dem Arbeitsmarkt – Gut positioniert, gefragt und bald sehr knapp. IAB-Kurzbericht Nr. 18/2008, zum Download unter www.iab.de, Rubrik Publikationen.

Minks, Karl-Heinz; Briedis, Kolja: Der Bachelor als Sprungbrett? Ergebnisse der ersten bundesweiten Befragung von Bachelorabsolventinnen und Bachelorabsolventen. HIS Kurzinformationen A3/2005 und A2/2005.

Briedis, Kolja: Der Bachelor als Sprungbrett? Erste Ergebnisse zum Verbleib von Absolventen mit Bachelorabschluss in Lesczynsky, Michael; Wolter, Andrä: Der Bologna-Prozess im Spiegel der HIS-Hochschulforschung. HIS Kurzinformation A6/2005.

8 Hinweise zur Informationsbeschaffung

Informationen können im persönlichen Gespräch, durch Informationsschriften oder Recherche im Internet gewonnen werden. Das persönliche Gespräch bietet sich immer dann an, wenn auf Grund von Vorinformationen Fragen offen geblieben sind oder eine Bewertung von Informationen ansteht. Daraus folgt: Zunächst grundlegende Informationen selbst beschaffen und durcharbeiten. Das schnellste und umfassendste Informationsmedium ist das Internet. Im Text dieses Studienführers finden Sie deshalb immer wieder Hinweise auf Internetadressen. Da Studierende der Soziologie bzw. Politik ein Interesse daran haben sollten, die aktuelle Wissenschafts- und Hochschulpolitik sowie dazu vorliegende empirische Forschungen zur Kenntnis zu nehmen, sind auch dazu einige Links angegeben.

Studium, Berufswahl, Hochschulen, Zulassung

www.hochschulkompass.de
Übersicht über das aktuelle Studienangebot von der Hochschulrektorenkonferenz (HRK) mit Links zu den Hochschulen, die das jeweilige Studienangebot machen. Die für Schulabgänger zugänglichen Studiengänge sind unter dem Stichwort „grundständiges Studienangebot" zu finden. In einer Suchmaske (auch erweiterte Suche) können vielfältige Kriterien zur Suchauswahl genutzt werden.

www.studienwahl.de, www.berufswahl.de
Internetauftritt der bekannten Publikation Studien- und Berufswahl, herausgegeben von der Bundesanstalt für Arbeit und den Bundesländern.

www.wege-ins-studium.de
Gemeinsames Portal der Hochschulrektorenkonferenz (HRK), der Bundesagentur

für Arbeit (BA), des Bundeselternrats (BER), der Kultusministerkonferenz (KMK), des Deutschen Studentenwerks, des Deutschen Gewerkschaftsbundes (DGB) und des Bundesministeriums für Bildung und Forschung mit vielen Links zum Studium.

www.daad.de
Internetportal des Deutschen Akademischen Austausch Dienstes (DAAD), die erste Informationsquelle für ein Auslandsstudium.

www.akkreditierungsrat.de
Internetauftritt des Akkreditierungsrats mit deiner Datenbank aller akkreditierten Studiengänge, in der u.a. das Profil, die Bewertung und weitere Details der akkreditierten Studiengänge nachzulesen sind.

www.kmk.org
Internetauftritt der Ständigen Konferenz der Kultusminister der Länder der Bundesrepublik Deutschland (KMK) mit einem Bereich Wissenschaft/Hochschule, der wichtige rechtliche Regelungen enthält. Für Lehramtsinteressenten ist auch der Bereich Schule interessant.

www.zvs.de
Internetauftritt der Zentralstelle für die Vergabe von Studienplätzen, die zukünftig eine Servicestelle für die Hochschulen in Zulassungsfragen sein soll.

Wohnen, Essen, Soziales

www.studentenwerke.de
Internetauftritt des Deutschen Studentenwerks (DSW) mit Links zu allen örtlichen Studentenwerken und der jeweils aktuellen Sozialerhebung.

www.das-neue-bafoeg.de
Informationen zum Bundesausbildungsförderungsgesetz (BAföG) des Bundesministeriums für Bildung und Forschung u.a. mit einem BaAöG-Rechner.

Studium und Arbeitsmarkt

www.arbeitsagentur.de
Internetauftritt der Bundesagentur für Arbeit, dort in diesem Zusammenhang besonders interessant die Datenbank BERUFEnet (Button).

www.iab.de
Internetauftritt des Instituts für Arbeitsmarkt- und Berufsforschung der Bundesagentur für Arbeit, das auch regelmäßig den Akademikerarbeitsmarkt erforscht.

www.uni-essen.de/isa
Portal des von der Universität Duisburg-Essen mit Unterstützung des nordrhein-westfälischen Ministeriums für Innovation, Wissenschaft und Forschung angebotenen Informationssystems zu Studienwahl und Arbeitsmarkt.

Ranking

www.che.de
Internetauftritt des Centrum für Hochschulentwicklung (CHE) mit dem Hochschul- und Forschungsranking. Möglichkeit, Hochschulen und Studiengänge nach individuell festgelegten Kriterien zu ordnen. Ranking zu Forschungsleistungen und Drittmittelaufkommen, und damit Einschätzung von Chancen auf eine studentische Hilfskrafttätigkeit während des Studiums oder Promotionsstelle nach dem Examen.

Studentische Beratung

www.studis-online.de
Portal zu allen Fragen rund ums Studieren von Auslandsstudium über Bildungskredit und Studienplatzklage bis Wissenschaftliche Texte schreiben.

Gender

www.gender-index.de
Internetportal zur regionalen Chancengleichheit von Männern und Frauen in Ausbildung, Beruf und politischen Ämtern.

Empirische Hochschulforschung, Statistik

www.destatis.de
Internetauftritt des Statistischen Bundesamts mit den amtlichen Hochschulstatistiken, insbesondere in der Fachserie 11 Bildung und Kultur stehen viele Daten zum kostenlosen Download zur Verfügung.

www.his.de
Internetauftritt der Hochschul-Informations-System GmbH, einer Bund-Länder-

Einrichtung zur Hochschulforschung mit vielen interessanten Studien, die kostenlos herunter geladen werden können.

Wissenschafts- und Hochschulpolitik

www.hrk.de
Internetauftritt der Hochschulrektorenkonferenz mit Beschlüssen, Empfehlungen und Publikationen zu Forschung, Studium und Lehre.

www.wissenschaftsrat.de
Internetauftritt des wichtigsten Beratungsgremiums der Politik in Sachen Wissenschaft, in Fragen finanzieller Förderung faktisch mit Entscheidungsmacht.

www.bmbf.de
Internetauftritt des Bundesministeriums für Bildung und Forschung.

www.gwk-bonn.de
Internetauftritt der Gemeinsamen Wissenschaftskonferenz (GWK), vormals Bund-Länder-Konferenz für Bildungsplanung und Forschungsförderung (BLK), mit wissenschaftspolitischen Beschlüssen.

www.gew.de
Internetauftritt der Gewerkschaft Erziehung und Wissenschaft, der führenden Gewerkschaft in Schule und Hochschule.

www.stifterverband.de
Internetauftritt des Stifterverbands für die Deutsche Wissenschaft, Sprachrohr der Wirtschaft in Sachen Wissenschaft und Hochschule.

www.fzs.de
Internetauftritt des freien Zusammenschlusses von StudentInnenschaften, des Dachverbandes von Studierendenvertretungen (Asten).

II FÄCHERSPEZIFISCHER TEIL: DAS STUDIUM DER SOZIOLOGIE UND DER POLITIKWISSENSCHAFT

Vorbemerkung
Gegenstand dieses Kapitels ist das Studium der Soziologie bzw. der Politikwissenschaft in einem der neuen Studiengänge mit Bachelor- oder Masterabschluss. So gut wie alle Hochschulen haben inzwischen ihre bisherigen sozialwissenschaftlichen Diplom- und Magisterstudiengänge auf die neue gestufte Studienstruktur umgestellt. Von den Staatsexamensstudiengängen (Lehramt) befinden sich noch eine Reihe in diesem Umstellungsprozess.

Im Detail hat sich eine Vielfalt von Studienmodellen entwickelt, die in ihren Grundzügen in den folgenden Abschnitten – auch illustriert mit Beispielen – dargestellt werden. Strukturell wird zwischen Ein-Fach-Bachelor Modellen, die häufig die Tradition der klassischen Diplomstudiengänge aufnehmen, und Zwei-Fach-Bachelor oder Mehr-Fach-Bachelor Modellen, die eher der Tradition der ehemaligen Magister- und Staatsexamensstudiengängen folgen, unterschieden. Allerdings: Auch der Ein-Fach-Bachelor ermöglicht das Studium anderer Fächer, sei es in Form von Nebenfächern, Beifächern, Studienmodulen anderer Fächer usw. Hinweise hierzu enthalten die jeweiligen Tabellen zu den Spezialisierungsmöglichkeiten (Schwerpunkten). Die Unterscheidung Ein-Fach bzw. Zwei-Fach ist besonders für das Zulassungsverfahren von Bedeutung, da im Zwei-Fach-Bachelor die Zulassung für beide Fächer erfolgen muss, während das Studium in weiteren Fächern beim Ein-Fach-Bachelor zulassungsrechtlich nicht relevant ist. Dem Studium mit dem Berufsziel Lehramt ist ein knapper extra Abschnitt gewidmet.

Neu ist, dass nach dem ersten Studienabschluss mit dem Bachelorexamen zu überlegen ist, ob sofort anschließend ein Masterstudium angestrebt wird oder eine Berufstätigkeit. Schließlich kann das Masterstudium ebenso nach einer Phase der Berufstätigkeit aufgenommen werden oder es wird berufsbegleitend studiert. Den weiterführenden, erst nach einem ersten Studienabschluss zugänglichen Masterstudiengängen ist daher ein gesonderter Abschnitt gewidmet. Dabei wird auch auf spezialisierte Masterstudiengänge mit sozialwissenschaftlichem Schwerpunkt eingegangen. Studiengänge, die Soziologie und Politikwissenschaft systematisch verknüpfen, tauchen – mit einem entsprechenden Hinweis versehen – in den Übersichtstabellen beider Fächer auf.

Der weiter gestiegenen Bedeutung von Schlüsselqualifikationen für den Berufseinstieg und den Berufsalltag wird mit einem gesonderten Kapitel Rechnung getragen.

In diesem Zusammenhang ist darauf hinzuweisen, dass ein wesentliches Ziel der Studienstrukturreform die Verbesserung von „employability" (Beschäftigungsfähigkeit) der Hochschulabsolventen ist. Dies findet seinen Ausdruck in der systematischen Einbeziehung berufsqualifizierender Inhalte in das Studium. Oft ist dies die einzige wirkliche Neuerung gegenüber den alten Studiengängen, da häufig die Inhalte der traditionellen Diplom- und Magisterausbildung nur neu sortiert und – angesichts der verkürzten Studienzeit – reduziert wurden. Wirklich grundlegend neu konzipierte Studiengänge, die der Philosophie folgen, fachsystematisches Wissen mit der Ausbildung von Handlungskompetenzen zu verknüpfen, sind eher selten.

1 Das Studium der Soziologie (Sozialwissenschaft)

Im nachfolgenden Text wird der Einfachheit halber generell von Soziologie gesprochen, auch wenn, wie die Tabelle zu den Studienmöglichkeiten zeigt, einige Studiengänge Sozialwissenschaft(en), social sciences oder noch anders genannt werden. Bei Studiengängen mit der Bezeichnung Sozialwissenschaft handelt es sich häufig um eine Kombination aus Soziologie und Politikwissenschaft.

Womit beschäftigt sich die Soziologie?
Das Thema des 34. Kongresses der Deutschen Gesellschaft für Soziologie im Oktober 2008 in Jena lautete „Unsichere Zeiten". Damit war die akademischen Fachgesellschaft am Puls der Epoche, befasste sie sich doch mit der im Soziologendeutsch so genannten gesellschaftlichen Transformation, was nichts anderes bedeutet, als dass grenzenloses wirtschaftliches Wachstum, politische Stabilität und effektiver Wohlfahrtsstaat in den immer noch reichen Industrieländern brüchig geworden sind. Hinzu kommen die Umwälzungen in den Staaten Osteuropas, die Entwicklung der Schwellenländer in Asien und Südamerika sowie globale Bedrohungsszenarien. All dieses wurde in Plenarveranstaltungen mit Titeln wie „Wege der Sicherheitsgesellschaft – Gesellschaftliche, kulturelle und politische Transformationen der Konstruktion und Regulierung innerer Unsicherheiten" oder auch „The Great Transformation of Post Socialist Societies" sowie in zahlreichen Sektionen, Arbeits- und Ad-Hoc-Gruppen abgehandelt. Dabei wird ein weites Spektrum von Theorien, Methoden und empirischen Untersuchungen sichtbar. Die einjährige ethnologischen Feldforschung in Hoyerswerda mit dem Thema „Religion als Ressource für moralisches Handeln in Ostdeutschland – Das Bemühen um Zivilität in Hoyerswerda" war ebenso wie die Diskussion von Strukturen des Arbeitsmarkts wie „Flexicurity" im Rahmen eines Vortrags „From Social Rights to Social Networks: flexibility and

stability in contemporary labor markets" Gegenstand der soziologischen Debatten. DER SPIEGEL (Nr. 42/2008) untertitelte seine Berichterstattung zum Kongress mit „*Wie Soziologen in Jena die Katastrophen der modernen Zeit bewältigen*" und machte zur Kampfansage, dass die Soziologie die gesellschaftliche Deutungshoheit nicht mehr kampflos der Ökonomie überlassen wolle: „*Vielleicht können Soziologen zu Krisengewinnern werden, in der akademischen Welt.*"

Unter www.dgs2008.de können das Programm sowie kurze Zusammenfassungen (abstracts) der Referate und Pressestimmen zum Kongress heruntergeladen werden.

Neben der Deutschen Gesellschaft für Soziologie (DGS) widmet sich der Berufsverband der Deutschen Soziologinnen und Soziologen (BDS) der eher praktischen Bedeutung der Soziologie in seinen Tagungen für angewandte Soziologie. Die 15. findet Anfang Juni 2009 in Hamburg statt und hat die Relevanz soziologischer Theorien und Methoden im Beruf zum Thema. Überhaupt: Nichts Menschliches ist vor der soziologischen Analyse sicher – und sei es etwa das Lottospielen (vgl. J. Becker; M. Lutter: Wer spielt Lotto? Umverteilungswirkungen und sozialstrukturelle Inzidenz staatlicher Lottomärkte in Kölner Zeitschrift für Soziologie und Sozialpsychologie, Heft 2, Jg. 2008).

Angesichts der Vielfalt von Themen taucht unweigerlich die erste Frage auf: Was ist eigentlich Soziologie?

Stefan Hradil, Soziologieprofessor in Mainz und mehrere Jahre Vorsitzender der Deutschen Gesellschaft für Soziologie, hat in einem Vortrag mit dem Titel „Braucht unsere Gesellschaft die Soziologie?" im Juli 2006 beim Verein Bamberger Soziologieabsolventen so einfach wie umfassend formuliert: „Soziologie beschäftigt sich mit dem, was zwischen Menschen vorgeht." Er hat dann noch weiter ausgeführt, dass die Soziologie eine „problemlösende Disziplin" sei, die aber tunlichst ihre Probleme und Forschungsfragen nicht selbst definiert, sondern durch Hinschauen auf und Hinhören in die Gesellschaft gewinnt. Als letztes Fazit aus diesem Vortrag noch das Zitat: „Die Vielgestaltigkeit der Soziologie ist keine Schwäche, sondern im Gegenteil ihre eigentliche Stärke."

Natürlich gibt es eine Vielzahl allgemeiner und abstrakter, wenngleich nicht untypischer Definitionen zur Soziologie. Der deutsche Urvater der Soziologie Max

Weber (1864-1920) formuliert im Kapitel Soziologische Grundbegriffe der Soziologischen Kategorienlehre:
„§ 1. *Soziologie (im hier verstandenen Sinn dieses vieldeutig gebrauchten Wortes) soll heißen: eine Wissenschaft, welche soziales Handeln deutend verstehen und dadurch in seinem Ablauf und seinen Wirkungen ursächlich erklären will. „Handeln" soll dabei ein menschliches Verhalten (einerlei ob äußeres oder innerliches Tun, Unterlassen oder Dulden) heißen, wenn und insofern als der oder die Handelnden mit ihm einen subjektiven Sinn verbinden. „Soziales' Handeln aber soll ein solches Handeln heißen, welches seinem von dem oder den Handelnden gemeinten Sinn nach auf das Verhalten anderer und daran in seinem Ablauf orientiert ist."*
Max Weber: Wirtschaft und Gesellschaft. Grundriß der verstehenden Soziologie. Tübingen[5] 1980 (1921)
Das Lexikon zur Soziologie definiert
„*Soziologie, eine selbstständige Einzelwissenschaft, die mit bestimmten Begriffen und Theorien, Methoden und empirischen Techniken Struktur-, Funktions- und Entwicklungszusammenhänge der Gesellschaft beschreibt und aus allgemeinen Prinzipien heraus erklärt.*"
Werner Fuchs u.a. (Hrg.): Lexikon zur Soziologie. Opladen[2] 1988, S. 717

Und das heutig häufig zu Rate gezogene Internetportal WIKIPEDIA erklärt die Soziologie mit „... *erforschen Soziologen das soziale Zusammenleben der Menschen in Gemeinschaften und Gesellschaften. Dazu fragen sie nach dem Sinn und den Strukturen von deren sozialem Handeln (Handlungstheorie) sowie nach den damit verbundenen Werten und Normen. Sie untersuchen zum einen die Gesellschaft als Ganzes, zum anderen ihre Teilbereiche: soziale Systeme, Institutionen, Organisationen oder Gruppierungen. Zugleich befasst sich Soziologie mit sozialem Wandel und gesellschaftlicher Desintegration.*"

Für etymologisch Interessierte sei noch angemerkt, dass es sich bei dem Wort Soziologie um ein Kunstwort aus dem lateinischen socius (Gefährte, Mitmensch) und dem griechischen logos (Wort, Wahrheit) handelt.

Festzuhalten ist, dass soziologische Neugier sich stets auf zwei Sichtweisen konzentriert:
- der Analyse und Erklärung von gesellschaftlichen Strukturen und Gesamtsystemen (Makrosoziologie) und
- die Analyse und Erklärung von Prozessen sozialen Handelns sowohl zwischen Personen als auch einzelnen sozialen Systemen und Institutionen (Mikrosoziologie).

Soziales Handeln, in der soziologischen Sprache auch Interaktion, wird einerseits von Normen, Werten und Strukturen (z.B. Recht, Moral, Ökonomie) beeinflusst, andererseits verändert es diese durch individuelle oder kollektive Umdefinition. Anders ausgedrückt: Was früher oder in einer anderen Gesellschaft auch noch heute als normal galt bzw. gilt (z.B. eine den Körper voll bedeckende Badekleidung) erscheint aus unserer Sicht befremdend. Konkret wird Soziologie jeweils bei der Auswahl ihrer Themen und Gegenstände. Und noch eine wichtige Entwicklung der letzten Jahrzehnte ist festzuhalten: die Herausbildung umfangreicher und spezifischer soziologischer Methoden. Reliabilität (Zuverlässigkeit) und Valididät (Gültigkeit) sind dabei wesentliche Maßstäbe.

Auch das „Soziologendeutsch", eine abstrakte Sprache, in der von Funktionen und Normen, sozialen Gratifikationen und Rollenspielen, idealtypischen Konstrukten und Sozialphänomenen die Rede ist, gilt es zu verstehen. Gleiches gilt für die englische Sprache, ohne deren solide Kenntnis kein Soziologiestudent, keine Soziologiestudentin auskommt.

Als Test kann beispielsweise die Lektüre eines der bereits erwähnten abstracts des Soziologiekongresses 2008 dienen (Dirk Konietzka: Changing patterns of entering working life in central and eastern europe, www.dgs2008, Plenum 4)

Dabei sei die Nützlichkeit einer Wissenschaftssprache, hinter deren Begriffssystemen sich unausgesprochen, für den Wissenden aber erkennbar, ganze Theoriegebäude verbergen, nicht bestritten. Manchmal drängt sich allerdings der Verdacht auf, dass hinter einer Wand von Fremd- und Kunstwörtern recht banale Einsichten aus dem täglichen Leben versteckt werden. Mancher möchte wohl auch durch die Schaffung eines neuen Kunstwortes seine Position im Zitierkartell verstärken. Und schließlich: Die immer wieder bedauerte mangelnde gesellschaftliche Wahrnehmung der Soziologie hängt auch damit zusammen, wie verständlich sie ihre Themen und Ergebnisse der Allgemeinheit vermittelt.

In der Zeitschrift für Soziologie, deren abstracts im Internet unter der Adresse www.uni-bielefeld.de/soz/zfs zu finden sind, kann u.a. verfolgt werden, mit welchen Themen und Ergebnissen sich die Soziologie beschäftigt.

Die Untersuchungs- und Betrachtungsobjekte der Wissenschaft Soziologie sind durchaus alltäglicher Natur. Da werden beispielsweise im Rahmen der Stadt- und Regionalsoziologie Wohnformen, ihre Entstehung und Entwicklung analysiert oder im Rahmen der Industriesoziologie wird dem Wandel von Qualifikationsanforderungen an Arbeiter und Angestellte nachgespürt. Die Familiensoziologie befasst sich mit Entwicklung von der agrarischen Groß- über die städtische Klein- bis zur unvollständigen Familie oder es wird der Frage nachgegangen, warum einige Länder so viel reicher als andere sind.

In vielen Bereichen, mit denen sich die Soziologie beschäftigt, wird es bei Studieninteressenten wie Studierenden ein aus der eigenen Lebenserfahrung und/oder den Medien erworbenes Vorverständnis der Probleme geben. Hier vermittelt die Soziologie als Wissenschaft mit ihrem theoretisch-analytischen und empirischen Instrumentarium nicht nur einen tiefer gehenden und umfassenderen Einblick, sondern auch Erklärungsmuster. Wie jede Wissenschaft muss sie sich allerdings der kritischen Fachöffentlichkeit stellen und sich Revisionen aufgrund neuerer Forschungsergebnisse gefallen lassen.

Wie hat sich die Soziologie entwickelt?
Die Soziologie ist eine junge Wissenschaft. Ohne auf spezifische nationalstaatliche Entwicklungen (z.B. Frankreich, England, Deutschland, USA) einzugehen, kann man die Wurzeln der Disziplin in der Philosophie, der Staatslehre, der Nationalökonomie und der Sozialgeschichte ausmachen. Ohne den gesellschaftlichen Um- und Aufbruch der Französischen Revolution allerdings ist die Entwicklung einer „soziologischen Weltsicht" kaum vorstellbar.

Am Anfang der Soziologie als eigenständiger Wissenschaft im 19. Jahrhundert herrschte ein von naturwissenschaftlicher Sichtweise geprägtes Denken vor. So sprach man zunächst von der „physique sociale", der sozialen Physik, mit der man gleichsam natürliche Bewegungsgesetze der Gesellschaft entdecken wollte, bis der französische Sozialphilosoph August Comte um 1830 den Begriff „Soziologie" durchsetzte. Die Frage, inwieweit gesellschaftliche Strukturen unabhängig von Raum und Zeit existieren oder bestimmte Entwicklungsgesetze einer Gesellschaft innewohnen, wird immer wieder gestellt und – in Raum und Zeit – beantwortet.

In Deutschland wurde 1909 die Deutsche Gesellschaft für Soziologie gegründet u.a. von Max Weber, einem der Väter der deutschsprachigen Soziologie. Bis zum Nationalsozialismus fand eine recht stürmische Entwicklung der Disziplin statt. Die in dieser Zeit entwickelten Theorien bilden immer noch Anlass zu fachlicher Diskussion. Während des Dritten Reiches wurden viele Soziologen in die Emigration gezwungen, andere blieben in der inneren Emigration oder dienten dem NS-Regime. Angewandte Soziologie wurde als Raumforschung ausgegeben und ihre Ergebnisse flossen in die Volkstumspolitik ein. Nach Ende des zweiten Weltkriegs spielten dann aus der Emigration heimkehrende Soziologen eine bedeutsame Rolle, wenngleich die nationalsozialistisch Belasteten keineswegs in der Versenkung verschwanden.

Allerdings herrschte auch in den 50er Jahren noch einige Unsicherheit, was denn die neue Wissenschaft Soziologie sei. Einer der Zeitzeugen, Heinrich Popitz, formulierte es: *„Es ist zwar übertrieben, aber nicht ganz falsch zu sagen: Dass es so etwas wie Soziologie gab, entdeckten wir erst, als wir es betrieben."*

Praktisch wird Soziologie in der Untersuchung von Teilbereichen einer existierenden und sich wandelnden Gesellschaft, im Aufzeigen von sozialen Konflikten, in der Konfrontation von Bewusstseinslagen und Einstellungen mit der sozialen Realität. Ralf Dahrendorf war es, der Soziologie einmal als „angewandte Aufklärung" bezeichnete. Oder anders ausgedrückt: Das soziale Leben der Gesellschaft und der in ihr agierenden Individuen wissenschaftlich – und das heißt sowohl kritisch als auch vorurteilsfrei, wenngleich nicht wertfrei – zu untersuchen und im Detail zu klären, Strukturen und Prozesse zu erkennen sowie diesbezügliche Theorien zu entwickeln, ist zum Programm der Soziologie geworden.

Ein nach wie vor umstrittenes Thema ist die Frage, ob die soziologische Gesellschaftsanalyse auch zur Anleitung planenden Handelns taugt oder führen soll. Nach der Planungseuphorie der 70er Jahre, die sich durchaus positiv auf den Arbeitsmarkt für Soziologieabsolventinnen und -absolventen auswirkte, ist Skepsis eingezogen. Zu viele gesellschaftliche Entwicklungen, vom Zusammenbruch des real existierenden Sozialismus bis zur weltweiten Finanzkrise des Jahres 2008, sind so nicht vorausgesehen worden. Allerdings haben soziologische Sichtweisen und soziologisches Vokabular in weiten Teilen von Politik, Bildung und Wirtschaft Einzug gehalten. Es gilt einfach zu beachten, dass Soziologie in der Gesellschaft und nicht außerhalb stattfindet. Und: Jede Wirkung hat auch Nebenwirkungen, insofern fragen Sie auch Ihren Psychologen und Sozialarbeiter.

Was unterscheidet Soziologie von den Nachbarwissenschaften?
Aus der Studienberatung ist bekannt, dass viele Ratsuchende sich schwer tun bei der Wahl zwischen unterschiedlichen sozialwissenschaftlichen Studiengängen. Insbesondere Psychologie und Sozialpädagogik sind häufig gleichermaßen im Blickfeld

der Studieninteressenten. Was ist der Unterschied zwischen diesen Fächern und was führt zu einer Entscheidung?

Nach wie vor ist angesichts weit verbreiteter Zulassungsbeschränkungen die Frage, wie sicher ein Studienplatz zu bekommen ist, ein eher von außen aufgezwungenes Entscheidungsargument. Darauf soll hier nicht weiter eingegangen werden. An dieser Stelle sind die unterschiedlichen Inhalte zu bedenken.

Die gängige Unterscheidung, Psychologie befasse sich mit dem einzelnen Menschen, die Soziologie dagegen mit der menschlichen Gesellschaft, ist nur auf den ersten Blick schlüssig. Das Spannungsfeld von Individuum und Gesellschaft ist wissenschaftliches Thema in beiden Studiengängen. Eher ist die Herangehensweise unterschiedlich. In der Psychologie wird eher von der Sicht des Individuums, seiner Biographie und individuellen Sozialisation ausgegangen, während in der Soziologie meist gesellschaftliche Strukturen und Funktionen sowie kollektive soziale Prozesse im Mittelpunkt stehen. Und natürlich bereitet die Soziologie auf keine Therapieausbildung vor.

Die enger an das Studium anschließenden Tätigkeitsfelder für Soziologinnen und Soziologen liegen daher auch in Planung, Organisation und Forschung und weniger in direkt auf die Behebung oder Linderung individueller Probleme bezogenen Tätigkeiten. Dabei sind wir bei der zweiten Alternative, der Sozialpädagogik.

Das Helfen-Wollen-Motiv taucht in vielen Beratungsgesprächen auf. Unbeschadet der Tatsache, dass Helfen-Können sowohl Distanz als auch Qualifikationen erfordert, sind in diesem Sektor die klassischen sozialpädagogische Tätigkeitsfelder angesiedelt. Auch muss bei der Betrachtung konkreter Tätigkeitsbereiche auf die Ausbildungshierarchie Fachschule (z.B. für Erzieherinnen und Erzieher), Fachhochschule (Leitungsebene für kleinere Einrichtungen, mittleres Management für größere) und Universität (Planungs- und Leitungsebene, Aufsichtsinstanzen) verwiesen werden. Als Faustformel kann gelten: Je höher der Abschluss, desto weniger Stellen und desto mehr Schreibtischtätigkeit (inklusive der vielfältigen Dienstbesprechungstermine, um das bürokratische Rad in Schwung zu halten). Dabei sind die neuen Bachelorabschlüsse – egal ob an Universität oder Fachhochschule erworben – derzeit rechtlich dem gehobenen Dienst in der Öffentlichen Verwaltung zugeordnet, während die Masterabschlüsse dem höheren Dienst zugeordnet werden. Die im Sozialbereich im großen Umfang tätigen Kirchen und Wohlfahrtsverbände stufen ihre Beschäftigten häufig in Anlehnung an die Regeln des Öffentlichen Dienstes ein. Im Studium der Sozialpädagogik nehmen Soziologie und Psychologie wiederum als

Nebenfächer einen festen Platz ein. Andererseits werden soziale Probleme auch von der Soziologie beforscht, seien es nun abweichendes Verhalten (z.B. Drogenkonsum, Straffälligkeit) oder Teile des Sozialsystems (z.B. Gesundheitswesen, Alterssicherung). Neben der Forschung geht es in der soziologischen Praxis dabei um analytische Aufbereitung (z.B. Sozialberichterstattung) sowie Planung und Organisation von Maßnahmen. Das von Studienbewerbern oft gehörte Motiv „Mit Menschen arbeiten wollen" findet in der Regel keine Entsprechung im Arbeitsalltag.

Fazit dieses Abschnitts: Nicht so sehr die Themen und Gegenstände des jeweilgen Studiengangs sind geeignet, die Entscheidungsfindung zu befördern, sondern die Vorstellungen über die spätere Verwendung der im Studium erworbenen Qualifikation am Arbeitsmarkt und die bevorzugte Herangehensweise an Themen und Probleme.

1.1 Inhalte und Studienaufbau

Obwohl das Soziologiestudium von Studienort zu Studienort unterschiedliche Schwerpunkte aufweist und das Studienangebot durch die Einführung der Bachelorstudiengänge eher noch unübersichtlicher geworden ist, gibt es doch eine Reihe fachlicher Gemeinsamkeiten. Früher wurden diese durch die gemeinsam von der Hochschulrektorenkonferenz (HRK) und Kultusministerkonferenz (KMK) verabschiedete Rahmenordnung für die Diplomprüfung im Studiengang Soziologie gesetzt. Heute wird deutlich, dass sich eine Reihe der im Hauptstudium eines traditionellen Diplomstudiengangs wählbaren Schwerpunkte zu eigenständigen Masterstudiengängen weiter entwickelt haben. Im Bachelorstudium sind die klassischen Ausbildungsgebiete „Soziologische Theorie", „Methodenausbildung", „Sozialstrukturanalyse" und eine von Ort zu Ort unterschiedliche Auswahl an „speziellen Soziologien" (z.B. Entwicklungssoziologie, Familiensoziologie, Organisationssoziologie) zu studieren. Hinzu tritt ein zur Stärkung der Berufsfähigkeit gedachter Bereich, mag er nun General Studies, Optionalbereich, Soft Skills, Professionalisierungsbereich, Begleitstudium oder sonst wie heißen. Ein Praktikum findet sich ebenfalls in vielen Studienordnungen, auf jeden Fall ist es – ggf. auch auf freiwilliger Basis – zu empfehlen.

Historisch gab und gibt es zwei Stränge in der Soziologie:
- die zumeist in den Philosophischen Fakultäten beheimatete geisteswissenschaftlich ausgerichtete Soziologie mit starken Bezügen zur Philosophie, Sozi-

algeschichte, Anthropologie (Wissenschaft vom Menschen) und Ethnologie (vergleichende Völkerkunde) und Psychologie, klassisch früher in Magisterstudiengängen beheimatet, sowie
- die zumeist in den Wirtschafts- und sozialwissenschaftlichen Fakultäten angesiedelte Soziologie mit starken Bezügen zur Rechts- und Wirtschaftswissenschaft, die klassisch mit dem Diplomexamen abgeschlossen wurden.

Im Zuge des sog. Bologna-Prozesses wurden die sozialwissenschaftlichen Studiengänge inzwischen auf die international verbreitete gestufte Studienstruktur mit Bachelor- und Masterstudium umgestellt. Die Deutsche Gesellschaft für Soziologie hat in einer Stellungnahme vom Dezember 2005 die Internationalisierung des Studiums grundsätzlich unterstützt. Eine professionelle Hauptfachausbildung in Soziologie bedarf ihrer Meinung nach einer Absolvierung von Bachelor- und Masterstudium, um mit einem Diplomabschluss vergleichbar zu sein.

Bachelorstudiengänge sollen nach den Vorgaben der Kultusministerkonferenz wissenschaftliche Grundlagen, Methodenkompetenz und berufsfeldbezogene Qualifikationen vermitteln. Merke: Wissenschaftliche Grundausbildung ist nicht gleichzusetzen mit einem wissenschaftlich umfassenden, forschungsbezogenen Studium. Letzteres ist weder in einer dreijährigen Ausbildung zu leisten, noch entspricht es dem Wunsch und dem Können vieler Studierender, wie die hohen Abbrecherquoten der Vergangenheit demonstrieren. Wer später wissenschaftlich vertieft bzw. forschend tätig sein will, der wird ohne einen zusätzlichen Masterabschluss nicht auskommen. Neu ist die Betonung der Ausbildung zur Berufsfähigkeit (employability). Dies geschieht durch die Vermittlung von Schlüsselqualifikationen (z.B. Fremdsprachen, EDV, Projektmanagement, Diversity Management) und berufsfeldbezogene Angebote.

Weiterhin sind die folgenden vier großen fachlichen Bereiche unabdingbarer Bestandteil eines jeden grundständigen Soziologiestudiums mit Bachelorabschluss.

1. Soziologische Theorie
(Allgemeine Soziologie, Makrosoziologie)
Hierunter fallen Lehrveranstaltungen zur Geschichte und Theorie des Fachs, zu Grundbegriffen und Grundkontroversen sowie zu den von älteren Klassikern (z.B. Emile Durkheim, Max Weber, Karl Marx, Georg Simmel, Ferdinand Tönnies) und neueren Klassikern (z.B. Talcott Parsons, Theodor W. Adorno, Jürgen Habermas, Norbert Elias, Niclas Luhmann, Pierre Bourdieu) entwickelten „Großen Theorien" und Schulen (z.B. Verstehende Soziologie / Phänomenologie, A. Schütz). In der

Einführung in soziologische Theorien der Gegenwart unterscheidet die Autorin Anette Treibel zwischen Makrotheorien, die sich mit ganzen Gesellschaftssystemen befassen, und Mikrotheorien, die schwerpunktmäßig Individuen und die Gesetzmäßigkeiten ihres Handelns in den Mittelpunkt ihrer Aufmerksamkeit rücken. Die Beschäftigung mit soziologischen Theorien ist oft recht abstrakt und erfordert eine Einübung in präzises analytisches Denken.

Literaturhinweise

Hans-Peter Müller, Steffen Sigmund (Hrsg.): Zeitgenössische amerikanische Soziologie. Wiesbaden: VS Verlag, 2000.

Max Haller: Soziologische Theorien im systematisch-kritischen Vergleich. Wiesbaden: VS Verlag, 2006.

Dirk Käsler: Klassiker der Soziologie. München: Beck Verlag, 2006.

Stephan Moebius, Lothar Peter: Französische Soziologie der Gegenwart. Konstanz: UVK Verlag, 2004. (UTB Bd. 2571)

Anette Treibel: Einführung in soziologische Theorien der Gegenwart. Wiesbaden: VS Verlag, 2006.

2. Sozialstrukturanalyse

Hierunter fallen Lehrveranstaltungen zur Sozialstruktur der Bundesrepublik Deutschland (z.B. Familienstrukturen, Alters- oder Einkommensverteilungen, Arbeitslosigkeit) und zu internationalen Vergleichen sozialstruktureller Verhältnisse sowie die dazu gehörenden theoretischen Erklärungsinstrumente (z.B. Klassen, Schichten, Geschlecht). In Lehrveranstaltungen dieses Gebiets werden oft AHA-Erlebnisse gemacht, stellen sich doch die durch Daten vermittelten sozialen Verhältnisse oft anders dar als das Vorurteil bzw. Vorwissen im eigenen Kopf. Auch zeichnen Verlaufsdaten über Jahre und Jahrzehnte gesellschaftliche Entwicklungen nach. Dennoch: Die Interpretation und Bewertung der Daten ergibt sich nicht von selbst, sondern bedarf theoretischer und kategorialer Analyse und kommt letztlich nicht ohne (Be-)Wertung aus.

Literaturhinweise

Bundeszentrale für politische Bildung (Hrg.): Datenreport 2008. Zahlen und Fakten über die Bundesrepublik Deutschland. Statistisches Bundesamt in Zusammenarbeit mit dem Wissenschaftszentrum Berlin für Sozialforschung (WZB) und dem Zentrum für Umfragen, Methoden und Analysen Mannheim (ZUMA).

Rainer Geißler: Die Sozialstruktur Deutschlands. Wiesbaden: VS Verlag, 2008.

Stefan Hradil: Die Sozialstruktur Deutschlands im internationalen Vergleich. Wiesbaden: VS Verlag, 2006.

3. Spezielle Soziologie

Hierunter fallen Lehrveranstaltungen zu der großen Zahl von Spezialsoziologien, die sich jeweils mit einem Ausschnitt der Gesellschaft befassen. Da an jeder Hochschule nur begrenzt Personal zur Verfügung steht, gibt es natürlich nicht an jeder Universität ein Lehrangebot zu allen Speziellen Soziologien. In der Regel ist aus den Studienordnungen ersichtlich, zu welchen speziellen Soziologien Module angeboten werden (vgl. Studienordnungen/Modulbeschreibungen im Internet zu den jeweiligen Studienangeboten). Je nach Hochschule und Lehrstuhlausstattung ist dann von Arbeits- und Berufssoziologie über Bildungssoziologie, Entwicklungssoziologie, Familiensoziologie, Kultur- und Kunstsoziologie, Rechtssoziologie, Religionssoziologie, Sportsoziologie, Stadt- und Regionalsoziologie bis zur Wirtschaftssoziologie – um nur einige zu nennen – ein Angebot vorhanden. Im Abschnitt Spezialisierungsmöglichkeiten befindet sich eine Tabelle, die auf das Angebot von speziellen Soziologien an der jeweiligen Hochschule eingeht. Auf der Homepage der Deutschen Gesellschaft für Soziologie (www.soziologie.de) sind unter dem Stichwort „Sektionen" die Links zu den websites der jeweiligen Speziellen Soziologie zu finden.

 Mit einer Kombination von Speziellen Soziologien und ausgewählten Modulen aus Wahlpflichtfächern bzw. Nebenfächern kann ein individuelles Qualifikationsprofil für das angestrebte Berufsfeld erworben werden.

> **Literaturhinweise**
>
> Zu vielen speziellen Soziologien gibt es Einführungsbücher, die unter www.buchkatalog.de und dem Stichwort für die gewünschte Spezielle Soziologie zu finden sind. Beispiel: Bei Eingabe des Stichworts Stadtsoziologie wird das Buch „Einführung in die Stadt- und Raumsoziologie" von Martina Löw, 2008 (UTB) angezeigt.

4. Methoden der empirischen Sozialforschung und Statistik
(inklusive EDV-Anwendungen)
Hierunter fallen die Lehrveranstaltungen, die das soziologische Handwerkszeug vermitteln. Dabei kommen quantitative Methoden, mit denen Massendaten mit Hilfe von Computerprogrammen dargestellt und ausgewertet werden ebenso zum Zuge wie qualitative Methoden, mit denen z.B. wenige Individuen oder Situationen sehr tiefgehend analysiert werden. Obwohl es einen endlosen Streit um die Überlegenheit der einen über die andere Methode gibt, hat sich in der Praxis der Sozialforschung – so denn finanzierbar – ein Methodenmix als sinnvoll erwiesen, denn nur so ist der größte Erkenntnisgewinn zu erzielen. Da quantitative Methoden (Statistik) eine große Rolle spielen, sind mathematische Kenntnisse bzw. die Bereitschaft, sich solche anzueignen, unabdingbar.

> **!** Wer hier Bedenken hat, kann eine einführende Statistikvorlesung an einer wohnortnahen Universität zur Probe besuchen. Studienordnungen, Modulbeschreibungen und kommentierte Vorlesungsverzeichnisse des Fachs enthalten weitere Informationen über Inhalt und Umfang der Methodenausbildung. Hilfreich ist es auch, die in den Statistikveranstaltungen benutzten Bücher und Skripte zu studieren (ggf. Nachfrage bei der Studienfachberatung). Hilfreiche Unterlagen sind beispielsweise im Netz unter www.univie.ac.at/soziologie-statistik/soz zu finden (Statistikübungen für Studierende der Soziologie, Universität Wien). Wichtig ist auch, sich bei der Fachschaft (studentische Vertretung des Fachs) über die konkrete Durchführung der Statistik-Lehre zu erkundigen.

> **Literaturhinweise**
>
> Diekmann, Andreas: Empirische Sozialforschung. Grundlagen, Methoden, Anwendungen. Reinbek bei Hamburg: Rowohlt Verlag, 2008. (Rowohlts Enzyklopädie Nr. 55678)
>
> GESIS - Leibnitz Institut für Sozialwissenschaften: gesis report. Alle drei Monate Meldungen aus der Sozialforschung per Internet unter www.gesis.org/das-institut/presse/gesis-report kostenlos.
>
> Kelle, Udo: Qualitative Sozialforschung. Eine problemorientierte Einführung. Wiesbaden: VS Verlag, 2009.
>
> Kromrey, Helmut: Empirische Sozialforschung, Opladen: UTB, 2006.
>
> Krämer, Walter: Statistik verstehen. Eine Gebrauchsanleitung. München: Piper Verlag, 2001.
>
> Kühnel, Steffen-M.; Krebs; Dagmar: Statistik für die Sozialwissenschaften. Reinbek bei Hamburg: Rowohlt Verlag, 2007. (Rowohlts Enzyklopädie Nr. 55639) und Aufgabensammlung dazu (Rowohlts Enzyklopädie Nr. 55655)
>
> Puhani; Josef: Statistik. Einführung mit praktischen Beispielen. Eibelstadt: Lexika Verlag, 2008.

Das Studium in weiteren Fächern (Wahlpflichtfächer, Wahlmodule, Zwei- und Nebenfächer)
Die klassischen Magisterstudiengänge waren immer eine Kombination mehrerer Fächer und auch in den Diplomstudiengängen gab es das Studium in Nebenfächern. Diese Tradition wird in den neuen Bachelor-Studiengängen fortgesetzt. Zwei-Fachbzw. Mehr-Fach-Bachelor sehen in der Nachfolge der Magisterstudiengänge weiter das Studium einer Fächerkombination vor. Die Ein-Fach- oder Vollfach-Bachelorstudiengänge nehmen das Nebenfachstudium der klassischen Diplomstudiengängen in der Weise auf, das Module aus anderen Fächern zu studieren sind. Dabei kann es einem festen Katalog geben, aus dem zu wählen ist oder die Module können mehr oder minder frei aus verschiedenen Fächern zusammengestellt werden. Wie bereits gesagt, ist die Wahl hinsichtlich des angestrebten persönlichen Qualifikationsprofils mit Sorgfalt und Überlegung zu treffen. So kann die Möglichkeit, ein gewünschtes Nebenfach studieren zu können, durchaus die Entscheidung für eine Hochschule bestimmen.

Das Praktikum

An immer mehr Universitäten ist ein Praktikum vorgeschrieben. Auf freiwilliger Basis ist es immer möglich und wird dringend empfohlen. Zu unterscheiden sind dabei Forschungspraktika, die häufig im Rahmen universitärer Forschungsprojekte angesiedelt sind, sowie Berufspraktika im außeruniversitären Bereich. Auch hier gilt es, das Praktikum sorgfältig und strategisch auszuwählen (Hinweise dazu im Exkurs Praktikum in Teil I).

Die Möglichkeiten, ein an den eigenen Interessen orientiertes Studienprofil durch entsprechende Auswahl von Lehrveranstaltungen insbesondere im Bereich Spezieller Soziologien, im Bereich der Nebenfächer und durch geschickte Platzierung des Praktikums zu entwickeln, sind nach wie vor mannigfaltig. Allerdings gehört die Auseinandersetzung mit den eigenen Vorstellungen über die Zeit nach dem Studium dazu. Ohne die Entwicklung einer eigenen Lebensperspektive droht die Gefahr eines orientierungslosen Herumstudierens.

In den Bachelorstudiengängen ist das Studium anders als in den früheren sozialwissenschaftlichen Studiengängen stark strukturiert. Die Prüfungsordnungen enthalten einen Studienplan, in dem die zu absolvierenden Module semesterweise aufgeführt sind. Welche Folgen Abweichungen hiervon haben, hängt von der jeweiligen Ordnung ab. Die Fachstudienberatung hilft im Zweifelsfall weiter. Generell ist pro Semester der Erwerb von 30 CP (Credit Points) vorgesehen, wobei 1 CP einer Arbeitsquantität von 30 Stunden entspricht. Mit anderen Worten: Pro Semester wird eine Arbeitsleistung von 900 Stunden, pro Woche also knapp 35 Stunden (einschließlich der veranstaltungsfreien Zeit, auch Semesterferien genannt) verlangt. Da der Erwerb von Credit Points das Bestehen der über die Semester verteilten Modulprüfungen voraussetzt, ist ein kontinuierlicher Arbeitsdruck gegeben. Oft besteht auch Anwesenheitspflicht. Damit wird es zunehmend schwieriger, neben dem Studium zu arbeiten um sich zu finanzieren. Andererseits kann durch sich jährlich wiederholende Studienpläne mit festem Modulangebot und –zeiten ein Teilzeitstudium besser geplant werden, wenn dies die Prüfungsordnung erlaubt. Da ein offizielles Teilzeitstudium nur selten angeboten wird heißt letzteres, dass beim Studium der Prüfungsordnungen darauf zu achten ist, ob Sanktionen bei Unterschreiten der regelhaft pro Semester vorgesehenen 30 CP bzw. 60 CP/Jahr drohen.

Die Studienpläne sehen max. 20 Stunden Lehrveranstaltungen pro Woche während der Veranstaltungszeit vor. In der Regel sind das an der Universität im Sommersemester 13 Wochen und im Wintersemester 15 Wochen, Fachhochschulen haben längere Veranstaltungszeiten. Berücksichtigt man die notwendige Zeit für Vor-

und Nachbereitung der Lehrveranstaltungen und die Anfertigung von Protokollen, Thesenpapieren, Referaten und Hausarbeiten kommen leicht mehr als 40 Arbeitsstunden pro Woche in der Veranstaltungszeit zusammen. Von den Wartezeiten in Bibliothek oder Mensa ganz zu schweigen.

Auch die Studiendauer hängt von der Zeit ab, die jemand für das Studium aufbringen kann. Aus den Sozialerhebungen des Deutschen Studentenwerks ist bekannt, dass fast alle Studierenden mehr oder minder regelmäßig während des Studiums arbeiten. Die Hochschulen gehen dennoch weiter von der Fiktion des Vollzeitstudierenden aus. Allerdings liegt die tatsächliche durchschnittliche Studiendauer bis zum Bachelorabschluss mit 6,6 Fachsemestern (2006) näher an der Regelstudienzeit von 6 Semestern als die in den alten Diplom- und Magisterstudiengängen (tatsächlich 12,2 Semester, Regelstudienzeit: 9 Semester). Die Erfolgsquote, die Studienanfängerzahlen einer Kohorte zu Absolventenzahlen einer Kohorte in Beziehung setzt, lag in den Sozialwissenschaften mit 35 % in den traditionellen Studiengängen relativ niedrig. Es wird erwartet, dass sich die Erfolgsquote in den Sozialwissenschaften auf Grund der stärkeren Strukturierung des Studiums erhöht.

Es ist für jeden Studierenden sehr wichtig, die Prüfungsbestimmungen und die Prüfungsorganisation genau zu kennen, auch wenn das die Auseinandersetzung mit komplizierten und trockenen juristischen Texten beinhaltet. Ansonsten kann es spätestens bei der ersten Prüfungsmeldung zu herben Überraschungen kommen. Soziologinnen und Soziologen sollte außerdem der Unterschied zwischen Sollen und Sein vertraut sein. Mit anderen Worten: Es gilt, die Prüfungspraxis vor Ort zu erkunden, die durchaus juristische Ermessensspielräume weit bis kreativ auslegen kann. Wer allein nicht weiterkommt, muss nicht unbedingt an seiner soziologischen Begabung zweifeln. Allerdings sollte dann fachkundiger Rat eingeholt werden. Hierzu steht die Studienfachberatung zur Verfügung, häufig auch die studentische Vertretung des Fachs (Fachschaft).

Noch ein Wort zu den notwendigen Fremdsprachenkenntnissen. Ohne Englischkenntnisse ist kein sinnvolles Soziologiestudium möglich. Eine weitere Fremdsprache ist durchaus von Nutzen, bei Entwicklungssoziologie oder Studiengängen mit länderbezogenen Schwerpunkten ist sie sogar unabdingbar. Natürlich unterscheidet sich das zumeist auf Literatur und Alltag ausgerichtete Schulenglisch vom soziologischen Fachjargon. Deshalb bieten viele Universitäten auch im Grundstudium Einführungen in das soziologische Fachenglisch an. In Vielen Fällen, müssen Englischkenntnisse bereits im Zulassungsverfahren nachgewiesen werden. Die Anforderungen richten sich dabei in der Regel nach dem Gemeinsamen Europäischen

Referenzrahmen für Sprachen, der in sechs Stufen von A 1 bis C 2 die Sprachkompetenz beschreibt.

 Eine Kurzinfo zum Gemeinsamen Europäischen Referenzrahmen für Sprachen steht unter www.dsd-kmk.de/downloads/referenzrahmen-20kurzinfo.pdf bereit.

Beispiele für Bachelorstudiengänge sind in den Abschnitten 1.4 und 1.6 dargestellt.

1.2 Das Studienangebot und die Zulassung zum Studium

Die Tabelle 1 in diesem Abschnitt gibt einen Überblick über das grundständige Studienangebot, d.h. an welchen Hochschulen Soziologie ab dem 1. Fachsemester studiert werden kann. Masterstudiengänge sind in die Tabelle nicht aufgenommen worden, weil sie nur nach einem Bachelorabschluß (oder ggf. einem gleichwertigen Examen bzw. Studienstand) studiert werden können und im Abschnitt 1.5 behandelt werden. Bei Recherchen im Internet unter www.hochschulkompass.de ist auf die unterschiedlichen und manchmal verwirrenden Bezeichnungen zu achten. Neben Soziologie werden Studiengänge mit der Bezeichnung, Sozialwissenschaft(en) oder auch Social Sciences angeboten, im Ausnahmefall auch Sozialökonomie. Bei Eingabe des Fachs Soziologie im Hochschulkompass unter der Eingabemaske „Grundständiges Studienangebot suchen" wird beispielsweise ein bunt gemixtes Studienangebot von über 120 Studiengängen angeboten, das von Angewandte Kindheitswissenschaften bis Wirtschaftswissenschaften reicht. Dies kommt daher, das das Suchprogramm alle Studiengänge erfasst, in deren Kurzbeschreibung von den Hochschulen das Wort Soziologie verwandt wurde. Die Tabelle 1 in diesem Abschnitt sortiert diese Vielfalt und enthält nur jene Studiengänge, in denen Soziologie eine wesentliche Rolle spielt.

Eine generelle Unterscheidung aufgrund des Studiengangsnamens ist angesichts des unterschiedlichen Studienaufbaus an den einzelnen Hochschulen schwierig, doch ist ein Studiengang Sozialwissenschaft (oder Social Sciences) zumeist eine Kombination von Politikwissenschaft und Soziologie, öfter auch mit größeren Anteilen Rechts- und/oder Wirtschaftswissenschaft.

Nachdem noch vor wenigen Jahren das Soziologiestudium weitgehend frei zugänglich war, sind nunmehr die meisten Studienangebote mit einem örtlichen Numerus Clausus belegt. Dort, wo formell keine Zulassungsbegrenzung bestehen, haben besondere Eignungsfeststellungsverfahren oder studiengangsspezifische Zulassungsvoraussetzungen oft den gleichen Effekt. Das können neben schriftlichen Begründungen für die Studienwahl die besondere Bewertung der für den Studiengang relevanten Schulnoten, berufliche oder andere praktische Erfahrungen, außerschulisches Engagement und gelegentlich auch Auswahlgespräche sein. Der Stand der Zulassungsbeschränkungen zum Wintersemester 2008/09 ist in der Tabelle 1 ausgewiesen. Da sich die Zulassungsregeln aber zu jedem Aufnahmesemester ändern können und auch die Einschreibefristen und -formalitäten (z.B. frühere Termine für Eignungstests) unbedingt rechtzeitig in Erfahrung zu bringen sind, ist der jeweils aktuelle Stand unter www.hochschulkompass.de abzufragen. Studienbeginn ist das Wintersemester, da das modularisierte Bachelorstudium in Studienjahren organisiert ist, d.h. spätestens ab März für den Studienbeginn im Oktober tätig zu werden.

An allen Universitäten ist das Abitur bzw. eine gleichgestellte Hochschulzugangsberechtigung Voraussetzung für die Bewerbung, eine Fachhochschulreife reicht nicht aus. Ausnahmen sind lediglich der B.A. Sozialökonomie des Departments für Wirtschaft und Politik (DPW) der Universität Hamburg (ehemals Hochschule für Wirtschaft und Politik/HWP), der B.A. Soziologie an der Universität Kassel (frühere Gesamthochschule), der B.A. Sozialwissenschaften-Interkulturelle Beziehungen an der Hochschule Fulda (Fachhochschule) und der B.A. Social Sciences an der Universität Siegen (ehemals Gesamthochschule), bei denen ein Studium mit Fachhochschulreife möglich ist.

> **!** In fast allen Ländern gibt es für besonders befähigte Berufstätige Sonderprüfungen, um eine Hochschulreife zu erlangen. Weit verbreitet sind auch Sonderregelungen für Meister (z.B. Einstufungsprüfungen), die probeweise und befristete Einschreibung mit Kleiner Matrikel oder der Erwerb einer Hochschulzugangsberechtigung über ein Kontaktstudium. Auskunft erteilt das jeweilige Kultusministerium des Wohnsitzbundeslandes.

Die folgende Tabelle 1 gibt einen Überblick über das grundständige Studienangebot in der Bundesrepublik Deutschland, im nächsten Abschnitt werden Hinweise zu Spezialisierungsmöglichkeiten gegeben. Bereits seit 1998 führt des Centrum für Hochschulentwicklung (CHE) ein umfangreiches Hochschulranking durch. Die untersuchten Fächer an den Hochschulen werden gesondert für jeden Indikator in Spitzengruppen, Mittelgruppe oder Schlussgruppe eingereiht. Damit ergibt sich ein differenziertes Bild, da beispielsweise an einer Hochschule das Fach Soziologie beim Indikator „Betreuung" in der Spitzengruppe, beim Indikator „Forschungsgelder" aber in der Schlussgruppe rangieren kann. Die Daten werden alle drei Jahre aktualisiert. Im jährlich neu erscheinenden Studienführer der ZEIT sind wichtige Ergebnisse für die untersuchten Fächer aufgelistet. Die Soziologiedaten stammen aus dem Jahr 2008.

Verschaffen Sie sich einen ersten Überblick über für Sie interessante Hochschulen nach Ihren eigenen Kriterien im Internet. Dafür können Sie bis zu fünf Indikatoren, die für Ihre persönliche Entscheidung wichtig sind, wählen. Die Auflistung der Hochschulen erfolgt dann nach den gewählten Prioritäten.

Schritt 1: Internetseite www.zeit.de/hochschulranking aufrufen und Rubrik „Meine Wahl" anklicken.

Schritt 2: Nach kostenloser Registrierung Rubrik „Mein Ranking" anklicken und gewünschtes Fach auswählen (Soziologie/Sozialwissenschaft).

Schritt 3: Aus 24 Indikatoren die für Sie wichtigsten 5 auswählen.

Schritt 4: Sie erhalten eine Tabelle der Hochschulen, die nach den für Sie wichtigen Indikatoren sortiert ist. Sie können nach dieser Vorsortierung gezielt in den betreffenden Hochschulen weitere Erkundigungen einziehen.

Tabelle 1: Übersicht über grundständige Studienmöglichkeiten Soziologie/Sozialwissenschaft (Stand: Wintersemester 2008/09, Kennzeichnung (a) auslaufender Studiengang, keine Zulassung von Studienanfängern)

Hochschule	Studienangebot[1]	Zulassung[2]	Studiengebühren/ Bemerkungen[3]
TH Aachen	Soziologie (Zwei-Fach-Bachelor) Magister Soziologie (a)	WS örtlicher NC	500 EUR/Semester. Nur in Kombination mit einem weiteren Bachelorfach der Phil. Fakultät studierbar.
U Augsburg	Sozialwissenschaften (Soziologie, Politik und Kommunikationswissenschaft)	WS örtlicher NC	500 EUR/Semester. Zulassung wie Ein-Fach-Bachelor, Integrierter Studiengang.
U Bamberg	Soziologie (Ein-Fach-Bachelor) Soziologie (nur Nebenfach mit 30 ECTS in einem Mehrfachbachelor) Diplom-Soziologie (a) Magister Soziologie (a)	WS örtlicher NC zulassungsfrei	500 EUR/Semester (1.Sem.: 300,00 EUR). Nicht belegte Studienplätze können im SS vergeben werden. Nebenfach-Zulassung zum WS und SoSe.
HU Berlin	Sozialwissenschaften (Soziologie als Kernfach wählbar im Ein-Fach-BA) Sozialwissenschaften (Soziologie als Zweitfach wählbar im Zwei-Fach-BA)	WS örtlicher NC	Integration von Soziologie und Politikwissenschaft. Teilzeitstudium möglich.
TU Berlin	Soziologie technikwissenschaftlicher Richtung (Ein-Fach-Bachelor)	WS örtlicher NC	Kombination mit einem technischen Fach: Arbeitswissenschaft, Informatik, Technischer Umweltschutz oder Verkehrswesen.
U Bielefeld	Soziologie (Kernfach im Zwei-Fach-Bachelor) Sozialwissenschaften (Kernfach im Zwei-Fach-Bachelor) Diplom Soziologie (a)	WS örtlicher NC	350 EUR/Semester. Soziologie/Sozialwissenschaften auch als Nebenfach mit nichtsoziologischem Kernfach wählbar. Sozialwissenschaften auch mit Lehramtsoption.

Hochschule	Studienangebot[1]	Zulassung[2]	Studiengebühren/ Bemerkungen[3]
U Bochum	Sozialwissenschaft: Kultur/Individuum/Gesellschaft (Zwei-Fach-Bachelor) Sozialwissenschaft (Ein-Fach-Bachelor) Diplom-Sozialwissenschaft (a) B.A. Soziologie (a)	SoSe, WS örtlicher NC	480 EUR/Semester. Auch B.A. „Politik, Wirtschaft und Gesellschaft (mit Lehramtsoption)".
TU Braunschweig	Integrierte Sozialwissenschaften (Ein-Fach-Bachelor)	WS örtlicher NC	500 EUR/Semester. Kombination von Politikwissenschaft, Soziologie und Volkswirtschaftslehre.
U Bremen	Soziologie (Ein-Fach-Bachelor)	WS	Studienkontenmodell. Nachweis von Englischkenntnissen erforderlich.
JUB Bremen	Integrated Social Sciences (internationaler Studiengang in englischer Sprache)	WS örtlicher NC	9.000 EUR/Semester, da Privatuniversität. Sprachtest Englisch, zwei schulische Empfehlungsschreiben.
TU Chemnitz	Soziologie (Ein-Fach-Bachelor)	WS örtlicher NC	Englisch auf Abiturniveau erforderlich.
TU Darmstadt	Soziologie (Zwei-Fach-Bachelor) Diplom Soziologie (a)	WS	Studium zweier Fächer und im Optionalbereich.
TU Dresden	Soziologie (Ein-Fach-Bachelor) Diplom Soziologie	WS örtlicher NC	Studium mit Ergänzungsbereich. Doppeldiplom in Kooperation mit Trento (Italien) möglich.
U Duisburg-Essen	Soziologie (Ein-Fach-Bachelor)	WS örtlicher NC	500 EUR/Semester (Hochschulentscheidung). Standort Duisburg. Sozialwissenschaften (Lehramt) am Standort Essen.

Hochschule	Studienangebot[1]	Zulassung[2]	Studiengebühren/ Bemerkungen[3]
U Düsseldorf	Sozialwissenschaften (Ein-Fach-Bachelor) Soziologie (Nebenfach)) Magister Soziologie (a)	WS örtlicher NC	500 EUR/Semester (Hochschulentscheidung). Sozialwissenschaften: Soziologie, Politikwissenschaft, Medien und Kommunikationswissenschaft
Katholische U Eichstätt-Ingolstadt	Soziologie (Internationaler Ein-Fach-Bachelor, Deutsch/ Italienisch) Politik und Gesellschaft (Interdsziplinärer Ein-Fach-Bachelor)	WS örtlicher NC WS	450 EUR/Semester. Standort Eichstätt. Sozialkunde als Lehramtsstudiengang möglich.
U Erfurt	Staatswissenschaften-Sozialwissenschaften (Ein-Fach-Bachelor) Baccalaureus	WS	Besondere Zulassungsvoraussetzungen (Eignungsfeststellung), Vollzeit- oder Teilzeitstudium.
U Erlangen-Nürnberg	Soziologie (Zwei-Fach-Bachelor) Diplom Sozialwissenschaft (a) Magister Soziologie (a)	WS	500 EUR/Semester. Standort Erlangen, Kernfach Soziologie und ein weiteres Fach. Auch Sozialökonomik (Ein-Fach-Bachelor) als Kombination von Soziologie, Ökonomie, Methoden/Statistik und Wirtschaftspsychologie möglich.
U Frankfurt/Main	Soziologie (Ein-Fach-Bachelor) Diplom-Soziologie (a) Magister-Soziologie (a)	WS örtlicher NC	Es ist ein Nebenfach nach freier Wahl im Umfang von 60 CP (ECTS) zu studieren.
U Freiburg	Soziologie (Zwei-Fach-Bachelor) Magister Soziologie (a)	WS örtlicher NC	500 EUR/Semester. Soziologie als Haupt- oder Nebenfach wählbar.
H Fulda	Sozialwissenschaften- Interkulturelle Beziehungen (Ein-Fach-Bachelor)	WS örtlicher NC	Auch mit Fachhochschulreife zugänglich. Bewerber/innen mit Migrationserfahrung erwünscht.

Hochschule	Studienangebot[1]	Zulassung[2]	Studiengebühren/ Bemerkungen[3]
U Gießen	Social Sciences/Sozialwissenschaften (Ein-Fach-Bachelor)	WS örtlicher NC	Kombination von Politikwissenschaft und Soziologie.
	Soziologie (Nebenfach im Mehr-Fach-Bachelor)	WS	In Kombination mit Geschichts- und Kulturwissenschaften.
U Göttingen	Soziologie (Ein-Fach-Bachelor) Soziologie (Zwei-Fach-Bachelor) Diplom Sozialwissenschaft (a) Magister Soziologie (a)	WS örtlicher NC	500 EUR/Semester. Im Zwei-Fach-Bachelor ist die Zulassung zu einem zweiten Fach erforderlich.
FernU Hagen	Soziologie (Ein-Fach-Bachelor)	SoSe, WS	Fernstudium. Materialkosten ca. 200 EUR (Teilzeit), 400 EUR (Vollzeit), Rechner mit Internet erforderlich.
U Halle-Wittenberg	Soziologie (Zwei-Fach-Bachelor) Soziologie/Politik (90 LP Soziologie und 90 LP Politik)	WS örtlicher NC	Standort Halle. Soziologie im Zwei-Fach-Bachelor kann mit 60, 90 oder 120 LP (ECTS) studiert werden, bei 60 zulassungsfrei. Sozialkunde als Lehramt möglich.
U Hamburg	Soziologie (Zwei-Fach-Bachelor) Sozialökonomie (Ein-Fach-Bachelor, Schwer-punkt Soziologie möglich) Studiengang der ehem. Hochschule für Wirtschaft und Politik	WS örtlicher NC SoSe, WS örtlicher NC	375 EUR/Semester. Soziologie auch als Nebenfach (45 ECTS). Für Berufserfahrene ohne Abitur zugänglich (Aufnahmeprüfung). Sozialwissenschaften als Lehramt möglich.
U Heidelberg	Soziologie (Ein-Fach-Bachelor) Diplom Soziologie (a) Magister Soziologie (a)	WS örtlicher NC	500 EUR/Semester. Als Hauptfach mit 100% oder als Begleitfach mit 25% studierbar.

Hochschule	Studienangebot[1]	Zulassung[2]	Studiengebühren/ Bemerkungen[3]
U Jena	Soziologie (Zwei-Fach-Bachelor) Magister Soziologie (a)	WS örtlicher NC	Als Kernfach oder Ergänzungsfach studierbar.
U Karlsruhe (TH)	Soziologie (nur als Wissenschaftliches Ergänzungsfach)	WS Zulassung erfolgt zum Hauptfach	500 EUR/Semester. Als Ergänzungsfach zu European Studies möglich.
U Kassel	Soziologie (Ein-Fach-Bachelor)	WS örtlicher NC	Zugang mit Fachhochschulreife und mit beruflicher Qualifikation (z.B. Meister, Erzieherin) möglich.
U Kiel	Soziologie (Zwei-Fach-Bachelor)	WS örtlicher NC	Kombinierbar mit einer Vielzahl von Fächern.
U Koblenz-Landau	Sozialwissenschaften (Diplomstudiengang)	WS örtlicher NC	Umstellung auf Bachelor zum WS 09/10. Standort Landau. Auch Sozialkunde (Lehramt) am Standort Koblenz.
U Köln	Sozialwissenschaften (Ein-Fach-Bachelor) Diplom Sozialwissenschaften (a), Magister Soziologie (a), Diplom VWL sozialwiss. Richtung (a)	SoSe, WS örtlicher NC	500 EUR/Semester. Sozialwissenschaften als Kombination von BWL, VWL und Sozialpsychologie Auch Sozialwissenschaften (Lehramt)
U Konstanz	Soziologie (Ein-Fach-Bachelor)	WS örtlicher NC	500 EUR/Semester. Soziologie auch Wiss. Nebenfach für andere Bachelorstudiengänge
U Leipzig	Sozialwissenschaften/ Philosophie-Soziologie (Ein-Fach-Bachelor)	WS örtlicher NC	Auch Philosophie/ Politikwissenschaft bzw. Kulturwissenschaft.
U Magdeburg	Sozialwissenschaften (Ein-Fach-Bachelor)	WS örtlicher NC	Kombination von Soziologie und Politikwissenschaft.
U Mainz	Soziologie (Kernfach oder Beifach im Zwei-Fach-Bachelor) Magister Soziologie (a) Diplom Soziologie (a)	SoSe, WS örtlicher NC	Studienkontenmodell.

Das Studium der Soziologie (Sozialwissenschaft) 111

Hochschule	Studienangebot[1]	Zulassung[2]	Studiengebühren/ Bemerkungen[3]
U Mannheim	Soziologie (Ein-Fach-Bachelor)	WS örtlicher NC	500 EUR/Semester. Achtung: geänderte Veranstaltungszeiten, besonderes Auswahlverfahren.
U Marburg	Sozialwissenschaften (Ein-Fach-Bachelor) Diplom Soziologie (a)	WS örtlicher NC	Englischkenntnisse (Niveau B1) erforderlich
U München (LMU)	Soziologie (Zwei-Fach-Bachelor,) Diplom Soziologie (a) Magister Soziologie (nur Nebenfach)	WS SoSe, WS	500 EUR/Semester. Hauptfach mit 120 LP bzw. ECTS. Eignungsfeststellungsverfahren. Auch Sozialkunde (Lehramt) studierbar.
U Bundeswehr München	Staats- und Sozialwissenschaften	WS örtlicher NC	Nur für Offiziere bzw. Offizieranwärter mit bestandener Prüfung.
U Münster	Soziologie/ Sozialwissenschaften (Zwei-Fach-Bachelor)	WS örtlicher NC	Auch mit Lehramtsoption studierbar. Soziologie auch Ergänzungsfach zum Kernfach Kommunikationswissenschaft
U Oldenburg	Sozialwissenschaften (Ein-Fach-Bachelor oder Zwei-Fach-Bachelor)	WS örtlicher NC	500 EUR/Semester. Ein-Fach-Bachelor: Kernfach (90 KP). Zwei-Fach-Bachelor als Erst- oder Zweitfach. Lehramtsoption möglich.
U Osnabrück	Social Sciences/ Sozialwissenschaften (Ein-Fach-Bachelor) Soziologie (Zwei-Fach-Bachelor)	WS örtlicher NC	500 EUR/Semester. Soziologie im Zwei-Fach-Bachelor nur als Kernfach (63 LP bzw. ECTS)
U Potsdam	Soziologie (Zwei-Fach-Bachelor) Magister Soziologie (a)	WS örtlicher NC	Soziologie als Erst-, Zweit- oder Beifach möglich. Auch Lehramt Sozialwissenschaft.
U Rostock	Soziologie (Zwei-Fach-Bachelor) Sozialwissenschaften (Ein-Fach-Bachelor)	WS örtlicher NC	Soziologie als Erst-, Zweit- oder Beifach möglich. Auch Lehramt Sozialwissenschaft.

Hochschule	Studienangebot[1]	Zulassung[2]	Studiengebühren/ Bemerkungen[3]
U Siegen	Sozialwissenschaften/ Social Science (Ein-Fach-Bachelor)	WS	500 EUR/Semester. Sozialwissenschaften auch als Lehramtsstudium. Zugang mit Fachhochschulreife mit Eignungsnachweis möglich.
U Stuttgart	Sozialwissenschaften (Ein-Fach-Bachelor) auch internationaler deutsch-französischer Studiengang Soziologie (Zwei-Fach-Bachelor, nur Nebenfach)	WS örtlicher NC	500 EUR/Semester. Sozialwissenschaften auch als dt.-frz. Studiengang: Besonderes Zulassungsverfahren.
U Trier	Sozialwissenschaften (Ein-Fach-Bachelor) Soziologie (Zwei-Fach-Bachelor) Diplom Soziologie (a) Magister Soziologie (a)	WS WS	Soziologie als Haupt- oder Nebenfach wählbar. Auch Bachelorstudiengang Medien- Kommunikation-Gesellschaft. Auch Sozialkunde als Lehramt.
U Tübingen	Soziologie (Zwei-Fach-Bachelor) Magister Soziologie (a)	WS örtlicher NC	500 EUR/Semester. Soziologie als Haupt- oder Nebenfach wählbar.
H Vechta	Sozialwissenschaften (Mehr-Fach-Bachelor) Magister Soziologie (a)	WS	500 EUR/Semester. Studienmodelle mit 80, 60 und 40 AP bzw. ECTS mit Lehramtsoption möglich.
Weilheim-Bierbronnen Gustav-Siewerth-Akademie (GSA)	Magister Soziologie (Haupt- und Nebenfach)	SoSe, WS	900,00 EUR/Semester. Vorstellungsgespräch. Private anerkannte katholische Hochschule.
U Würzburg	Political and Social Studies (Ein-Fach-Bachelor) Magister Soziologie (a)	WS	500 EUR/Semester. Auch als Nebenfach und mit Lehramtsoption möglich.

Das Studium der Soziologie (Sozialwissenschaft)

Hochschule	Studienangebot[1]	Zulassung[2]	Studiengebühren/ Bemerkungen[3]
U Wuppertal	Soziologie (Ein-Fach-Bachelor) Sozialwissenschaften (Mehrfach-Bachelor) Diplom Sozialwissenschaft (a)	WS örtlicher NC	500 EUR/Semester. Sozialwissenschaften mit Profil Wirtschaftslehre/ Politik (Lehramt) möglich.
Zitta Internationales Hochschulinstitut (IHI)	Diplom Sozialwissenschaften	WS örtlicher NC	Nur Hauptstudium von sechs Semestern. Ein sozialwissenschaftliches Grundstudium muss an einer anderen Hochschule abgeschlossen sein..

Abkürzungen:
SoSe = *Sommersemester*
WS = *Wintersemester*
NC = *Numerus Clausus (Zulassungsbeschränkungen)*
U = *Universität*
H = *Hochschule*

Anmerkungen:

[1] *Aufgeführt sind grundständige Studiengänge, d.h. die ohne vorherigen Studienabschluss für Abiturientinnen und Abiturienten zugänglich sind. Bei einem Ein-Fach-Bachelor erfolgt die Einschreibung in einem Studiengang, wobei im Wahlpflichtbereich (Wahlpflichtmodule) auch das Studium in benachbarten Fächern vorgesehen ist. Bei einem Zwei-Fach-Bachelor erfolgt die Einschreibung in zwei Studiengängen, die miteinander kombiniert werden. Auslaufende Diplom- und Magisterstudiengänge sind mit einem (a) gekennzeichnet. In diesen Fällen ist eine Zulassung von Studienanfängern nicht mehr möglich. Lediglich Fortgeschrittene, z.B. Studienortwechsler können ggf. noch zugelassen werden. Schwerpunkte der Studiengänge sind in der Tabelle zu den Spezialisierungsmöglichkeiten zu finden.*

[2] *Angegeben sind die Zulassungsmodalitäten zum Wintersemester 2008/09. Die jeweils aktuellen Informationen finden sie unter www.hochschulkompass.de (Grundständiges Studienangebot, Soziologie bzw. Sozialwissenschaft). Dort sind auch Angaben zu evtl. besonderen Zulassungsvoraussetzungen zu erhalten. Für auslaufende Studiengänge mit der Kennzeichnung (a) gelten besondere Vorschriften (z.B. Zulassung nur ab einem bestimmten Fachsemester).*

[3] *Bei den Studiengebühren (Studienbeiträgen) ist zu beachten, dass sie in vielen Fällen noch juristisch angefochten werden. Außerdem enthalten die jeweiligen Hochschulsatzungen in der Regel eine Reihe von Ausnahmetatbeständen, bei deren Vorliegen keine Zahlungspflicht entsteht. Es ist also wichtig, sich jeweils aktuell bei der Hochschule (Studienberatung, AStA) zu erkundigen. Angegeben sind nur die Allgemeinen Studiengebühren, nicht die Gebühren für Zweitstudierende, Langzeitstudierende oder Senioren. Ebenfalls nicht angegeben sind die überall zu entrichtenden Semesterbeiträge sowie die verbreitet zusätzlich anfallenden Verwaltungskosten.*

1.3 Spezialisierungsmöglichkeiten

In den traditionellen Diplom- und Magisterstudiengängen erfolgte die Spezialisierung durch Wahl von Schwerpunkten und Nebenfächern bzw. Fächerkombinationen. Die Situation in den neuen Bachelorstudiengängen ist je nach Modell Ein-Fach- oder Zwei-Fach-Bachelor ähnlich, allerdings begrenzt durch die verkürzte Studienzeit. Dafür stehen nach dem Bachelorstudium spezialisierte Masterstudiengänge zur Verfügung. Im Fachstudium kann auch durch die Wahl der Studienmodule in den Speziellen Soziologien sowie der aus weiteren Fächern und im Bereich der Schlüsselqualifikationen ein persönliches Profil entwickelt werden.

Wie gesagt: Beim Thema Spezialisierung spielen die Speziellen Soziologien (auch Bindestrich-Soziologien genannt), die sich mit gesellschaftlichen Teilbereichen oder mit bestimmten sozialen Handlungsweisen befassen, eine entscheidende Rolle. Es gibt kaum einen Teilbereich menschlichen Lebens, für den nicht eine Spezielle Soziologie existiert, und sollte es ihn doch geben, so wird eine neu entwickelt. Seit kurzem wird beispielsweise von einer Soziologie des Körpers gesprochen, wobei die zentrale Forschungsfrage lautet: Wie ist der Körper an der sozialen Konstruktion von Wirklichkeit beteiligt? Immerhin nehmen wir unsere Umwelt mittels unserer Sinne wahr und integrieren diese Wahrnehmungen in unsere Interpretationsmuster. Kurzum, die Zahl der Speziellen Soziologien tendiert tendenziell gegen unendlich. Allerdings spielen nur wenige in der Lehre eine quantitativ bedeutende Rolle. Viele tauchen nur gelegentlich im Lehrangebot auf. Eine Auswertung soziologischer Lehre des Informationszentrums Sozialwissenschaften (IZ) ergab folgende Hitliste:
- Industrie- und Betriebssoziologie,
- Politische Soziologie,
- Kommunikationssoziologie (inklusive Mediensoziologie),
- Bildungssoziologie,
- Siedlungssoziologie (Stadt- u. Regionalsoziologie),
- Soziale Probleme,
- Jugendsoziologie,
- Familiensoziologie,
- Kultursoziologie,
- Organisationssoziologie.

Weiter wurden mit geringerer Verbreitung genannt: Agrarsoziologie, Alterssoziologie, Berufssoziologie, Bevölkerungssoziologie (Demographische Bevölkerungsforschung), Entwicklungssoziologie, Freizeitsoziologie, Kriminalsoziologie, Kunstsoziologie, Medizinsoziologie, Militärsoziologie, Rechtssoziologie, Religionssoziologie,

Das Studium der Soziologie (Sozialwissenschaft)

Sexualsoziologie, Sportsoziologie, Wirtschaftssoziologie, Wissenschaftssoziologie, Wissenssoziologie und Verkehrssoziologie. Dies ist immer noch keine vollständige Aufzählung, beispielsweise fehlt die inzwischen weit verbreitete Geschlechtersoziologie (Gender), Sprachsoziologie oder Tiersoziologie. Die Breite der Forschungsgegenstände der Soziologie und die Vielfältigkeit der Spezialisierungsmöglichkeiten mag damit jedoch hinreichend demonstriert sein.

Neben diesen gegenstandsbezogenen Spezialisierungen können Schwerpunkte auf methodologische sowie wissenschaftslogische und wissenschaftstheoretische Gebiete gelegt werden, beispielsweise Ethnomethodologie oder Biographieforschung, Positivismus, Systemtheorie oder kritischer Rationalismus.

Eine weitere Übersicht über die wissenschaftliche Differenzierung und Spezialisierung des Fachs bieten die Sektionen und Arbeitsgruppen der Deutschen Gesellschaft für Soziologie (DGS): Alter(n) und Gesellschaft; Arbeits- und Industriesoziologie, Bildung und Erziehung; Biographieforschung; Entwicklungssoziologie und Sozialanthropologie; Familiensoziologie; Frauen- und Geschlechterforschung; Kultursoziologie mit AG Konsumforschung; Land- und Agrarsoziologie; Jugendsoziologie; Medien- und Kommunikationssoziologie; Medizin- und Gesundheitssoziologie; Methoden der empirischen Sozialforschung; Methoden der qualitativen Sozialforschung; Migration und ethnische Minderheiten, Modellbildung und Simulation; Ost- und Ostmitteleuropa-Soziologie; Politische Soziologie; Professionssoziologie; Rechtssoziologie; Religionssoziologie; Soziale Indikatoren; Soziale Probleme und soziale Kontrolle; Soziale Ungleichheit und Sozialstrukturanalyse; Sozialpolitik; Soziologie der Kindheit; Soziologie des Körpers und des Sports; Umweltsoziologie; Soziologische Theorie; Stadt- und Regionalsoziologie; Wirtschaftssoziologie, Wissenschafts- und Technikforschung; Wissenssoziologie (einschl. Sprachsoziologie).

 Wer sich über die Sektionen näher informieren möchte (z.B. spezialisierte Zeitschriften/ Leseliste, Hochschullehrer/innen, Tagungen) kann dies unter www.soziologie.de und dann dem Link Sektionen folgend tun.

Während die Deutsche Gesellschaft für Soziologie (DGS) die führende Vereinigung für die Soziologie an den Hochschulen ist, vertritt der Berufsverband Deutscher Soziologinnen und Soziologen e.V. (BDS) insbesondere auch außerhalb der Hochschulen beschäftigte Soziologinnen und Soziologen. Auf seiner Homepage finden sich neben Regionalgruppen und Ethik-Kommission die Fachgruppen Beratung,

Ethik Forschung, Gesundheit und Verwaltung, die jeweils ein größeres Berufsfeld abdecken.

 Kontakt zu den Fachgruppen, Tagungsankündigungen unter www.bds-soz.de und dem Link Fachgruppen folgen.

Die nachfolgende Übersicht gibt fachliche Schwerpunkte in den neuen Bachelorstudiengängen an. Die Angaben beziehen sich in der Regel auf Spezielle Soziologien. Methoden- oder Theorieschwerpunkte sind nur aufgenommen worden, wenn sie profilbildend sind.

Tabelle 2: Bachelorstudiengänge Soziologie/Sozialwissenschaft Spezialisierungsmöglichkeiten (Stand: Wintersemester 2008/09)

Hochschule	Schwerpunkte (Auswahl)[1]	Bemerkungen
TH Aachen	Gender Studies und Techniksoziologie.	Zwei-Fach-Bachelor, Soziologie in Kombination mit einem weiteren Fach der Philosophischen Fakultät, u.a. Politische Wissenschaft.
U Augsburg	Kommunikationswissenschaft.	Sozialwissenschaft als Kombination von Soziologie und Politik (Ein-Fach-BA).
U Bamberg	Bildung, Arbeit, Bevölkerung und Lebenslauf; Empirische Sozialforschung; Europäische und globale Studien; Kommunikation und Internet, Organisation, Verwaltung und Sozialmanagement.	Ein-Fach-Bachelor mit starker Betonung der methodischen Ausbildung.
HU Berlin	Vergleichende Demokratieforschung, Vergleichende Kultur- und Institutionenanalyse, Arbeit, Familie und Sozialpolitik, Soziale Ungleichheiten, Urbanisierung und Integrationspolitik.	Sozialwissenschaften als Kombination von Soziologie und Politik.
TU Berlin	Techniksoziologie, Organisationssoziologie, Medien- und Geschlechterforschung, Wissenssoziologie, Stadt- und Architektursoziologie.	In Verbindung mit einem technischen Fach zu studieren.

Das Studium der Soziologie (Sozialwissenschaft) **117**

Hochschule	Schwerpunkte (Auswahl)[1]	Bemerkungen
U Bielefeld	Soziologie: Profilbildung in Theorie und Geschichte der Soziologie; Organisation; Wissenschaft, Technik und Medien; Soziale Probleme, Gesundheit und Sozialpolitik; Weltgesellschaft und Entwicklung; Arbeit und Wirtschaft; Geschlechterforschung und Geschlechterverhältnis möglich. Sozialwissenschaften: Profilbildung in Bildung und Weiterbildung; Medien, Technik und Kommunikation; Politik, Verwaltung, sozialer Sektor möglich.	Im Zwei-Fach-Bachelor, als Kern- bzw. Nebenfach studierbar. Sozialwissenschaften fachübergreifendes Studium der Soziologie, Politik- und Wirtschaftswissenschaft.
U Bochum	Sozialwissenschaft: Kultur, Individuum und Gesellschaft als Verbindung von Sozialpsychologie und -anthropologie, Soziologie und Politik unter besonderer Berücksichtigung kultureller Aspekte. Ein-Fach-Bachelor stärker methoden- und forschungsbezogen.	Ein-Fach-Bachelor Sozialwissenschaft und Zwei-Fach-Bachelor Kultur/ Individuum/ Gesellschaft.
TU Braunschweig	Integrierte Sozialwissenschaften mit den thematischen Schwerpunkten Zukunft der Arbeit, Urbanisierung und Mobilität, Politische Steuerung in Staat, Markt und Gesellschaft, Internationalisierung von Politik und Ökonomie.	Ein-Fach-Bachelor mit Soziologie, Politikwissenschaft und Volkswirtschaftslehre und LV anderer Fächer (u.a. Medien, Psychologie).
U Bremen	Umfassende Methodenausbildung und forschungsbezogen. Lebenslaufforschung, Familiensoziologie, Migration, Stadt- u. Regionalsoziologie, Arbeits- und Wirtschaftssoziologie, Sozialpolitik.	Ein-Fach-Bachelor. Wahlpflichtmodule in individuell wählbaren weiteren Fächern.
JUB Bremen	Integration von Ökonomie, Kommunikationswissenschaft, Politikwissenschaft und Soziologie. Angelsächsisches Studienmodell mit Majors und freien Wahlveranstaltungen auch aus Natur- und Ingenieurwissenschaften (School of Engineering and Science).	Internationaler Ein-Fach-Bachelor in englischer Sprache an einer Privatuniversität.
TU Chemnitz	Schwerpunkte Bevölkerungs- und Migrationssoziologie, Soziologie des Raumes, Moderne Gesellschaften, Arbeits- und Industriesoziologie.	Ein-Fach-Bachelor. Im Wahlpflichtbereich u.a. auch Module in Sozialpsychologie und Medienwissenschaften möglich.

Hochschule	Schwerpunkte (Auswahl)[1]	Bemerkungen
TU Darmstadt	Globalisierung, Stadt- und Regionalsoziologie, Eliteforschung, Industrie- u. Organisationssoziologie, Bildungssoziologie, Geschlechterforschung, Informationsgesellschaft.	Zwei-Fach-Bachelor kombinierbar mit Anglistik, Germanistik, Geschichte, Informatik, Philosophie, Politikwissenschaft und Wirtschaftswissenschaften.
TU Dresden	Schwerpunktmodule Kultur und Gesellschaft; Lebensformen, Geschlecht und soziale Probleme sowie Wirtschaft, Technik und Politik.	Ein-Fach-Bachelor. Im obligatorischen Ergänzungsbereich können Erziehungswissenschaft/Sozialpädagogik, Geschichte oder Kommunikationswissenschaft gewählt werden.
U Duisburg-Essen	Arbeits-, Berufs- und Organisationsforschung, Soziologie des Wohlfahrtsstaates, Gesellschaftsvergleich.	Ein-Fach-Bachelor. (Duisburg). Sozialwissenschaftliche Grundausbildung im 1. Studienjahr zusammen mit Politikwissenschaft.
U Düsseldorf	Soziale Strukturen und sozialer Wandel, politische Systeme und Politikfelder, Kommunikationswissenschaft.	Ein-Fach-Bachelor. Soziologie auch als Nebenfach zu einem Kernfach der Philosophichen Fakultät wählbar.
Katholische U Eichstätt-Ingolstadt	Soziologie: Schwerpunkte Kultur, Stadt- und Regionalentwicklung, Industrie und Betrieb. Italienischsprachprüfung.	Ein-Fach-Bachelor in Kooperation mit Trento (Italien), wo zwei Semester studiert werden (Abschluss: Laurea-primo livello).
	Politik und Gesellschaft mit Profilen Welt und Europa, Politik und Kommunikation, Industrie und Betrieb, Sozialer Wandel und soziale Konflikte.	Ein-Fach-Bachelor als Kombination von Soziologie und Politikwissenschaft. Wahlweise internationale (Auslandspraktikum) oder Methoden-Ausrichtung.
U Erfurt	Kombination von Soziologie und Politikwissenschaft mit Schwerpunkt auf der Analyse politischer und sozialer Systeme. Schwerpunktbildung Politik und Recht möglich.	Ein-Fach-Bachelor. Module in Jura und/oder VWL sind im Wahlpflichtbereich zu studieren.

Das Studium der Soziologie (Sozialwissenschaft)

Hochschule	Schwerpunkte (Auswahl)[1]	Bemerkungen
U Erlangen-Nürnberg	Vergleichende Gesellschaftsanalyse. Bildung und Biographie, Kultur und Kommunikation, Arbeit und Organisation.	Zwei-Fach-Bachelor. Soziologie kann als erstes (80 ECTS) oder zweites Fach (70 ECTS) gewählt werden.
U Frankfurt	Industriesoziologie, Sozialpolitik, Frauen- und Geschlechterforschung, Sozialpsychologie, Wissenschaftstheorie- und Wissenschaftsforschung.	Ein-Fach-Bachelor mit freier Wahl eines Nebenfachs.
U Freiburg	Stadt, Region, Sicherheit, Soziologie der Geschlechterverhältnisse, Kultursoziologie, Religionssoziologie, Global Studies, Wissens- und Mediensoziologie.	Zwei-Fach-Bachelor. Berufsfeldorientierte Kompetenzen (BOK) als zusätzlicher Studienbereich.
H Fulda	Interkulturelle Beziehungen in Organisationen, Migration und Integration. Kombination von Soziologie, Politikwissenschaft, Recht, Kommunikationswissenschaft und Fremdsprache.	Ein-Fach-Bachelor. Kurse in zwei Fremdsprachen verpflichtend im ersten Studienjahr.
U Gießen	Social Sciences: European Studies, Geschlechterverhältnisse, Medien und Kommunikation.	Soziologie im Mehrfachbachelor ist 1. oder 2. Nebenfach zum Hauptfach.
U Göttingen	Arbeit, Wissen, Sozialstruktur, Politische Soziologie und Sozialpolitik, Kultursoziologie.	Ein-Fach-Bachelor und Zwei-Fach-Bachelor (in Kombination mit Politik auch lehramtbezogenes Profil).
FernU Hagen	Kultursoziologie, Stadt- und Raumentwicklung, Interaktion, Sozialisation, Identität, Organisation, Arbeit.	Zwei Module aus Nachbardisziplinen wählbar.
U Halle-Wittenberg	Interaktion und Sozialisation, Organisationssoziologie, Stadt- und Gemeindesoziologie.	Studienangebot im Mehrfachbachelor mit vielfältigen Kombinationsmöglichkeiten.
U Hamburg	Wirtschaft und Betrieb, Soziale Probleme, Sozialpolitik, Soziale Dienste, Kulturen, Geschlechter und Differenzen, Empirische Sozialforschung, Medien und Gesellschaft.	Sozialökonomie in Kombination mit BWL, VWL, Recht und Politikwissenschaft.
U Heidelberg	Kultursoziologie, Religionssoziologie, Politische Soziologie, Medizinsoziologie, Organisationssoziologie.	Soziologie als Begleitfach mit einem anderen Hauptfach studierbar.
U Jena	Wirtschafts-, Arbeits- und Organisationssoziologie, Arbeitsmarkt- und Sozialpolitik, Bildungssoziologie, Familien- und Jugendsoziologie.	Als Kernfach (120 LP bzw. ECTS) oder Ergänzungsfach (60 LP bzw. ECTS) studierbar.

Hochschule	Schwerpunkte (Auswahl)[1]	Bemerkungen
U Karlsruhe (TH)	Soziologie als Ergänzungsfach (60 ECTS) wählbar zu Europ. Kultur- u. Ideengeschichte, Germanistik, Kunstgeschichte, Pädagogik, Sport.	Berufsfeldorientierte Zusatzqualifikationen (BOZ) Arbeit für Rundfunk, Presse, Fernsehen; Multimedia.
U Kassel	Arbeits- und Industriesoziologie, Frauen- und Geschlechterforschung, Soziologie der Länder der Dritten Welt, Berufs- und Hochschulforschung.	Ein-Fach Bachelor. Nebenfach mit 25%-Anteil wählbar u.a. Politikwissenschaft, Psychologie.
U Kiel	Arbeits- und Berufssoziologie, Bildungssoziologie, Gesundheitssoziologie, Mediensoziologie, Organisationssoziologie, Stadt- und Regionalsoziologie.	Zwei-Fach-Bachelor mit Profilierungsbereich (30 LP bzw. ECTS).
U Koblenz-Landau	Arbeit, Organisation, Management; Kultursoziologie, Bildungssoziologie, Kommunikation und Medien.	Sozialwissenschaften als Kombination von Soziologie, Politikwissenschaft und Wirtschaftswissenschaft.
U Köln	Sozialpsychologie.	Im Kern ein wirtschaftswissenschaftlicher Studiengang.
U Konstanz	Kommunikation und Medien, Kulturvergleich und Globalisierung, Wissensgesellschaft und Finanzsoziologie, Strukturen der Vergemeinschaftung.	Ein-Fach-Bachelor. Es ist ein Wiss. Nebenfach mit zu wählen.
U Leipzig	Sozialstruktur, Soziale Ungleichheit und Sozialpolitik, Struktur, Institution, Handeln.	Ein-Fach-Bachelor. Sozialwissenschaften und Philosophie mit Kernfach Soziologie.
U Magdeburg	Kollektive Identitäten, Inter- u. transnationale Beziehungen, Macht, Herrschaft, Kooperation u. Konflikt, Politischer u. sozialer Wandel, Soziale Bewegungen, Erkenntnis, Präsentation, Öffentlichkeit und Profession.	Ein-Fach-Bachelor. Zwei Module im Optionalbereich frei wählbar, z.B. aus Sozialpsychologie.
U Mainz	Organisationssoziologie, Familiensoziologie, Gender Studies, Soziale Ungleichheit, Bildungssoziologie, Konsumsoziologie.	Zwei-Fach-Bachelor. Als Kernfach mit 120 LP bzw. ECTS, als Beifach mit 60 LP bzw. ECTS.
U Mannheim	Europäische Gesellschaften im Vergleich, Sozialpsychologie, Methoden, Arbeits-, Bildungs-, Familien-, Migrations-, Organisations- und Schichtungssoziologie.	Ein-Fach-Bachelor. Soft Skills und Beifachmodul aus anderen Fächern.

Hochschule	Schwerpunkte (Auswahl)[1]	Bemerkungen
U Marburg	Arbeit und Geschlecht, Globalisierung und gesellschaftlicher Wandel, Politische Sozialisation, Soziologie des Raums, Wirtschafts-, Politik- und Arbeitsssoziologie.	Ein-Fach-Bachelor. Wahlpflichtmodule in Politik-und Kulturwissenschaften.
U München (LMU)	Soziale Institutionen, Sozialer Wandel, soziale Unterschiede, Forschungspraktikum.	Hauptfach Soziologie u.a. mit Politikwissenschaft, Psychologie oder Kommunikationswissenschaft kombinierbar. Soziologie als Nebenfach im Bachelor mit 60, 30 oder 15 LP bzw. ECTS wählbar.
U Bundeswehr München	Geschichte, Öffentliches Recht, Politikwissenschaft, Psychologie, Ethik, Soziologie, Verwaltungswissenschaft, Volkswirtschaftslehre.	9 Trimester inkl. Praxisphase.
U Münster	Profil Soziologie für anschließendes fachwissenschaftliches Masterstudium, Profil Sozialwissenschaften für Lehramt. Kulturelle und ethnisierte Konflikte, Familien- und Bildungssoziologie.	Zwei-Fach-Bachelor. Auch als Minorfach im BA Kommunikationswissenschaft und im BA Schulische und außerschulische Kinder- und Jugendarbeit.
U Oldenburg	Kombination von Soziologie und Politikwissenschaft. Politische Bildung, Entwicklungspolitik, Frauen- und Geschlechterforschung, Kultursoziologie, Interaktions- und Kommunikationstheorie.	Ein-Fach-Bachelor mit Professionalisierungsbereich. Im Zwei-Fach-Bachelor mit Lehramtsoption. Studienprogramme mit 90, 60 und 30 ECTS möglich.
U Osnabrück	Europa, wirtschaftlich-technische Entwicklungen, Organisationssoziologie, Politische Ökonomie, Arbeitsmarkt und Sozialpolitik, Internationale Politik, Internationale Organisationen, Globalisierung.	Ein-Fach-Bachelor: Zwei Varianten: Major (64 LP) in Soziologie und Minor (40 LP) in Politikwissenschaft oder umgekehrt. Immer Methoden der empirischen Sozialforschung (24 ECTS).
U Potsdam	Jugend und Bildung, Soziologie der Geschlechterverhältnisse, Organisations- und Verwaltungssoziologie.	Zwei-Fach-Bachelor. Als Erstfach oder als Zweitfach, Schlüsselqualifikationen mit 30 LP bzw. ECTS verpflichtend.

Hochschule	Schwerpunkte (Auswahl)[1]	Bemerkungen
U Rostock	Methodenlehre, Wirtschafts- und Sozialstrukturanalyse, Demographie.	Ein-Fach-Bachelor: Sozialwissenschaften als Kombination von Soziologie, Demographie und VWL.
U Siegen	Kombination von Soziologie und Politikwissenschaft mit individueller Schwerpunktsetzung (Studienschwerpunkt) in Medienwissenschaft oder Europa-Studien oder Sozialpolitik.	Ein-Fach-Bachelor mit der Möglichkeit statt eines Studienschwerpunkts auch ein anderes Fach als Kern- oder Ergänzungsfach zu wählen.
U Stuttgart	Sozialwissenschaften als Kombination von Soziologie und Politikwissenschaft. Technik- und Umweltsoziologie, Internationale Beziehungen und Europäische Integration.	Ein-Fach-Bachelor auch als Internationaler Studiengang: 1. und 3. Studienjahr am Institut d'Etudes Politiques in Bordeaux (Doppelabschluss).
U Trier	Sozialwissenschaften: Soziologie in Kombination mit BWL und VWL. Kulturen und Gesellschaft, Konsum und Kommunikation, Sozialpolitik und Wirtschaft, Ungleichheit und regionale Differenzierung.	Soziologie als Hauptfach mit 120 CP bzw. ECTS, im Nebenfach mit 60 CP bzw. ECTS.
U Tübingen	Wirtschafts- und Finanzsoziologie, Wissenschafts- und Techniksoziologie, Soziologie der Geschlechterverhältnisse.	Soziologie als Hauptfach mit 120 CP bzw. ECTS, im Nebenfach mit 60 CP bzw. ECTS.,
H Vechta	Kultursoziologie, Sprache und Kommunikation, Wirtschaftssoziologie, Gender Studies.	Kombination von Soziologie mit Philosophie und. Philosophie. Soziologie im Optionalbereich (Lehramt) möglich.
Weilheim-Bierbronnen Gustav-Siewerth-Akademie (GSA)	Mediensoziologie, Christliche Soziallehre, Politische Soziologie, Psychologische Soziologie, Soziologie als integrale Anthropologie.	Kombination von zwei Hauptfächern oder einem Haupt- und zwei Nebenfächern möglich.
U Würzburg	Internationale Beziehungen, Sicherheits- Friedens- und Konfliktforschung, Medien- und Kommunikationswissenschaft.	Kombination von Soziologie und Politikwissenschaft.
U Wuppertal	Arbeits- und Organisationssoziologie, Sozialisation, Bildungssoziologie.	Soziologie mit Wahlpflichtfach Sozialpsychologie oder Politikwissenschaft möglich.

Hochschule	Schwerpunkte (Auswahl)[1]	Bemerkungen
Zittau Internationales Hochschulinstitut (IHI)	Angewandte Ethik, Managementlehre, Interkulturelle Ausbildung.	Kombination von Soziologie mit Philosophie, Ökonomie, Recht und Sprachen.

Anmerkungen:
[1] *Allgemeine soziologische Theorien, Sozialstrukturanalyse und die Ausbildung in den Methoden der empirischen Sozialforschung sind Bestandteil eines jeden Soziologiestudiums. Sie sind deshalb in dieser Spalte nur aufgeführt, wenn sie einen besonderen profilbildenden Schwerpunkt bilden. Pflicht- und Wahlpflichtmodule sind in den Studienplänen enthalten, die in der Regel im Internet bei den entsprechenden Fachinstituten zu finden sind. Einige Hochschulen haben zusätzlich auch die Modulbeschreibungen ins Netz gestellt, die weitere detaillierte Informationen bieten. Beim Akkreditierungsrat (www.akkreditierungsrat.de, Link → Akkreditierte Studiengänge, → von Hochschulen Auswahl: Soziologie) können weitere Informationen zum Profil des jeweiligen Studiengangs abgerufen werden.*

1.4 Studium in einem Bachelorstudiengang

Seit 1999 die Kultusminister von 29 Ländern beschlossen haben, das Studium in ihren Ländern zu reformieren um einen einheitlichen europäischen Hochschulraum (European space for higher education) zu schaffen, haben sich nicht nur in Deutschland die Studienstrukturen verändert. Kernpunkte der Reform sind:
- Einführung eines Systems gestufter Studiengänge, d.h. ein drei- bis vierjähriges Bachelorstudium mit der Möglichkeit, anschließend in einem ein- bis zweijährigen Masterstudiengang weiter zu studieren, statt der bisher in Deutschland üblichen durchgehenden viereinhalb- bis fünfjährigen Diplom-, Magister- und Staatsexamensstudiengänge;
- Einführung eines modularisierten Studiums, d.h. statt in nebeneinander stehenden vielen Einzelveranstaltungen zu studieren werden Lehrveranstaltungen thematisch zu Modulen gebündelt, die jeweils eine bestimmbare Qualifikation vermitteln sollen;
- daran anknüpfend Änderung des Prüfungssystems durch Einführung von Leistungspunkten (Credits), d.h. durch den erfolgreichen Abschluss eines Moduls werden Leistungspunkte erworben, die während des gesamten Studiums gesammelt die bisherigen Zwischen- und Abschlussprüfungen ersetzen;
- Qualitätssicherung der Studiengänge durch Akkreditierungsagenturen, von denen die neuen Studiengänge begutachtet und mit einem „Gütesiegel" versehen werden, übrigens ebenso wie beim TÜV nur für eine begrenzte Zeit. In den Akkreditierungsagenturen sind auch Vertreter der Berufspraxis und öfter auch

Studierende, d.h. es entscheidet nicht mehr allein die Ministerialbürokratie über Einführung und Inhalte eines Studiengangs, sondern Wissenschaft und außeruniversitäre Berufspraxis;
- bessere Dokumentation der erworbenen Qualifikation für den internationalen Arbeitsmarkt durch ein Diploma-Supplement in englischer Sprache, das auch die Verortung des absolvierten Studiengangs im deutschen Bildungssystem dokumentiert.

Der Prozess der Umgestaltung der Studiengänge ist im Bereich der Sozialwissenschaften inzwischen weitgehend abgeschlossen, generell soll die Umstellung 2010 vollendet sein. Die alten Studiengänge laufen vielerorts noch parallel aus, neue Studienanfänger werden darin nicht mehr aufgenommen.

Bei der Umstellung haben nicht wenige Hochschulen gemogelt. Sie haben nur das bisherige Lehrangebot in Modulen etwas anders sortiert und mit den neuen Abschlüssen versehen. An anderen Universitäten wurde tatsächlich überlegt, wie ein beschäftigungsfördernder Abschluss – das Bologna-Stichwort hierzu ist employability – durch die Verknüpfung bewährter fachlicher Inhalte mit neuen fachlichen sowie berufsbezogenen Schlüsselqualifikationen zu erreichen ist. Und es wurde entrümpelt, um die verkürzte Studienzeit nicht zu überfrachten.

> **!** Wertvolle Hinweise zur Konzeption der akkreditierten und damit qualitätsgesicherten Studiengänge sind unter www.akkreditierungsrat.de in der Rubrik akkreditierte Studiengänge zu finden. Folgen Sie dem Link „Datenbank akkreditierte Studiengänge", es öffnet sich ein Abfragefenster, in dem nach Fach (z.B. Soziologie), Hochschulort, Hochschultyp, Bundesland usw. gefiltert gesucht werden kann. Allerdings sind noch nicht alle Studiengänge akkreditiert.

Noch einige Hinweise, auf welche Punkte bei der Lektüre von Prüfungs- und Studienordnungen sowie Modulbeschreibungen besonders zu achten ist. Die an das angelsächsische Studiensystem angelehnten modularisierten neuen Studiengänge sehen studienbegleitende Prüfungen vor. Dabei kann ein Modul als Ganzes durch eine Prüfung abgeschlossen oder es werden Teilbereiche mit Prüfungen abgeschlossen. Hier ist es wichtig zu klären, ob alle Teilbereichsprüfungen bestanden sein müssen oder die einzelnen Prüfungsleistungen miteinander verrechnet werden können. Ebenso sind die Regeln zur Anmeldung und zum Rücktritt von Prüfungen und die

Wiederholungsmöglichkeiten genau zu studieren. Manchmal führt schon die nicht rechtzeitige Anmeldung zum Nichtbestehen. Der Prüfungsdruck verteilt sich in der neuen Studienstruktur über das ganze Studium, da in jedem Semester Prüfungen zu bestehen sind. Angesichts dieser Menge an Prüfungen haben viele Universitäten intranetbasierte Prüfungssysteme aufgebaut. Die Anmeldung zur Prüfung und die Rückmeldung der Ergebnisse erfolgen dann im Netz. Allerdings kommt es immer wieder zu technischen Pannen, die umgehend durch Gespräche mit dem Prüfungsamt geklärt werden müssen. In den Modulbeschreibungen sind Anzahl und Form der abzulegenden Prüfungen enthalten. Zu beachten ist, ob es eine Auswahl unter verschiedenen Formen gibt und ob die Formen den beschriebenen Qualifikationszielen entsprechen. Wenn nicht nur passives Wissen abgefragt werden soll, ist die beliebte, weil auch im Massengeschäft einfach zu handhabende Form der Klausur (auch elektronisch als Multiple-Choice-Test vorfindbar) wenig sinnvoll. Andererseits machen zur Kompetenzüberprüfung besser geeignete problemorientierte Studienarbeiten, evtl. gar in von der Arbeitswelt geforderter Teamarbeit verfasst, viel Arbeit bei Betreuung und Bewertung, d.h. sie sind eher selten anzutreffen. Auf die oft kryptischen Regeln zur Ermittlung der Gesamtnote des Studiums die im Abschlusszeugnis erscheint ist ebenfalls hinzuweisen. Wer hier allein nicht durchschaut, sollte die Studienfachberatung und/oder das Prüfungsamt befragen.

Wie bereits gesagt, ist die neue internationale Währung für Studienleistungen der Credit nach dem European Credit Transfer System (ECTS). In den Ordnungen herrscht diesbezüglich eine gewisse Sprachverwirrung. Mit den Bezeichnungen Credit Points (CP), Kreditpunkten (KP), Leistungspunkten (LP), Anrechnungspunkten (AP), ECTS-Points oder Punkten ist dennoch stets das Gleiche gemeint.

An dieser Stelle sollen einige Beispiele die weiterhin unterschiedlichen Studienstrukturen verdeutlichen. Es handelt sich um ein Ein-Fach-Bachelor Modell, ein Zwei-Fach-Bachelor Modell und um einen Soziologie und Politik integrierenden Studiengang Social Sciences (Sozialwissenschaften) mit Soziologie als Major oder Minor Fach.

Beispiel:
Bachelorstudiengang Soziologie der Universität Bremen (Ein-Fach-Bachelor)
Die Universität Bremen hat im Fach Soziologie konsequent auf die neue Studienstruktur umgestellt, d.h. mit der Einführung des Bachelorstudiengangs zum Wintersemester 2003/2004 wurde der bisherige Diplomstudiengang Soziologie geschlossen und der Magisterstudiengang folgte ein Jahr (Hauptfach) bzw. zwei Jahre (Nebenfach) später.

Zur Zeit (WS 2008/09) bestehen keine quantitativen Zulassungsbeschränkungen (Numerus Clausus), es sind aber besondere Voraussetzungen zu erfüllen. Neben einem Bewerbungsschreiben ist dies der Nachweis von Englischkenntnissen auf dem Niveau B1 nach dem Europäischen Referenzrahmen.

Das dreijährige Bachelorprogramm (6 Semester) umfasst einerseits Module aus den klassischen Bereichen der soziologischen Theorie, der Sozialstrukturanalyse, der speziellen Soziologien und der Ausbildung in empirischen Forschungsmethoden andererseits Module nach freier Wahl aus anderen Fächern sowie im Bereich Schlüsselqualifikationen (z.B. Projektmanagement, Moderationstechniken, Interkulturelle Kommunikation, Organisationsentwicklung, Gender-Workshop, Journalistisches Schreiben, Internetpräsentation). Ebenso ist ein Bewerbungstraining vorgesehen. Im soziologischen Teil liegt ein deutlicher Schwerpunkt im Bereich Methoden und Statistik, dessen Anwendungsbezug durch den Einbau eines fakultativen Lehrforschungsprojekts gestärkt wird. Alternativ kann ein vertieftes Modul aus dem Bereich der Speziellen Soziologien gewählt werden. Als spezielle Soziologien werden derzeit regelhaft angeboten:
- Mikrosoziologie (Familie, Lebenslauf, Jugend, Alter),
- Soziologie des Geschlechterverhältnisses,
- Migrationssoziologie,
- Stadt- und Regionalsoziologie,
- Arbeits- und Wirtschaftssoziologie,
- Sozialpolitik.

Ein achtwöchiges verpflichtendes Praktikum rundet das Studium ab. Durch die Auswahl der Module im Wahlpflichtbereich 1 (Spezielle Soziologien, soziologische Praxis, Methodenpraktikum) und im Wahlpflichtbereich 2 (Module anderer Fächer, General Studies/Schlüsselqualifikationen) im Umfang von rund 45 % des Studiums können individuelle Schwerpunkte gelegt werden.

Jedes Modul ist mit einer Anzahl Credits versehen, die bei bestandener Modulprüfung erworben werden. Aufbauende Module setzten den erfolgreichen Abschluss eines Grundlagenmoduls voraus, z.B. muss die Modulprüfung Statistik I bestanden sein, bevor mit Statistik II begonnen werden kann. Die neunmonatige Bachelorarbeit ist an das Vertiefungsmodul Soziologische Praxis im 6. Fachsemester angelehnt.

Diejenigen, die direkt nach dem Abschluss des Bachelorstudiums ein weiteres Studium anstreben, können sich an der Universität Bremen sowie an anderen deutschen oder ausländischen Hochschulen für einen Masterstudiengang bewerben. An der Universität Bremen steht für Absolventen das konsekutive Masterprogramm Soziologie und Sozialforschung zur Verfügung. Weiter gibt es die Möglichkeit, sich für eines der folgenden interdisziplinären Masterprogramme der Universität Bremen zu bewerben: internationales Masterprogramm European Labor Studies, Masterprogramm Stadt- und Regionalentwicklung, Masterprogramm International Relations: Global Governance and Social Theory (Gemeinschaftsprogramm mit der Jacobs University Bremen, früher International University Bremen) und Masterprogramm Sozialpolitik. Nach dem Masterexamen kann die wissenschaftliche Laufbahn in der Bremen International Graduate School of Social Sciences (BIGSSS) mit dem Ziel einer Promotion fortgeführt werden.

Der Studiengang ist besonders geeignet für Studierende, die eine sowohl praxisnahe als auch wissenschaftlich fundierte Ausbildung in der empirischen Sozialforschung wünschen. Ebenso für diejenigen, die eine wissenschaftliche Karriere im Bereich Sozialpolitik, Lebenslaufforschung, Sozialstrukturanalyse, Familiensoziologie, Migration oder Stadt- und Regionalsoziologie anstreben.

Weitere Informationen:
www.soziologie.uni-bremen.de
Prüfungs- und Studienordnung sowie Modulbeschreibungen für den Bachelorstudiengang Soziologie

Beispiel:
Bachelorstudiengang Sozialwissenschaft-Kultur, Individuum, Gesellschaft der Ruhr-Universität Bochum (Zwei-Fach-Bachelor)
Die Universität Bochum bietet neben dem nachfolgend näher beschrieben, aktuell neu konfigurierten Studiengang ab dem Sommersemester 2007 auch einen Ein-Fach-Bachelor Sozialwissenschaft als Nachfolge für den auslaufenden Diplomstudiengang an, außerdem den Bachelorstudiengang Politik, Wirtschaft und Gesellschaft, der ebenfalls soziologische Inhalte umfasst und auch auf das Lehramt und den dafür notwendigen Master of Education vorbereitet.

Das Studium ist zulassungsbeschränkt (örtlicher Numerus Clausus). Die Vergabe der Studienplätze erfolgt nach der Durchschnittsnote der Hochschulzugangsberechtigung (Leistungsliste) und der ohne Studium nach dem Erwerb der Hochschulzugangsberechtigung vergangenen Zeit (Warteliste). Zum Wintersemester 2008/09 wurden für den Studiengang Kultur, Individuum und Gesellschaft in der Leistungsliste (einschl. Nachrückverfahren) alle Bewerber mit einem Notendurchschnitt von 1,8 zugelassen und noch einige weitere mit einem Notendurchschnitt von 1,9 per Los. In der Wartezeitliste erfolgte die Zulassung für alle Bewerber mit fünf Semestern Wartezeit; Bewerber mit vier Semestern Wartezeit wurden bei einem zusätzlichen Notendurchschnitt von 2,4 oder besser auch noch zugelassen. Das dreijährige Bachelorstudium (6 Semester) umfasst gleichgewichtig das Studium zweier Fächer - davon eines Sozialwissenschaft-Kultur, Individuum, Gesellschaft (KIG) - sowie den Optionalbereich. Das zweite Fach ist aus dem Fächerangebot der Universität zu wählen, wobei Politikwissenschaft, Sozialpsychologie und -anthropologie sowie Politik/Wirtschaft/Gesellschaft nicht miteinander kombinierbar sind, da diese Inhalte bereits im Studienprogramm enthalten sind.

Das Studienprogramm KIG vermittelt in Basismodulen grundlegende fachlichen Kenntnisse in Soziologie, Politikwissenschaft, Sozialpsychologie und empirischen Forschungsmethoden (einschließlich Statistik). Anschließend wird in Aufbaumodulen studiert, die sich auf Soziologie (Arbeits-, Wirtschaft- und Organisation, Internationalisierung und Vergesellschaftung im Vergleich, Stadt- und Regionalentwicklung, Kultureller Wandel und Migration), Sozialanthropologie und Sozialpsychologie (Interaktionsarbeit in personenbezogenen Dienstleistungen) sowie Methoden der Datengewinnung und deren wissenschaftstheoretischen Grundlagen beziehen.

Der Optionalbereich soll ein individuelles Profil des Studiums sowie die Verbesserung der Berufsfähigkeit ermöglichen. Derzeit werden hier fünf Teilbereiche angeboten:
- Informationstechnologie/EDV,
- Fremdsprachen,
- Präsentation, Kommunikation, Argumentation,
- weiteres interdisziplinäres oder über die Fächerkombination hinausgehendes Fachstudium,
- Praktikum außerhalb der Universität,
- Schul- und unterrichtsbezogenes Praktikum.

In dreien der obigen sechs Teilbereiche ist zu studieren.

Auch in Bochum kann an das Bachelorstudium ein Masterstudium angeschlossen werden. Das neue Fach KIG kann in einem Zwei-Fächer-Master der Universität (z.B. Gender Studies) fortgeführt werden. Möglich ist aber auch ein Weiterstudium im Ein-Fach-Master Sozialwissenschaft, wenngleich hierfür in erster Linie der neue Ein-Fach-Bachelor vorgesehen ist.

Das Studiengang ist besonders geeignet für Studierende, die Interesse an Sozialpsychologie und Sozialanthropologie haben und hinsichtlich ihres Berufsziels noch nicht besonders festgelegt sind. Dabei geben die oben angegebenen Vertiefungsgebiete (Aufbaumodule) Hinweise auf mögliche Tätigkeitsfelder, für die in Kombination mit Veranstaltungen aus dem Optimalbereich besondere Qualifikationen gewonnen werden können.

> **Weitere Informationen:**
> www.ruhr-uni-bochum.de/sowi
> Prüfungsordnung mit fachspezifischen Bestimmungen und Modulhandbuch

Beispiel:
Bachelorstudiengang Social Sciences (Sozialwissenschaften) der Universität Osnabrück
Der seit dem Wintersemester 2004/2005 an der Universität Osnabrück angebotene Bachelorstudiengang umfasst die Kernfächer Soziologie, Politikwissenschaft (einschließlich Soziöokonomie) sowie die Ausbildung in den Methoden der empirischen Sozialforschung und Statistik.

Der Studiengang ist zulassungsbeschränkt (örtlicher Numerus clausus). Nach Wartezeit werden 20 % der Studienplätze vergeben und 80 % durch ein kompliziertes hochschuleigenes Auswahlverfahren. Dabei wird die Durchschnittsnote der Hochschulzugangsberechtigung mit 60 % gewichtet, weiteres Auswahlkriterium ist die Leistung in zwei Schulfächern der letzten vier Schulhalbjahre, die mit jeweils 20 % gewichtet werden (eines davon i.d.R. Deutsch oder Mathematik). Welche Fächer genommen werden, setzt der für den Studiengang zuständige Fachbereich fest. Studienbeginn ist im Wintersemester.

Der Studiengang kann in den Varianten Major (Hauptfach, 86 CP) Soziologie und Minor (Beifach 32 CP) Politikwissenschaft oder umgekehrt studiert werden. Hinzu treten ein Bereich der gemeinsamen Kernqualifikation in den Methoden der empirischen Sozialforschung (38 CP) sowie ein freier Wahlbereich im Umfang von 24 CP. Ein Teil seiner Lehrveranstaltungen (ca. 10 % bis 20 %) wird in englischer Sprache angeboten.
Im Einzelnen bezieht sich das Lehrangebot in Soziologie im Major Soziologie auf
- die Einführung in den Studiengang und das Fach Soziologie einschließlich einer Einführung in das wissenschaftliche Arbeiten,
- die Einführung in die EDV,
- die Ausbildung in den Methoden der empirischen Sozialforschung,
- die Vermittlung von Kenntnissen der soziologische Theorien und Sozialstrukturen,

- die wirtschaftlich-technische Entwicklung, Organisation und Gesellschaft,
- Spezielle Soziologien (Wirtschaftssoziologie, Techniksoziologie, Migrationssoziologie, Bildungssoziologie, Familiensoziologie) und
- Sozioökonomie (z.b. Einkommensverteilung, Allokation und Staat; Arbeitsmarkttheorien; Politische Ökonomie).

Aus dem Minor (Beifach) Politikwissenschaft sind drei Grundlagen- und zwei Vertiefungsmodule zu besuchen. Dabei geht um Themen wie das Regierungssystem der Bundesrepublik Deutschland, Vergleich politischer Systeme, Demokratietheorien der Gegenwart, Strukturen und Funktion des politischen Systems der Europäische Union.

Zwei weitere Module können nach freier Wahl aus dem Lehrangebot der Universität ausgewählt werden. Das verpflichtende achtwöchige Berufspraktikum kann alternativ durch die Abhaltung eines Tutoriums ersetzt werden.

Auch in Osnabrück ist das Masterstudium konsekutiv angelegt. Es stehen verschiedene Masterstudiengänge zur Wahl:
- Master Social Sciences – Schwerpunkt International Vergleichende Sozialwissenschaften,
- Master Europäische Studien,
- Master Internationale Migration und interkulturelle Beziehungen,
- Master Demokratisches Regieren und Zivilgesellschaft.

Der Studiengang ist besonders geeignet für Studierende, die das Studium der Soziologie mit politikwissenschaftlichen und politökonomischen Anteilen verknüpfen möchten und eher wissenschaftsorientiert sind.

Weitere Informationen:
www.sozialwiss.uni-osnabrueck.de
Studienverlaufspläne für Studierende des Bachelor-Studiengangs Social Sciences ab WS 2007/08 und Prüfungsordnung.

1.5 Studium in einem Masterstudiengang

Nachdem die Universitäten zunächst ihre grundständigen sozialwissenschaftlichen Studienangebote auf Bachelorstudienprogramme umgestellt haben, sind in den letzten beiden Jahren die entsprechenden Masterstudiengänge eingerichtet worden.

Insgesamt hält der Trend zu immer neuen Masterprogrammen an: Während Mitte Januar 2007 2.137 dieser Studiengänge angeboten wurden, weist die Statistik im Dezember 2008 schon 4.075 Masterstudiengänge aus. In diesem Abschnitt wird über soziologisch ausgerichtete Masterstudiengänge informiert. Da es aber viele interdisziplinäre und/oder spezialisierte Masterstudiengänge gibt, die ebenfalls für Absolventen und Absolventinnen eines sozialwissenschaftlichen Bachelorstudiums zugänglich sind, wird im Kapitel III eine thematisch gegliederte Auswahl weiterer Masterprogramme vorgestellt.

Ein Masterstudium ist nicht unmittelbar nach dem Erwerb einer Hochschulzugangsberechtigung zugänglich, sondern setzt den Abschluss eines ersten Studiums voraus. Dies wird zukünftig in der Regel ein Bachelorabschluss sein, heute nehmen aber auch Absolventinnen und Absolventen eines Diplom-, Magister- oder Staatsexamenstudiengangs ein Masterstudium auf. Da sich die Hochschulen weiterhin in der Übergangsphase zur neuen Studienstruktur befinden, ist an manchen Orten befristet auch ein Übergang aus einem laufenden Diplom- oder Magisterstudium möglich, wenn nach erfolgreichem Vordiplomexamen bzw. Zwischenprüfung mindestens weitere zwei Semester im Hauptstudium absolviert wurden und insgesamt Leistungen erbracht wurden, die 180 Credits entsprechen.

Das Masterstudium kann sich direkt an das Bachelorstudium anschließen oder nach einer Phase der Berufstätigkeit aufgenommen werden. Auch berufsbegleitende Masterstudiengänge sind im Angebot. Masterstudiengänge werden als fachwissenschaftliche Vertiefung von Bachelorstudiengängen (konsekutive Modelle), als Möglichkeit zur Erweiterung und Ergänzung einer wissenschaftlichen Qualifikation (nicht konsekutiv) und zur Weiterqualifikation in einem wissenschaftlich-praktischen Bereich angeboten (Weiterbildungsstudiengänge). Letztere richten sich häufig an bereits Berufstätige, die ihre Kenntnisse und Fähigkeiten erweitern bzw. vertiefen möchten. Je nach Ausrichtung sind die Zugangsregelungen zum Masterstudium unterschiedlich gestaltet, z.B. können besondere Sprachkenntnisse oder berufliche Erfahrungen verlangt werden. Die Frage, ob ein Masterstudiengang Studiengebühren kostet, hängt einerseits von seiner Ausrichtung ab, andererseits von den entsprechenden gesetzlichen Regelungen im Bundesland. Weiterbildungsmaster sind meist gebührenpflichtig, wobei aber der Arbeitgeber ggf. die Kosten ganz oder teilweise übernimmt, wenn ein betriebliches Interesse an der Weiterbildung besteht. Für BAFöG-Empfänger ist wichtig, ob es sich um einen konsekutiven Masterstudiengang handelt, denn nur für diese ist z. Zt. eine weitere Förderung in der Regel möglich. Für alle drei Arten von Masterstudiengängen wird im Akkreditierungsverfahren geprüft, ob sie das Prädikat „forschungsorientiert" oder „anwendungsorientiert" erhalten.

Sofern ein Masterstudium bereits akkreditiert und damit seine Qualität zertifiziert ist, sind die wesentlichen Informationen unter www.akkreditierungsrat.de unter dem Link akkreditierte Studiengänge (Datenbank) zu finden. Bitte nicht vergessen, die Auswahl „weiterführendes Studium" zu treffen.

Generell gibt sowohl einjährige (2 Semester) wie zweijährige (4 Semester) Masterstudiengänge, in seltenen Fällen auch anderthalbjährige (3 Semester), die von Universitäten und Fachhochschulen angeboten werden.

In den Sozialwissenschaften sind zweijährige Masterprogramme Standard und Fachhochschulen spielen keine Rolle (Ausnahmen in Kapitel III Spezial). Studienbeginn kann an einigen Orten auch das Sommersemester sein, wenngleich üblicherweise die Programme im Wintersemester starten. Ein Fernstudium ist an der Fernuniversität Hagen möglich (Soziologie – Individualisierung und Sozialstruktur). Einige Universitäten bieten auch ein Teilzeitstudium an (vgl. Tabelle). Internationale Studiengänge bieten die Universität Freiburg (Social Sciences mit zwei integrierten Auslandssemestern) und die Universität Stuttgart (dt-frz. Studiengang Empirische Politik- und Sozialforschung) an.

Erst ein Masterabschluss, egal an welcher Hochschule erworben, berechtigt zur Promotion und zum höheren Dienst bei Bund, Ländern und Kommunen. Noch unklar ist, ob wie in den angelsächsischen Ländern auch in Deutschland nur eine Minderheit der Bachelorabsolventen ein Masterstudium anstrebt oder ob es eher der Regelfall sein wird. Dies wird von den Zugangsmodalitäten zum Masterstudium, seinen Kosten und den zusätzlichen beruflichen Chancen die es bietet abhängen.

Die jeweils aktuellen Bewerbungs- und Einschreibtermine sowie Links zu den anbietenden Hochschulen finden Sie im Internet unter www.hochschulkompass.de. Dabei ist wie folgt vorzugehen.
Schritt 1: Link Studium und dann Link weiterführendes Studienangebot suchen.
Schritt 2: Im erweiterten Suchformular kann nach verschiedenen Kriterien selektiert werden, u.a. Zulassungsbeschränkungen, Teilzeitstudium, Kosten (Studienbeiträge) usw.

In der folgenden Tabelle sind einerseits im engeren Sinne soziologische bzw. sozialwissenschaftliche Masterstudiengänge sowie solche mit bedeutsamen soziologischen Anteilen (ohne Master of Education, siehe Kapitel Lehramt) zusammengefasst. Ihre Strukturen sind sehr unterschiedlich. Idealtypisch können etwa vier Muster identifiziert werden:
- der das Fach Soziologie wissenschaftlich vertiefende und in der Regel mit starken Anteilen in Methoden der empirischen Sozialforschung sowie soziologischer Theorie versehene Vollfach-Typ (Ein-Fach-Master), der besonders für Studierende mit Ambitionen in der (Sozial-) Forschung interessant ist (Beispiel: U Bremen);
- der sozialwissenschaftlich-interdisziplinäre Typ, der häufig Politikwissenschaft aber auch andere Fächer (z.B. Sozialpsychologie, Ökonomie, Demographie) curricular integriert (zulassungsrechtlich ebenfalls Ein-Fach-Master), der besonders für Studierende mit Ambitionen in den entsprechenden Berufsfeldern interessant ist (Beispiele: U Düsseldorf, U Rostock);
- der konsekutive, das Zwei-Fach-Bachelor-Studium vertiefend fortführende Zwei-Fach-Master Typ, der besonders für Studierende mit breitem wissenschaftlich-forscherischen Neigungen interessant ist (Beispiele: TH Aachen). Ein Sonderfall in dieser Kategorie ist ein Major/Minor-Fach-Modell (Beispiel: U Köln);
- der auf ein sozialwissenschaftliches Themenfeld – ggf. im internationalem Kontext – spezialisierte Typ (Ein-Fach-Master), der besonders für Studierende mit forscherischen und beruflichen Neigungen im Themenfeld interessant ist (Beispiele: U Erfurt, U Frankfurt/Oder, U Freiburg). Hierunter fallen auch Masterprogramme, die in sich in verschiedene Studienrichtungen gegliedert sind (Beispiel: U Bochum).

Tabelle 3: Masterstudiengänge Soziologie/Sozialwissenschaft
(Stand: Wintersemester 2008/09) Hinweis: Da Soziologie sich mit der Analyse und Erklärung verschiedenster gesellschaftlicher Bereiche befasst, spielen soziologische Erkenntnisse und Methoden in vielen Masterstudiengängen eine Rolle. Hier sind nur diejenigen aufgeführt, in denen Soziologie der bzw. ein wesentlicher Bestandteil des Masterprogramms ist. Im Kapitel III Spezial sind weitere Masterstudiengänge mit soziologischen Anteilen zu finden.

Hochschule	Studiengang/ Abschluss	Zugangsvoraussetzungen/ evtl. Studiengebühren	Dauer (Sem.)	Bemerkungen/ Schwerpunkte
TH Aachen	Soziologie Master of Arts	Bachelorabschluss mit Mindestnote 2,3. 500 EUR/Semester Zulassung Wintersemester.	4	Konsekutiv, forschungsorientiert, nur in Kombination mit einem anderen Masterfach der Philosophischen Fakultät. Forschungsmethoden u. Forschungspraktikum, Gender, Techniksoziologie, Fuzzy-Logik, Transnationaler Terrorismus, Soziale Mechanismen.
U Augsburg	Gesellschaftliche Konflikte und politische Integration Master of Arts	Bachelorabschluss in Sozialwissenschaften oder vergleichbarer Disziplin mit mind. gut. Kenntnis zweier moderner Fremdsprachen. Eignungsfeststellungsverfahren. 500 EUR/Semester. Zulassung Wintersemester.	4	Nicht konsekutiv. Friedens- und Konfliktforschung; Gesellschaftlicher Wandel und soziale Konflikte; Regieren in Europa und Nordamerika.
FU Berlin	Soziologie- Europäische Gesellschaften Master of Arts	Studienabschluss in Soziologie oder einer anderen Sozialwissenschaft mit mindestens gut. Zulassung Wintersemester, örtlicher NC.	4	Forschungsorientiert. In Kooperation mit Wissenschaftszentrum Berlin (WZB) u. Deutsches Institut für Wirtschaftsforschung (DIW). Analyse der gesellschaftlichen Aspekte der Europäisierung.
HU Berlin	Sozialwissenschaften Master of Arts	Bachelorabschluss mit Kenntnissen in Soziologie, Politik, Methoden der emp. Sozialforschung. Fremdsprachenkenntnisse (Englisch). Zulassung Sommer- u. Wintersemester, örtlicher NC.	4	Konsekutiv, forschungsorientiert. Arbeit, Familie, Sozialpolit., Soziale Ungleichheit, Demokratieforschung, Kultur- u. Institutionen.

Das Studium der Soziologie (Sozialwissenschaft)

Hochschule	Studiengang/ Abschluss	Zugangsvoraussetzungen/ evtl. Studiengebühren	Dauer (Sem.)	Bemerkungen/ Schwerpunkte
U Bielefeld	Soziologie Master of Arts	Abschluss eines sozialwissenschaftlichen Studiums. Eignungsfeststellungsverfahren. 350 EUR/Semester. Zulassung Sommer- und Wintersemester.	4	Konsekutiv, forschungsorientiert. Profile (zwei zu wählen): Differenzierung, Ungleichheit und Lebenslauf; Organisation im Kontext von Markt und Wohlfahrtsstaat; Öffentlichkeit und gesellschaftliches Wissen; Weltgesellschaft, Transnationalisierung und Entwicklung; Methoden; Theorien.
	History, Philosophy and Sociology of Science Master of Arts	Hochschulabschluss (mind. Bachelor). Eignungsfeststellungsverfahren. 350 EUR/Semester. Zulassung Sommer- und Wintersemester.	4	Nicht konsekutiv. Philosophie, Soziologie Wissenschaftsgeschichte. Wissenschaft und Gesellschaft – Wissensgesellschaft; Methoden der Wissenschaft; Entwicklung der Wissenschaften; Wissenschaftsorganisation und -politik.
U Bochum	Sozialwissenschaft Master of Arts	Bachelorabschluss in einem sozialwissenschaftlichen Fach oder vergleichbar. Verpflichtende Studienberatung vor Studienaufnahme. 480 EUR/Semester. Zulassung Wintersemester.	4	Konsekutiv. Sechs Studienprogramme: Management u. Regulierung von Arbeit, Wirtschaft u. Organisation; Gesundheitssysteme und Gesundheitswirtschaft; Stadt- u. Regionalentwicklung; Globalisierung, Transnationalisierung u. Governance; Restrukturierung der Geschlechterverhältnisse; Methoden der Sozialforschung.
	Soziologie Master of Arts	Bachelorabschluss, verpflichtende Studienberatung vor Studienaufnahme	4	Letzte Einschreibung im WS 2008/09 möglich. Zwei-Fach-Master.

Hochschule	Studiengang/ Abschluss	Zugangsvoraussetzungen/ evtl. Studiengebühren	Dauer (Sem.)	Bemerkungen/ Schwerpunkte
U Bremen	Soziologie und Sozialforschung Master of Arts	Bachelorabschluss eines sozialwiss. Studiums. Englisch B2-Level, gute Kenntnisse der empirischen Sozialforschung (Durchschnittsnote 2,5), Motivationsschreiben. Studienkontenmodell. Zulassung Wintersemester.	4	Konsekutiv, anwendungsorientiert. Bildung, Arbeit, Wohlfahrtsinstitutionen, Lebenslauf, gesellschaftlicher Wandel, Migration, Stadtforschung, Sozialstruktur.
International University Bremen (Jacobs University) Private Universität	Comparative Politics and Sociology Master of Arts	Bachelor of Arts, two letters of recommendation from faculty members, proof of proficiency in English, essay and examples of scholarly work. Gebühren z.Zt. 20.000 EUR pro Jahr. Zulassung Wintersemester, bes. Hochschulzulassungsverfahren.	4	Nicht konsekutiv, in englischer Sprache. Interaction between society and politics, social change, comparative cross-national studies, anschl. Ph.D.-Programm möglich.
TU Chemnitz	Soziologie Master of Arts	Hochschulabschluss in Sozialwissenschaften. Zulassung Wintersemester.	4	Konsekutiv. Ein SP nach Wahl aus: Arbeiten und Leben in urbanen Räumen; Familie und Bevölkerung; Modernisierung und moderne Gesellschaften im internationalen Vergleich.
U Duisburg-Essen (Standort Duisburg)	Soziologie Master of Arts	Bachelorabschluss Soziologie oder gleichwertiger Abschluss. 500 EUR/Semester. Zulassung Wintersemester.	4	Konsekutiv. Arbeit, Beruf, Organisation; Gesellschaftsvergleich; Empirische Sozialforschung.
U Düsseldorf	Sozialwissenschaften Master of Arts	Bachelorabschluss in einem sozialwissenschaftlichen Studiengang, Nachweis der besonderen Eignung. 500 EUR/Semester. Zulassung Wintersemester.	4	Konsekutiv, forschungsorientiert. Kommunikations- u. Medienwissenschaft, Politik u. Soziologie.

Hochschule	Studiengang/ Abschluss	Zugangsvoraussetzungen/ evtl. Studiengebühren	Dauer (Sem.)	Bemerkungen/ Schwerpunkte
U Erfurt	Soziologie - Sozialer Wandel, Institution, Organisation Magister Artium (Master of Arts)	Sozialwissenschaftlicher Studienabschluss (mind. B.A.). Programmbezogene Zugangsvoraussetzungen. Zulassung Wintersemester.	4	Konsekutiv, auch in Teilzeitform möglich. Theorien und Prozesse des sozialen Wandels. Weltgesellschaft und Globalisierung ,Institutionen u. Organisationstheorie, Methoden, Religion, Staat, Geschlechterpolitik, Ökonomie.
U Frankfurt (Oder)	Soziokulturelle Studien/Sociocultural studies	Einnschlägiger Hochschulabschluss mit Mindestnote 2,5. Zulassung Sommer- u. Wintersemester.	4	Nicht konsekutiv. Integration moderner Gesellschaften in den Dimensionen sozio-kulturelle Vorstellungen, soziales Handeln, Institutionen, Sprache. Gesamteuropäischer Kultur- und Gesellschaftsvergleich.
U Freiburg	Social Sciences Master of Arts	Bachelorabschluss oder gleichwertiger Abschluss in Social Sciences oder einer benachbarten Disziplin, Englischkenntnisse (Niveau TOEFL 550), zwei Empfehlungsschreiben, dreiseitiger Essay. 500 EUR/Semester. Zulassung Sommersemester, örtlicher NC.	4	Nicht konsekutiv. Global Studies Program. Zwei Auslandssemester in New Dehli und Durban. Unterricht vorwiegend in Englisch. Globalization, Global Governance, Cultural Change, Methodology.
ThH Friedensau (Theologische Hochschule in freikirchlicher Trägerschaft, Adventisten)	Internationale Sozialwissenschaften (International Social Sciences) Master of Arts	Abschluss eines Universitäts- oder FH-Studiums u.a. in Soziologie oder Politik. Gebührenpflichtig, Studienvertrag über Rechte und Pflichten der Vertragspartner. Zulassung Wintersemester.	4	Nicht konsekutiv. In englischer Sprache. Sozial-, Wirtschafts-, Kultur- u. Rechtswissenschaft, Entwicklungszusammenarbeit, Friedens u. Konfliktforschung.

Hochschule	Studiengang/ Abschluss	Zugangsvoraussetzungen/ evtl. Studiengebühren	Dauer (Sem.)	Bemerkungen/ Schwerpunkte
Fernuniversität Hagen	Soziologie: Individualisierung und Sozialstruktur Master of Arts	Abschluss eines mind. sechssemestrigen Studiums in Soziologie, Sozialwissenschaft oder verwandten Studiengängen z.B. Kulturwissenschaft. Gebühren: ca. 400 EUR (Vollzeitstudium), bzw. 200 EUR (Teilzeitstudium). FernUni erhebt bis SS 2010 keine allg. Studienbeiträge. Zulassung Sommer- u. Wintersemester.	4	Konsekutiv, forschungsorientiert, auch Teilzeit. Fernstudium, Rechner mit Internetzugang erforderlich. 6 Monate Praktikum vor oder während des Studiums. Umgang mit Individualisierung im Kontext heutiger Sozialstruktur. Auch Berufspraktiker erwünscht.
U Hamburg	Soziologie Master of Arts	Überdurchschnittlicher Abschluss eines sozialwissenschaftlichen Studiums. Statistik- u. Methodenkenntnisse. Englischkenntnisse (TOEFL 550 paper). Zulassung Wintersemester. Örtlicher NC.	4	Konsekutiv, forschungsorientiert. Wirtschaft, Arbeit, Organisation; Abweichendes Verhalten u. Soziale Kontrolle; Produktion von Subjektivität u. sozioökonomische Transformationsprozesse; Forschungsmethoden; Globalisierung, sozialer Wandel u. Wohlfahrtsstaatlichkeit.
	Ökonomie und Soziologie Master of Arts (ehem. Studiengang der HWP)	Abschluss eines mind. Sechssemestrigen Studium der Wirtschafts-, Rechts- oder Sozialwissenschaften. BA-Absolventen zusätzlich qualifizierte Berufsausbildung oder Berufstätigkeit oder Abschlussnote 2,0. 500 EUR/Semester. Zulassung Wintersemester	4	Konsekutiv, forschungsorientiert. Soziologie und VWL. Sozialer Wandel und Integration, Int. Vergleichende Wirtschaftsforschung, Arbeitsmarkt, Strukturpolitik., System u. Lebenswelt.
U Jena	Soziologie Master of Arts	Hochschulabsolventen mit Leistungen in Soziologie im Umfang von mind. 60 LP. Englischkenntnisse (B 2 Niveau). Bewerbung auf Schwerpunkt. Zulassung Wintersemester.	4	Konsekutiv. Wahl eines der beiden Schwerpunkte: Arbeit, Wohlfahrt, Profession; Gesellschaftsanalyse und Zeitdiagnose.

Hochschule	Studiengang/ Abschluss	Zugangsvoraussetzungen/ evtl. Studiengebühren	Dauer (Sem.)	Bemerkungen/ Schwerpunkte
U Kassel	Soziologie Master of Arts	Hochschulabschluss in Soziologie mit Mindestnote gut. Passfähigkeit zu den Schwerpunkten „Wissen", „Generation"; „Erfahrung". Englischkenntnisse und Kenntnisse einer weiteren modernen Fremdsprache. Zulassung Wintersemester.	4	Konsekutiv, forschungsorientiert. Soziale Ungleichheit u. gesellschaftliche Ungleichzeitigkeit: Soziologische Theorie und Sozialphilosophie; Wissen u. Gesellschaft; Entwicklung und Erfahrung; Geschlecht u. Gesellschaft, Methoden u. Methodologie.
U Kiel	International vergleichende Soziologie Master of Arts	Abgeschlossenes Bachelorstudium, weitere Studienqualifikationen. Sehr gute Englischkenntnisse. Zulassung Wintersemester.	4	Konsekutiv, zwei Fächer zu studieren. Globale soziale Ungleichheit; Soziologische Theorie; Politiksoziologie; Wissensgesellschaft u. Kommunikation, Gender u. Diversity; Politik, Geographie, VWL.
U Köln	Soziologie und empirische Sozialforschung Master of Science	Abgeschlossenes wirtschafts- oder sozialwissenschaftliches Studium (mind. 60 LP Soziologie). Englischkenntnisse. 500 EUR/Semester. Zulassung Wintersemester, örtlicher NC.	4	Konsekutiv, Hauptunterrichtssprache Englisch. Major Soziologie, Minor (24 LP) frei wählbar. Handlungs- u. Entscheidungstheorie; Kontexte sozialen Handelns; Sozialstruktur; Sozialer Wandel; Märkte, Institutionen, Organisationen; Politische Soziologie; Einstellungen, Normen, Werte; Methoden.
U Konstanz	Soziologie Master of Arts	Bachelorabschluss oder Äquivalent mit Note 2,0 in soziologisch einschlägigem Fach und positiv bewertetes Motivationsschreiben. 500 EUR/Semester. Zulassung Wintersemester.	4	Konsekutiv, forschungsorientiert. Lehrveranstaltungen in Deutsch und Englisch. Wissenssoziologie; Finanzsoziologie; Kommunikation und Medien, Kulturvergleich und Globalisierung, Strukturen der Vergemeinschaftung.

Hochschule	Studiengang/ Abschluss	Zugangsvoraussetzungen/ evtl. Studiengebühren	Dauer (Sem.)	Bemerkungen/ Schwerpunkte
U Marburg	Soziologie Master of Arts	Abschluss eines sozialwissenschaftlichen Bachelorstudiums. Zulassung Wintersemester.	4	Konsekutiv, forschungsorientiert. Arbeit, Wirtschaft, Verwaltung; Kultur u. Religion; Gesellschaft u. Politik; Gesellschaftliche Entwicklung.
U Münster	Soziologie Master of Arts	Abschluss eines sozialwissenschaftlichen Bachelorstudiums. Zulassung Wintersemester, örtlicher NC.	4	Konsekutiv, forschungsorientiert. Sozialstrukturen in transnationaler Perspektive; Gesellschaftliche Differenzierung u. Integration; Wissenserwerb, Wissen u. Bildung.
U Osnabrück	Social Sciences Master of Arts	Bachelorabschluss mit Notendurchschnitt von mind. 2,8 im gleichen Studiengang der Universität oder einer gleich gestellten Hochschule. 500 EUR/Semester. Englischkenntnisse. Zulassung Sommer u. Wintersemester, örtlicher NC.	4	Konsekutiv. Unterrichtssprachen Deutsch und Englisch. Vergleichende Sozialstrukturanalyse, Cultural Studies u. Interkulturalität, vergleichende Politikwissenschaft und Ökonomie.
U Potsdam	Soziologie Master of Arts	Hochschulabschluss in Sozialwissenschaft. Zulassung Sommer u. Wintersemester, örtlicher NC.	4	Konsekutiv. Organisations- u. Verwaltungssoziologie; Soziologie der Geschlechterverhältnisse; Jugend u. Familie; Sozialstrukturen u. Gesellschaftsvergleich; Umweltsoziologie: Militärsoziologie; Sportsoziologie. Hinweis: M.A. Military Studies mit Militärsoziologie in Kapitel III.
U Rostock	Soziologie Master of Arts	Abschluss eines sozialwissenschaftlichen Bachelorstudiums mit mind. gut. Zulassung Wintersemester.	4	Methoden der Gesellschaftsanalyse und Demographie insbesondere demographischer Wandel. Integrierter Promotionspfad.

Das Studium der Soziologie (Sozialwissenschaft)

Hochschule	Studiengang/ Abschluss	Zugangsvoraussetzungen/ evtl. Studiengebühren	Dauer (Sem.)	Bemerkungen/ Schwerpunkte
U Stuttgart	Empirische Politik- und Sozialforschung Master of Arts	Abschluss (mind. Bachelor) in Politik- oder Sozialwissenschaften mit mind. 2,5. 500 EUR/Semester.	4	Zulassung Wintersemester. Konsekutiv, forschungsorientiert. Mit SP Politik oder Soziologie studierbar. Bürger u. Politik in modernen Demokratien; Vergleichende Demokratieforschung; Politik in der globalisierten Welt; Forschungs- u. Evaluationsmethoden; Praxisorientierte Sozialforschung: Umwelt, Technik, Arbeit; Kommunikation in Politik u. Gesellschaft
	Empirische Politik- und Sozialforschung (dt-frz. Studiengang) Master of Arts	Abschluss des deutsch-französischen Diploms bzw. Bachelors der U Stuttgart mit IEP Bordeaux oder gleichwertiger deutsch-französischer Studiengang. 500 EUR/Semester.	4	Zulassung Wintersemester. Konsekutiv, forschungsorientiert oder praxisorientiert. Studium in Deutschland und Frankreich. Lehrveranstaltungen in Deutsch u. Französisch.
U Tübingen	Soziologie Master of Arts	Abschluss eines sozialwissenschaftlichen Bachelorstudiums. 500 EUR/Semester. Zulassung Wintersemester, örtlicher NC.	4	Konsekutiv, forschungsorientiert. Kombination mit einem Wahlpflichtfach. Wirtschafts- u. Finanzsoziologie; Wissenschafts- u. Techniksoziologie; Soziologie der Geschlechterverhältnisse, Methoden, Sozialstruktur.

1.6 Studiengänge mit besonderem Profil

In diesem Abschnitt werden einige Bachelorstudiengänge vorgestellt, die sich durch ihr besonderes Profil von den üblicherweise angebotenen Soziologiestudiengängen abheben.

Zum Ersten ist dies der Studiengang „Soziologie technikwissenschaftlicher Richtung" der TU Berlin, bei dem Soziologie mit einem technischen Fach kombiniert wird.

Zum Zweiten wird mit dem Studiengang „Sozialwissenschaften – Interkulturelle Beziehungen" der Hochschule Fulda nicht nur das Studium an einer Fachhochschule dargestellt, sondern auch ein besonders praxisnahes Studienmodell, das sich darüber hinaus auch besonders an Bewerber/innen mit Migrationshintergrund wendet.

Zum Dritten wird der begonnenen Internationalisierung des Hochschulwesens mit der Darstellung eines internationalen Studiengangs mit Doppelabschluss in zwei Ländern Rechnung getragen werden. Als Beispiele hierfür dient der deutsch-italienische Bachelorstudiengang Soziologie der Katholischen Universität Eichstätt-Ingolstadt.

Beispiel:
Der Bachelorstudiengang Soziologie technikwissenschaftlicher Richtung an der TU Berlin
Die Technische Universität Berlin hat ihren bisherigen Diplomstudiengang zum Wintersemester 2007/08 in einen sechssemestrigen Bachelorstudiengang mit dem Abschluss Bachelor of Science (B.Sc.) und einem darauf aufbauende viersemestrige Masterstudiengang (ab Wintersemester 2009/10) umgewandelt. Der Studiengang soll seine Absolventen auf der Basis einer sowohl sozialwissenschaftlichen wie auch technischen Ausbildung dazu qualifizieren, den Herausforderungen einer durch technische Entwicklungen geprägten Gesellschaft begegnen zu können. Ein Mentorensystem sorgt für die individuelle Betreuung im Studienverlauf.
Der Bachelorstudiengang ist zulassungsbeschränkt und unterliegt einem örtlichen Auswahlverfahren. Er kann jeweils zum Wintersemester begonnen werden. Die Auswahl erfolgt einerseits nach dem Notendurchschnitt der Hochschulzugangsberechtigung (HZB) andererseits nach der so genannten Wartezeit (vgl. Kapitel I Abschnitt 2). Zum Wintersemester 2008/09 wurden alle Bewerber mit einer Durchschnittsnote von 2,0 sowie einige weitere mit 2,1 (bei zusätzlich einem Jahr Wartezeit) zugelassen. Über die Wartezeitliste erhielten alle Bewerber mit einer

zweieinhalb Jahre alten HZB sowie einige weitere mit zwei Jahre alter HZB (Durchschnittsnote nicht schlechter als 3,4) einen Platz.

Inhalte des Studiums sind
- Soziologie mit seinen grundlegenden Theorien und Methoden (u.a. Gesellschaftstheorie, Sozialstrukturanalyse, Kultursoziologie, Wissenssoziologie, quantitative und qualitative Methoden der empirischen Sozialforschung),
- Techniksoziologie (einschl. Technikfolgenforschung),
- Organisationssoziologie und weitere soziologische Vertiefungsfächer,
- ein technisches Fach nach Wahl, derzeit empfohlen Arbeitswissenschaft oder Informatik oder Technischer Umweltschutz oder Verkehrswesen und
- ein freier Wahlbereich, in dem nicht nur aus dem Modulangebot der TU, sondern auch der FU Berlin und der Humboldt-Universität Berlin gewählt werden kann.

Integriert in das Studium ist ein achtwöchiges Pflichtpraktikum, das in Wirtschaft, Politik oder Verwaltung absolviert werden kann. Insgesamt wird Wert auf einen engen Praxisbezug des Studiums gelegt.

Dieser Studiengang eignet sich besonders für diejenigen, die sich zutrauen, technik- und sozialwissenschaftliche wissenschaftliche Ansätze zu integrieren und mit diesen Kenntnissen und Fähigkeiten später wirtschaftliche oder administrative Projekte zu koordinieren. Auch im Bereich Kommunikation, von Unternehmenskommunikation bis öffentliche Medien, bietet der Studiengang – z.B. bei Absolvierung des Praktikums in diesem Sektor – berufliche Einstiegsmöglichkeiten.

Weitere Informationen:
www.studienberatung.tu-berlin.de/menue/studium/studiengaenge/faecher/soziologie_technikwissenschaftlicher_richtung
www.tu-berlin.de/fb7/ifs/soziologie

Beispiel:
Bachelorstudiengang Sozialwissenschaften – Interkulturelle Beziehungen der Hochschule Fulda
Die Hochschule Fulda ist eine 1974 gegründete staatliche Fachhochschule im Land Hessen. Der Studiengang Sozialwissenschaften mit dem Schwerpunkt Interkulturelle Beziehungen (BASIB) ist im Fachbereich Sozial- und Kulturwissenschaften

angesiedelt, in dem auch ein Masterstudiengang Intercultural Communication and European Studies, angeboten wird.

Zugangsvoraussetzung ist die Allgemeine Hochschulreife oder die Fachhochschulreife. Bewerber mit Migrationshintergrund (z.B. Bildungsinländer) sind besonders willkommen. Der Studiengang ist zulassungsbeschränkt (WS 2006/07: 40 Studienplätze für Studienanfänger), d.h. es wird ein Auswahlverfahren mit den Kriterien Notendurchschnitt der Hochschulzugangsberechtigung (Leistungsliste) und Wartezeit (Wartezeitliste) durchgeführt. Im Wintersemester 2005/06 waren für die Zulassung über die Leistungsliste ein Notendurchschnitt von 2,0, über die Wartezeitliste 6 Semester Wartezeit (bei einem Notendurchschnitt von 2,9 oder besser, sonst 7 Semester) notwendig.

Ziel des Studiums ist die Befähigung zu qualifizierter beruflicher Tätigkeit auf dem Arbeitsgebiet interkultureller Beziehungen. Es vermittelt Kompetenzen in folgenden Bereichen:

- Umgang mit der gesellschaftlichen Integration von Zuwanderern,
- Management interkultureller Überschneidungssituationen,
- Erschließung und Nutzbarmachung interkultureller Ressourcen,
- Arbeit in Unternehmen und Organisationen mit internationalen Teams oder interkulturellen Funktionen,
- Professionelle Vorbereitung berufsbedingter Auslandsaufenthalte.

Außerdem legt er den Grundstein für eine Bewerbung zum Masterstudium, insbesondere den konsekutiven Masterstudiengang Intercultural Communication and European Studies (ICEUS) der Hochschule.

Das Studium umfasst Inhalte der Soziologie, der Politikwissenschaften, des Rechts, der Kommunikationswissenschaft und Fremdsprachen sowie die Einübung allgemeiner und interkultureller Handlungskompetenz.. Diese Inhalte werden in 18 Modulen vermittelt:

- M 1: Grundlagen der Soziologie und Politologie (10 Credits),
- M 2: Grundlagen des Rechts und des nationalen Rechts (10 Credits),
- M 3: Kommunikation und Interkulturelle Kommunikation (10 Credits),
- M 4: Methoden wissenschaftlichen Arbeitens (10 Credits),
- M 5: Weltsprache – Migrantensprache (Erwerb mündlicher und schriftlicher Kenntnisse einer Welt- oder Migrantensprache, 10 Credits),

- M 6: Soziologische Dimensionen Interkultureller Beziehungen (10 Credits),
- M 7: Politikwissenschaftliche Dimensionen Interkultureller Beziehungen (10 Credits),
- M 8: Internationale Bezüge des Rechts (5 Credits),
- M 9: Allgemeine und Interkulturelle Handlungskompetenz (10 Credits),
- M 10: Exolinguale Kommunikation: Interkulturelle Handlungsstrategien in der Fremdsprache (10 Credits),
- M 11 und M 16: Ansichten der Gegenwart – Aktuelle Themen der Sozialwissenschaften (zwei Wahlpflichtmodule, je 5 Credits),
- M 12: Migration und Integration (10 Credits),
- M 13: Interkulturelle Beziehungen in Organisationen: Praxisorientierte Grundlagen, 10 Credits),
- M 14: Berufspraktisches Studium (Acht Wochen Praktikum und Nachseminar, 20 Credits),
- M 15: a) Migration und Integration/Vertiefung oder b) Interkulturelle Beziehungen in Organisationen/Vertiefung (Wahlpflichtmodul, 15 Credits),
- M 17: Professional Relations (Einblicke in studienrelevante Berufsfelder, 5 Credits),
- M 18: Abschlussmodul mit Bachelorarbeit, Examensseminar und Kolloquium (15 Credits).

Die Module sind ein- oder zweisemestrig. Nach der Prüfungsordnung liegen einem Credit (ECTS-Punkt) lediglich 25 Zeitstunden zugrunde.

Die Prüfungsleistungen werden studienbegleitend erbracht, nach der Modulübersicht eine Prüfung im 1. Semester, je vier Prüfungen in den Semestern 2, 3 und 4 sowie je zwei Prüfungen in den beiden letzten Semestern, wobei im Abschlusssemester noch die Bachelorarbeit und das Examenskolloquium als mündliche Verteidigung der Bachelorarbeit hinzukommen. Die für das Modul vorgesehenen Prüfungsformen (z.B. Referat, Hausarbeit, Literaturbericht, Projektarbeit, mündliche Prüfung usw.) sind jeweils bei den Modulbeschreibungen angegeben. Interessant hinsichtlich des Prüfngssystems ist auch noch, dass die Noten der Module 5, 9 und 17 überhaupt nicht in die Gesamtnote eingehen, das Modul 14 nur mit einem Viertel der zugeordneten Credits gewichtet wird, dafür das Abschlussmodul 18 mit der doppelten Punktzahl. Merke: Um die Feinheiten der Notenfindung zu verstehen, bedarf es intensiver und genauer Lektüre der Prüfungsordnungen.

Der Studiengang eignet sich besonders für diejenigen, die ihre berufliche Zukunft in öffentlichen oder privaten Organisationen und Unternehmen, Verbänden und

Nichtregierungsorganisationen (NGOs) sehen, die mit Fragen transkultureller Mobilität oder Migration befasst sind.

> **Weitere Informationen:**
> www.fh-fulda.de (Fachbereich Sozial- und Kulturwissenschaften)

Beispiel:
Internationaler Bachelorstudiengang Soziologie der Katholischen Universität Eichstätt- Ingolstadt (in Zusammenarbeit mit der Universität Trient/Italien)
Die Katholische Universität Eichstädt-Ingolstadt (KU) ist als katholische Universität im deutschen Sprachraum und mit ca. 4.800 Studierenden recht überschaubar. Sieben Fakultäten, darunter die das Fach Soziologie anbietende Fakultät für Geschichts- und Gesellschaftswissenschaften, sind in Eichstätt beheimatet, nur die Wirtschaftswissenschaftliche Fakultät ist in Ingolstadt angesiedelt. Neben dem nachfolgend näher beschriebenen, gemeinsam mit der Universität Trient (Università degli Studi di Trento) angebotenen Bachelorstudiengang bietet die Universität auch einen Bachelorstudiengang Politik und Gesellschaft sowie einen Masterstudiengang Europäische Institutionen und Regional Governance an. Das Diplom- und Magisterstudium Soziologie läuft aus. Im Lehramtsfach Sozialkunde sind soziologische Inhalte vertreten.

Für den internationalen Studiengang bestehen Zulassungsbeschränkungen, derzeit (WS 2008/09) werden 20 Studierende pro Jahr aufgenommen. Die Auswahl erfolgt auf der Grundlage der Durchschnittsnote der Hochschulzugangsberechtigung und eines Auswahlgesprächs. Zum Wintersemester 2008/09 konnten alle Studieninteressenten mit bestandenem Auswahlgespräch zugelassen werden. Studienbeginn ist jeweils im Wintersemester.

Ziel des Studiengangs ist die Vermittlung der für den Übergang in die berufliche Praxis notwendigen Kenntnisse in Soziologie bezogen auf einen der drei Schwerpunkte Kultur; Stadt- und Regionalentwicklung sowie Industrie und Betrieb. Außerdem ermöglicht der Bachelorabschluss die Bewerbung für ein Masterstudium. Nach dem ersten Studienjahr des auf drei Jahre angelegten Bachelorstudiengangs sind mindestens zwei Semester an der italienischen Partneruniversität zu studieren. Dabei sind u.a. ein umfangreiches Forschungspraktikum und weitere Intensivsprachkurse vorgesehen. Um das Studium im Ausland sprachlich bewältigen zu können, ist am Ende des 1. Studienjahres eine Sprachprüfung zu absolvieren.

Der Studienplan sieht folgende Inhalte vor:

- die obligatorischen Kerngebiete des Fachs u.a. mit Veranstaltungen in Geschichte der Soziologie, Sozialstruktur, Sozialstruktur des Gastlandes, Statistik I und II, Methoden und Techniken der empirischen Sozialforschung, SPSS (bzw. SAS) als gängige software für statistische Datenauswertung, sowie ein Forschungspraktikum und ein anwendungsorientiertes Fallseminar zum gewählten Schwerpunkt.
- Lehrveranstaltungen zum gewählten Studienschwerpunkt (Vorlesung, Proseminar, Hauptseminar) in Landeskunde, zur Neueren und Neuesten Geschichte, zum Rechtssystem und zum politischen System der Bundesrepublik sowie des Gastlandes sowie ausgewählte Aspekte der Kultur des Gastlandes.
- im Bereich der ergänzenden Fächer umfängliche Sprachstudien und Erwerb allgemeiner Schlüsselqualifikationen wie EDV- und Informatikkenntnisse, Präsentationstechniken, Kommunikationstraining, Textverarbeitung und Arbeit mit Datenbanken.
- Schließlich ist der Bereich Pflichtpraktikum zu nennen. Insgesamt umfasst das Pflichtpraktikum 12 Wochen und kann in Teilpraktika von mindestens vier Wochen Dauer unterteilt werden. Ein Drittel der Praktikumszeit ist im Ausland abzuleisten. Inhaltlich ist das Praktikum an den gewählten Studienschwerpunkt gekoppelt und dient der Gewinnung erster praktischer Erfahrungen im Berufsfeld.

Das Prüfungssystem entspricht dem üblichen Regelungen für Bachelorstudiengänge, d.h. es sind insgesamt 180 Leistungspunkte studienbegleitend in den Lehrveranstaltungen und im Pflichtpraktikum zu erwerben. Dafür sind Klausuren, Referate und Hausarbeiten zu schreiben, die benotet werden. Die Notengewichtung der Einzelnoten zur Errechnung der Gesamtnote folgt auch in dieser Prüfungsordnung grundsätzlich der Wertigkeit (Anzahl der Leistungspunkte) der einzelnen Veranstaltung, jedoch gibt es Sonderregelungen für den Bereich Landeskunde. Die Bachelorarbeit ist im Studienschwerpunkt zu schreiben und soll in Zusammenhang mit dem Pflichtpraktikum stehen. Interessant ist die Bestimmung in der Prüfungsordnung, dass das Nichterreichen von 180 Leistungspunkten zum Ende des 6. Fachsemesters automatisch dazu führt, das die Prüfung erstmals nicht bestanden ist (§ 18 (1) der Prüfungsordnung vom 13. Januar 2003). Eine einmalige Prüfungswiederholung ist für jede studienbegleitende Prüfung möglich, eine zweite auf Antrag höchstens in zwei Teilbereichen, wenn die übrigen Teilbereiche mindestens mit befriedigend abgeschlossen wurden.

Das Studium eignet sich besonders für praktisch orientierte Studierende mit der Absicht, ggf. auch im Ausland tätig zu werden. Durch den starken Bezug auf die Studienschwerpunkte sind – je nach gewähltem Schwerpunkt – Tätigkeiten in Kulturorganisationen (auch internationalen), in der Stadt- und Regionalplanung sowie in Wirtschaftsunternehmen, Verwaltungen und wirtschaftsnahen Verbänden als berufliche Perspektive zu nennen. Für die in einem Masterstudiengang weiter zu entwickelnde Qualifikation in der Forschung werden ebenfalls Grundlagen gelegt (u.a. Forschungspraktikum, Methodenausbildung).

Weitere Informationen:
www.ku-eichstätt.de/studiengaenge/bachelor_soziologie/informationen.de

1.7 Beruf – Arbeitsmarkt und Tätigkeitsfelder

Für Absolventen und Absolventinnen eines sozialwissenschaftlichen Studiums gibt es keine exklusiven, durch Berufsrecht geschützte Berufsfelder wie beispielsweise für Juristen, Mediziner oder Lehrer. Dies kann als Nachteil interpretiert werden, ist doch immer die Konkurrenz zu anders Ausgebildeten zu bestehen. Es kann aber auch als Chance verstanden werden, neue Berufsfelder in einer sich stetig verändernden Gesellschaft erobern zu können.

Prinzipiell sind sozialwissenschaftliche Sichtweisen und Methoden in allen gesellschaftlichen Bereichen professionell einzubringen. Dies zeigen alle Verbleibsuntersuchungen die verschiedene Hochschulen durchgeführt haben, um die Arbeitssituation ihrer Absolventinnen und Absolventen zu erhellen. Allerdings liegen bislang wenig Erkenntnisse über den Berufszugang mit einem Bachelorabschluss vor. Viele empfehlen daher, auf jeden Fall noch ein Masterstudium anzuschließen. Andererseits war es bereits immer so, dass abgesehen vom Berufsfeld Wissenschaft das Soziologieexamen eher eine formale denn eine wirklich die Personalauswahl entscheidende Rolle spielte. In den meisten Fällen glückte der Übergang in den Beruf dank eines rechtzeitig aufgebauten persönlichen Netzwerks. So bekamen potentielle Arbeitgeber nicht nur eine bessere Vorstellung von den fachlichen Qualifikationen, sondern auch von den persönlichen Kompetenzen wie Einsatzfreude, Kommunikationsfähigkeit, Stressresistenz usw. Wer also im Laufe seines Bachelorstudiums das angestrebte Tätigkeitsfeld definiert und sich konsequent die entsprechenden

Kontakte verschafft, kann durchaus auch mit dem Bachelorexamen in den Beruf eintreten. Allerdings dürfte die Bezahlung in der Regel niedriger ausfallen als mit einem Masterexamen, dafür wird aber früher Geld verdient. Angesichts eines sich wandelnden Arbeitsmarkts bietet das gestufte Studiensystem ja auch die Flexibilität, den Master später nachzuholen, ggf. sogar auf Kosten des Arbeitgebers. Die besonderen Bedingungen für den Eintritt in das Berufsfeld Schule sind im Abschnitt 3 über das Lehramtsstudium zu finden.

Bereits zum Wintersemester 2006/07 nahmen zwei Drittel der Studierenden in Soziologie ihr Studium Bachelorstudiengängen auf inzwischen sind es so gut wie alle. Wie bereits gesagt: Über die Akzeptanz des Bachelorabschlusses im Allgemeinen und der sozialwissenschaftlichen Abschlüsse im Besonderen ist noch nicht viel bekannt. Immerhin hat das Hochschul-Informations-System (HIS), Hannover in einer Studie über 1.600 Bachelorabsolventen der Prüfungsjahrgänge 2002/2003 befragt und die Ergebnisse 2005 veröffentlicht. Danach nehmen die weitaus meisten der Absolventen eines universitären Bachelorstudienganges ein Masterstudium auf (77 %). Von dem knappen Viertel der Absolventen, die nach dem Bachelorexamen direkt in den Beruf gingen, gaben in der Fachrichtung Sozial- und Politikwissenschaft 21 % an, keine Probleme bei der Stellensuche gehabt zu haben. In der Vergleichsgruppe aus den traditionellen Diplom- und Magisterstudiengängen waren in dieser Antwortkategorie 28 % zu finden. Generell wurde in beiden Gruppen als größtes Problem ausgemacht, dass zu wenig Stellen für das Studienfach angeboten werden (Nennung: 54 % Bachelor, 66 % Vergleichsgruppe). Deutlich wurde aber auch, dass der Bachelor seinerzeit bei den Arbeitgebern noch weitgehend unbekannt war. 43 % der Bachelor, aber nur 5 % der Diplom- und Magisterabsolventen beklagten die Unbekanntheit ihres Abschlusses.

Jenseits aller Tabellen und Datensätze mag jedoch ein Zitat aus der ZEIT vom 26.10.2006, in der Christine Borowsky, 28 Jahre alt und B.A. Sozialwissenschaften ihren Berufseinstieg beschreibt, die Lage illustrieren: „Ich war auf alles vorbereitet. Auf die Frage, was die Buchstaben B und A bedeuten, was ein Bachelor ist und warum ich diesen ungewöhnlichen Studiengang gewählt hatte. Und dann das: Der Chef des kleinen Marktforschungsinstituts, vor dem ich beim Bewerbungsgespräch saß, wollte von alldem nichts wissen. Ihn interessierte mehr, dass ich gerade meine Abschlussarbeit mit Hilfe bestimmter Reichweitendaten schrieb, mit denen sein Unternehmen jeden Tag arbeitete. Und dass ich schon viel Berufserfahrung gesammelt hatte (Jobs in der Marktforschung während des Studiums, d.Verf.). Zwei Monate bevor ich meine Bachelorarbeit abgeben musste, trat ich meine Stelle an."

Betrachtet man die demographische Situation, sind die Arbeitsmarktperspektiven nicht schlecht, befinden sich doch die berufstätigen Soziologen und Soziologinnen eher in einem fortgeschrittenen Alter. In der auf einer Sonderauswertung von Daten des Statistischen Bundesamts beruhenden Projektion kommt der Berufsforscher Dr. Michael Weegen von der Universität Essen zu folgenden Daten (Stand 2006): 32 % der Berufstätigen sind über 50 Jahre alt, weitere 28 % zwischen 40 und 50 Jahre, während nur 10 % unter 30 Jahre alt sind. Diese Zahlen legen den Schluss nahe, dass mit einem größeren Ersatzbedarf in absehbarer Zukunft zu rechnen ist. Allerdings arbeiten Sozialwissenschaftler über viele Berufsfelder verstreut und üblicherweise nicht auf Positionen, für deren Besetzung ein sozialwissenschaftlicher Studienabschluss zwingend erforderlich ist. Ihre Berufseinmündung trägt oft ausgesprochen individuelle Züge, neue Arbeitsfelder wurden mit Eigeninitiative und Überzeugungskraft gegenüber Absolventen anderer Disziplinen (z.B. Wirtschafts- oder Rechtswissenschaft) erkämpft. Mit anderen Worten: Während beim Ausscheiden eines Lehrers die Stelle wieder mit einem Lehrer besetzt wird, muss dies bei einem Soziologen keinesfalls so sein. Dennoch erhöhte sich die Anzahl der Erwerbstätigen mit einem Hochschulabschluss in Soziologie oder Politologie von 34.000 im Jahr 1996 über 52.000 im Jahr 2004 auf 58.000 in Jahr 2006. Die Ergebnisse der Münchner Absolventenstudie 2006, an der 400 Absolventinnen und Absolventen der Abschlussjahrgänge von 1989 bis 2005 teilnahmen, kommt zu dem Schluss, dass etwa 70 % ein halbes Jahr nach dem Examen eine Stelle gefunden haben. Nach einem Jahr erhöht sich der Prozentsatz auf 85 %. Dieser Befund deckt sich mit den Ergebnissen anderer Studien, die für Sozialwissenschaftler eine gegenüber Ingenieur- oder Wirtschaftswissenschaftlern etwas längere Suchphase bis zur ersten Stelle konstatieren.

Im Zeitalter der befristeten Jobs und Teilzeitstellen kommt es aber auch auf die Qualität der Stelle an. Außerhalb der Hochschulen werden im Öffentlichen Dienst in der Regel weiterhin unbefristete Arbeitsverträge geboten. Für Sozialwissenschaftler ergeben sich in erster Linie Arbeitsfelder in Planungsfunktionen auf der Referentenebene, z.B. im Bereich der Stadt- und Regionalplanung oder der Sozialplanung. Auch der Bereich Markt- und Meinungs- und Sozialforschung ist als studiennahes Berufsfeld zu nennen. Dass hier exzellente Methodenkenntnisse erforderlich sind, versteht sich von selbst. Aber auch Verhandlungsgeschick und Organisationstalent sind unabdingbar. Ein in seiner Bedeutung zurückgehendes studiennahes sozialwissenschaftliches Arbeitsfeld ist die Lehre und die Forschung, sei es in der Hochschule oder einer außerhochschulischen wissenschaftlichen Einrichtung. Wenn die erste Arbeitsstelle eine so genannte Promotionsstelle oder Drittmittelstelle an der Universität sein soll, ist allerdings ein Masterabschluss notwendig.

Als weitere Beschäftigungsbereiche tauchen in den Verbleibsuntersuchungen auf:
- Medien- und Öffentlichkeitsarbeit, z.b. Tages- und Wochenzeitungen, Zeitschriften inklusive Fachzeitschriften, Betriebszeitschriften, Hörfunk, Fernsehen, Verlage, Internet, Pressereferate;
- Bildungseinrichtungen, z.b. Volks- und Heimvolkshochschulen, Bildungsvereine, Akademien;
- Verbände und Kirchen, z.b. Arbeitgeberverbände, Wirtschaftsfachverbände; Gewerkschaften, Umweltverbände, Wohlfahrtsverbände, Kirchen und Kirchenverbände (z.b. Caritas, Diakonisches Werk);
- Parteien und parteinahe Einrichtungen, z.b. Parteiorganisation, Fraktionen, parteinahe Stiftungen, Bildungswerke und Akademien;
- Kammern, z.B. Industrie- und Handelskammer, Handwerkskammer, Arbeitnehmerkammern;
- Öffentliche Verwaltung des Bundes, der Länder und der Kommunen, z.b. Planungsabteilungen, Beratungsstellen, Öffentlichkeitsarbeit, Fortbildung, Organisation, Gleichstellungsstellen;
- Internationale Organisationen, z.b. Europäische Kommission, Europäisches Parlament, International Labour Organisation (ILO), UNESCO;
- Gesundheitswesen, z.b. Pflegedienstleitung, Qualitäts- und Umweltmanagement, Organisation ambulanter Pflegedienste;
- Wirtschaft, z.b. Personalabteilungen, Organisationsabteilungen, PR-Arbeit, Marketing, innerbetriebliches Fortbildungswesen.

Ein nicht unerheblicher Teil der Sozialwissenschaftler und Sozialwissenschaftlerinnen hat sich in Konkurrenz zu Lehrern und Diplompädagogen beispielsweise in der außerschulischen Jugend- und Erwachsenenbildung, auch der beruflichen Bildung etabliert. In letzter Zeit werden vermehrt Existenzgründungen bzw. selbstständige freiberufliche Tätigkeiten registriert. Dabei sind zwei Trends zu sehen: neue Berufe wie Info-Broker, Event-Manager, Internet-Arbeitsvermittler und eher traditionelle Bereiche wie Organisations- und Personalberatung. Im letzteren Bereich haben offensichtlich die Betriebswirte an Einfluss eingebüßt, wird doch immer deutlicher, dass Firmenphilosophien und -strategien oder die Etablierung eines Markenimages nicht nur ökonomisches Kalkül verlangt. Auch der Bereich Wissensmanagement nimmt angesichts der schier unübersehbaren Informationsfülle und einer stärker vernetzten Arbeitsorganisation an Bedeutung zu.

Allerdings soll auch nicht verschwiegen werden, dass eine größere Anzahl von Soziologen völlig fachfremd arbeitet, z.B. als Inhaber eines Buchladens, eines Weindepots oder als Geschäftsführer für eine Möbelhauskette. Während in diesen Positionen der Verdienst noch stimmt und es eher auf die persönliche Perspektive ankommt, ob die Berufssituation als zufriedenstellend empfunden wird, fallen manche auf frühere Ausbildungen zurück. Nicht gerade selten trifft es Frauen, die als ausgebildete Sozialpädagoginnen, Krankenschwester oder Sekretärin weiterhin in ihren alten Berufen tätig sind. Die berühmten Taxifahrer oder Kneipenbedienungen sind nach dem Examen eher selten anzutreffen. Der examinierte soziologische Gelegenheitsarbeiter hangelt sich vielmehr von Projekt zu Projekt – sei es nun eine Evaluation der Kantinenbenutzung oder die Erforschung der Freizeitgewohnheiten ausländischer Jugendlicher in verdichteten Wohnsiedlungen – mit Honorar- und Werkverträgen oder anderen befristeten Anstellungen. Und es gibt auch weiterhin diejenigen, die Soziologie als Bildungsstudium ohne berufliche Verwertungsabsicht betreiben. Vielleicht gehört dazu auch ein prominenter Neuzugang unter den Studierenden der Soziologie und Politologie, die Schauspielerin Karoline Herfurth (Crazy, Das Parfüm, Der Vorleser, Im Winter ein Jahr), die nicht mehr im Schwarz-Weiß-Denken verfangen ist, sondern die Grautöne des Lebens kennt (Interview in der Frankfurter Rundschau vom 17.11.2008).

Wie auch in vielen anderen Bereichen ist der Teilarbeitsmarkt für Sozialwissenschaftlerinnen und Sozialwissenschaftler nicht wirklich zufriedenstellend, wenngleich besser als sein Ruf. Ging bis Ende 2000 die Zahl der arbeitssuchenden Soziologinnen und Soziologen bei der Bundesanstalt für Arbeit zurück, stieg sie bis 2004 wieder leicht an, um dann wieder zu fallen. Im Jahr 2004 suchten 2.627 Soziologen und Soziologinnen eine Stelle über das Arbeitsamt, im Jahr 2005 war ein leichter Rückgang auf 2.549 zu melden und für 2007 wird ein Wert von 1.536 projektiert. Allerdings nimmt die Zahl der unter 35-jährigen unter den Arbeitssuchenden kontinuierlich auf inzwischen (2007) 41 % zu. Dabei ist jedoch auch von einer verstärkten Sucharbeitslosigkeit auszugehen, da insbesondere bei denjenigen, die nicht rechtzeitig während des Studiums ihre beruflichen Wünsche geklärt und entsprechende Kontakte aufgebaut haben, der Berufseinstieg länger dauert. Bei steigenden Absolventenzahlen (3.126 ohne Lehramt im Jahr 2006) eine zwar nicht befriedigende, aber auch nicht Panik auslösende Lage. Allerdings dürfte es eine zu beachtende Dunkelziffer von Absolventinnen und Absolventen geben, die nicht als Arbeitssuchende bei der Bundesanstalt für Arbeit in Erscheinung treten, da sie sich von einer Registrierung keine materiellen Vorteile versprechen. Und den Arbeitsmarkt für Bachelorabsolventen können diese Zahlen noch nicht repräsentieren.

Als wesentliches Kriterium für die erfolgreiche Berufseinmündung hat sich der rechtzeitige Aufbau eines sozialen Netzwerks herausgestellt. So führt der Weg zur befristeten Stelle als Doktorand oder Doktorandin häufig über die erfolgreiche

Tätigkeit als studentische Hilfskraft. Wer in den Medienbereich will, tut gut daran, sich schon während des Studiums durch eifriges Publizieren in Zeitung oder Zeitschrift den Status eines freien Mitarbeiters zu sichern. In einem Unternehmen kann häufig nach einem erfolgreichen Praktikum kontinuierlich oder sporadisch weiter gearbeitet werden, um sich nach dem Examen dann erfolgreich zu bewerben. Auch ein Job bei Parteien, Kirchen oder Verbänden ist für Insider leichter zu bekommen. Interessant ist, nach welchen Kriterien Arbeitgeber ihre Einstellungsentscheidungen treffen. Aus den Ergebnissen einer von der Studienreformkommission Sozialwissenschaften des Landes Nordrhein-Westfalen bundesweit durchgeführten Befragung von Arbeitgebern und Sachverständigen seien daher folgende Ergebnisse zitiert:

„Die Auswertung der Fragenkataloge offenbart ein sehr breites Spektrum der Erwartungen an die Einstellung von Sozialwissenschaftlern. Besonders häufig werden dabei genannt: die Kenntnis sozialwissenschaftlicher Methoden und der EDV einschließlich darauf gerichteter praktischer Erfahrungen; die als Realitätssinn bezeichenbare Fähigkeit, unter den eingeschränkten Möglichkeiten der Praxis effektiv zu arbeiten; eine breite und tiefe theoretische Fundierung sozialwissenschaftlichen Grundwissens, die flexibles Einarbeiten in die unterschiedlichen Arbeitsbereiche ermöglichen soll.

Für die Auswahl von Bewerbern unterschiedlicher Fachrichtungen für eine zu besetzende Stelle werden als Determinanten vor allem tätigkeits- und arbeitsplatzspezifische Fähigkeiten und Kenntnisse sowie der Nachweis praktischer Erfahrung und das Verhalten oder die Persönlichkeit der Bewerber benannt. Die Tätigkeits- und Arbeitsbereiche, in denen Sozialwissenschaftler am ehesten die Möglichkeit haben, sich in Konkurrenz mit anderen Bewerbern zu behaupten, lassen sich dadurch kennzeichnen, dass in ihnen konzeptionelles, exploratives, generalisierendes oder innovatives Arbeitsverhalten erwartet wird.

Als einstellungsrelevante Faktoren werden studienbezogen genannt: die fachliche Qualifikation, Spezialkenntnisse in Nebenfächern und Methoden- und EDV-Kenntnisse; tätigkeitsbezogen werden genannt: Berufs- und Praxiserfahrung, extrafunktionale Qualifikationen, die Persönlichkeit des Bewerbers, die Fähigkeit zur Umsetzung wissenschaftlicher Ergebnisse sowie die Bereitschaft zur Integration in bestehende Strukturen."

Obwohl der Berufseinstieg für Sozialwissenschaftler „holprig wie eh und je" blieb und er sich zudem im Wesentlichen außerhalb geregelter Laufbahnen abspielte, d.h. Patchworkkarrieren mit Honorarverträgen, Werkverträgen, Lehraufträgen etc. waren für diese Berufsgruppe besonders bezeichnend (Bundesanstalt für Arbeit/ZAV: Soziologinnen und Soziologen, Bonn 2000), gelang es mittelfristig in der Regel, eine unbefristete Beschäftigung zu erlangen. Und es stellt sich die Frage, ob sich die Sozialwissenschaft angesichts vielfältiger gesellschaftlicher Probleme im regionalen, nationalen und globalen Sektor (Stichworte: Terrorismus, Klimawandel, Finanzkrise, Migration usw.) als zentrale Disziplin zur Analyse der Probleme sowie der wissenschaftlichen Planung, Begleitung und Evaluation ihrer Bearbeitungsprozesse etablieren kann. Dies verlangt allerdings eine Einstellung, die die praktische Lösung sozialer Probleme nicht als „Sozialklempnerei" abtut. Außerdem ist die Bereitschaft, Kompromisse zwischen widerstreitenden Interessengruppen anzustreben sowie die Einbeziehung ingenieur- und naturwissenschaftlicher Disziplinen zu stärken. Kaum etwas für Puristen der Theorie, naive Weltverbesserer und eschatologisch orientierte Sozialphilosophen, wohl aber für methodensichere sowohl kritische als auch selbstkritische Sozialwissenschaftler und Sozialwissenschaftlerinnen.

 An vielen Universitäten und Instituten gibt es Absolventenvereinigungen, die Informationen über den Berufseinstieg geben können (Beispiel: Absolventen der Bamberger Soziologie e.V., www.abs-bamberg.de). Außerdem können über den Berufsverband Deutscher Soziologinnen und Soziologen (BDS) Kontakte zur Praxis geknüpft werden (www.bds-soz.de).

Literaturhinweise

Breger, Wolfram; Böhmer, Sabrina (Hrg.): Was werden mit Soziologie. Berufe für Soziologinnen und Soziologen. Das BDS-Berufshandbuch. Stuttgart 2007.

Bundesagentur für Arbeit: Arbeitsmarkt Kompakt 2007. Sozialwissenschaftler. Informationen für Arbeitnehmer.

Bundesagentur für Arbeit/Zentralstelle für Arbeitsvermittlung: BBZ – Magazin Gesellschafts- und Sozialwissenschaften, 2007.

(Hinweis: Die einschlägigen Broschüren stehen im Internet als Download zur Verfügung unter www.arbeitsagentur.de, Link Bürgerinnen&Bürger folgen und dann unter SUCHE das Stichwort „Soziologie" eingeben)

Henning, Wolfgang: Karrieren unter der Lupe. Politologen, Soziologen. Würzburg 2001 (als PDF-Download im Internet unter www.lexika.de)

Minks, Karl-Heinz; Briedis, Kolja: Der Bachelor als Sprungbrett? Hannover 2005 (HIS)
(Teil I: HIS-Kurzinfo A3/2005, Teil II: HIS-Kurzinfo A4/2005, im Internet als PDF-Download unter www.his.de/Service/Publikationen/Kia)

Späte, Katrin (Hrg.): Beruf Soziologie?! Studieren für die Praxis. (UTB 2902) Konstanz 2007.

Sozialwissenschaft und Berufspraxis, Vierteljahreszeitschrift herausgegeben vom Berufsverband Deutscher Soziologinnen und Soziologen (BDS)

Stockmann, Reinhard; Meyer, Wolfgang; Knoll, Thomas: Soziologie im Wandel. Universitäre Ausbildung und Arbeitsmarktchancen in Deutschland. Opladen, 2002.

Internet

Bundesagentur für Arbeit: www.arbeitsagentur.de, insbesondere www.berufenet.arbeitsagentur.de, www.abimagazin.de.

Informationssystem Studienwahl und Arbeitsmarkt (ISA): www.uni-essen.de/isa.

www.academics.de, www.hochschulkarriere.de (Karriereportale für das Berufsfeld Wissenschaft).

www.stellenreport.de (Portal u.a. mit Praktikumsangeboten und Job-Finder).

www.schader-stiftung.de (Gesellschaftswissenschaften und Praxis).

1.8 Neugierig? Verbände, Institutionen, Internet, Fachzeitschriften, Bücher

Wissenschaft lebt von der Neugier der Menschen. Wer sind institutionelle Spieler im Feld der Soziologie? Wie finde ich soziologische Diskussionsforen im Internet? Was bewegt die Fachwissenschaft aktuell? Hierzu im Folgenden einige Hinweise.

Verbände und Institutionen

Berufsverband Deutscher Soziologinnen und Soziologen e.V. (BDS)
Bundesgeschäftsstelle
Ostcharweg 123, 45665 Recklinghausen
Telefon (0 2 361) 49 20 25, Fax (0 23 61) 49 25 46,
E-Mail: geschaeftsstelle@bds-soz.de
Internet: www.bds-soz.de

Deutsche Gesellschaft für Soziologie (DGS)
Geschäftsstelle
c/o Technische Universität Dresden
Institut für Soziologie
Chemnitzer Str. 46a, 01062 Dresden
Telefon (03 51) 46 33-74 05, Fax: (03 51) 46 33-71 13
E-Mail: dgs@mailbox.tu-dresden.de
Internet: www.soziologie.de

GESIS- Leibnitz-Institut für Sozialwissenschaften
(Gesellschaft Sozialwissenschaftlicher Infrastruktureinrichtungen)
Internet: www.gesis.org
mit Datenarchiv und Datenanalyse (deutsche u. internationale Umfrageprogramme), Center for Survey Design and Methdology (Beratung bei Pretest, Ziehung, Vercodung usw.), Dauerbeobachtung der Gesellschaft (u.a. Zentrum für Sozialindikatorenforschung, ALLBUS), Fachinformation für die Sozialwissenschaften (u.a. Datenbanken SOLIS und SOFIS), Informationelle Prozesse in den Sozialwissenschaften (u.a. Unterstützung Wissenstransfer).

Internet

www.soziologie-forum.de (Diskussionforum zu soziologischen Themen)
http://de.wikipedia.org/wiki/Portal:Soziologie (u.a. mit Soziologenliste, Erläute-

rungen soziologischer Begriffe und Theorien)
http://sozwiki.de/ (Portal zur Soziologie hauptsächlich aus den Universitäten Bamberg und Würzburg)

Fachzeitschriften

Es handelt sich um eine Auswahl. Fachzeitschriften sind nicht nur geeignet, einen Einblick in die Themen der aktuellen wissenschaftlichen Diskussion zu bekommen, sondern auch dazu, sich mit der Sprache und den Argumentationsmustern des Fachs vertraut zu machen.

Das Argument – Zeitschrift für Philosophie und Sozialwissenschaften
www.argument.de/wissenschaft/zs58-260.html

Berliner Journal für Soziologie (BJS)
Herausgegeben vom Institut für Sozialwissenschaften der Humboldt-Universität zu Berlin,
www2.hu-berlin.de/bjs/index.html

Erwägen-Wissen-Ethik/EWE (vormals Ethik und Sozialwissenschaften)
http://iug.uni-paderborn.de/ewe/

Kölner Zeitschrift für Soziologie und Sozialpsychologie (KZfSS)
Herausgegeben vom soziologischen Forschungsinstitut der Universität Köln
www.uni-koeln.de/kzfss

Soziale Systeme
Herausgebergremium der Fakultät für Soziologie der Universität Bielefeld
www.soziale-systeme.ch

Soziale Welt
Herausgegeben von der Arbeitsgemeinschaft Sozialwissenschaftlicher Forschungsinstitute
www.lrz-muenchen.de/~Soziale_Welt

Sozialwissenschaften und Berufspraxis (SuB)
herausgegeben vom Berufsverband Deutscher Soziologinnen und Soziologen
www.bds-soz.de (Link Zeitschrift SuB)

Soziologie
Forum der Deutschen Gesellschaft für Soziologie (DGS)
www.soziologie.de (Link Zeitschrift)

Soziologische Revue
Rezensionen soziologischer Literatur
www.soziologische-revue.de

Zeitschrift für Soziologie
Herausgebergremium der Fakultät für Soziologie der Universität Bielefeld
www.uni-bielefeld.de/zfs

 Literaturhinweise

Huinink, Johannes: BA-Studium Soziologie. Ein Lehrbuch. Reinbek bei Hamburg: Rowohlt Verlag, 2005. (re 55668)
Der Bremer Professor gibt einen kompakten Überblick über Themen, Theorien, Methoden und Forschungsgebiete der Soziologie.

Kruse, Volker: Geschichte der Soziologie. Stuttgart: UTB Verlag, 2008. (UTB Bd. 3063)
Der Bielefelder Professor gibt einen Überblick über die Geschichte der Soziologie von den Anfängen im 19. Jahrhundert bis zur Nachkriegszeit und ihre Ausformung in der Auseinandersetzung mit den jeweiligen gesellschaftlichen Verhältnissen.

Sennet, Richard: Die Kultur des neuen Kapitalismus, Berlin 2005. Als persönliche Empfehlung des Verfassers diese in Yale gehaltenen Castle Lectures für alle, die an einer umfassenden und aktuellen Gesellschaftsanalyse der industrialisierten Welt interessiert sind.

2 Das Studium der Politikwissenschaft

Vorbemerkung:
Gegenstand dieses Kapitels ist das Studium der Politikwissenschaft in einem Bachelor- oder Masterstudium. Die mit der Bezeichnung Sozialwissenschaft(en) aufgeführten Studiengänge integrieren mehrere Fächer, haben aber auch einen politikwissenschaftlichen Schwerpunkt. Die nachfolgend aufgeführten Gebiete der Politikwissenschaft sind auch Gegenstand eines Studiums mit dem Ziel Lehramt. Natürlich ist es ein grundlegender Unterschied, ob Politikwissenschaft in einem Ein-Fach-Bachelorsstudiengang oder in einer Fächerkombination studiert wird (Zwei-Fach-Bachelor bzw. Mehr-Fach-Bachelor). Häufig sind die Zwei-Fach-Bachelorstudiengänge polyvalent angelegt, d.h. sie können auch mit einem lehramtsbezogenen Profil bei entsprechender Fächerkombination studiert werden. Allerdings ist für die volle Lehrerausbildung ein weiteres Masterstudium (Abschluss Master of Education) notwendig. In der Tabelle 4 sind unter Bemerkungen auch Angaben zu Studienmöglichkeiten für das Lehramt enthalten. Näheres zur Lehrerausbildung für das Schulfach Gemeinschaftskunde/Sozialkunde/Gesellschaftslehre usw. dann im Kapitel 3 Lehramt. Auf die allgemeinen Vorbemerkungen zu Beginn dieses fächerspezifischen Teils II wird ausdrücklich hingewiesen.

Womit beschäftigt sich die Politikwissenschaft?
Kann man Bundeskanzlerin studieren? Hier ist ein verbreitetes Missverständnis aufzuklären: Der Politikwissenschaft geht es nicht vordringlich darum, Politikerinnen auszubilden. Vielmehr sollen politische Phänomene, Entwicklungen, Institutionen und durchaus auch die Praxis der Politik wissenschaftlich analysiert und erklärt werden. Sicher werden die Ergebnisse der Politikwissenschaft, wie die Ergebnisse übrigens jeder anderen Wissenschaft auch, politisch diskutiert und benutzt. Ein nach wie vor prominentes Beispiel hierfür ist die Wahlforschung (Wählerverhalten, Wählerwanderungen usw.). Und eine Reihe von Absolventinnen und Absolventen eines politikwissenschaftlichen Studiums bekleiden politische Positionen, beispielsweise zwei gegenwärtige Bundesminister: Frank-Walter Steinmeier (Außenminister, Studium Jura und Politik) und Sigmar Gabriel (Umweltminister, Lehramt Deutsch, Politik und Soziologie).

Die Wechselwirkung von Politikwissenschaft und politischem Umfeld beschreibt Iring Fetscher im Funk-Kolleg Politikwissenschaft:
„Politikwissenschaft kann sich nicht in einem luftleeren und ahistorischen Raum mit der positivistischen Berechnung von politischen und sozialen ‚Gesetz-

mäßigkeiten' befassen, wie das ‚policy science' zu tun versucht. Sie kann aber auch nicht, von einem ‚ewigen Wesen' des Menschen und der politischen Gemeinschaftsordnung ausgehend, an klassische Lehren der Antike oder anderer Epochen sich orientierend, der Gegenwart moralisierende Vorschriften machen, wie sich Herrscher und Beherrschte verhalten sollen. Vielmehr muss Politikwissenschaft sich sowohl der historischen Veränderung des Gegenstands ihrer Reflexion als auch der mit diesem Gegenstand zusammenhängenden Reflexionsformen bewusst sein. Politikwissenschaft hat mit dem Staat zu tun, sie konnte daher erst entstehen, nachdem es einen Staat im modernen Sinne gab, also in der nachfeudalen Gesellschaft, die sich allmählich zur rechtsgleichen bürgerlichen Gesellschaft entwickelte."

Ob nun allen Beurteilungen, die in diese Definition eingegangen sind, gefolgt werden soll, mag dahingestellt sein. Festzuhalten ist, dass der Staat als zentraler Gegenstand der Wissenschaft definiert wird, und zwar in einer vom individuellen Fühlen und Empfinden von „Staatlichkeit" abgehobenen Form. Eine solche Sichtweise stellt politische Institutionen (Regierung, Parlament, Justiz, Parteien, Internationale Organisationen, Verwaltung usw.) in den Mittelpunkt der Betrachtung. Angesichts der zunehmenden Bedeutung inter- und transnationaler Institutionen – viele sprechen vom Bedeutungsverlust des Nationalstaats – erhalten über- und zwischenstaatliche Institutionen zunehmend Aufmerksamkeit. Im Studium finden sich daher üblicherweise Module zum politischen System der Bundesrepublik Deutschland, zur Staatstätigkeit (z.B. Öffentliche Verwaltung), zur Internationalen Politik und zum Vergleich politischer Systeme. Auch die Betrachtung und Analyse einzelner Politikfelder wie Gesundheits-, Sicherheits- oder Sozialpolitik (Politikfeldanalyse) gehört in diesen Zusammenhang.

Ein zweiter Ansatz ist, das politische Handeln von Individuen und Gruppen zu analysieren. Wie agieren zum Beispiel Bürgerbewegungen oder Gruppierungen wie attac. An dieser Stelle ist die Verbindung zur Soziologie besonders eng. Module zur Sozialstruktur und zur politischen Kommunikation, vereinzelt auch zur Politischen Psychologie gehören daher zum Studium.

Als Drittes kommen schließlich politische Inhalte (Programme, Ideen und Ideologien) ins wissenschaftliche Blickfeld. In Modulen zur Politischen Theorie und Ideengeschichte wird diesem Thema nachgegangen.

Diese drei großen Bereiche der Politikwissenschaft, die politischen Strukturen (polity), die politischen Prozesse (politics) und die politischen Inhalte (policy) bilden das miteinander verwobene Geflecht, dem die Politikwissenschaft nachspürt. Im Lehrangebot tauchen diese Gebiete dann als konkrete Themen auf: Von der Einführung in das politische System der Bundesrepublik Deutschland (Struktur) über Vertragstheorien von Hobbes bis Kant (Inhalte) bis zum Veto-Player im deutschen und europäischen Mehrebenensystem (Prozesse) beispielsweise.

Wie gesagt, befasst sich Politikwissenschaft – ähnlich wie die Spezielle Soziologie – intensiv mit Teilbereichen der Politik. Große Bereiche wie z.B. Außenpolitik, Innenpolitik, Sozialpolitik, Wirtschaftspolitik können dabei auch mühelos in weitere kleinere und noch speziellere Einheiten unterteilt werden. Beispielsweise Außenpolitik in Entwicklungspolitik, Europapolitik, Friedenspolitik usw. oder Sozialpolitik in Arbeitsmarkt-, Renten-, Gesundheitspolitik usw. Zur Analyse dieser Politikfelder bedient sich die Politikwissenschaft aus dem großen Vorrat der sozialwissenschaftlichen Methoden, seien sie nun quantifizierender oder qualifizierender Natur. Damit kann die Wissenschaft ermitteln, dass schon 1996 nur 6 % der Ausländer weniger als ein Jahr, aber 48 % bereits 10 Jahre und länger in der Bundesrepublik Deutschland lebten und so zur Aufklärung eines Sachverhalts beitragen. Welche politischen Konsequenzen allerdings aus diesem Sachverhalt zu ziehen sind, hängt vom politischen Standort ab.

Folgen von politischen Entscheidungen lassen sich in sozialwissenschaftlicher Szenariotechnik darstellen. Doch hier ist es wie bei Medikamenten: Die Nebenwirkungen sind beileibe noch nicht alle bekannt. Eine erfreuliche Aussicht für politikwissenschaftlichen Forscherdrang. Doch die Auswahl der Antworten auf politische Herausforderungen sind manchmal auch Entscheidungen über Leben und Tod. So diskutierte die 26. Jahrestagung der Deutschen Gesellschaft für Politikwissenschaft im November 2008 u.a. das Thema „Demokratie durch Krieg?". Und die Debatte über failed states (gescheiterte Staaten) ist keine akademische, sondern wird von Afghanistan bis Somalia in reale Politik umgesetzt.

> **!** Unter www.dgfp.org können die Themen der Jahrestagungen der Deutschen Gesellschaft für Politikwissenschaft seit 1996 und die Tagungsprogramme der letzten Tagungen angesehen werden. Die E-Lernplattform www.politikon.org bietet nach Registrierung Einsicht in politikwissenschaftliche Lehrangebote. Unter http://de.wikipedia.org/wiki/Portal:Politikwissenschaft werden diverse Gebiete und Themen der Politikwissenschaft abgehandelt.

Wie hat sich die Politikwissenschaft entwickelt?

Die Entstehung der Wissenschaft nicht lediglich als historisches Datum, sondern als Teil des gesellschaftlichen Entwicklungsprozesses selbst, beschreibt Iring Fetscher in seiner Einführung zum Funk-Kolleg Politikwissenschaft:

„Politikwissenschaft ist zunächst das Ergebnis einer nicht von ungefähr entstandenen Arbeitsteilung. Zu Beginn der Neuzeit mit Philosophie und Naturrecht zusammenfallend und erst allmählich von diesen beiden sich lösend, kann sie nicht einfach mit jenen älteren Formen politischen Bewusstseins und Selbstbewusstseins identifiziert werden. Ehe sich eine besondere Wissenschaft von der Politik bilden konnte, musste sich das politische Moment des sozialen Lebens in Gestalt des modernen Staates rein herauslösen. In der mittelalterlichen Feudalgesellschaft konnte es Politikwissenschaft nicht geben, weil Staat und Gesellschaft, privates und öffentliches Dasein der Menschen so fest und innig miteinander verbunden waren, dass diese Wissenschaft gar keinen spezifischen Gegenstand gefunden hätte."

Hier wird die Herausbildung eines spezifischen Staatsverständnisses als Bedingung für die Entstehung der Politikwissenschaft definiert. Ob nun Platons „Politeia" ein politologisches Werk ist oder nicht, darüber mögen sich die Gelehrten streiten. Unstrittig ist, dass sich die Politikwissenschaft aus der juristisch geprägten Allgemeinen Staatslehre, der Nationalökonomie und der Philosophie entwickelte. Der Profilierungswille des Fachs wehrte dann auch die Vereinnahmung und Auflösung in die Allgemeine Sozialwissenschaft ab, die sich ihrerseits in verschiedene Fächer ausdifferenzierte, beispielsweise die Soziologie.

Anders als in den USA – der Begriff political science ist bereits seit den 80er Jahren des 19. Jahrhunderts gebräuchlich – kam der wissenschaftliche Durchbruch für das Fach in der Bundesrepublik allerdings erst in den sechziger Jahren. Zwar wurde in Berlin bereits 1920 die Deutsche Hochschule für Politik, die in der bereits 1918 gegründeten Staatsbürgerschule eine Vorläufereinrichtung hatte, als private Einrichtung mit dem Ziel, die elementaren Grundsätze der Demokratie in der Weimarer Republik zu befördern, gegründet. Doch unter der Herrschaft des Nationalsozialismus zunächst zur Reichsanstalt (1937) geworden und anschließend in die Auslandswissenschaftliche Fakultät der Berliner Universität integriert, fügte sich die dort betriebene „Wissenschaft" in das völkische Konzept der NS-Ideologie ein und war damit als Wissenschaft diskreditiert. Nach dem Ende des 2. Weltkriegs wurde dann Politikwissenschaft als akademische Disziplin, ausgehend von der 1948 durch Otto Suhr als Institut der Erwachsenenbildung außerhalb der Universität wieder gegründeten Berliner Hochschule für Politik (seit 1959 Otto-Suhr-Institut der Freien Universität Berlin), aufgebaut und hat sich inzwischen etabliert.

Ähnlich wie im immer noch nachwirkenden Positivismusstreit der Soziologie wurde und wird auch in der Politikwissenschaft um das eigene Selbstverständnis gerungen. Im von Ernst Fraenkel und Karl Dietrich Bracher herausgegebenen Fischer Lexikon Staat und Politik ist 1970 noch Folgendes nachzulesen:

„Als Vertreter der Wissenschaft von der Politik ließen die Herausgeber sich sowohl aus wissenschaftlichen wie auch politischen Gründen von der Erwägung leiten, dass hic et nunc die wissenschaftliche Behandlung politischer Probleme nicht aus einer relativistisch-wertfreien, neutral-unpolitischen Haltung gegenüber den Grundprinzipien erfolgen kann, die seit fast vier Jahrzehnten miteinander im Kampfe liegen. Denn die Wissenschaft von der Politik gäbe sich selber auf, wenn sie sich politischen Herrschaftssystemen gegenüber für neutral erklären wollte, die die Voraussetzungen für die wissenschaftliche Behandlung der Politik bewusst verneinen und systematisch zu zerstören bestrebt sind."

Eine Standortbestimmung, die von den Erfahrungen der Kriegs- und jüngeren Nachkriegszeit geprägt ist. Politologie als Demokratiewissenschaft war, wie bereits in der Weimarer Republik, die Devise. Michael Th. Greven beschrieb den Zustand der Politikwissenschaft 1990 in der Zeitschrift Ethik und Sozialwissenschaften dann folgendermaßen:

„Die Lage der Politikwissenschaft ist heute durch einen Widerspruch gekennzeichnet: Als Universitätsdisziplin ist sie inzwischen unangefochten etabliert, die Zahl der Lehrenden und Studierenden ist seit zwanzig Jahren vervielfacht worden. Seit den 70er Jahren hat sie sich zudem als empirisch fundierte Sozialwissenschaft in vielen Politikbereichen erfolgreich ausgewiesen und relative Anerkennung gefunden. ... Im Gegensatz zu dieser relativ prosperierenden Situation steht aber ihr innerer Zustand als theoretisches Fach. ... ‚Theorie der Politik', Reflexion ihrer Grundlagen und wissenschaftstheoretische Gründung ihrer Erkenntnismöglichkeiten und -ziele verlagert sich in andere Disziplinen; bei einer Umfrage unter Politologen galten als führende Theoretiker des Fachs Soziologen und Philosophen, ...".

Im Laufe der Zeit drängte die Systemtheorie die klassische Institutionenlehre in den Hintergrund, die Auseinandersetzung mit dem Marxismus löste wissenschaftstheoretische Diskussionen aus. Darüber hinaus kamen die sozialen Bewegungen (Anti-Atom, Frauen, Umwelt) als politische Akteure ins Blickfeld. In neuerer Zeit finden spieltheoretische Ansätze zunehmend Beachtung. Heute liegt der Fokus eher auf einer sozialwissenschaftlich orientierten methodisch fundierten Erforschung politischer Teilbereiche. Stark an Bedeutung gewonnen hat auch die wissenschaftliche Analyse trans- und internationaler Prozesse, Regulierungssysteme und Institutionen.

Was unterscheidet Politikwissenschaft von den Nachbarwissenschaften?
Zweifellos liegen Soziologie und Politikwissenschaft eng beieinander, verfügen über ein fast identisches methodisches Instrumentarium, bearbeiten beide „Gesellschaft" als Gegenstand ihrer Forschung und unterscheiden sich häufig nur in der Akzentsetzung. Während Politologen dazu neigen, institutionell verfestigte politische Strukturen und öffentliche Prozesse in den Vordergrund zu rücken, spielen in der Soziologie informelle Verhaltens- und verborgene Interaktionsmuster eine wichtige Rolle. Ein anderer Blickwinkel, kein grundsätzlicher Unterschied. Es ist also nicht ketzerisch zu behaupten, dass Politikwissenschaft sich als Teildisziplin in einer als „Wissenschaft von der Gesellschaft" definierten umfassenden Sozialwissenschaft wiederfindet. Die unter dem Titel „Sozialwissenschaften" firmierenden Studiengänge nehmen diese Sichtweise auf.

Eine weitere Nachbarwissenschaft ist die Philosophie. Insbesondere das Teilgebiet der politischen Ideen und Ideengeschichte wird von beiden Disziplinen beackert. Wer in diesem Bereich seinen Interessenschwerpunkt hat, kann durchaus überlegen, ob sich in einem Zwei-Fach-Bachelor beide Fächer miteinander verbinden lassen. Probleme der Nationalökonomie und des Staatsrechts sind Bestandteil der politikwissenschaftlichen Ausbildung. Auch Strukturen und Funktionen der politischen Kommunikation und Kultur finden in vielen Studienplänen Beachtung, was Grundkenntnisse in Sozialpsychologie, der Kultur- und Kommunikationswissenschaft verschafft. Doch diese Nachbarwissenschaften sind im politikwissenschaftlichen Studium auf politische Phänomene fokussiert.

2.1 Inhalte und Studienaufbau

Studienaufbau und Studienstruktur unterscheiden sich je nach Studienort. Dennoch tauchen fünf große Bereiche politikwissenschaftlicher Lehre in allen Bachelorstudiengängen auf, nicht zuletzt als Nachwirkungen der in den neunziger Jahren von der Hochschulrektorenkonferenz und der Kultusministerkonferenz beschlossenen Rahmenprüfungsordnungen und der von der Deutschen Vereinigung für Politische Wissenschaft herausgegebenen Empfehlungen. Darüber hinaus sind in der Regel die Bereiche Politik und Ökonomie sowie Politik und Recht zu studieren. Hinzu tritt ein zur Stärkung der Berufsfähigkeit gedachter Bereich, mag er nun General Studies, Optionalbereich, Soft Skills, Professionalisierungsbereich, Begleitstudium oder sonst wie heißen. Auch ein Praktikum findet sich in einer Reihe von Studienordnungen, auf jeden Fall ist es – ggf. auch auf freiwilliger Basis – zu empfehlen.

Standardbereiche des politikwissenschaftlichen Studiums sind:

Politische Theorie, Politische Philosophie und Ideengeschichte
Hier geht es um die Klassiker der Staatstheorie von Aristoteles bis Marx (Ideengeschichte), ihre Staats- und Gesellschaftsentwürfe, sowie allgemeine Theorien zur Erklärung politischen Handelns und Grundbegriffe der Politik. Aber auch die Geschichte des Fachs, seine Herkunft aus der politischen Philosophie, die aktuellen Weiterentwicklungen der politischen Theorie und die Kontroversen darüber werden unter dieser Überschrift abgehandelt. Da geht es beispielsweise um Werte und Wertewandel, wie er sich in der aus den USA nach Europa ausdehnenden Bewegung des Kommunitarismus darstellt, die aktuelle Neoliberalismusdebatte oder Demokratietheorien. Es kann um Weltarmut und Ethik, kulturelle Differenzen und ihre politischen Bearbeitungsformen gehen oder um das Verhältnis von Religion und Politik, dessen tagespolitische Wendung beispielsweise in der Frage mündet, ob eine muslimische Lehrerin im Unterricht ein Kopftuch tragen darf (durchaus auch im Sinne symbolischer Politik zu verstehen) oder nicht.

 Literaturhinweise

Hensen, Hendrik u.a.: Studium der politischen Theorie. Eine studienorientierte Einführung. Wiesbaden 2009 (Grundkurs Politikwissenschaft, VS Verlag)

Llanque, Marcus, Münkler, Herfried (Hrg.): Politische Theorie und Ideengeschichte. Ein Lehr- und Textbuch, Berlin 2006 (Akademie Verlag)

Maier, Hans; Denzer, Horst (Hrg.): Klassiker des politischen Denkens. Band 1: Von Plato bis Hobbes. Band 2: Von John Locke bis Max Weber. München 2007 (Beck Verlag)

Reese-Schäfer, Walter: Politische Theorien der Gegenwart in fünfzehn Modellen. München 2006 (Oldenbourg Verlag)

Schaal, Gary S.; Heidenreich, Felix: Einführung in die Politische Theorien der Moderne. Stuttgart 2006 (UTB 2791)

Das politische System der Bundesrepublik Deutschland und Politikfeldanalyse
Unter dieser Überschrift werden die politischen Institutionen der Bundesrepublik Deutschland (z.B. Parlament, Parteien, Regierung, Verwaltung) in Gegenwart und historischem Werden abgehandelt (Institutionenlehre). Darüber hinaus stehen

Legalisierungsprozesse (z.B. durch Wahlen), aus denen unsere demokratischen Institutionen ihre Autorität beziehen, zur Debatte. Aber auch die Mechanismen der Staatstätigkeit und Öffentlichen Verwaltung, mit denen staatliche Macht nach innen und außen abgesichert und das staatliche System funktionsfähig gehalten wird, fallen hierunter. Unter dem Stichwort Politikfeldanalysen werden einzelne Politikbereiche wie Rechtspolitik, Bildungspolitik, Militärpolitik, Innenpolitik durchleuchtet. Kurzum: Im Mittelpunkt steht der Staatsapparat und sein Funktionieren. Angesichts der unmittelbaren Bedeutung politischer Entscheidungen in Brüssel u.a. für das nationale Gesetzgebungsverfahren gehört die Analyse von Politik im Mehrebenensystem Bundesrepublik Deutschland/Europäische Union ebenfalls dazu.

 Literaturhinweise

Blum, Sonja; Schubert, Klaus: Politikfeldanalyse. Elemente der Politik – Lehrbuch. Wiesbaden 2008 (VS Verlag)

Pilz, Frank; Ortwein, Heike: Das Politische System Deutschlands. Systemintegrierende Einführung in das Regierungs-, Wirtschafts- und Sozialsystem. Lehr- und Handbücher der Politikwissenschaft. München 2008[4] (Oldenbourg Verlag)

Rudzio, Wolfgang: Das politische System der Bundesrepublik Deutschland. Ein Lehrbuch. Wiesbaden 20067 (VS Verlag)

Analyse und Vergleich unterschiedlicher politischer Systeme
Die parlamentarische Demokratie der Bundesrepublik Deutschland ist nur eine der historisch und aktuell vorfindbaren Staatsformen. Der Vergleich unterschiedlicher Staats- und Herrschaftsformen sowie politischer Systeme gehört daher zum Pflichtkanon des politikwissenschaftlichen Studiums. In letzter Zeit hat die Beschäftigung mit islamischen Staaten eine besondere Aufmerksamkeit gefunden, ist doch das Konzept eines Gottesstaates, inklusive der dazugehörigen Rechtsordnung, eine für viele Europäer beunruhigende Vorstellung. Während Vergleiche der politischen Systeme in Europa und Nordamerika häufig sind, werden systematische Vergleiche der politischen Systeme in Afrika, Südamerika oder auch Asiens unter Einbeziehung ethnologisch-kulturwissenschaftlicher Forschungsergebnisse eher selten angeboten. Als politischer Prozess werden die Auswirkungen der Globalisierung auf unterschiedliche politische Systeme oder der staatliche Umbau des ehemals kommunistischen Osteuropas thematisiert.

Literaturhinweise

Barriosu, Harald; Stefes, Christoph H. (Hrg.): Einführung in die Comparative Politics. Lehr- und Handbücher der Politikwissenschaft IX. München 2006 (Oldenbourg Verlag)

Jahn, Detlef: Vergleichende Politikwissenschaft. Wiesbaden 2009 (VS Verlag)

Landmann, Todd: Gegenstand und Methoden der Vergleichenden Politikwissenschaft. Wiesbaden 2009 (VS Verlag)

Internationale Beziehungen und Außenpolitik
Neben den bilateralen Beziehungen zwischen Staaten fallen hierunter auch die vielfältigen internationalen Organisationen (z.B. EU, OECD, WEU, UNO, OAU, OPEC) sowie internationale politische Bewegungen (z.B. attac) und Probleme (z.B. Palästina-Konflikt). Auch die internationale Wirtschaftspolitik (z.B. G-7-Staaten, GATT, Wirtschaftspolitik der Weltbank) und ihr Versuch, den Tiger der weltumspannenden Börsenspekulationen zu reiten, ressortiert hier. Wie und ob der Schritt von internationalen Institutionen und Kontraktsystemen zur „Weltinnenpolitik" vollzogen werden soll, welche Inhalte (z.B. Menschenrechte) und Interventionsformen (z.B. Stärkung der Zivilgesellschaft statt Militäraktionen) dabei eine Rolle spielen, wird diskutiert. Auch der Streit über multilaterale bzw. unilaterale Politikansätze und die Frage, welche Rolle die UNO spielen kann und soll, werden thematisiert.

Literaturhinweise

Czempiel, Ernst-Otto: Weltpolitik im Umbruch. Die Pax Americana, der Terrorismus und die Zukunft der internationalen Beziehungen. München 2002 (Beck Verlag)

Dülffer, Jost: Frieden stiften. Deeskalations- und Friedenspolitik im 20. Jahrhundert. Wien 2008 (Böhlau Verlag)

Hartmann, Jürgen: Internationale Beziehungen. Wiesbaden 2006 (Nachdruck, VS Verlag)

Hellmann, Günther: Deutsche Außenpolitik. Eine Einführung. Lehrbuch Grundwissen Politik Bd. 39. Wiesbaden 2006 (VS Verlag)

List, Martin: Internationale Politik studieren. Eine Einführung. Grundwissen Politik Bd. 39. Wiesbaden 2006 (VS Verlag)

Forschungsmethoden der Politikwissenschaft
Keine Wissenschaft kommt ohne ihr Handwerkszeug, ihre Forschungsmethoden, aus. In der Politikwissenschaft sind dies weitgehend qualitative und quantitative sozialwissenschaftliche Methoden. Aber auch aus der Literaturwissenschaft stammende Methoden, wie Inhaltsanalyse und andere hermeneutische Verfahren. Die Beschäftigung mit Rechts- und Wirtschaftswissenschaften und ihren spezifischen Forschungsmethoden gehört selbst in Ein-Fach-Bachelorstudiengängen zum Standard. Schließlich sollte die Methodenreflexion nicht zu kurz kommen, um Voraussetzungen und Reichweiten des eingesetzten Instrumentariums im Blick zu haben. Kurzum: Methodologie und ein Blick in die Wissenschaftstheorie gehören dazu.

Literaturhinweise

Alemann, Ulrich von; Forndran, Erhard: Methodik der Politikwissenschaft. Eine Einführung in Arbeitstechnik und Forschungspraxis. Stuttgart 2005 (Urban Taschenbücher 204, Kohlhammer Verlag)

Behnke, Joachim; Baur, Nina; Behnke, Nathalie: Empirische Methoden der Politikwissenschaft. Grundkurs Politikwissenschaft – eine studienorientierte Einführung. Stuttgart 2005 (UTB 2695)

Lauth; Hans-Joachim; Pickel, Gert; Pickel, Susanne: Methoden der vergleichenden Politikwissenschaft. Eine Einführung. Wiesbaden 2009 (VS Verlag)

Politik und Wirtschaft (Politische Ökonomie)
Dass ökonomische Macht auch politische Macht beinhaltet, ist eine Binsenwahrheit. Deshalb werden nicht nur Fragen, wie durch Wirtschafts-, Finanz- und Sozialpolitik ökonomische Prozesse gesteuert und beeinflusst werden, gestellt, sondern auch Fragen, inwieweit – neben den formal ausgewiesenen und legitimierten politischen Entscheidungsträgern – durch wirtschaftliche Macht begründete weitere und in der Regel unkontrollierte Entscheidungsträger vorhanden sind. Dies trifft auf der Ebene der Kommunalpolitik (z.B. das beherrschende Unternehmen als großer Arbeitgeber vor Ort) ebenso zu wie auf nationalstaatlicher (Branchen- und Verbandslobbyismus) oder überstaatlicher Ebene (Multinationale Konzerne, internationaler Lobbyismus).

Literaturhinweise

Obinger, Herbert; Wagschal, Uwe; Kittel, Bernhard (Hrg.): Politische Ökonomie. Politik und wirtschaftliche Leistungsprofile in OECD-Demokratien. Wiesbaden 2006 (Nachdruck VS Verlag)

Priddat, Birger P.: Politische Ökonomie. Neue Schnittstellen zwischen Wirtschaft, Gesellschaft und Politik. Wiesbaden 2009 (VS Verlag)

Schirm, Stefan A.: Internationale Politische Ökonomie. Eine Einführung. Baden-Baden 2007² (Studienkurs Politikwissenschaft, Nomos Verlag)

Politik und Recht
Unter das Stichwort Politikfeldanalyse fällt zwar auch die Rechtspolitik, die hier aber nicht in erster Linie gemeint ist; auch nicht, dass in einem Rechtsstaat politische Entscheidungen durch Gesetze Wirkkraft erhalten. Vielmehr sollen Politikstudierende über Grundkenntnisse des Verfassungsrechts und weiterer für das Studium wichtige Rechtsgebiete verfügen (z.B. Wahlrecht, Verwaltungsrecht). Außerdem sind die Anwendung des Rechts (Gerichtsaufbau, Gerichtsverfahren) und die Funktionsweise der Rechtssprechung Thema im Studium.

Literaturhinweise

Breit, Gotthard: Recht und Politik. Eine Einführung. Schwalbach/Taunus 2005 (Wochenschau Verlag)

Exkurs Europastudien
Als eigenständiges Gebiet schälen sich auch immer mehr die Europastudien heraus, da die europäischen Institutionen ständig mehr politische Macht und Verantwortung von den nationalen Institutionen abziehen (vgl. auch Europastudiengänge in Kapitel III). Dabei geht es nicht nur um den Prozess der europäischen Einigung und die Entwicklung der Institutionen der Europäischen Union sondern im Sinne von Politikfeldanalyse um eine Reihe spezieller Politikfelder, die auch auf europäischer Ebene debattiert und normiert werden. Aktuell etwa die Energiepolitik, die Sicherheitspolitik, die Wissenschafts- und Forschungspolitik bis hin zur Sozialpolitik.

> **Literaturhinweise**
>
> Gaddum, Eckart: Europa verstehen. Handbuch zur Europäischen Union von A bis ZDF. München 2007 (DVA Verlag)
>
> Müller-Brandeck-Bocquet, Gisela u.a.: Deutsche Europapolitik von Konrad Adenauer bis Angela Merkel. Wiesbaden 2009 (VS Verlag)
>
> Tömmel, Ingeborg von: Das politische System der EU. Lehr- und Handbücher der Politikwissenschaft. München 2008³ (Oldenbourg Verlag)

Kombinationsmöglichkeiten mit anderen Fächern
Während der traditionelle Magisterstudiengang ohnehin aus einer Kombination mehrerer Fächer bestand und im Diplomstudiengang das Studium von Nebenfächern (Wahlpflichtfächern) vorgeschrieben war, gibt es die neuen Bachelorstudiengänge in unterschiedlichen Strukturen. Wir finden
- Bachelorstudiengänge mit einem Hauptfach (Ein-Fach-Bachelor), die in der Regel aber auch im Wahlpflichtbereich vorsehen, Module aus einem oder mehreren anderen Fächern zu studieren,
- Bachelorstudiengänge mit einem Hauptfach (Major) und einem Nebenfach (Minor) bzw. Ergänzungsfach, wobei darauf zu achten ist, ob für das Neben- bzw. Ergänzungsfach eine gesonderte Zulassung erforderlich ist oder es nur gegenüber der Verwaltung angegeben werden muss,
- Bachelorstudiengänge mit zwei gleichberechtigten Fächern (Zwei-Fach-Bachelor), die in der Regel die Möglichkeit einer Option für das Lehramt eröffnen, für das zwei Fächer notwendig sind,
- Bachelorstudiengänge, die in Anlehnung an die früher üblichen Magisterstudiengänge ein Hauptfach und zwei Nebenfächer kombinieren,
- Bachelorstudiengänge, die die Fächer Politikwissenschaft und Soziologie in der Regel unter Bezeichnungen wie Sozialwissenschaft(en) oder Social Science(s) integriert anbieten.

Die Tabelle 4 „Übersicht über grundständige Studienmöglichkeiten" gibt erste Hinweise auf die Art des Bachelorstudiengangs. Die genauen Modalitäten möglicher Fächerkombinationen ergeben sich aus der jeweiligen Studien- und Prüfungsordnung.

Das Praktikum
Auch in der Politikwissenschaft wird an immer mehr Hochschulen ein Praktikum verlangt. In Frage kommen neben den klassischen politischen Bereichen wie Parteien, Parlamente, Fraktionen, Ministerien, Verbände, Verwaltungen und interna-

tionale Organisationen natürlich auch die Medien. Eine Reihe von Hinweisen zur Praktikumsfindung und -durchführung sind im Exkurs Praktikum des Allgemeinen Teils enthalten.

Verbesserung der Berufsfähigkeit (employability)
Die wesentlichste inhaltliche Veränderung des Studiums durch die Einführung von Bachelor-Studiengängen ist neben der durch die Verkürzung des Studiums notwendigen Konzentration auf wissenschaftliche Grundlagen die unter dem Stichwort „employability" angestrebte Verbesserung der Berufsfähigkeit. Unter den verschiedensten Bezeichnungen wie General Studies, Optionalbereich, überfachliche Schlüsselqualifikationen usw. steht etwa ein Viertel des Studiums für den Erwerb beruflich ausgerichteter Qualifikationen zur Verfügung. Dabei geht es neben zusätzlichem Wissen, etwa über Verhaltensstandards in anderen Kulturen, vor allen um den Erwerb von Fähigkeiten und Kompetenzen, beispielsweise im Projektmanagement, bei der Moderation von Planungs- und Entscheidungsprozessen oder der Präsentation wissenschaftlicher Ergebnisse. Es bleibt zu hoffen, dass diese bislang in gesondert angebotenen Lehrveranstaltungen erworbenen Fähigkeiten auch Eingang in das fachliche Kernstudium finden.

Studienaufbau
Ein an den eigenen Erkenntnisinteressen und beruflichen Vorstellungen orientiertes Studienprofil kann durch die Auswahl von Modulen, die Wahl einer Fächerkombination und die geschickte Platzierung des Praktikums erreicht werden.

Das Lehrangebot in den neuen Bachelorstudiengängen ist stärker strukturiert als früher und in Modulen organisiert, die mehrere Lehrveranstaltungen thematisch zusammenfassen. Module werden mit Prüfungen abgeschlossen (eine Modulprüfung oder mehrere Teilprüfungen). Dadurch entfallen die traditionellen Zwischen- und Abschlussprüfungen. Allerdings sind damit in jedem Semester Prüfungen vorgesehen, deren endgültiges Nichtbestehen, d.h. nach Ausschöpfung aller Wiederholungsmöglichkeiten, zum Ausschluss aus diesem Studiengang führt. Mit jeder bestandenen Modulprüfung werden Leistungspunkte erworben, die sich am Ende des Bachelorstudiums auf 180 summieren. Die Prüfungsordnungen enthalten einen Studienplan, in dem die zu absolvierenden Module semesterweise aufgeführt sind. Welche Folgen Abweichungen hiervon haben, hängt von der jeweiligen Ordnung ab. Die Fachstudienberatung hilft im Zweifelsfall weiter. Generell ist pro Semester der Erwerb von 30 CP (Credit Points) vorgesehen, wobei 1 CP einer Arbeitsquantität von 30 Stunden entspricht. Mit anderen Worten: Pro Semester wird eine Arbeitsleistung von 900 Stunden, pro Woche also knapp 35 Stunden (einschließlich der veranstaltungsfreien Zeit, auch Semesterferien genannt) verlangt. Da der Erwerb von Credit Points das Bestehen der über die Semester verteilten Modulprüfungen voraussetzt, ist ein kontinuierlicher Arbeitsdruck gegeben. Damit wird es zunehmend schwieriger, neben dem Studium zu arbeiten, um sich zu finanzieren. Andererseits kann durch sich jährlich wiederholende Studienpläne mit festem Modulangebot und -zeiten ein Teilzeitstudium besser geplant werden, wenn dies die Prüfungsordnung erlaubt. Da ein offizielles Teilzeitstudium nur selten angeboten wird, heißt Letzteres, dass beim Studium der Prüfungsordnungen darauf zu achten ist, ob Sanktionen bei Unterschreiten der regelhaft pro Semester vorgesehenen 30 CP bzw. 60 CP/Jahr drohen.

Die in den Modulprüfungen erzielten Leistungen werden bewertet und gehen – nicht in allen Fällen und in der Regel gewichtet – in die Endnote ein. Die Bestimmungen zur Errechnung der Endnote sind außerordentlich unterschiedlich in den Prüfungsordnungen geregelt und meist ziemlich kompliziert. Wer hier nicht durchblickt, sollte frühzeitig den Rat der Studienfachberatung suchen. Ein weiterer wichtiger Unterschied zu den traditionellen Diplom-, Magister- und Staatsexamensstudiengängen ist der Wegfall der großen Examensarbeit. Zwar steht auch am Ende des Bachelorstudiums eine Abschlussarbeit (Bachelorarbeit), die aber längst nicht so umfangreich und wissenschaftlich vertieft ausfallen muss und für die auch nur einige Wochen Zeit zur Verfügung stehen.

> **!** Es ist wichtig, nicht nur die Studien- und Prüfungsordnung durchzuarbeiten, sondern auch die Modulbeschreibungen. Diese enthalten neben Inhalten, Lehr- und Lernzielen und didaktischer Konzeption auch die Prüfungsformen des Moduls. In vielen Fällen sind die Modulbeschreibungen auf der Homepage des jeweiligen Instituts für Politikwissenschaft bzw. der Fakultät/des Fachbereichs zu finden.

Die Studiendauer hängt von der Zeit ab, die jemand für das Studium aufbringen kann. Aus den Sozialerhebungen des Deutschen Studentenwerks ist bekannt, dass fast alle Studierenden mehr oder minder regelmäßig während des Studiums arbeiten. Die Hochschulen gehen dennoch weiter von der Fiktion des Vollzeitstudierenden aus. Allerdings liegt die tatsächliche durchschnittliche Studiendauer bis zum Bachelorabschluss mit 6,4 Fachsemestern (2006) näher an der Regelstudienzeit von 6 Semestern als die in den alten Diplom- und Magisterstudiengängen (tatsächlich 11,5 Semester, Regelstudienzeit: 9 Semester). Die Erfolgsquote, die Studienanfängerzahlen einer Kohorte zu Absolventenzahlen einer Kohorte in Beziehung setzt, lag mit 35 % relativ niedrig. Es wird erwartet, dass sich die Erfolgsquote auf Grund der stärkeren Strukturierung des Studiums erhöht.

Noch ein Wort zu den notwendigen Fremdsprachenkenntnissen. Ohne Englischkenntnisse ist kaum ein Politikstudium möglich. Eine weitere Fremdsprache ist durchaus von Nutzen, bei Profilierung im Bereich internationale Politik ist sie sogar unabdingbar. Natürlich unterscheidet sich das zumeist auf Literatur und Alltag ausgerichtete Schulenglisch vom politikwissenschaftlichen Fachjargon. Deshalb bieten viele Universitäten Einführungen in das Fachenglisch an. In vielen Fällen müssen Englischkenntnisse bereits im Zulassungsverfahren nachgewiesen werden. Die Anforderungen richten sich dabei in der Regel nach dem Gemeinsamen Europäischen Referenzrahmen für Sprachen, der in sechs Stufen von A 1 bis C 2 die Sprachkompetenz beschreibt.

 Eine Kurzinfo zum Gemeinsamen Europäischen Referenzrahmen für Sprachen steht unter www.dsd-kmk.de/downloads/referenzrahmen-20kurzinfo.pdf bereit.

Beispiele für Bachelorstudiengänge sind in den Abschnitten 2.4 und 2.6 dargestellt.

2.2 Das Studienangebot und die Zulassung zum Studium

Die Tabelle 4 in diesem Abschnitt zeigt, an welchen Hochschulen Politikwissenschaft mit einem Bachelorabschluss grundständig (d.h. ab 1. Fachsemester) studiert werden kann. Die Tabelle enthält auch Hinweise, wo Politikwissenschaft mit dem Ziel Lehramt zu studieren ist. Näheres hierzu in Kapitel 3 über das Lehramtsstudium. Die Politikwissenschaft und Soziologie kombinierenden Studiengänge mit Bezeichnungen wie Sozialwissenschaft(en), Social Sciences sind ebenfalls genannt. Masterstudiengänge, die nur nach einem Bachelorabschluss (oder ggf. einem gleichwertigen Examen bzw. Studienstand) studiert werden können, sind in Abschnitt 2.5 und im Kapitel III „Spezial" zu finden.

In der Politikwissenschaft haben Zulassungsbeschränkungen Tradition. Bereits in vorhergehenden Auflagen dieses Studienführers war mehr als die Hälfte der Studiengänge mit Zulassungsbeschränkungen belegt. Dieser Trend zum örtlichen Numerus Clausus hat sich weiter verstärkt, so dass derzeit nur noch wenige Studiengänge frei zugänglich sind (vgl. Tabelle 4, Stand: WS 2008/09). Da sich die Zulassungsbedingungen von Semester zu Semester ändern können, ist der jeweils aktuelle Stand unter www.hochschulkompass.de zu recherchieren. Es lohnt sich auch, vor Ort nachzufragen, wie stark der Studiengang tatsächlich nachgefragt ist und mit welcher Härte die Zulassungsbeschränkungen greifen. Da sich viele Studieninteressenten sinnvollerweise an mehreren Hochschulen bewerben, liegt die Annahmequote an manchen Orten nur bei 50 % oder darunter. Die dadurch wieder frei werdenden Studienplätze kann man sich manchmal nur vor Ort im Losverfahren sichern. Zu beachten ist auch, dass in Kombinationsstudiengängen (z.B. Zwei-Fach-Bachelor) die Zulassung in allen Fächern der Kombination erreicht werden muss. Da die Regelung des Hochschulzulassungsverfahren Ländersache ist, darüber hinaus die Hochschulen einen großen Prozentsatz ihrer zukünftigen Studentinnen und Studenten nach eigenen Regelungen aussuchen können, werden die Verfahren immer unterschiedlicher. An einigen Universitäten sind besondere Zulassungsvoraussetzungen zusätzlich zum Abitur eingeführt worden, wie beispielsweise Mindestleistungen in bestimmten Fächern ersatzweise Tests oder ein gesondertes Eignungsfeststellungsverfahren. Da die Termine für Tests oder Eignungsfeststellungsprüfungen vor den Bewerbungsschlussterminen liegen, sind diese unbedingt rechtzeitig in Erfahrung zu bringen. Bewerbung und Einschreibung erfolgt im Studiengang Politikwissenschaft prinzipiell bei den einzelnen Hochschulen.

> Unter www.hochschulkompass.de sind nicht nur die aktuellen Bewerbungsmodalitäten und -termine zu finden sondern auch unter grundständige Studienangebote im Modus „erweiterte Suche" über die Auswahl „Fach Politik" und „keine Zulassungsbeschränkungen" Studiengänge ohne Numerus Clausus (aber ggf. mit zusätzlichen Anforderungen, z.B. was die Sprachkenntnisse angeht).

Üblicherweise ist das Abitur oder eine als gleichwertig anerkannte Hochschulreife für die Bewerbung um einen Studienplatz in Politikwissenschaft notwendig. Nur an der Universität Kassel (ehemalige Gesamthochschule) und der Universität Siegen (ehemalige Gesamthochschule) sind politikwissenschaftliche Studiengänge auch mit der Fachhochschulreife zugänglich. Als einzige Fachhochschule bietet die Hochschule Bremen einen Bachelorstudiengang Politikmanagement an. An der Hochschule für Politik in München können Nichtabiturienten nach einer Aufnahmeprüfung an einem Lehrprogramm (auch in Abendkursen für Berufstätige) in politischer Wissenschaft teilnehmen und das Grundstudium mit einer Abschlussprüfung abschließen. Für das Hauptstudium mit Diplomabschluss ist die Allgemeine Hochschulreife zu erwerben, für die die Hochschule vorbereitende Arbeitsgemeinschaften anbietet.

> **!** In fast allen Ländern gibt es für besonders befähigte Berufstätige Sonderprüfungen, um eine Hochschulreife zu erlangen. Weit verbreitet sind auch Sonderregelungen für Meister (z.B. Einstufungsprüfungen), die probeweise und befristete Einschreibung mit Kleiner Matrikel oder der Erwerb der Hochschulzugangsberechtigung über ein Kontaktstudium. Auskunft erteilt das jeweilige Kultusministerium des Wohnsitzbundeslandes.

Die folgende Tabelle 4 gibt einen Überblick über das grundständige Studienangebot in der Bundesrepublik Deutschland, im nächsten Abschnitt werden Hinweise zu Spezialisierungsmöglichkeiten gegeben. Bereits seit 1998 führt des Centrum für Hochschulentwicklung (CHE) ein umfangreiches Hochschulranking durch. Die untersuchten Fächer an den Hochschulen werden gesondert für jeden Indikator in Spitzengruppen, Mittelgruppe oder Schlussgruppe eingereiht. Damit ergibt sich ein differenziertes Bild, da beispielsweise an einer Hochschule das Fach Politikwissenschaft beim Indikator „Betreuung" in der Spitzengruppe, beim Indikator „Forschungsgelder" aber in der Schlussgruppe rangieren kann. Die Daten werden alle drei Jahre aktualisiert. Im jährlich neu erscheinenden Studienführer der ZEIT sind wichtige Ergebnisse für die untersuchten Fächer aufgelistet. Die Politikdaten stammen aus dem Jahr 2008.

> **!** Verschaffen Sie sich einen ersten Überblick über für Sie interessante Hochschulen nach Ihren eigenen Kriterien im Internet. Dafür können Sie bis zu fünf Indikatoren, die für Ihre persönliche Entscheidung wichtig sind, wählen. Die Auflistung der Hochschulen erfolgt dann nach den gewählten Prioritäten.
> Schritt 1: Seite www.zeit.de/hochschulranking aufrufen und Rubrik „Meine Wahl" anklicken.
> Schritt 2: Nach kostenloser Registrierung Rubrik „Mein Ranking" anklicken und gewünschtes Fach auswählen (Politikwissenschaft/Sozialwissenschaft).
> Schritt 3: Aus 24 Indikatoren die für Sie wichtigsten 5 auswählen.
> Schritt 4: Sie erhalten eine Tabelle der Hochschulen, die nach den für Sie wichtigen Indikatoren sortiert ist. Sie können nach dieser Vorsortierung gezielt in den betreffenden Hochschulen weitere Erkundigungen einziehen.

Tabelle 4:
Übersicht über grundständige Studienmöglichkeiten Politikwissenschaft
(Stand: Wintersemester 2008/09, Kennzeichnung (a) auslaufender Studiengang, keine Zulassung von Studienanfängern, Hinweise zu Lehramtsstudienmöglichkeiten in der Spalte Bemerkungen)

Hochschule	Studienangebot[1]	Zulassung[2]	Studiengebühren/ Bemerkungen[3]
TH Aachen	Politische Wissenschaft (Zwei-Fach-Bachelor)	WS örtlicher NC	500,00 EUR/Semester. Nur in Kombination mit einem weiteren Bachelorfach der Phil. Fakultät studierbar. Politik auch als Berufsschullehramt.
	Magister Politische Wissenschaft (a)		
U Augsburg	Sozialwissenschaften (Ein-Fach-Bachelor)	WS Örtlicher NC	500,00 EUR/Semester. Integrierter Studiengang Politikwissenschaft, Soziologie und Kommunikationswissenschaft.
U Bamberg	Politikwissenschaft (Ein-Fach-Bachelor)	WS örtlicher NC Restplätze werden im SoSe vergeben.	500,00 EUR/Semester (1.Sem.: 300,00 EUR). Auch als NF im Mehrfach-Bachelor angeboten.
FU Berlin	Politikwissenschaft (Ein-Fach-Bachelor)	WS örtlicher NC	Sozialkunde für Lehramt im Zwei-Fach-Bachelor (Kombinationsbachelor) möglich.
HU Berlin	Sozialwissenschaften (Ein-Fach-Bachelor)	WS örtlicher NC	Teilzeitstudium möglich. Auch als NF im Zwei-Fach-Bachelor möglich.
IFH Berlin (Internationale Fachhochschule)	Exekutives Management Politik (Ein-Fach-Bachelor)	WS	550 EUR/Monat. Privathochschule.
U Bielefeld	Politikwissenschaft (Ein-Fach-Bachelor)	WS örtlicher NC	350,00 EUR/Semester. Auch B.A. Sozialwissenschaften mit Lehramtsoption.
U Bochum	Politik, Wirtschaft und Gesellschaft (Zwei-Fach-Bachelor)	SoSe, WS örtlicher NC	480,00 EUR/Semester. Mit Lehramtsoption. Auch BA Wirtschaft und Politik Ostasiens.
U Bonn	Politik und Gesellschaft (Ein-Fach- Bachelor)	WS örtlicher NC	500,00 EUR/Semester. Auch als NF (Begleitfach) möglich.
TU Braunschweig	Integrierte Sozialwissenschaften (Ein-Fach-Bachelor)	WS örtlicher NC	500,00 EUR/Semester. Kombination von Politikwissenschaft, Soziologie und Volkswirtschaftslehre.

Das Studium der Politikwissenschaft 177

Hochschule	Studienangebot[1]	Zulassung[2]	Studiengebühren/ Bemerkungen [3]
H Bremen	Politikmanagement (Ein-Fach-Bachelor) Internationaler Studiengang	WS örtlicher NC	7 Semester incl. eines Praxissemesters. Zugang mit Fachhochschulreife möglich. Lehre auch in Englisch.
U Bremen	Politikwissenschaft (Ein-Fach-Bachelor)	WS örtlicher NC	Auch als Zwei-Fach-Bachelor mit Lehramtsoption. Lehre auch in Englisch (Kompetenz B1 erforderlich). Auch B.A. Integrierte Europastudium möglich.
JUB Bremen	Integrated Social Sciences (internationaler Studiengang in englischer Sprache)	WS örtlicher NC	9.000 EUR/Semester, Privatuniversität. Sprachtest Englisch, zwei schulische Empfehlungsschreiben. Siehe auch Soziologie.
	International Politics and History (internationaler Studiengang in englischer Sprache)	WS örtlicher NC	
TU Chemnitz	Politikwissenschaft (Ein-Fach-Bachelor)	WS örtlicher NC	Kenntnisse zweier Fremdsprachen, darunter Englisch. Auch Bachelor Europa-Studien mit sozialwissenschaftlicher Ausrichtung möglich.
TU Darmstadt	Politikwissenschaft (Ein-Fach-Bachelor)	WS örtlicher NC	Joint Bachelor of Arts mit einem Kombinationsfach aus: Anglistik, Germanistik, Geschichte, Informatik, Philosophie; Soziologie, Wirtschaftswissenschaft. Studiengang Politik und Wirtschaft für das Lehramt.
	Politikwissenschaft (Zwei-Fach-Bachelor, Joint Bachelor of Arts)	WS örtlicher NC	
TU Dresden	Politikwissenschaft (Ein-Fach-Bachelor)	WS örtlicher NC	Kenntnis zweier Fremdsprachen.
	Internationale Beziehungen (Ein-Fach Bachelor)	WS örtlicher NC	Politik in Kombination mit internationalem Recht und Wirtschaft. Fremdsprachenkenntnisse erforderlich.
U Duisburg-Essen (Standort Duisburg)	Politikwissenschaft) (Ein Fach-Bachelor)	WS örtlicher NC	500,00 EUR/Semester. Auch Studiengang Wirtschafslehre/Politik für Lehramt.
U Düsseldorf	Politikwissenschaft/NF (Nur Ergänzungsfach im Zwei-Fach-Bachelor) Magister Politikwissenschaft (a)	WS örtlicher NC	500,00 EUR/Semester. Auch Studiengang Sozialwissenschaften: Soziologie, Politikwissenschaft, Medien- und Kommunikationswissenschaft.

Hochschule	Studienangebot[1]	Zulassung[2]	Studiengebühren/ Bemerkungen[3]
Katholische U Eichstätt-Ingolstadt	Politikwissenschaft (Ein-Fach-Bachelor) Internationaler Studiengang Deutsch/Französisch	WS örtlicher NC	450,00 EUR/Semester. Standort Eichstätt. Internationaler Studiengang gemeinsam mit Institut d'Etudes Politiques de Rennes in Zusammenarbeit mit der Deutsch-Französischen Hochschule Saarbrücken. Auch Studiengang Sozialkunde für Lehramt möglich.
	Politik und Gesellschaft (Ein-Fach-Bachelor, interdisziplinärer Studiengang)	WS	
U Erfurt	Staatswissenschaften-Sozialwissenschaften (Zwei-Fach-Bachelor, Baccalaureus)	WS	Eignungsfeststellungsverfahren. Politikwissenschaft und Soziologie. Vollzeit- oder Teilzeitstudium. (Haupt- oder Nebenstudienrichtung, auch Lehramtsoption)
U Erlangen-Nürnberg	Politikwissenschaft (Zwei-Fach-Bachelor) Diplom Politikwissenschaft (a) Magister Politische Wissenschaft (a)	WS örtlicher NC	500,00 EUR/Semester. Standort Erlangen. Als erstes oder zweites Fach studierbar.
U Flensburg	Wirtschaft/Politik (Zwei-Fach-Bachelor)	WS örtlicher NC	Lehrerausbildung. Qualifikation für den Master of Education.
U Frankfurt/ Main	Politikwissenschaft (Ein-Fach-Bachelor)	WS örtlicher NC	In Kombination mit frei wählbaren NF (60 CP) aus dem Studienangebot der Universität. Auch Politik und Wirtschaft als Lehramt
U Freiburg	Politikwissenschaft (Zwei-Fach-Bachelor)	WS örtlicher NC	500,00 EUR/Semester. Als Haupt- oder Nebenfach studierbar. Auch als Fach im Lehramt (Staatsexamen) studierbar.
	Angewandte Politikwissenschaft (Zwei-Fach-Bachelor) Hauptfach	WS örtlicher NC	500,00 EUR/Semester.
	Interdisziplinäre Grundlagen der Politikwissenschaft (Zwei-Fach-Bachelor) Nebenfach	WS örtlicher NC	500,00 EUR/Semester.

Das Studium der Politikwissenschaft 179

Hochschule	Studienangebot[1]	Zulassung[2]	Studiengebühren/ Bemerkungen [3]
U Gießen	Social Sciences (Ein-Fach-Bachelor)	WS örtlicher NC	Kombination von Politikwissenschaft und Soziologie.
	Politikwissenschaft (Mehr-Fach-Bachelor) Nur Nebenfach	WS	NF im Kombinationsstudiengang Geschichts- und Kulturwissenschaften.
U Göttingen	Politik (Zwei-Fach-Bachelor) Magister Politikwissenschaft (a) Magister Sozialpolitik (a)	WS örtlicher NC	500,00 EUR/Semester. Auch mit Lehramtsprofil oder NF studierbar.
U Greifswald	Politikwissenschaft (Zwei-Fach-Bachelor)	WS örtlicher NC	Kombination mit Öffentlichem Recht möglich.
FernU Hagen	Politik und Verwaltungswissenschaft (Ein-Fach-Bachelor)	SoSe, WS	400 EUR (Vollzeit) bzw. 200 EUR (Teilzeit). Fernstudium, daher Rechner mit Internetzugang erforderlich. Englischkompetenz.
U Halle-Wittenberg	Politikwissenschaft (Ein-Fach-Bachelor)	WS	Standort Halle. Studierbar im 180, 120 oder 90 Punkte-Programm. Auch Lehramt Sozialkunde möglich.
	Soziologie/Politik (Ein-Fach-Bachelor)	WS örtlicher NC	Standort Halle. Kombinationsbachelor mit 90 LP Soziologie und 90 LP Politik.
U Hamburg	Politikwissenschaft (Ein-Fach-Bachelor)	WS örtlicher NC	375,00 EUR/Semester. Politikwissenschaft auch als Nebenfach studierbar. Auch Lehramtsstudium Sozialwissenschaften.
U Bw Hamburg	Politikwissenschaft (Ein-Fach-Bachelor)	Herbsttrimester	Nur für Offiziersanwärter der Bundeswehr oder Industriestipendiaten.
U Hannover	Politikwissenschaft (Ein-Fach-Bachelor)	WS örtlicher NC	500,00 EUR/Semester.
	Politikwissenschaft (Zwei-Fach-Bachelor)	WS örtlicher NC	500,00 EUR/Semester. Zwei-Fach-Bachelor für das Lehramt.
U Heidelberg	Politische Wissenschaft (Ein-Fach-Bachelor oder Zwei-Fach-Bachelor) Magister Politische Wissenschaft (a)	WS Örtlicher NC	500,00 EUR/Semester. B.A. in vier Varianten mit 100%, 75%, 50% oder 25% Fachanteil. Politik auch für Lehramt an Gymnasien. Für Grund-, Haupt- u. Realschulen über PH.

Hochschule	Studienangebot[1]	Zulassung[2]	Studiengebühren/ Bemerkungen [3]
U Hildesheim	Politikwissenschaft (Zwei-Fach-Bachelor)	WS örtlicher NC	500 EUR/Semester. Polyvalenter Studiengang mit Lehramtsoption.
U Jena	Politikwissenschaft (Zwei-Fach-Bachelor) Magister Politikwissenschaft HF, NF (a)	WS	Als Kernfach (120 LP) oder Ergänzungsfach (60 LP). Auch Lehramt Sozialkunde.
U Kassel	Politikwissenschaft (Ein-Fach-Bachelor)	WS örtlicher NC	Zugang mit Fachhochschulreife oder beruflicher Qualifikation möglich. Auch Politik und Wirtschaft als Lehramt.
U Kiel	Politikwissenschaft (Zwei-Fach-Bachelor)	WS örtlicher NC	Auch Zwei-Fach-Bachelor Wirtschaft/ Politik für Lehramt.
Koblenz-Landau	Sozialwissenschaften (Diplom)	WS örtlicher NC	Standort Landau. Umstellung auf B.A. ab WS 09/10. Auch Sozialkunde (Bachelor of Education).
U Köln	Sozialwissenschaften (Ein-Fach-Bachelor) Politikwissenschaft Magister NF (a)	SoSe, WS örtlicher NC	500,00 EUR/Semester. Sozialwissenschaften (HF) als Kombination von Soziologie und Politikwissenschaft mit NF BWL, VWL oder Sozialpsychologie. Auch Lehramt Politik.
U Konstanz	Politik- und Verwaltungswissenschaft (Ein-Fach-Bachelor)	WS örtlicher NC	500,00 EUR/Semester. Politikwissenschaft als Lehramt und als Nebenfach in einem geisteswiss. B.A. möglich.
U Leipzig	Sozialwissenschaften/ Philosophie-Politikwissenschaften (Ein-Fach-Bachelor, Kernfach Politikwissenschaften)	WS örtlicher NC	Auch Philosophie, Soziologie oder Kulturwissenschaften als Kernfach (90 LP) wählbar. Lehramt B.A. Gemeinschaftskunde.
U Magdeburg	Sozialwissenschaften (Ein-Fach-Bachelor)	WS örtlicher NC	Kombination von Soziologie und Politikwissenschaft.
U Mainz	Politikwissenschaft (Ein-Fach-Bachelor, Kernfach Politikwissenschaft) Politikwissenschaft Magister HF und NF (a)	WS örtlicher NC Restplätze werden im SoSe vergeben	Politikwissenschaft auch als Beifach studierbar. Politik auch im Lehramt (Sozialkunde).

Das Studium der Politikwissenschaft 181

Hochschule	Studienangebot[1]	Zulassung[2]	Studiengebühren/ Bemerkungen [3]
U Mannheim	Politikwissenschaft (Ein-Fach-Bachelor, Kernfach Politikwissenschaft)	WS örtlicher NC Achtung: geänderte Semesterzeiten 1.2.-31.7. und 1.8.-31.1.	500,00 EUR/Semester. Auch im Lehramt oder als Beifach studierbar.
U Marburg	Politikwissenschaft (Ein-Fach-Bachelor)	WS örtlicher NC	Auch im Lehramt als Politik und Wirtschaft studierbar. Sozialwissenschaften siehe Tabelle Soziologie
U München (LMU)	Politikwissenschaft (Zwei-Fach-Bachelor)	WS	500 EUR/Semester Zulassung über Eignungsfeststellungsverfahren. Hauptfach u. Nebenfach.
HfP München (Hochschule für Politik)	Diplom Politikwissenschaft	WS (evtl. SoSe)	300 EUR/Semester. Abschluss: Dipl.sc.pol.Univ. in Zusammenarbeit mit der LMU. Zulassung zum Grundstudium ohne Abitur nach Aufnahmeprüfung möglich.
U Münster	Politikwissenschaft (Zwei-Fach-Bachelor)	WS örtlicher NC	Auch für Lehramt studierbar. Auch Ergänzungsfach zum Kernfach Kommunikationswissenschaft.
	Politik und Wirtschaft (Ein-Fach-Bachelor)	WS örtlicher NC	Kombination von Politik- und Wirtschaftswissenschaften. Englischtest.
	Politik und Recht	WS örtlicher NC	Kombination von Politik- und Rechtswissenschaften. Englischtest.
	Wirtschaftslehre/Politik	WS örtlicher NC	Kombination von Politikwissenschaft und Wirtschaftspädagogik in Kooperation mit der FH Münster.
U Oldenburg	Sozialwissenschaften (Ein-Fach-Bachelor oder Zwei-Fach-Bachelor mit Lehramtsoption)	WS örtlicher NC	500,00 EUR/Semester. Sozialwissenschaften: Kombination Soziologie mit Politikwissenschaft.
U Osnabrück	Politikwissenschaft (Zwei-Fach-Bachelor)	WS örtlicher NC	500,00 EUR/Semester. Polyvalenter Studiengang als Kernfach. Social Sciences siehe Tabelle Soziologie.

Hochschule	Studienangebot[1]	Zulassung[2]	Studiengebühren/ Bemerkungen [3]
U Passau	Governance and Public Policy – Staatswisssenschaften – (Ein-Fach-Bachelor)	WS örtlicher NC	500,00 EUR/Semester. Kombination von Politikwissenschaft, Soziologie u. VWL mit Anteilen Geschichte, Philosophie und Öffentliches Recht.
U Potsdam	Politik und Verwaltung (Zwei-Fach-Bachelor)	WS örtlicher NC	Als Erstfach oder Zweitfach studierbar. Auch Politische Bildung für Lehramt studierbar.
U Regensburg	Politikwissenschaft (Mehr-Fach-Bachelor)	SoSe, WS	500 EUR/Semester. Eignungsfeststellungsverfahren. Als Haupt- oder Nebenfach studierbar.
U Rostock	Politikwissenschaft (Zwei-Fach-Bachelor)	WS örtlicher NC	Als Erst- und Zweitfach studierbar. Englisch u. eine weitere moderne Fremdsprache erforderlich. Auch Sozialwissenschaften für Lehramt studierbar.
U Siegen	Sozialwissenschaften/ Social Science (Ein-Fach-Bachelor)	WS	500,00 EUR/Semester. Zugang mit Fachhochschulreife mit Eignungsnachweis möglich. Auch Wirtschaftslehre/ Politik für Lehramt studierbar.
U Stuttgart	Politikwissenschaft (Zwei-Fach-Bachelor, nur NF)	WS örtlicher NC	500,00 EUR/Semester. Auch Politikwissenschaft für Lehramt studierbar.
U Trier	Politikwissenschaft (Zwei-Fach-Bachelor)	WS	Als Haupt- oder Nebenfach studierbar. Auch Sozialkunde für Lehramt studierbar.
U Tübingen	Politikwissenschaft (Zwei-Fach-Bachelor) Magister Politikwissenschaft HF und NF (a)	WS örtlicher NC	500,00 EUR/Semester. Als Haupt- oder Nebenfach studierbar. Auch Politologie für Lehramt studierbar.
H Vechta	Politik (Zwei-Fach-Bachelor)	WS	500,00 EUR/Semester Politik im Rahmen des BA Combined Studies mit Lehramtsoption.
U Würzburg	Political and Social Studies (Ein-Fach-Bachelor)	SoSe, WS	500,00 EUR/Semester. Auch als Nebenfach und mit Lehramtsoption möglich.

Hochschule	Studienangebot[1]	Zulassung[2]	Studiengebühren/ Bemerkungen [3]
U Wuppertal	Sozialwissenschaften (Zwei-Fach-Bachelor)	WS örtlicher NC	500,00 EUR/Semester. Sozialwissenschaften im Kombinatorischen Studiengang mit Lehramtsoption möglich.

Abkürzungen:
NF = Nebenfach
SoSe = Sommersemester
WS = Wintersemester
NC = Numerus Clausus (Zulassungsbeschränkungen)
U = Universität
U Bw = Universität der Bundeswehr
H = Hochschule
PH = Pädagogische Hochschule

Anmerkungen:
[1] *Aufgeführt sind grundständige Studiengänge, d.h. die ohne vorherigen Studienabschluss für Abiturientinnen und Abiturienten zugänglich sind. Bei einem Ein-Fach-Bachelor erfolgt die Einschreibung in einem Studiengang, wobei im Wahlpflichtbereich (Wahlpflichtmodule) auch das Studium in benachbarten Fächern vorgesehen ist. Bei einem Zwei-Fach-Bachelor erfolgt die Einschreibung in zwei Studiengängen, die miteinander kombiniert werden. Auslaufende Diplom- und Magisterstudiengänge sind mit einem (a) gekennzeichnet. In diesen Fällen ist eine Zulassung von Studienanfängern nicht mehr möglich. Lediglich Fortgeschrittene (z.B. Studienortwechsler) können noch zugelassen werden. Schwerpunkte der Studiengänge sind in der Tabelle zu den Spezialisierungsmöglichkeiten zu finden.*

[2] *Angegeben sind die Zulassungsmodalitäten zum Wintersemester 2008/09. Die jeweils aktuellen Informationen finden sie unter www.hochschulkompass.de (Grundständiges Studienangebot, Politik bzw. Politikwissenschaft). Dort sind auch Angaben zu evtl. besonderen Zulassungsvoraussetzungen zu erhalten. Für auslaufende Studiengänge, Kennzeichnung: (a), gelten besondere Vorschriften (z.B. Zulassung nur ab einem bestimmten Fachsemester).*

[3] *Bei den Studiengebühren (Studienbeiträgen) ist zu beachten, dass sie in vielen Fällen noch juristisch angefochten werden. Außerdem enthalten die jeweiligen Hochschulsatzungen in der Regel eine Reihe von Ausnahmetatbeständen, bei deren Vorliegen keine Zahlungspflicht entsteht. Es ist also wichtig, sich jeweils aktuell bei der Hochschule (Studienberatung, AStA) zu erkundigen. Angegeben sind nur die Allgemeinen Studiengebühren, nicht die Gebühren für Zweitstudierende, Langzeitstudierende oder Senioren. Ebenfalls nicht angegeben sind die überall zu entrichtenden Semesterbeiträge sowie die verbreitet zusätzlich anfallenden Verwaltungskosten.*

2.3 Spezialisierungsmöglichkeiten

Im politikwissenschaftlichen Studium kann eine Spezialisierung in unterschiedlicher Weise erfolgen. Eine Möglichkeit ist, den Studienschwerpunkt auf ein Politikfeld zu legen. Zu nennen wären da beispielsweise Außenpolitik, Innenpolitik, Sicherheitspolitik, Sozialpolitik, Entwicklungspolitik, Rechtspolitik, Bildungspolitik, Wirtschaftspolitik. Hinweise zu den Angeboten am jeweiligen Studienort liefert die nachfolgende Tabelle 5.

Eine weitere Möglichkeit ergibt sich in den Zwei-Fach- bzw. Mehr-Fach-Bachelorstudiengängen und denen mit Major- und Minorfächern durch die Wahl bestimmter Fächerkombinationen. Doch auch im Ein-Fach-Bachelor oder einem traditionellen Diplomstudiengang bieten Beifächer, Nebenfächer oder Wahlmodule interdisziplinäre Spezialisierungsmöglichkeiten. Nicht berücksichtigt werden in diesem Abschnitt die für das Lehramt notwendigen Spezialisierungen (verschiedene, auf Schularten bezogene Lehrämter, Fächerkombinationsvorschriften usw.).

Der wirtschaftspolitisch Interessierte wird Volks- und/oder Betriebswirtschaft als Kombinations- oder Nebenfächer wählen und/oder zusätzlich Kenntnisse im Wirtschaftsrecht erwerben. Der Außenpolitiker steht dagegen zunächst vor der Wahl, welcher Weltregion er sein spezielles Interesse zuwenden möchte, um dann gezielt die entsprechenden Sprachkenntnisse zu erwerben oder zu verbessern und ansonsten politische Landeskunde sowie internationales Recht und Völkerrecht zu pflegen. Für die vielfach angestrebten Tätigkeiten im erwachsenenpädagogischen Bereich sind lernpsychologische und methodisch-didaktische Kenntnisse aus den Erziehungswissenschaften von Bedeutung. Eventuell kann auch parallel zum politikwissenschaftlichen Studium eine erwachsenenpädagogische Zusatzqualifikation in einem studienbegleitenden Kontaktstudium erworben werden. Für den Journalismus sind kommunikationssoziologische und publizistische Studien sowie vor allem praktische Erfahrungen in einer Redaktion während des Studiums nützlich und notwendig. Andere finden es attraktiv, sich auf dem Gebiet der empirischen Sozialforschung mit Ziel Meinungsforschung zu spezialisieren. Wer in die staatliche Verwaltung über ein Referendariat gelangen will, sollte tunlichst einen größeren Anteil seines Studiums für rechts- und wirtschaftswissenschaftliche Studien aufwenden. Wer allerdings in die Politikberatung will oder gar ein politisches Mandat anstrebt, sollte nicht übersehen, dass hier politisches Engagement und parteipolitische Praxis mehr als politikwissenschaftliche Kenntnisse zählen.

Das Studium der Politikwissenschaft

> **!** Nicht nur das Lehrangebot des eigenen Fachbereichs beachten, sondern das gesamte Lehrangebot der Universität. Häufig ist es auch möglich, über die „Nebenhörerschaft" an Lehrveranstaltungen bzw. Modulen anderer Hochschulen am Ort oder in der Nachbarschaft teilzunehmen. Die dabei auftauchenden immatrikulations- und prüfungsrechtlichen Fragen mit der Zentralen Studienberatung abklären.

Auf jeden Fall ist die Möglichkeit zu nutzen, zumindest ein Praktikum – auch wenn es nicht zwingend vorgeschrieben ist – während des Studiums zu absolvieren. Damit können die beruflichen Zielvorstellungen überprüft und die äußerst wichtigen Kontakte geknüpft werden. Zusätzlich fallen Hinweise auf noch zu schließende Wissenslücken oder mentale Defizite ab.

Tabelle 5:
Bachelorstudiengänge Politikwissenschaft, Spezialisierungsmöglichkeiten
(Stand: Wintersemester 2008/09)

Hochschule	Schwerpunkte (Auswahl)[1]	Bemerkungen
TH Aachen	Politische Theorie u. Ideengeschichte (u.a. Politische Psychologie, Nationalsozialismus), Politische Systemlehre u. Comparative Politics (u.a. Jugend- u. Populärkultur, NGO, Politische Kommunikation), Internationale Beziehungen/Politische Ökonomie (u.a. Sicherheits- u. Konfliktforschung, Menschenrechte, Internationale Organisationen, Entwicklungspolitik.	Zwei-Fach-Bachelor. Politik in Kombination mit einem weiteren Fach der Philosophischen Fakultät u.a. Soziologie.
U Augsburg	Kommunikationswissenschaft.	Ein-Fach-Bachelor Sozialwissenschaften als Integration von Soziologie u. Politik (siehe auch Soziologie).
U Bamberg	Ideengeschichte und Gesellschaftsanalyse, Politische Einstellungen und Verhalten, Internationale Politik, Methoden der international vergleichenden Politikfeldanalyse, Vergleich politischer Systeme.	Ein-Fach-Bachelor.
FU Berlin	Internationale Beziehungen, Politische Systeme, Regionale Politikanalyse, Politische Theorie.	Ein-Fach-Bachelor.

Hochschule	Schwerpunkte (Auswahl)[1]	Bemerkungen
HU Berlin	Innenpolitik, Internationale Politik, Politische Theorie und Kultur, Sozialpolitik, Vergleichende Politikwissenschaft.	Ein-Fach-Bachelor Sozialwissenschaften als Integration von Soziologie u. Politik (siehe auch Soziologie).
IFH Berlin (Internationale Fachhochschule)	Wirtschaftspolitik, Europapolitik, Medien, Umweltpolitik, , Charity-Management, NGO, Sprachen, Ethik.	Praxisprojekt von 16-18 Wochen.
U Bielefeld	Globalisierung und Global Governance, Public Policy, Politische Kommunikation und Organisation/Risikokommunikation.	Ein-Fach-Bachelor. Interdisziplinärer Bereich mit u.a. Politische Anthropologie, Geschichte des Politischen. Internationaler Schwerpunkt.
U Bochum	Europäische u. nordamerikanische Demokratien, Internationale politische Ökonomie, Öffentliche Verwaltung, EU, Arbeitsmarktpolitik, Gesundheitspolitik, Technologiepolitik.	Zwei-Fach-Bachelor. Ein zweites, nicht sozialwissenschaftliches Fach und der Optionalbereich sind zu studieren.
U Bonn	Europäische Politik (Integrationsprozesse), Ideengeschichte Soziologie u. Politik, politische Entscheidungsprozesse, Kultur und Sozialstruktur, gesellschaftliche Kommunikation.	Ein-Fach-Bachelor. Mit soziologischen Anteilen u. Wahlpflichtbereich Wirtschaft, Öffentliches Recht, Zeitgeschichte.
TU Braunschweig	Zukunft der Arbeit, Urbanisierung und Mobilität, Politische Steuerung in Staat, Markt und Gesellschaft, Internationalisierung von Politik und Ökonomie.	Ein-Fach-Bachelor u.a. mit Volkswirtschaftslehre (VWL) und Wahlmodulen in BWL und Recht.
H Bremen	Verwaltung und Kommunikation, Staat und Management, Aktuelle Probleme der Weltpolitik, Politische Kultur, Wirtschaft und Gesellschaft, Internationale Politik und Recht.	Ein-Fach-Bachelor. Internationaler Studiengang mit integriertem Auslandsstudium. FH-Studiengang.
U Bremen	Europa-Politik, Sozialpolitik, Methodenausbildung. Politik und Recht. Politik und Wirtschaft.	Ein-Fach-Bachelor. Als Haupt- und Nebenfach im Zwei-Fach-Bachelor mit Lehramtsoption.
JUB Bremen	Social Sciences: Integration von Ökonomie, Kommunikationswissenschaft, Politikwissenschaft und Soziologie. Angelsächsisches Studienmodell mit Majors und freien Wahlveranstaltungen auch aus Natur- und Ingenieurwissenschaften (School of Engineering and Science) Politics and History mit International History.	Internationaler Ein-Fach-Bachelor in englischer Sprache an einer Privatuniversität.

Das Studium der Politikwissenschaft 187

Hochschule	Schwerpunkte (Auswahl)[1]	Bemerkungen
TU Chemnitz	Europäische Geschichte, European Studies, Wirtschaftswissenschaft/Wirtschaftspolitik, Sozial- und Wirtschaftsgeographie, Methoden, Theorie und Ideengeschichte.	Ein-Fach-Bachelor. Auch Profilmodule in Kultur- u. Länderstudien Ostmitteleuropas oder Germanistik möglich.
TU Darmstadt	Vergleich Politischer Systeme, Friedens- und Konfliktforschung, Staatstätigkeit und öffentliche Verwaltung, auch Wahlpflicht: Zeitgeschichte, Sozialstrukturanalyse, Psychologie (Organisation, Arbeit), Umwelt- und Raumplanung.	Ein-Fach-Bachelor. Zwei-Fach-Bachelor im Joint B.A. Programm.
TU Dresden	Politisches Denken: Demokratie und Republik; Konstruktion und Funktionslogik politischer Systeme; Internationale Beziehungen; Diktaturen im Vergleich. Im BA Internationale Beziehungen auch Sprachen.	Ein-Fach-Bachelor. Im obligatorischen Ergänzungsbereich können Geschichte Humanities, Kommunikationswissenschaft, Philosophie oder Soziologie gewählt werden. BA Internationale Beziehungen wahlweise mit Schwerpunkt Recht, Wirtschaft oder Politik.
U Duisburg-Essen	Management, Vermittlung und Implementation von Politik, Globalisierung, Friedens- u. Konfliktforschung, Entwicklungspolitik, Methoden.	Ein-Fach-Bachelor (Duisburg). Sozialwissenschaftliche Grundausbildung im ersten. Studienjahr.
U Düsseldorf	Der Studiengang Sozialwissenschaften umfasst die Fächer Soziologie, Politikwissenschaft sowie Kommunikations- und Medienwissenschaft. Politisches System der BRD, Vergleich politischer Systeme, Europapolitik u. int. Beziehungen.	Ein-Fach-Bachelor. Politikwissenschaft im Zwei-Fach-Bachelor als Ergänzungsfach zu einem Kernfach der Philosophischen Fakultät wählbar.
Katholische U Eichstätt-Ingolstadt	Vier Profile zur Wahl: Welt u. Europa; Politik und Kommunikation; Industrie und Betrieb; Sozialer Wandel und soziale Konflikte.	Internationaler Studiengang mit Certificat d'Edutes Politiques. Das 2. Studienjahr wird in Rennes (Bretagne) studiert.
U Erfurt	Kombination von Soziologie und Politikwissenschaft mit Schwerpunkt auf der Analyse politischer und sozialer Systeme.	Zwei-Fach-Bachelor. Module in Jura und/oder VWL sind im Wahlpflichtbereich zu studieren.
U Erlangen-Nürnberg	Politische Philosophie, Theorie und Ideengeschichte; Deutsche und Vergleichende Politik; Internationale Beziehungen, Außereuropäische Regionen.	Kombination mit vielen Fächern der Philosophischen Fakultät möglich.

Hochschule	Schwerpunkte (Auswahl)[1]	Bemerkungen
U Flensburg	Kombination von Politik- und Wirtschaftswissenschaften.	Zwei-Fach-Bachelor. Qualifikation für M.A. Education mit Lehramt Grund-, Haupt-, Real- und Sonderschulen.
U Frankfurt/Main	Frauen- u. Geschlechterforschung, Friedens- u. Konfliktforschung, Nordamerika; Kinder, Jugend, Medien; UN; Normen in internationalen Beziehungen; Global Governance/Privatisierung der Weltpolitik, internationale Umweltpolitik.	Ein-Fach-Bachelor in enger Verzahnung mit Soziologie und einem frei wählbaren Nebenfach.
U Freiburg	Vergleichende Politikwissenschaft, Internationale Politik, Politische Theorie. Politisches System Frankreich. Europäische Union.	Zwei-Fach-Bachelor. Das Studium umfasst ein Hauptfach, ein Nebenfach und berufsfeldorientierte Kompetenzen (BOK).
U Gießen	Ethnosoziologie und Soziologie der Entwicklungsländer, Internationale Beziehungen, Politische Soziologie, Politische Ökonomie, Kultursoziologie/Kommunikation und Medien, Soziale Ungleichheit und Geschlechterverhältnis, Historische Sozialforschung.	Ein-Fach-Bachelor Kombination von Soziologie und Politikwissenschaft. Mehr-Fach-Bachelor als Kombination eines Hauptfachs mit zwei Nebenfächern.
U Göttingen	Parteienforschung, Politische Kultur, Politik und Ökonomie. Interkulturelle politische Philosophie.	Zwei-Fach-Bachelor. Kombination mit Soziologie möglich.
U Greifswald	Demokratietheorien, politische Kulturforschung, Effekte der Globalisierung, Analyse ost- und westeuropäischer politischer Systeme, Rechtsextremismus, europäische Integration.	Zwei-Fach-Bachelor. Zwei Fächer (Fachmodule) und General Studies.
FernU Hagen	Koordinieren u. Entscheiden in Organisationen u. Politikfeldern; Staat u. Regieren in Mehrebenensystemen; Konflikt u. Kooperation in den internationalen Beziehungen; Politik in privaten Organisationen u. gesellschaftlichen Integrationsbeziehungen.	Ein-Fach-Bachelor. Gute Englischkenntnisse erforderlich (englische Fachliteratur).
U Halle-Wittenberg	Regierungslehre u. Policyforschung; Systemanalyse u. Vergleichende Politik; Politische Theorien u. Ideengeschichte; Internationale Beziehungen u. Außenpolitik, sozialwissenschaftliche Methoden.	Ein-Fach-Bachelor mit Politik (90 LP) und Soziologie (90 LP) oder Politik 180 LP, 120 LP oder 60 LP.

Hochschule	Schwerpunkte (Auswahl)[1]	Bemerkungen
U Hamburg	Politische Theorien u. Ideengeschichte, historische Grundlagen des Fachs, Methoden, Politik und Wirtschaft, Politik und Kommunikation.	Ein-Fach-Bachelor mit Hauptfach Politikwissenschaft, Schlüsselqualifikationen und Wahlbereichsstudium. Auch als Nebenfach möglich.
U Bw Hamburg	Politisches System der BRD im Kontext der EU, Vergleich politischer Systeme, Internationale Politik und Außenbeziehungen.	Regelstudienzeit 7 Trimester. Auch Grundlagen in Soziologie, Recht, VWL, Statistik, Verwaltungslehre, Geschichte.
U Hannover	Internationale Beziehungen, Weltgesellschaft u.. Europäische Integration, Politische Verwaltung, Politische Bildung u. Didaktik der Politik, Politische Soziologie u. Sozialstrukturanalyse, Politische Systeme u. Regierungslehre.	Ein-Fach-Bachelor und Zwei-Fach-Bachelor für Lehramtsoption.
U Hildesheim	Migration, Gender Policies, Afghanistan-Schwerpunkt, Methoden.	Zwei-Fach-Bachelor mit Lehramtsotion. Auch Politikwissenschaft mit Sachunterricht.
U Heidelberg	Politische Institutionen, Willensbildung; Entscheidungsprozesse BRD; Vergleich politischer Systeme Mittel-, Ost- u. Westeuropa, Nordamerika, Lateinamerika, Südasien; Demokratisierung u. Systemtransformation; Wahlrecht u. Wahlsysteme; Konflikte u. internationale Beziehungen, Europäische Integration.	B.A. in vier Varianten mit 100%, 75%, 50% und 25% Fachanteil.
U Jena	Europäische Studien; Außenpolitik u. Internationale Beziehungen; Internationale Organisationen u. Globalisierung; Politische Systemlehre, Politische Theorie u. Ideengeschichte, Vergleichende Politikwissenschaft.	Zwei-Fach-Bachelor mit Kernfach und Ergänzungsfach.
U Kassel	Vergleichende Politikwissenschaft mit Schwerpunkt Westeuropa. Sozialstaatlicher Umbau, Parteien – u. Organisationsforschung, Globalisierung und Nachhaltigkeit, Umweltforschung.	Ein-Fach-Bachelor. Nebenfach mit 25%-Anteil (Wahlpflichtfach), auch Psychologie oder Soziologie wählbar.
U Kiel	Politisches System Deutschlands; Vergleichende Regierungslehre; Internationale Beziehungen; Europäische Integration; Politische Theorie u. Ideengeschichte.	Zwei-Fach-Bachelor (pro Fach 70 LP) und Studium im Profilierungsbereich.

Hochschule	Schwerpunkte (Auswahl)[1]	Bemerkungen
U Koblenz-Landau	Arbeit, Organisation, Management; Kultursoziologie, Bildungssoziologie, Kommunikation und Medien.	Sozialwissenschaften als Kombination von Soziologie, Politikwissenschaft und Wirtschaftswissenschaft.
U Köln	Governance u. Internationale Beziehungen, Wahlforschung, Wohlfahrt u. Gesellschaft, Internationale Politik.	HF Sozialwissenschaften mit NF BWL, VWL oder Sozialpsychologie.
U Konstanz	Generalistische Ausbildung in Politik- und Verwaltungswissenschaften einschließlich Methodenlehre	Ein-Fach-Bachelor. Ein Praxissemester integriert.
U Leipzig	Wissen u. Macht, Politik u. Organisation, Kontrolle u. Risiko, Europäisierung u. Transformation, Identität u. Repräsentation, Globalisierung u. Ökonomisierung.	Ein-Fach-Bachelor mit Kernfach Politikwissenschaft (90 LP), Wahlbereich (60 LP) und Schlüsselqualifikationen.
U Magdeburg	Kollektive Identitäten, Inter- u. transnationale Beziehungen, Macht, Herrschaft, Kooperation u. Konflikt, Politischer u. sozialer Wandel, Soziale Bewegungen, Erkenntnis, Präsentation, Öffentlichkeit und Profession.	Ein-Fach-Bachelor. Zwei Module im Optionalbereich frei wählbar, z.B. aus Psychologie.
U Mainz	Politisches System der BRD, Politische Theorie, Internationale Beziehungen, Wirtschaft u. Gesellschaft mit Politischer Ökonomie, Berufsfeldqualifikation.	Ein-Fach-Bachelor mit forschungszentrierten Aufbaumodulen. Das Kernfach Politikwissenschaft ist mit vielen Beifächern zu kombinieren.
U Mannheim	Politische Soziologie, Internationale Beziehungen, Vergleichende Regierungslehre, Methoden, Zeitgeschichte.	Ein-Fach-Bachelor. 60 ECTS aus Beifach, Soft Skills u. Praxismodul.
U Marburg	Internationale Politik, Europäische Integration, Politik und Geschlechterverhältnis, Politische Ökonomie, Politische Sozialisation, Konfliktsoziologie.	Ein-Fach-Bachelor. Modul Projektstudium und Modul Schlüsselkompetenzen. 34 LP fachübergreifende Module nach Wahl.
U München (LMU)	Politische Theorien und Methoden, Governance, Europa, Forschungsmethoden.	Zum HF Politikwissenschaft (120 ECTS) können als NF (60 ECTS) gewählt werden: Kommunikationswissenschaft, Soziologie, VWL oder Wirtschaftswissenschaften.
HfP München (Hochschule für Politik)	Theorie der Politik, Recht und Staat, Wirtschaft und Gesellschaft, Internationale Politik und Neueste Geschichte.	Interdisziplinäres Studium mit Anteilen von Philosophie, Jura, VWL und Neueste Geschichte.

Hochschule	Schwerpunkte (Auswahl)[1]	Bemerkungen
U Münster	Governance, Zivilgesellschaft u. Demokratie; Politische u. ökonomische Transformations- u. Regionalisierungsprozesse; Genderforschung.	Zwei-Fach-Bachelor. Auch B.A. Politik und Wirtschaft, B.A. Politik und Recht, B.A. Public Administration.
U Oldenburg	Kombination von Soziologie und Politikwissenschaft. Politische Bildung, Entwicklungspolitik, Frauen- und Geschlechterforschung, Kultursoziologie, Interaktions- und Kommunikationstheorie	Ein Fach Bachelor mit Professionalisierungsbereich. Im Zwei-Fach-Bachelor mit Lehramtsoption Studienprogramme mit 90, 60 und 30 ECTS möglich.
U Osnabrück	Europa, wirtschaftlich-technische Entwicklungen, Organisationssoziologie, Politische Ökonomie, Arbeitsmarkt und Sozialpolitik, Internationale Politik, Internationale Organisationen, Globalisierung.	Zwei-Fach-Bachelor. Kernfach Politikwissenschaft nicht mit Soziologie kombinierbar. Ein weiteres Kernfach ist aus einem größeren Katalog zu wählen.
U Passau	Verpflichtende Basismodule in Geschichte, Öffentlichem Recht, Politikwissenschaft, Soziologie und VWL mit anschließender individueller Schwerpunktbildung z.B. Governance, Europäische u. internationale Politik, Öffentliche u. Politische Kommunikation.	Ein-Fach-Bachelor. Fachspezifische Fremdsprachenausbildung in Chinesisch, Englisch, Französisch, Italienisch, Portugiesisch; Russisch, Spanisch oder Tschechisch möglich.
U Potsdam	Politische Theorie, und Philosophie, Politisches System Deutschlands im europäischen Kontext, vergleichende Politikwissenschaft, Internationale Politik, Verwaltung und Public Policy.	Zwei-Fach-Bachelor. Kombination mit Verwaltungswissenschaft. Als Erstfach mit 120 LP oder Zweitfach mit 60 LP studierbar.
U Regensburg	Politische Philosophie und Ideengeschichte, Vergleichende Regierungslehre Mittel-/Osteuropa u. Westeuropa/EU, Internationale Politik/Transatlantische Beziehungen.	Mehr-Fach-Bachelor in den Varianten Studium zweier Hauptfächer oder eines Hauptfachs und zweier Nebenfächer studierbar.
U Rostock	Methoden, Vergleichende Regierungslehre mit Area Studies, Internationale Ordnungen und Konflikte, Politische Theorie und Ideengeschichte. Praxisbezug durch Modul Vermittlungskompetenz.	Zwei-Fach-Bachelor. Politikwissenschaft als Erstfach (120 LP) oder Zweitfach (60 LP) wählbar.
U Siegen	Kombination von Soziologie und Politikwissenschaft mit individueller Schwerpunktsetzung (Studienschwerpunkt) in Medienwissenschaft oder Europa-Studien oder Sozialpolitik.	Ein-Fach-Bachelor mit der Möglichkeit, statt eines Studienschwerpunkts auch ein anderes Fach als Kern- oder Ergänzungsfach zu wählen.

Hochschule	Schwerpunkte (Auswahl)[1]	Bemerkungen
U Stuttgart	Analyse und Vergleich politischer Systeme, Politische Theorie, Politisches System der BRD, Internationale Beziehungen, Methodenlehre.	Zwei-Fach-Bachelor. Politikwissenschaft nur als Nebenfach, d.h. in Kombination mit einem Hauptfach studierbar.
U Trier	Vergleichende Regierungslehre, Politische Theorie, Internationale Beziehungen, Politische Ökonomie.	Zwei-Fach-Bachelor. Als Hauptfach (120 LP) oder Nebenfach (60 LP) studierbar.
U Tübingen	Vergleichende Politikforschung, Internationale Beziehungen u.a. mit Organisations- u. Sozialpsychologie, Recht, Wirtschaftswissenschaft, Zeitgeschichte.	Zwei-Fach-Bachelor. Als Hauptfach (100 LP) oder Nebenfach (60 LP) studierbar.
H Vechta	Politische Theorie, Sozialstrukturanalyse, Sozialpolitik, Vergleichende Regierungslehre/Verwaltungswissenschaft.	Zwei-Fach-Bachelor mit Lehramtsoption. Politik als Hauptfach (60–70 AP) oder Nebenfach (40 AP) möglich.
U Würzburg	Internationale Beziehungen, Sicherheits- Friedens- und Konfliktforschung, Medien- und Kommunikationswissenschaft, Wirtschaftswissenschaft, Recht.	Ein-Fach-Bachelor als Kombination von Soziologie und Poltikwissenschaft.
U Wuppertal	Sozialwissenschaft als Kombination von Soziologie, Politikwissenschaft und Ökonomie.	Zwei-Fach-Bachelor. Lehramtsoption möglich.

Anmerkungen:
[1] *Allgemeine politische Theorie und Ideengeschichte, Politisches System der Bundesrepublik Deutschland, Internationale Politik und die Ausbildung in den Methoden der empirischen Sozialforschung sind Bestandteil eines jeden Politikstudiums. Sie sind deshalb in dieser Spalte nur aufgeführt, wenn sie einen besonderen profilbildenden Schwerpunkt bilden. Die Pflicht- und Wahlpflichtmodule sind in den Studienplänen enthalten, die in der Regel im Internet bei den entsprechenden Fachinstituten zu finden sind. Einige Hochschulen haben zusätzlich auch die Modulbeschreibungen ins Netz gestellt, die weitere detaillierte Informationen bieten. Beim Akkreditierungsrat (www.akkreditierungsrat.de, Link Akkreditierte Studiengänge, von Hochschulen Auswahl: Politik) können weitere Informationen zum Profil des jeweiligen Studiengangs abgerufen werden.*

2.4 Das Studium in einem Bachelorstudiengang

Grundlegende Informationen zum Bachelorstudium sind bereits im Allgemeinen Teil dieses Studienführers und im vorhergehenden Abschnitt 2.1 Inhalte und Studienaufbau enthalten. Nur so viel sei ins Gedächtnis gerufen: Das Prüfungssystem ist grundsätzlich studienbegleitend angelegt und ein neuer Studienbereich mit berufsqualifizierenden Inhalten tritt zum Fachstudium hinzu.

Die einzelnen Hochschulen sind die Umstellung auf die gestufte Studienstruktur unterschiedlich angegangen und das Ergebnis weist im Detail nicht unerhebliche Unterschiede auf. Im Abschnitt zu Studienaufbau und Inhalten ist bereits darauf hingewiesen worden, dass Politikwissenschaft in verschiedenen Versionen studiert werden kann: als Ein-Fach-Bachelor (Mono-Bachelor), als Bachelor mit Hauptfach (Kernfach, Major) und Nebenfach (Beifach, Minor), als Zwei-Fach-Bachelor mit zwei gleichberechtigten Fächern, als Mehr-Fach-Bachelor (z.B. ein Haupt- und zwei Nebenfächer) oder als Soziologie und Politikwissenschaft integrierender Bachelor (Sozialwissenschaft, Social Sciences). Nicht nur die Terminologie ist vielfältig und oftmals verwirrend, auch Studienstrukturen und -inhalte folgen unterschiedlichen Philosophien. Grob gesagt sind Zwei-Fach- bzw. Mehr-Fach-Bachelor in der Regel die Nachfolge für ehemalige Magisterstudiengänge und, sofern polyvalent angelegt, auch der Staatsexamensstudiengänge für das Lehramt. Ein-Fach-Bachelor stehen dagegen in der Tradition der ehemaligen Diplomstudiengänge. Einige wenige Hochschulen haben auch gänzlich neue Studiengänge kreiert. In allen Fällen sollte darauf geachtet werden, ob ein konsekutiver Masterstudiengang mit günstigen Übergangsregelungen angeboten wird.

Zu Wort gemeldet haben sich auch die wissenschaftlichen Fachgesellschaften, um Einfluss auf die Studienreform zu nehmen. Am 24. Mai 2003 beschlossen Vorstand und Beirat der DVPW Empfehlungen zum Kerncurriculum politikwissenschaftlicher Bachelorstudiengänge. Danach werden folgende Kernbereiche definiert:

1. Politische Theorie untergliedert in Grundbegriffe der Politik, Klassiker der politischen Theorie, Moderne politische Theorie;
2. Methoden untergliedert in Wissenschaftstheoretische Grundlagen, Qualitative und Quantitative Verfahren (einschließlich statistischer Verfahren), Methoden des Vergleichs;
3. Innenpolitik und politisches System der Bundesrepublik Deutschland untergliedert in Institutionelle Grundlagen, Politische Willensbildung und Interessenvermittlung, Politikfeldanalysen, Politik in Mehrebenensystemen/Deutschland in der Europäischen Union.
4. Politische Systeme im Vergleich untergliedert in Institutionelle Grundlagen, Politische Prozesse, Politikfeldanalysen, Europäische Innenpolitik;
5. Außenpolitik und Internationale Beziehungen unterteilt in Grundfragen und Theorien der Internationalen Beziehungen, Außenpolitik, Institutionen und Prozesse grenzüberschreitender Politik, Sicherheitspolitik, Friedens- und Konfliktforschung.

Ob und wie es gelingt, diese Themen tatsächlich in den neuen Studiengängen zu verankern, mag jeder nach Recherche bei den einzelnen Hochschulen und Instituten selbst entscheiden. Die folgenden Beispiele für einen Ein-Fach-Bachelor, einen Zwei-Fach-Bachelor und einen Mehr-Fach-Bachelor mögen die Bandbreite verdeutlichen.

Beispiel:
Bachelorstudiengang Politikwissenschaft der Universität Bielefeld
(Ein-Fach-Bachelor)
Neben dem nachfolgend näher beschriebenen Studiengang Politikwissenschaft (Ein-Fach-Bachelor) bietet die Universität Bielefeld auch einen Bachelorstudiengang Sozialwissenschaften als Kombination von Soziologie, Politikwissenschaft und Wirtschaftswissenschaft mit den Profilen a) Bildung und Weiterbildung, b) Medien, Technik, Kommunikation und c) Politik, Verwaltung und sozialer Sektor an. Der Studiengang Politikwissenschaft ist zulassungsbeschränkt (örtlicher NC). Studienbeginn ist jeweils im Wintersemester.

Als besonderes Profil des Bielefelder Studiengangs wird die soziologische Analyse des politischen Systems sowie die Eröffnung interdisziplinärer Zugänge (z.B. historischer, rechtswissenschaftlicher) zur Politik angegeben. Außerdem wird die internationale Dimension aller politischen Prozesse und die politikfeldbezogene Analyse betont. Ziel ist die Verknüpfung einer berufsorientierten Ausbildung mit der Vermittlung politikwissenschaftlicher Inhalte und interdisziplinären Querverbindungen.
Das sechssemestrige Studium ist modular aufgebaut und gliedert sich in
- einen Kernbereich zur Vermittlung der politikwissenschaftlichen Grundlagen einschließlich der Methodenausbildung mit 55 Leistungspunkten (LP=ECTS),
- einen fachspezifischen Bereich mit praxisbezogener Schwerpunktbildung mit 52 LP,
- einen interdisziplinären Bereich (Auswahl aus Geschichte, Recht, Anthropologie, Philosophie) mit 19 LP,
- das Modul „Schlüsselqualifikationen und Berufsfeldorientierung" mit 15 LP,
- das Praktikum mit 11 LP (Umfang insgesamt acht Wochen Vollzeit, Aufteilung und Teilzeit möglich, begleitende Lehrveranstaltung und Abschlussbericht),
- die Bachelor-Abschlussprüfung (Bachelor-Thesis und Disputation) mit 11 LP und
- wahlfreie Lehrveranstaltungen im Umfang von insgesamt 17 LP.

Insgesamt sind mindestens 9 Module zu studieren. Im Kernbereich sind dies das Orientierungsmodul (Einführung in die Politikwissenschaft, in die politische Soziologie und die Systemtheorie), ein Grundlagenmodul Politik (Einführungen in die politische Theorie und Ideengeschichte, in die Vergleichende Politikwissenschaft und in die internationalen Beziehungen) und ein Methodenmodul (Statistik, Einführung in die empirische Sozialforschung, Sozialstrukturanalyse).

Im fachspezifischen Bereich folgen die Module „Globalisierung und Global Governance" (Akteure, Organisationen und Strukturen globaler Steuerung, Dimensionen der Globalisierung, Global Governance), „Public Policy" (Politikfeldbezogene Lehrveranstaltungen, z.b. zur Entwicklungspolitik, Frauen- und Geschlechterpolitik, Umweltpolitik, Wissenschafts- und Technologiepolitik) und „Politische Kommunikation und Organisation/Risikokommunikation" (z.B. Kommunikation zwischen staatlicher Verwaltung und Interessenverbänden).

Im interdisziplinären Bereich werden die Module „Geschichte des Politischen" (Modernes Europa, Epochen), „Politik und Recht" (Historische und theoretische Grundlagen des Staates, Staatslehre/ Verfassungslehre), „Politische Anthropologie" (Sozialanthropologie, politische Transformation auf subnationaler Ebene, sozialanthropologische Perspektiven der Ethnizitätsforschung) und „Politische Philosophie" (u.a. Moralphilosophie, Sozialphilosophie, Rechtsphilosophie) angeboten, von denen zwei nach Wahl zu studieren sind.

Im Modul „Schlüsselqualifikationen und Berufsfeldorientierung" sollen Fähigkeiten wie Teamfähigkeit, Kompetenz im Umgang mit Medien, Organisationskompetenz vermittelt werden. Dazu können beispielsweise Fachsprachkurse, Workshops zum Üben für Haus- oder Abschlussarbeiten, Rhetorikkurse, Präsentationstrainings oder auch Lehrveranstaltungen des interdisziplinären Zentrums für Hochschuldidaktik oder des Hochschulrechenzentrums besucht werden.

Im Umfang von 17 LP können Module/Lehrveranstaltungen nach freier Wahl besucht werden. Dieser Bereich eignet sich besonders zur Ausbildung eines individuellen Qualifikationsprofils in Hinblick auf die zukünftige Berufsperspektive.

Während des Studiums sind in den Modulen Studien- und Prüfungsleistungen zu erbringen. Zusätzlich zur Modulabschlussprüfung sind z.B. Präsentationen und Hausarbeiten als Studienleistungen vorgesehen. Mit dem erfolgreichen Abschluss eines Moduls werden die dafür vorgesehenen Leistungspunkte (LP) erworben. Im Kernbereich sind dies 55, im fachspezifischen Bereich 52, im interdisziplinären Bereich 19, im Modul „Schlüsselqualifikationen und Berufsfeldorientierung" 15 und im freien Wahlbereich 17. Hinzu kommen die 11 LP für das Praktikum und die mit ebenfalls 11 LP bewertete Bachelor-Abschlussprüfung. Zusammen ergibt dies die insgesamt zu erbringenden 180 LP.

Nach dem Studium kann entweder eine berufliche Tätigkeit aufgenommen oder eine Fortführung des Studiums in einem Masterstudiengang angestrebt werden. Die Politikwissenschaft der Universität Bielefeld ist am Masterstudiengang Politische Kommunikation beteiligt. Der Studiengang bietet gute Möglichkeiten für die persönliche Profilierung, insbesondere im Berufsfeld Politische Kommunikation, sei es in den Medien, bei Interessenvertretungen oder gesellschaftlichen Großorganisationen.

> **Weitere Informationen:**
> www.zfl.uni-bielefeld.de/studium/bachelor/politikwissenschaft mit u.a. Prüfungs- und Studienordnung sowie Modulhandbuch.

Beispiel:
Bachelorstudiengang Politikwissenschaft (Joint-BA) der Technischen Universität Darmstadt (Zwei-Fach-Bachelor)
Neben dem nachfolgend näher beschriebenen Joint-BA-Studiengang (Zwei-Fach-Bachelor) in Politikwissenschaft bietet die TU Darmstadt auch einen Bachelorstudiengang Politikwissenschaft als Ein-Fach-Bachelor an. Der Studiengang Politikwissenschaft ist zulassungsbeschränkt. Studienbeginn ist jeweils im Wintersemester.

Als Vorteile des Bachelor-Studiengangs mit zwei Fächern werden seine besondere Breite und Flexibilität genannt. Hinzu kommt, dass nach der Grundausbildung in zwei Fächern besser entschieden werden kann, ob und in welchem Fach eine spezialisierende und wissenschaftlich vertiefende Masterausbildung angeschlossen werden soll. Derzeit (WS 2008/09) stehen als Kombinationsfächer Anglistik, Germanistik, Geschichte, Informatik, Philosophie und Wirtschaftswissenschaften zur Verfügung. Eine Ausweitung in den Bereich der Natur- und Ingenieurwissenschaften ist angestrebt. Als Studienziele wird neben der grundlegenden Ausbildung im Fach die Kompetenz zur Verbindung empirischer Forschung mit sozialwissenschaftlichen Theorien genannt. Neben dem Übergang in ein politikwissenschaftliches oder fachverwandtes Masterstudium werden die Absolventen auch auf berufliche Tätigkeiten in den Medien, der Verwaltung, der Wirtschaft, der Politik und in internationalen Organisationen, Verbänden und Vereinen vorbereitet.

Die fachlichen Grundlagen werden im Studiengang in insgesamt 6 Modulen vermittelt, in denen insgesamt 75 Credit Points (CP=ECTS) zu erwerben sind. Weitere 75 CP sind im Kombinationsfach zu erbringen und der verpflichtende Optionalbereich umfasst 18 CP. Die restlichen für den Bachelorabschluss (180 CP) fehlenden CP entfallen auf die Bachelor-Thesis (12 CP), die in einem der beiden Fächer nach Wahl zu schreiben ist.

Die sechs fachlichen Module sind
- das Orientierungsmodul (Modul 1) zur Einführung in die Politikwissenschaft (9 CP),
- das Modul 2 „Orientierungseinheit" zur Erarbeitung von Perspektiven für eine Weiterführung des Studiums oder den Übergang in den Beruf nach dem Bachelorabschluss (3 CP),
- das Modul 3 „ Politische Theorie" als Einführung in die politische Theorie und Philosophie (15 CP),
- das Modul 4 „Analyse und Vergleich Politischer Systeme", in dem neben dem Systemvergleich auch das politische System der Bundesrepublik Deutschland behandelt wird (18 CP),
- das Modul 5 „Internationale Beziehungen", in dem auch die Außenpolitik der Bundesrepublik Deutschland behandelt wird (15 CP) und
- das Modul 6 „Staatstätigkeit (Public Policy) und öffentliche Verwaltung" (15 CP).

Die Module umfassen je nach Umfang Vorlesungen und Proseminare, im Orientierungsmodul ist auch ein Tutorium integriert.

Der Optionalbereich umfasst in der Regel drei Module (je 6 CP) aus Gebieten wie z.B. EDV, moderne Fremdsprachen, Wissenschaftsgeschichte/Wissenschaftstheorie, Exkursionen, verschiedene Projekte auch in Teamarbeit.

Das Prüfungssystem ist studienbegleitend angelegt, d.h. in den Veranstaltungen der Module sind Studien- und Prüfungsleistungen in Form von Referaten, Hausarbeiten und Klausuren zu erbringen. Die Prüfungsleistungen werden benotet und gehen nach einem Gewichtungsschema in die Fachnote ein. Die Leistungen aus dem Orientierungsmodul und des Moduls Orientierungseinheit werden bei der Fachnote nicht berücksichtigt. Die Module 3, 5 und 6 machen jeweils 23,8 %, das Modul 4 macht 28,6 % der Endnote aus. Ein kompliziertes Verfahren, das im Übrigen in jeder Prüfungsordnung unterschiedlich geregelt ist. Die Gesamtnote des Bachelorexamens setzt sich übrigens zu je 45 % aus den Fachnoten der beiden studierten Fächer und zu 10 % aus der Note der Bachelor-Thesis zusammen. Die Thesis ist in einem der beiden studierten Fächer zu schreiben und dient der Schwerpunktsetzung.

Der Studiengang richtet sich an Interessenten mit einem breiten Interessenspektrum, die sich die Weiterführung des Studiums in unterschiedlichen fachlichen Masterstudiengängen offen halten wollen. Die Politikwissenschaft der TU Darmstadt bietet den Masterstudiengang „Governance und Public Policy" an sowie in Kooperation mit der Universität Frankfurt/Main die Masterstudiengänge „Politische Theorie" und „Internationale Studien/Friedens- und Konfliktforschung". Durch die Wahl des Kombinationsfaches (z.B. Wirtschaftswissenschaft, Informatik) können auch spezifische Berufsfelder angesteuert werden.

Weitere Informationen:
www.joint-ba.tu-darmstadt.de u.a. Studienordnung, Studienplan, Modulhandbuch.

Beispiel:
Bachelorstudiengang Sozialwissenschaften (Social Science) der Universität Siegen
An der Universität Siegen hat der Bachelorstudiengang Sozialwissenschaften (früher: Social Science) die Magisterstudiengänge Politikwissenschaft und Soziologie abgelöst. Er kann im integrativen Modell als Vollfach mit 180 Kreditpunkten (KP=ECTS) oder als Kernfach mit 135 KP oder als Ergänzungsfach mit 45 KP studiert werden. Im integrativen Modell und im Kernfachstudium entfallen jeweils 45 KP auf die Berufsorientierten Studien.

Der Studiengang kann auch ohne Allgemeine Hochschulreife studiert werden. Dazu ist vor Aufnahme des Studiums der Nachweis einer hinreichenden Allgemeinbildung (zweistündige Klausur) und der fachlichen Eignung (Essay und Kolloquium) erforderlich. Nähere Informationen, z.B. zu Themen der Klausur und des Essays unter www.uni-siegen.de/uni/studium/ohne_hochschulreife/?lang=de. Der Studiengang ist derzeit (WS 2008/09) nicht zulassungsbeschränkt. Der Studienbeginn ist jeweils zum Wintersemester.

Im integrativen Modell Sozialwissenschaften werden drei Schwerpunkte mit jeweils 45 KP angeboten, von denen einer zu studieren ist. Die Schwerpunkte sind
- Medienwissenschaft (Media Studies) mit u.a. Medientheorie, Mediengeschichte, Medienanalyse, Medienwirtschaft, Medienrecht, Mediensoziologie;
- Europa-Studien (European Studies) mit u.a. politische und gesellschaftliche Ordnung Europas, Kultur und Geschichte Europas, Ökonomik der EU, Recht der Europäischen Union, Religion in Europa und

- Sozialpolitik (Social Policy Studies) mit u.a. Soziale Probleme, Systeme sozialer Sicherung, Organisation sozialer Dienstleistungen, Profession und Professionalisierung im Bereich sozialer Sicherung.

Insgesamt setzt sich der integrative Studiengang aus dem Fachstudienbereich (mit Basis-, Themen-, Vertiefungs- und Forschungsmodulen, insgesamt 90 KP), dem gewählten Studienschwerpunkt (45 KP) und den Berufsorientierten Studien (45 KP) zusammen.

In den beiden verpflichtenden Basismodulen werden die Grundlagen der Politikwissenschaft und der Soziologie vermittelt (Grundbegriffe, Grundprobleme Theorie). Der Abschluss der Basismodule ist Voraussetzung für die Teilnahme an Themen- und Vertiefungsmodulen. Es müssen drei Themen- und ein Vertiefungsmodul erfolgreich besucht werden.
Die Themenmodule vermitteln folgende Inhalte:
- Soziale Strukturen und soziales Handeln (TM 1) mit Sozialstruktur Deutschlands, Sozialstrukturanalysen, Analysen sozialen Handelns;
- Politische Systeme und politisches Handeln (TM 2) mit dem politischen System der Bundesrepublik Deutschland, dem Vergleich politischer Systeme und ausgewählten politischen Kulturen und Identitäten;
- Europäische und außereuropäische Gesellschaften und Kulturen (TM 3) mit Strukturen und Problemen der europäischen Integration, Europa und außereuropäische Kulturen, außereuropäische Gesellschaften;
- Politik und Medien (TM 4) mit politischer Öffentlichkeit und medialer Kommunikation, Globalisierung, Demokratie und Medien;
- Migration und Integration (TM 5) mit Migrations- und Integrationsforschung, Migration in der Weltgesellschaft, Probleme und Modelle innergesellschaftlicher Integration.

Die zwei Vertiefungsmodule beziehen sich auf Spezielle Soziologie z.B. Organisationssoziologie, Sozialisation, abweichendes Verhalten und soziale Kontrolle, Familiesoziologie) oder Politikfelder (z.B. Internationale Politik, Sozialpolitik, Bildungspolitik, Kulturpolitik). In den Forschungsmodulen werden einerseits die Grundlagen der empirischen Sozialforschung, Statistik und coputergestützten Datenanalyse vermittelt und andererseits diese Kenntnisse in einem Lehrforschungsprojekt (nach dem 3. Fachsemester) angewandt.

Die Berufsorientierten Studien werden insbesondere Lernstrategien und Techniken wissenschaftlichen Arbeitens sowie Fremdsprachenkenntnisse – in der Regel Englisch – vermittelt. Ein verpflichtendes mindestens sechswöchiges Praktikum in einem für das angestrebte Berufsziel relevanten Bereich ist hier ebenfalls angesiedelt. Von den insgesamt 45 KP dieses Bereichs können 21 KP in Lehrveranstaltungen nach freier Wahl erworben werden.

Das Studium schließt mit der Verfassung der Bachelorarbeit (11 KP) ab, die übrigen Prüfungen erfolgen studienbegleitend in den Modulen. Die Note des integrativen Fachs setzt sich zu 55 % aus den arithmetischen Mittel der fünf Module des Fachstudienbereichs, zu 30 % aus dem arithmetischen Mittel der vier bestbenoteten Module des gewählten Schwerpunkts und zu 15 % aus der Note für die Bachelorarbeit zusammen. Damit sind 85 % der Abschlussnote des Studiums bestimmt, die restlichen 15 % ergeben sich aus der Note für die Berufsorientierten Studien. Alles klar – oder ?

Das Studium ermöglicht je nach Wahl des Praktikums und der Themenmodule den beruflichen Einstieg in z.B. Wirtschafts- und Sozialverbände, Nicht-Regierungsorganisationen, Gewerkschaften, Stiftungen aber auch in die Jugend- und Erwachsenbildung, PR-Arbeit und Medien. Durch die umfangreiche Methodenausbildung kommen nach einem anschließenden Masterstudium auch Positionen in der Forschung und Politikevaluation in Betracht. Die Politikwissenschaft bietet den Masterstudiengang „Vergleichende Sozialwissenschaften (Comparative Social Science)" an und ist am Masterstudiengang „Medien und Gesellschaft" beteiligt.

Weitere Informationen:
www.fb1.uni-siegen.de mit Link zu Politikwissenschaft

2.5 Das Studium in einem Masterstudiengang

Für das Masterstudium ist eine Bewerbung erst nach dem Erwerb eines Bachelorgrades bzw. einer vergleichbaren Qualifikation möglich. Eine vergleichbare Qualifikation ist in jedem Fall ein Diplom-, Magister- oder Staatsexamensabschluss. Es gibt aber – wie die nachstehende Tabelle 6 ausweist – noch weitere Zulassungsvoraussetzungen. Die häufigsten sind
- der Abschluss eines bestimmten, fachlich nahe stehenden Bachelorstudiums. Bei politikwissenschaftlichen Masterstudiengängen erfüllt diese Voraussetzung neben einem B.A. in Politikwissenschaft in der Regel auch ein B.A. in Sozi-

ologie/Sozialwissenschaft/en. Bei eher interdisziplinär angelegten Masterstudiengängen werden auch weitere Abschlüsse z.B. aus den Bereichen Rechts-, Verwaltungs- und Wirtschaftswissenschaft anerkannt. Zum Teil gibt es die Möglichkeit, fehlende fachliche Qualifikationen aus der Bachelorphase im Masterstudium nachzuholen.
- der Abschluss des grundständigen Studiums mit einer bestimmten Note. Verbreitet ist die Forderung nach einem guten Abschluss, wobei je nach Hochschule damit ein Schnitt zwischen 2,0 und 2,5 gemeint ist.
- der Nachweis von Fremdsprachenkenntnissen (in der Regel Englisch) auf einem bestimmten Niveau. Häufig wird das Niveau mit den Kategorien des Europäischen Referenzrahmens für Fremdsprachen angegeben. Der beginnt bei A1 und endet bei C2 (vgl. www.goethe.de/hr/prj/prd/upd/deindex.htm). Der Nachweis der Englischkenntnisse erfolgt oft mit dem TOEFL (Test of English as a Foreign Language).

Grundsätzlich ist die Bewerbung für ein Masterstudium unmittelbar nach dem Bachelorabschluss möglich, was in konsekutiven Studiengängen bei entsprechendem wissenschaftlichen Interesse und Fähigkeiten der Regelfall sein dürfte. Das Masterstudium kann aber auch nach einer Phase der Berufstätigkeit aufgenommen werden. Dies geschieht häufig bei Masterstudiengängen, die eine berufliche Weiterbildung zum Ziel haben. Bei ihnen wird in nicht wenigen Fällen eine qualifizierte Berufstätigkeit vor der Zulassung verlangt. Diese so genannten Weiterbildungsstudiengänge sind in der Regel mit hohen Studiengebühren verbunden. Falls ihr Arbeitgeber aber ebenfalls Interesse an der Weiterbildung hat, wird er die Kosten ganz oder teilweise übernehmen.

Eine besondere Kategorie von Masterstudiengängen sind die international ausgerichteten und an verschiedenen Universitäten im In- und Ausland zu studierenden Programme. Auch hier spielen Kosten eine größere Rolle. Häufig gibt es aber Stipendien, auf die von den Anbietern dieser Programme speziell hingewiesen wird. Einige politikwissenschaftlich orientierte Angebote sind in der Tabelle 6 zu finden. Masterstudiengänge dauern meistens zwei Jahre, in seltenen Fällen auch ein oder anderthalb Jahre.

Ihr Abschluss berechtigt zur Promotion und zur Bewerbung für die Laufbahn des Höheren Dienstes im Öffentlichen Dienst bei Bund, Ländern und Kommunen. Wer das Lehramt anstrebt, muss ein Masterstudium mit dem Abschluss Master of Education absolvieren. Siehe hierzu den Kapitel 3 zum Lehramtsstudium.

In der nachfolgenden Tabelle sind Masterstudiengänge zusammengefasst, die im engeren Sinne durch hohe politikwissenschaftliche Anteile charakterisiert sind. Weitere auch für Politikwissenschaftler interessante Masterstudiengänge sind im Teil III (Spezial: Europastudiengänge und spezialisierte Masterstudiengänge) zu finden.

> **!** Die jeweils aktuellen Bewerbungs- und Einschreibtermine finden Sie im Internet unter htttp://www.hochschulkompass.de unter „Studium", dann „weiterführendes Studienangebot" und Angabe des Studiengangs/Fachs. Sofern ein Masterstudiengang bereits akkreditiert und damit seine Qualität zertifiziert ist, sind auch weitere Informationen unter http://www.akkreditierungsrat.de in der Rubrik akkreditierte Studiengänge zu finden. Außerdem sind in Tabelle 6 die Kontaktadressen im Internet angegeben.

Tabelle 6: Masterstudiengänge Politikwissenschaft
(Stand: Wintersemester 2008/09, ohne Master of Education/Lehramt) Masterstudiengänge Sozialwissenschaft als Kombination von Soziologie und Politik siehe Soziologie.)

Hochschule	Studiengang/ Abschluss	Zugangsvoraussetzungen/ evtl. Studiengebühren[1)]	Dauer (Sem.)	Bemerkungen/ Schwerpunkte
TH Aachen	Politische Wissenschaft Master of Arts	Bachelorabschluss mit Mindestnote 2,3. 500 EUR/Semester.	4	Zulassung SoSe und WS. Konsekutiver Zwei-Fach-Master in Kombination mit einem weiteren Fach der Philosophischen Fakultät. www.fb7.rwth-aachen.de
U Augsburg	Gesellschaftliche Konflikte und politische Integration Master of Arts	Bachelor in Sozialwissenschaft oder vergleichbar mit Mindestnote gut. 500 EUR/Semester.	4	Zulassung WS. www.philso.uni-augsburg.de/de/lehrstuehle/politik/politik1/ master_pol_soz
U Bamberg	Politikwisssenschaft Master of Arts	Bachelorabschluss in Politikwisssenschaft oder sozialwissenschaftlicher Bachelor mit 50% Politik-Anteil. Mindestnote 2,5. 500 EUR/Semester.	4	Zulassung SoSe u. WS. (WS empfohlen). www.uni-bamberg.de/politik

Das Studium der Politikwissenschaft 203

Hochschule	Studiengang/ Abschluss	Zugangsvoraussetzungen/ evtl. Studiengebühren[1]	Dauer (Sem.)	Bemerkungen/ Schwerpunkte
HU Berlin Berlin Graduate School of Social Sciences (BGSS) FU Berlin	Trans-Atlantic Masters (TAM) Master of Arts	University degree in humanities or social sciences. Proficiency in English and good command of another programme language. 15.000 $ für das Programm.	14 Monate	Bewerbungsschluss: 2. Februar (TAM). Abschlüsse in Europa und USA möglich. Auslandsstudium in Zusammenarbeit mit europäischen und amerikanischen Universitäten. Für das Studium in bestimmten Ländern weitere Sprachanforderungen. Notwendige Bewerbungsunterlagen siehe Internet. www.bgss.hu-berlin.de/masters
	Euromasters Master of Arts	Good Honours degree or equivalent in European Studies, Politics, Sociology etc. Proficiency in English. 7.500 $ für das Programm (für Studierende aus EU-Ländern).	24 Monate	
FU Berlin HU Berlin U Potsdam	Internationale Beziehungen Master of Arts	Bachelorabschluss, ggf. gleichwertige Studien- u. Prüfungsleistungen Englischkenntnisse (Cambridge Certificate of Proficiency).	4	Zulassung WS, örtlicher NC. www.masterib.de
FU Berlin	Politikwissenschaft Master of Arts	Erster Studienabschluss in Politikwissenschaft oder Studium mit mind. 90 LP Anteil Politikwissenschaft.	4	Zulassung WS, örtlicher NC. Konsekutiver Master. www.fu-berlin.de/ studium/studienangebot/ master/ politikwissenschaft
	Politik und deutsche Nachkriegsgeschichte Master of Arts	Lehramtsabschluss und einjährige Tätigkeit im Schuldienst. 350 EUR/Semester.	3	Zulassung WS im Zwei-Jahres-Turnus, örtlicher NC. Weiterbildungsmaster. www.fu-berlin.de/ studium/studienangebot/ master/ politik_dt_nach-kriegsgeschichte.html
	International Relations (Online Master) Master of Arts	Bachelorabschluss or equivalent. Letter of Motivation. Curriculum Vitae. Fluent in English. 15.300 EUR/Programm.	4	Bewerbung bis 30.4.2009 (vierter Programmdurchlauf). Programmstart Oktober. In-house classes in Berlin. Partner: Gulf Research Center in Dubai. www.ir-online.org

Hochschule	Studiengang/ Abschluss	Zugangsvoraussetzungen/ evtl. Studiengebühren[1]	Dauer (Sem.)	Bemerkungen/ Schwerpunkte
FH Wirtschaft Berlin (Institute of Management)	Labour Policies and Globalisation Master of Arts	Bachelorabschluss. Ggf. auch berufliche Qualifikation nach Hochschulrecht. Gewerkschaftliche Erfahrungen. Sehr gute Englischkenntnisse (Test). 650 EUR/Monat.	13 Monate	Zulassung WS, örtlicher NC. Studium in Berlin und Kassel. Stipendien über Gewerkschaften möglich. Internationaler Verbund mit Universitäten in Südafrika, Brasilien und Indien www.global-labour-university.org
Hertie School of Governance (HSoG) Berlin	Public Policy Master of Public Policy	B.A. degree or equivalent. Fluent in English. 5.000 EUR/Semester.	4	Zulassung WS. Privathochschule. Internationaler Studiengang mit Praxissemester. Stipendien möglich. Partner LSE (London), Science Po (Paris), SIPA-Columbia University (New York). www.hertie-school.org
U Bremen	Politikwissenschaft Master of Arts	Bachelorabschluss mit fachlichen Zusammenhang zum Masterstudium. Englischkenntnisse B2. Kenntnisse in Methoden der empirischen. Sozialforschung oder Statistik.	4	Zulassung WS, örtlicher NC. Konsekutiver Master. Forschungsorientiert. www.politik.uni-bremen.de
	Sozialpolitik Master of Arts	Bachelorabschluss in Sozial- bzw. Politikwissenschaft oder Ökonomie mit Anteilen Sozialpolitik. Kenntnisse in Methoden der empirischen. Sozialforschung oder Statistik.	4	Zulassung WS, örtlicher NC. Internationaler Studiengang. Forschungsorientiert www.zes.uni-bremen.de
U Bremen Jacobs University Bremen (JUB)	International Relations: Global Governance and Social Theory Master of Arts	Bachelorabschluss. Two letters of recommendation. TOEFL (570 paper-, 230 computer-based). Essay, explaining the choose. Examples of scholarly work.	4	Zulassung WS. Hochschulauswahlverfahren. Gemeinsamer Studiengang der JUB und der Universität Bremen in englischer Sprache. www.ir-bremen.de

Hochschule	Studiengang/ Abschluss	Zugangsvoraussetzungen/ evtl. Studiengebühren[1]	Dauer (Sem.)	Bemerkungen/ Schwerpunkte
Jacobs University Bremen (JUB)	Comparative Politics and Sociology Master of Arts	Bachelorabschluss. Two letters of recommendation. Proof of Proficiency in English. Essay, explaining the choose. Examples of scholarly work. 20.000 EUR/Jahr.	4	Zulassung WS. Hochschulauswahlverfahren. Zwei Bewerbungstermine: 1. Februar u. 1. Mai. Studium in englischer Sprache an der Privatuniversität. www.jacobs-university.de/ academics/graduate
H Bremen	European and World Politics Master of Arts	Erster Studienabschluss in Politikwissenschaft, bei sechssemestrigen B.A. zusätzlich 20 Wochen Berufstätigkeit in einer politischen Institution. Gute Englischkenntnisse.	3	Zulassung SoSe, örtlicher NC. Konsekutiver Master. Studium an einer Fachhochschule. www.hs-bremen.de/internet/de/ studium/stg/ewp
TU Darmstadt	Governance and Public Policy Master of Arts	Bachelor Politikwissenschaft oder vergleichbarer Abschluss.	4	Zulassung SoSe und WS. Konsekutiver Master. www.politikwissenschaft. tu-darmstadt.de (link Studiengänge)
TU Darmstadt Uni Frankfurt/ Main	Politische Theorie Master of Arts	Bachelorabschluss mit Note gut in Politikwissenschaft oder verwandtem Studiengang. Englischkenntnisse u. weitere Fremdsprache.	4	Zulassung WS, örtlicher NC. Studienangebot in Kooperation mit der Universität Frankfurt/Main. www.ma-politische-theorie.de
TU Darmstadt Uni Frankfurt/ Main	Internationale Studien/Friedens- und Konfliktforschung Master of Arts	Bachelorabschluss mit Note gut in Politikwissenschaft oder verwandtem Studiengang. Englischkenntnisse.	4	Zulassung WS. Studienangebot in Kooperation mit der Universität Frankfurt/Main. www.politikwissenschaft. tu-darmstadt.de (Link Studiengänge)

Hochschule	Studiengang/ Abschluss	Zugangsvoraussetzungen/ evtl. Studiengebühren[1]	Dauer (Sem.)	Bemerkungen/ Schwerpunkte
TU Dresden	Politik und Verfassung Master of Arts	Bachelorabschluss in Politik und Verfassung oder verwandte Abschlüsse. Englisch.	4	Zulassung WS, örtlicher NC. Konsekutiver Master. http://tu-dresden.de/ studium/ angebot/studien-moeglichkeiten
	Internationale Beziehungen Master of Arts	Bachelorabschluss mit Note C. Englisch und weitere moderne Fremdsprache.	3	Zulassung WS, örtlicher NC. Internationaler Studiengang. Konsekutiv zum B.A. Internationale Beziehungen. www.tu-dresden.de/ die_tu_dresden/ zentrale_einrichtungen/zis
U Duisburg-Essen	Politikmanagement, Public Policy und öffentliche Verwaltung Master of Arts	Bachelorabschluss in Politikwissenschaft oder vergleichbarer Abschluss. 500 EUR/Semester.	4	Zulassung WS. Standort Duisburg. Praxisorientierter Studiengang. www.nrwschool.de
	Internationale Beziehungen und Enzwicklungspolitik Master of Arts	Bachelorabschluss in Politikwissenschaft oder vergleichbarer Abschluss. 500 EUR/Semester.	4	Zulassung WS. Eignungsfeststellung. Standort Duisburg. www.ib-master.de
Katholische Universität Eichstätt-Ingolstadt	Politikwissenschaft (deutsch-französischer integrierter Studiengang)	Bachelorabschluss mit einem Jahr an einem französischen Institut d'Etudes Politiques. Motivationsschreiben. Gute Französischkenntnisse. 450 EUR/Semester.	4	Zulassung WS, örtlicher NC. Internationaler Studiengang mit Rennes. Konsekutiver Master. Standort Eichstätt. www.ku-eichstaett.de/ Studieninteressenten/Studiengaenge/ international/mpw.de
	Internationale Beziehungen	Abgeschlossenes Hochschulstudium. Lebenslauf und Begründung für die Studiengangswahl. 450 EUR/Semester.	4	Zulassung WS. Eignungsfeststellung. Besondere Zielgruppe: Absolventen aus Ost- u. Ostmitteleuropa. Standort Eichstätt. www.ku-eichstaett.de/ Studieninteressenten/Studiengaenge/ international/mib.de

Hochschule	Studiengang/ Abschluss	Zugangsvoraussetzungen/ evtl. Studiengebühren[1]	Dauer (Sem.)	Bemerkungen/ Schwerpunkte
U Erfurt	Public Policy Magister (Master of Public Policy)	Abgeschlossenes sechssemestriges Hochschulstudium oder Erwerb der Eignung zum Studium im Beruf. Überdurchschnittliche Leistungen. Sehr gute Englischkenntnisse. 1.500 EUR/Semester.	4	Zulassung WS. Eignungsfeststellung. Erfurt School of Public Policy (ESPP). Praxisorientierter Weiterbildungsmaster. www.espp.de
U Frankfurt/ Main	Politikwissenschaft Master of Arts	Bachelorabschluss in Politikwissenschaft oder verwandten Fach. Englisch und möglichst weitere Fremdsprache. Lebenslauf.	4	Zulassung WS, örtlicher NC. Forschungsorientierter Master. www.gesellschaftswissenschaften. uni-frankfurt.de/index.pl/ ma_politikwissenschaft
Zeppelin Universität Friedrichshafen	Public Management and Governance Master of Arts	Hochschulabschluss in Rechts-, Politik-, Sozial- oder Wirtschaftswissenschaft. 3.900 EUR/Semester.	4	Zulassung WS, örtlicher NC. Eignungsfeststellungsverfahren an der privaten Hochschule. Der Studiengang wird konsekutiv und nicht konsekutiv angeboten. www.zeppelin-university.de
U Greifswald	Politikwissenschaftliche Demokratiestudien: Demokratie und Globalisierung Master of Arts	Hochschulabschluss mit mind. 54 LP politikwiss. Anteil und Mindestnote gut (2,5).	4	Zulassung WS. www.uni-greifswald.de/ studieren/ studienfaecher/ fachbeschreibungen/ politikwissenschaft-master. html
FernU Hagen	Governance Master of Arts	Abschluss eines politikwissenschaftlichen mit mind. gut (2,5) oder affiner Abschluss mit politikwissenschaftlichen Anteilen. Sechsmonatige einschlägige berufliche Praxis.	4	Zulassung SoSe und WS. Fernstudium. Gebühren für Studienmaterial 200 EUR (Teilzeitstudium), 400 EUR Vollzeitstudium. Internetzugang. www.fernuni-hagen.de/ KSW/magov

Hochschule	Studiengang/ Abschluss	Zugangsvoraussetzungen/ evtl. Studiengebühren[1]	Dauer (Sem.)	Bemerkungen/ Schwerpunkte
U Halle-Wittenberg	Politikwissenschaft: Parlamentsfragen und Zivilgesellschaft Master of Arts	Bachelor in Politikwissenschaft, Soziologie oder Kommunikationswissenschaft. Englisch (UNIcert II).	4	Zulassung WS. Konsekutiver Master mit Parlamentspraktikum. www.poltik.uni-halle.de/studium/politikwissenschaft
U Hamburg	Politikwissenschaft Master of Arts	Abschluss eines politik- oder sozialwissenschaftlichen Studiums mit Mindestnote gut (2,3). Englischkenntnisse. 375 EUR/Semester.	4	Zulassung WS, örtlicher NC. Konsekutiver Master. www.sozialwiss.uni-hamburg.de/publish/Ipw/Studium/Master
	Peace and Security Studies Master MPS	Vorheriges vierjähriges Studium (240 CP) mit überdurchschnittlichem Abschluss. Gute Englischkenntnisse.	2	Zulassung WS, örtlicher NC. Bewerbung 15.12. bis 15.3. Studium in deutsch u. englisch. Weiterbildungsmaster. www.ifsh.de/IFSH/studium/mps.htm
U Hannover	Politikwissenschaft Master of Arts	Bachelor in Politikwissenschaft oder verwandtem Studiengang (mind. 90 LP Politik) mit Mindestnote 2,5. Motivationsschreiben. 500 EUR/Semester.	4	Zulassung WS, örtlicher NC. Konsekutiver Master. www.uni-hannover.de/de/studium/studienfuehrer/politikwissen
U Jena	Politikwissenschaft Master of Arts	Abschluss eines Hochschulstudiums mit mind. 140 LP politikwissenschaftlichen Anteilen oder Äquivalent.	4	Zulassung WS. Konsekutiver Master. www.uni-jena.de/ M_A_Politikwiss_.html
	Geschichte und Politik des 20. Jahrhunderts Master of Arts	Abschluss eines Hochschulstudiums mit mind. 60 LP politikwissenschaftlichen Anteilen oder Äquivalent und der Note gut. Englisch u. weitere moderne Fremdsprache.	4	Zulassung WS, örtlicher NC. Motivationsschreiben. Konsekutiver Master. www.master-geschichteundpolitik. uni-jena.de

Hochschule	Studiengang/ Abschluss	Zugangsvoraussetzungen/ evtl. Studiengebühren[1]	Dauer (Sem.)	Bemerkungen/ Schwerpunkte
U Jena	Politikwissenschaft (für im Ausland Graduierte) Master of Politics	Hochschulabschluss (240 ECTS) oder Äquivalent. Deutschkenntnisse (DSH).	2	Zulassung SoSe und WS, nur für im Ausland graduierte Politikwissenschaftler. Unterrichtssprache Deutsch. http//powi.uni-jena.de
U Kassel	Politikwissenschaft Master of Arts	Absolventen eines politik-, sozial-, rechts- oder wirtschaftswissenschaftlichen Hochschulstudiums mit mind. gut.	4	Zulassung WS, Eignungsfeststellung. Konsekutiver Master. http://cms.uni-kassel.de/index.php?id=2462
	Labour Policies and Globalisation Master of Arts			Siehe oben FH Wirtschaft Berlin.
	Global Political Economy Master of Arts	Abschluss in Politik-, Sozial- oder Wirtschaftswissenschaft. Gute Englischkenntnisse.	4	Zulassung WS, Eignungsfeststellung. Internationaler Studiengang in englischer Sprache. www.uni-kassel.de/fb5/globalisation/ma_gpe
U Kiel	Politikwissenschaft (Modernes Regieren) Master of Arts	Bachelorabschluss in Politik- bzw. Sozialwissenschaften. Englisch.	4	Zulassung WS. Konsekutiver Zwei-Fach-Master. www.zsb.uni-kiel.de/infoblaetter/ politikwissenschaft-ma.shtml
U Köln	Politikwissenschaft Master of Arts	Bachelorabschluss in Wirtschafts- oder Sozialwissenschaften (mind. 24 LP Politik u. 24 LP weitere Sozialwissenschaft). 500 EUR/Semester.	4	Zulassung WS, örtlicher NC. Konsekutiver Master. www.wiso-studienberatungszentrum. uni-koeln.de/index.php?seite=27

Hochschule	Studiengang/ Abschluss	Zugangsvoraussetzungen/ evtl. Studiengebühren[1]	Dauer (Sem.)	Bemerkungen/ Schwerpunkte
U Konstanz	Politik- und Verwaltungswissenschaft (Public Policy and Management) Master of Arts	Bachelorabschluss in einem einschlägigen Fach. Gute Englischkenntnisse. Mind. zweimonatiges Praktikum. Zwei Referenzen von Hochschullehrern, Lebenslauf u. Motivationsschreiben. 500 EUR/Semester.	4	Zulassung WS, örtlicher NC. Bewerbung bis 15. Mai. Praxisorientierter Master. www.uni-konstanz.de/ sektionen/polver/?cont =studgang
	European Master of Government Master of Arts (Double Degree)	Bachelorabschluss in einem einschlägigen Fach. Proficiency in English. Zwei Referenzen von Hochschullehrern, Lebenslauf u. Motivationsschreiben. 500 EUR/Semester.	4	Zulassung WS, örtlicher NC. Internationaler Studiengang in englischer Sprache. Ein Jahr Studium in Kassel und ein Jahr in Barcelona (Universitat Pompeu Fabra). www.uni-konstanz.de/ sektionen/polver/?cont =studgang
	Public Administration and European Governance Master of Arts (Double Degree)	Bachelorabschluss in einem einschlägigen Fach mit mind. gut. Gute Englisch- und Französischkenntnisse. Zwei Referenzen von Hochschullehrern, Lebenslauf u. Motivationsschreiben. 500 EUR/Semester.	4	Zulassung WS, örtlicher NC. Internationaler, forschungsorientierter Studiengang in englischer und französischer Sprache. Ein Jahr Studium in Kassel und ein Jahr in Grenoble (Institut d'Etudes politiques). www.uni-konstanz.de/ sektionen/polver/?cont =studgang
U Magdeburg	Friedens- und Konfliktforschung Master of Arts	Universitärer Hochschulabschluss in einschlägiger Studienrichtung mit Mindestnote 2,5. In Ausnahmefällen FH-Abschluss.	4	Zulassung WS, örtlicher NC. www.fkf.ovgu.de

Hochschule	Studiengang/ Abschluss	Zugangsvoraussetzungen/ evtl. Studiengebühren[1]	Dauer (Sem.)	Bemerkungen/ Schwerpunkte
U Mannheim	Politikwissenschaft: Die politischen Systeme Europas und ihre Integration	Bachelorabschlus in politikwissenschaftlichem Studiengang mit Mindestnote 2,5 und gute Kenntnisse der Methoden empirischer Sozialforschung/Statistik. Englisch. 500 EUR/Semester.	4	Zulassung WS, örtlicher NC. Forschungsorientierter, konsekutiver Master. Geänderte Semesterzeiten. Bewerbung ab 15. Mai. www.sowi.uni-mannheim.de/p/4_2_12.html
U Marburg	Politikwissenschaft Master of Arts	Abschluss eines politikwissenschaftlichen Hochschulstudiums oder gleichwertig (mind. 130 ECTS Politik- u. Sozialwissenschaft) mit Mindestnote 3,0. Moderne Fremdsprache (möglichst Englisch) B2.	4	Zulassung WS. Eignungsfeststellung. Konsekutiver Master. www.uni-marburg.de/fb03/politikwissenschaft/studium/studgang
	Friedens- und Konfliktforschung Master of Arts	Hochschulabschluss und Kenntnis der Methoden empirischer Sozialforschung. Englisch.	4	Zulassung WS. Eignungsfeststellung. www.uni-marburg.de/studium/ studgang/studienfaecher/ neuestudiengaenge/ friedenskonfliktforschma
U München	Philosophie, Politik, Wirtschaft Master of Arts	Hochschulabschluss und zwei bis fünf Jahre Berufserfahrung. 500 EUR/Semester.	4	Zulassung WS. Aufnahmegespräch. Berufsbegleitender Weiterbildungsmaster. www.ppw.philosophie.uni-muenchen.de
U Münster	Politikwissenschaft Master of Arts	Hochschulabschluss in Politikwissenschaft oder verwandten sozialwissenschaftlichen Studiengang.	4	Zulassung WS, örtlicher NC. http://egora.uni-muenster.de/pol/pwplus/studieren.shtml

Hochschule	Studiengang/ Abschluss	Zugangsvoraussetzungen/ evtl. Studiengebühren[1]	Dauer (Sem.)	Bemerkungen/ Schwerpunkte
U Osnabrück	Demokratisches Regieren und Zivilgesellschaft Master of Arts	Bachelor in Social Sciences, Europäische Studien, zwei Fach-BA mit Politikwissenschaft oder vergleichbarer Abschluss mit Mindestnote 2,8. Englisch. 500 EUR/Semester.	4	Zulassung SoSe und WS. Konsekutiver Master. www.sozialwiss.uni-osnabrueck.de
U Passau	Governance and Public Policy - Staatswissenschaften Master of Arts	Hochschulabschluss in Wirtschafts- oder Gesellschaftswissenschaften mit Mindestnote 2,5. Englisch C1. 500 EUR/Semester.	4	Zulassung WS, örtlicher NC. Eignungsfeststellung. www.uni-passau.de/2328.html
U Potsdam	Politikwissenschaft Master of Arts	Abchluss Bachelor Politik und Verwaltung oder gleichwertig. Englisch. Motivationsschreiben.	4	Zulassung SoSe und WS, örtlicher NC. Zulassung über Fakultät. www.uni-potsdam.de/fakultaeten/wiso.html
	Master of Global Public Policy (MGPP) Master of Public Management (MPM)	Qualifizierter Abschluss in Ökonomie, Management oder Sozialwissenschaften.	14 Monate	Programmstart April, Bewerbung September des Vorjahres. Internationales Programm in englischer Sprache des Potsdam Center for Policy and Management. www.mgpp-potsdam.de
U Regensburg	Demokratiewissenschaft Master of Arts	Studienabschluss mit Schwerpunkt Politikwissenschaft und Mindestnote gut (2,0). Kenntnis zweier Fremdsprachen. 500 EUR/Semester.	4	Zulassung SoSe und WS. Eignungsfeststellung. Konsekutiver Master. www.uni-regensburg.de/Fakultaeten/phil_Fak_III/Politikwissenschaft

Hochschule	Studiengang/ Abschluss	Zugangsvoraussetzungen/ evtl. Studiengebühren[1]	Dauer (Sem.)	Bemerkungen/ Schwerpunkte
U Stuttgart	Empirische Politik- und Sozialforschung Master of Arts	Bachelorabschluss in Politik- oder Sozialwissenschaften mit Mindestnote gut (2,5). 500 EUR/Semester.	4	Zulassung WS, örtlicher NC. Konsekutiver Master. Auch deutsch-französischer Studiengang. www.uni-stuttgart.de/ studieren/angebot/sozialwissenschaft
U Trier	Politikwissenschaft Master of Arts	Bachelorabschluss in Politikwissenschaft oder einem anderen Studiengang mit relevanten politikwissenschaftlichen Anteilen mit Mindestnote 2,5. Englisch und weitere Fremdsprache.	4	Zulassung WS. Forschungsorientierter, konsekutiver Master. Kann als Haupt- (80 LP) oder Nebenfach (40 LP) studiert werden. www.politikwissenschaft. uni-trier.de
U Tübingen	Friedensforschung und internationale Politik Master of Arts	Bachelor in Politik oder vergleichbarerem sozialwissenschaftlicher Studiengang mit Mindestnote gut (2,5). 500 EUR/Semester.	4	Zulassung WS, örtlicher NC. Bewerbungsschluss bereits 15. Juni. Konsekutiver Master. www.uni-tuebingen.de/ uni/spi/ mafipfirst.htm

Hinweis:
Siehe auch Kapitel 3 „Das Lehramtsstudium" mit Master of Education und Teil III „Spezial: Europastudien und spezialisierte Masterstudiengänge" mit weiteren Masterstudiengängen mit politikwissenschaftlichen Anteilen (z.B. Politische Kommunikation) oder regionalbezogenen Studiengängen (z.B. Politik Ostasiens). Nicht aufgenommen wurden auslaufende Studiengänge mit letztmaliger Zulassung zum Wintersemester 2008/09.

[1] *Es sind nur Studiengebühren (Studienbeiträge) angegeben, nicht die immer zu zahlenden Semesterbeiträge (ggf. einschl. Semesterticket) und auch keine Verwaltungskostenbeiträge oder Langzeitstudiengebühren. Da die rechtlichen Regelungen für Studiengebühren auf Grund von Klagen noch einer Nachprüfung durch die Gerichte unterzogen werden, ist der aktuelle Stand bei den Hochschulen zu überprüfen.*

2.6 Studiengänge mit besonderem Profil

In diesem Abschnitt werden einige ausgewählte Studiengänge vorgestellt, die sich durch ihr außergewöhnliches Profil von den üblicherweise angebotenen politikwissenschaftlichen Bachelorstudiengängen abheben.

Als Beispiel für international ausgerichtete Studiengänge dient der Studiengang Internationale Beziehungen des Zentrums für internationale Beziehungen der Technischen Universität Dresden. Der Bachelorstudiengang Politik- und Verwaltungswissenschaft der Universität Konstanz wiederum ist ein Beispiel für einen berufsorientierten, auf herausgehobene administrative Positionen zielenden Studiengang. Sowohl international als auch berufsorientiert ausgerichtet ist schließlich der Bachelorstudiengang Politikmanagement der Hochschule Bremen (FH), einer der wenigen auch mit Fachhochschulreife zugänglichen politikwissenschaftlichen Studiengänge.

Beispiel:
Studiengang Internationale Beziehungen/International Relations
der Technischen Universität Dresden
Die TU Dresden bietet neben dem nachfolgend näher beschriebenen Studiengang Internationale Beziehungen einen Studiengang Politikwissenschaft (Ein-Fach-Bachelor) sowie im Lehramt die Fächer Gemeinschaftskunde sowie Wirtschafts- und Sozialkunde mit politikwissenschaftlichen Anteilen an.

Der Studiengang ist zulassungsbeschränkt und die Zulassung erfolgt nach der erfolgreichen Teilnahme an einem schriftlichen und mündlichen Aufnahmeverfahren. Bei der Bewerbung sind neben der Hochschulzugangsberechtigung (Abiturzeugnis) sehr gute Kenntnisse in Englisch und gute Kenntnisse (etwa Abiturniveau) einer weiteren modernen Fremdsprache nachzuweisen. Außerdem sind einzureichen: ein tabellarischer Lebenslauf mit Lichtbild, eine maximal dreiseitige Darstellung der Motive für die Bewerbung, Nachweise zu einem inner- und außerschulischem Engagement (insbesondere mit internationalem Bezug) und evtl. weiterer für die Bewerbung relevanter Aktivitäten (z.B. Mitwirkung in Teams, Praktika, Ferienjobs, Auslandsaufenthalte). Auf der Grundlage der eingereichten Bewerbungsunterlagen wird zum Auswahlgespräch (Termin: Ende Juli/Anfang August) eingeladen. Das Auswahlgespräch bezieht sich neben der Erläuterung der persönlichen Motive für die Bewerbung auf Allgemeinwissen und Fragen zu aktuellen Themen mit internationalem Bezug. Es wird teilweise in einer Fremdsprache (i.d.R. Englisch) geführt. Der Studienbeginn ist jeweils zum Wintersemester.

Der Studiengang wird seit dem Wintersemester 1998/99 vom Zentrum für Internationale Studien an der Technischen Universität Dresden angeboten. Er beinhaltet auch ein obligatorisches Auslandssemester (5. Fachsemester) und kann nach dem Bachelorabschluss in einem Masterstudiengang fortgeführt werden.
Das interdisziplinäre Studium umfasst die drei Kernfächer Rechtswissenschaften (Internationales Recht), Wirtschaftswissenschaften (Volkswirtschaftslehre, insbe-

sondere Internationale Wirtschaft) und Politikwissenschaft (Internationale Politik). Ergänzungsfächer sind Neuere/Neueste Geschichte und Sozialwissenschaften (z.B. Kommunikationswissenschaft, Politikwissenschaft ohne int. Politik, Soziologie). Weiterer Bestandteil ist die integrierte Sprachausbildung in Englisch (obligatorisch) sowie einer zweiten modernen Fremdsprache (garantiertes Angebot: Französisch, Spanisch, Russisch). Als vierter Bereich fungiert die allgemeine berufsqualifizierende Ausbildung (AQUA) mit dem Pflichtpraktikum und weiteren frei wählbaren Lehrveranstaltungen bzw. Modulen (z.B. Rhetorik, Landeskunde).

Das Studium ist in Module gegliedert. Im Plichtbereich sind die Module Interdisziplinäre Einführung, Staatswissenschaften, Wirtschaftswissenschaften: Mikro- und Makroökonomie, Internationales System, Europa, Internationale Organisationen/ Menschenrechte, Außen- und Außenwirtschaftsbeziehungen, Academic Writing und International Negotiations zu absolvieren. Mit wechselnden Inhalten ist jeweils ein weiteres Modul in Politik, Recht und Wirtschaft mit internationaler Ausrichtung zu besuchen. Im Wahlpflichtbereich besteht die Möglichkeit, eines dieser Gebiete durch die Wahl eines weiteren Moduls zu vertiefen. Als Sprache kann Spanisch, Französisch oder Russisch gewählt werden. Während sich die verpflichtenden Module in Spanisch und Französisch auf die Berufs- und Wissenschaftssprache, eine Einführung in die Rechtssprache sowie Akademisches Schreiben/Internationales Verhandeln bzw. Konferenz beziehen, werden in Russisch zunächst einführende Sprachmodule angeboten (Grundstufe, Mittelstufe), da diese Sprache ohne Vorkenntnisse gewählt werden kann. Es folgen Module zur Berufs- und Wissenschaftssprache Russisch sowie zur Landeskunde Russland: Politik und Gesellschaft. Auch die Sprachausbildung in Englisch wird fortgeführt. Abgerundet wird das Studium durch ein Modul zur Allgemeinen Qualifikation, das Praktikumsmodul (Pflichtpraktikum von mindestens sechswöchiger Dauer) und das Studium historisch-sozialwissenschaftlicher Ergänzungsfächer.

Das Prüfungssystem ist studienbegleitend angelegt, d.h. es werden Leistungspunkte (credits) in den Modulen erworben. Die für den Studienabschluss notwendigen 180 credits verteilen sich auf den Pflichtbereich mit feststehendem Inhalt (84 credits), den Pflichtbereich mit wählbaren Inhalt (63 credits) und Wahlpflichtmodule (33 Credits). Die im Auslandssemester (5. Fachsemester) an einer staatlich anerkannten Hochschule erbrachten Studienleistungen werden auf die Module mit wählbaren Inhalt angerechnet. Die Abschlussarbeit ist in einem der drei Kernfächer Politik, Recht oder Wirtschaft zu schreiben. Ist die Prüfung bestanden, wird der Bachelor-Grad verliehen. Außerdem wird für Englisch sowie für die gewählte zweite moderne Fremdsprache (Französisch. Spanisch) mit dem Zertifikat UNICERT III eine verhandlungssichere Beherrschung bescheinigt. Russisch wird auf dem Niveau UNICERT II abgeschlossen. Nach dem Bachelorabschluss ist die Bewerbung für den Masterstudiengang Internationale Beziehungen möglich, der in den Spezialisierungsrichtungen „Globale Politische Ökonomie (GPOE)" oder „Internationale Organisationen und Institutionen (IO)" angeboten wird.

Der Studiengang richtet sich an Studierende, die eine interdisziplinäre Ausbildung in Politik, Wirtschaft und Recht mit sprachlichem Schwerpunkt anstreben, um anschließend in internationalen Organisationen bzw. Institutionen tätig zu werden. Durch das Auslandssemester lassen sich auch entsprechende Erfahrungen machen und Kontakte knüpfen.

Weitere Informationen:
http://tu-dreden.de/die_tu_dresden/zentrale_einrichtungen/zis u.a. mit Studiengangsbroschüre und Präsentation zum Download.

Beispiel:
Politik- und Verwaltungswissenschaft der Universität Konstanz
Die Universität Konstanz bietet neben dem nachfolgend näher beschriebenen Studiengang den Studiengang Politikwissenschaft (als Haupt- oder Beifach) mit Option für das Lehramt an Gymnasien an. Die Fächer Politikwissenschaft oder Verwaltungswissenschaft können auch als Nebenfächer in einem geisteswissenschaftlichen Bachelor-Studiengang studiert werden.

Der Studiengang Politik- und Verwaltungswissenschaft ist zulassungsbeschränkt und es wird ein örtliches Auswahlverfahren durchgeführt. Während 10% der Plätze nach Wartezeit vergeben werden, sind im Auswahlverfahren für die übrigen 90% folgende Kriterien maßgebend:
- Durchschnittnote der Hochschulzugangsberechtigung (spielt die ausschlaggebende Rolle),
- eine für den Studiengang einschlägige Berufsausbildung oder Berufstätigkeit und/oder
- ggf. ehrenamtliches Engagement in Leitungsfunktionen von politischen und gesellschaftlichen Organisationen.

Für das Studium sind gute Englischkenntnisse notwendig, da ein Teil der Lehrveranstaltungen in englischer Sprache gehalten wird. Ebenfalls erwartet werden Kenntnisse der Geschichte der Bundesrepublik Deutschland und der Europäischen Union sowie Grundkenntnisse der neueren Weltgeschichte. Das Studium kann jeweils zum Wintersemester begonnen werden.

Ziel des Studiums ist eine generalistische Ausbildung, die für Führungspositionen an der Schnittstelle zwischen Markt und Staat im nationalen wie internationalen Kontext qualifiziert. Im Mittelpunkt steht eine politikwissenschaftlich eingebundene, interdisziplinäre Verwaltungslehre. Im Einzelnen umfasst das Studium
- Politikwissenschaft (Staats- und Demokratietheorie, Policy-Analyse, Regierungssysteme),
- Methoden (Statistik, empirische Sozialforschung),
- Managementlehre (Führung, Organisation, Personal, Finanzen) und
- Grundlagen benachbarter Fächer (Volkswirtschaftslehre, Recht).

Das sechssemestrige Studium gliedert sich in drei Semester Basisstudium, ein Praxissemester und das anschließende zweisemestrige Vertiefungsstudium mit dem Abschlussexamen. Es wird ausdrücklich empfohlen, ein oder zwei Semester im Ausland zu studieren.
Im Basisstudium (1. bis 3. Semester) wird in vier Basismodulen studiert. Es sind
- Basismodul 1 „Methodenlehre" mit Methoden der empirischen Politik- und Verwaltungsforschung sowie Statistik I,
- Basismodul 2 „Politikwissenschaft" mit Staats- und Demokratietheorie, Einführung in die Policy-Analyse, Regierung und Verwaltung in Deutschland und Europa, Analyse und Vergleich politischer Systeme, Einführung in die Internationalen Beziehungen sowie ein politikwissenschaftliches Proseminar,
- Basismodul 3 „Verwaltungswissenschaft/Managementlehre" mit Personal und Organisation, Strategie und Führung, Haushalt und Finanzen sowie ein verwaltungswissenschaftliches Proseminar,
- Basismodul 4 „Grundlagen benachbarter Fächer" mit Einführung in die Volkswirtschaftslehre und das Öffentliche Recht.

Das Praxissemester (4. Semester) wird in privaten oder staatlichen, nationalen oder internationalen Institutionen absolviert. Bei der Suche werden die Studierenden vom Beauftragten für den Arbeitsaufenthalt unterstützt, der auch für die Anerkennung zuständig ist. Weitere Informationen unter www.uni-konstanz.de/sektionen/polver/schuhmacher.

Im Vertiefungsstudium (5./6. Semester) sind zwei Aufbaumodule zu studieren. Das Aufbaumodul „Politik- und Verwaltungswissenschaft" mit den Anwendungsbereichen Internationale und vergleichende Politik, Policy-Analyse und Politische Organisationen, Managementlehre sowie Verwaltungswissenschaft und das Aufbaumodul „Wahlpflichtfach" mit Wahlpflichtveranstaltungen aus den Fächern Rechts-, Wirtschafts- oder Informationswissenschaft, Soziologie, Geschichte, Philosophie. In diesem Modul können auch credits aus dem Bereich Schlüsselqualifikationen erworben werden.

Das Prüfungssystem ist studienbegleitend organisiert. Das erste Studienjahr wird mit einer Orientierungsprüfung (drei Prüfungsleistungen) abgeschlossen. Ansonsten finden die Prüfungen in den Lehrveranstaltungen statt und es werden hierfür in der Regel zwei Termine angeboten. Das Praxissemester wird in einem Berichtsverfahren ausgewertet und dokumentiert. Im Basisstudium sind insgesamt vierzehn, im Vertiefungsstudium sieben studienbegleitende Prüfungsleistungen zu erbringen. Am Ende des Bachelorstudiums steht die Abschlussarbeit, für deren Anfertigung sechs Wochen zur Verfügung stehen.

Nach dem Studienabschluss ist die Bewerbung für den konsekutiven Masterstudiengang Politik- und Verwaltungswissenschaft des Fachbereichs möglich.

Der Studiengang eignet sich besonders für Interessenten, die an einer praxisorientierten Ausbildung mit Schwerpunkt in Verwaltung und Management und internationalen Bezügen interessiert sind. Durch die solide Methodenausbildung, die Kompetenzerweiterung in Nebenfächern und Managementtechniken ergibt sich ein breites Berufsfeld im nationalen und internationalen Kontext, das im Praxissemester bereits erkundet werden kann.

Weitere Informationen:
www.uni-konstanz.de/sektionen/polver
u.a. mit Prüfungs- und Studienordnung, Vorlesungsverzeichnis, Formularen.

Beispiel:
Internationaler Studiengang Politikmanagement der Hochschule Bremen
Die Hochschule Bremen bietet als Fachhochschule (University of Applied Sciences) diesen inklusive eines Auslands- und Praxissemesters sieben Semester umfassenden Bachelorstudiengang im Fachbereich Gesellschaftswissenschaften an. Er ist auch mit Fachhochschulreife zugänglich. Weitere Zulassungsvoraussetzungen sind ein

Vorpraktikum von mindestens vier Wochen Dauer in einer politischen Institution oder einer politiknahen Einrichtung sowie gute Englischkenntnisse (B 1).

Der Studiengang ist derzeit (WS 2008/09) zulassungsbeschränkt. Die Auswahl erfolgt nach Notendurchschnitt der Hochschulzugangsberechtigung und Wartezeit. Im Wintersemester 2008/09 lagen die Grenzwerte in der Leistungsliste (Notendurchschnitt) bei 2,2 im Nachrückverfahren oder 8 Halbjahre Wartezeit.
Das Studium ist modular aufgebaut und umfasst
- im 1. Fachsemester die fünf Module Politik in globaler Perspektive, Staat und Verwaltung, Wirtschaft und Gesellschaft, Methoden der Politikwissenschaft und Organisationslehre/Internationale Kommunikation I;
- im 2. Fachsemester die fünf Module Demokratie und Nationalstaat, Internationale Politik und Recht, Intervention und Politik, Methoden der Politikforschung, Organisationslehre/ Internationale Kommunikation II;
- im 3. Fachsemester die fünf Module European Integration, Voraussetzungen internationaler Politik, Vergleichende Politikforschung, Politische Kommunikation, Internationale politische Kommunikation;
- im 4. Fachsemester das Praxissemester mit vor- und nachbereitenden Veranstaltungen sowie ein Modul Verwaltung und Politik:
- im 5. Fachsemester das Auslandsstudium mit vor- und nachbereitenden Seminar;
- im 6. Fachsemester die fünf Module Globale Politik, Politische Kultur, Policy-Analyse, Mediation und Politikmanagement;
- im 7. Fachsemester neben dem Schreiben der Bachelor-Thesis die Module Staat und Management, aktuelle Probleme der Weltpolitik, Berufsqualifikation sowie Verwaltung und Kommunikation.

Die Lehrveranstaltungen werden in deutscher oder englischer Sprache gehalten. Schwerpunkt des Studiums sind Globalisierungsprozesse auf verschiedenen politischen Ebenen.

Das Prüfungssystem ist studienbegleitend angelegt. Um die notwendigen ECTS zu erwerben, sind in jedem Modul Prüfungen zu bestehen. Als Formen stehen Hausarbeiten, Klausuren, Referate und in einigen Modulen auch Projektarbeiten zur Verfügung. Hausarbeiten, Projektarbeiten und Referate können auch in Gruppenarbeit angefertigt werden.

Nach dem Bachelorabschluss ist eine Bewerbung für den konsekutiven Masterstudiengang European and World Politics des Fachbereichs möglich.

Der Studiengang eignet sich sowohl für Interessenten an einer Stabsstelle (Referentenstelle) in politischen Organisationen oder Verwaltungen als auch für politische Kommunikation und Öffentlichkeitsarbeit (z.B. Pressestellen). Durch das integrierte Praxissemester sowie das Auslandsstudium können vielfältige Kontakte für den Berufseinstig geknüpft werden.

Weitere Informationen:
www.ispm-bremen.de
mit u.a Erfahrungen von Studierenden, Studienverlaufsplan, Prüfungsordnung.

2.7 Beruf – Arbeitsmarkt und Tätigkeitsfelder

Ähnlich wie für Soziologen gibt es auch für Politologen außerhalb von Lehre und Forschung an der Universität keine exklusiven Berufsfelder. Wegen der Vergleichbarkeit der Berufssituation der beiden Gruppen sei an dieser Stelle auch ausdrücklich auf die Ausführungen zum Arbeitsmarkt für Soziologen verwiesen. Hinzu kommt, dass bislang kaum empirische Daten über die Berufseinmündung und den Berufsverbleib von Absolventen mit Bachelorabschluss vorliegen. Da Politikwissenschaftler bisher eher über persönliche Kontakte als über ihren speziellen Hochschulabschluss eine Anstellung fanden, dürften sich die Chancen für Arbeitsuchende mit einem Bachelorgrad nicht wesentlich verändern. Vorstand und Beirat der Deutschen Vereinigung für Politische Wissenschaft (DVPW) haben sich in ihrer Empfehlung zur Strukturreform zur Bachelor-Qualifikation wie folgt geäußert:

„Ein Bachelor-Abschluss im Fach Politikwissenschaft soll ein multifunktionaler Abschluss sein, der wissenschaftliche Grundqualifikationen mit analytisch-methodischen Fähigkeiten und Praxiszugang verknüpft. Ein unmittelbarer beruflicher Anwendungsbezug kann angesichts der Fülle von möglichen Einsatzbereichen am Arbeitsmarkt nicht realisiert werden. Fachlich-wissenschaftliche Elemente aus der Politik- und Sozialwissenschaft sind mit Schlüsselqualifikationen der kommunikativen Kompetenz und mit Fähigkeiten des Praxisbezugs zu verknüpfen."

Nach einer von der Bundesagentur für Arbeit zitierten Befragung der Universität Düsseldorf von 218 Sozialwissenschaftlern mit einem Bachelorabschluss (Sommer

2006) hatten jeweils ein gutes Drittel ein Masterstudium (36,2 %) oder ein Arbeitsverhältnis (35,8 %) aufgenommen. Darüber hinaus waren 7,8 % selbstständig und 3,2 % in einem Praktikum. Gut jeder Zehnte befand sich in einer Aus- und Weiterbildung (11,5 %) und einige arbeiteten an ihrer Dissertation (2,8 %). Mit Gelegenheitsjobs hielten sich 2,3 % über Wasser und nur 0,9 % fielen in die Kategorie „arbeitslos".

Von den erwerbstätigen Politologen/Soziologen war bereits im Jahr 2006 ein großer Teil über 50 Jahre alt (32 %). Mit dem Ausscheiden einer größeren Gruppe aus dem Berufsleben ist damit in naher Zukunft zu rechnen. Allerdings werden - insbesondere im Öffentlichen Dienst - nicht alle freiwerdenden Stellen wieder besetzt. Hinzu kommt die Konkurrenz anders Ausgebildeter um die frei werdenden Stellen. Tätigkeitsfelder von Politikwissenschaftlern sind neben Lehre und Forschung klassischerweise Medien, Parteien, Fraktionen, Verwaltungen, Verbände, Vereine, Kammern, Gewerkschaften und Kirchen. Daneben sind die Gebietskörperschaften sowie auch die Wirtschaft (z.B. PR-Agenturen, Marktforschungsinstitute) als Arbeitgeber zu nennen. Je nach Ausrichtung des Studiums bestehen auch gute Chancen in den Bereichen Internationale Organisationen und Kunst und Kultur.

Da bundesweite Absolventenstudien nicht vorliegen, kann nur auf örtliche Untersuchungen zurückgegriffen werden. Eine im August 2008 publizierte Absolventenbefragung 2006/07 (98 Beteiligte) des Politikwissenschaftlichen Studenten-Netzwerks der Universität Duisburg-Essen kommt zu folgender Branchenverteilung der aktuellen Beschäftigung: Wirtschaft (28 %), Bildung (17 %), Medien (12 %), Universität (9 %), Werbung/PR (8 %), Öffentliche Verwaltung (6 %), Außeruniversitäre Forschung (5 %), Soziales (5 %), Vereine/Verbände/Parteien (1 %), der Rest (9 %) ist der Kategorie Sonstiges zugeordnet. Während 62,1 % in Vollzeit und 23 % in Teilzeit arbeiteten, waren 11,5 % arbeitslos und 3,4 % hielten sich mit Jobben über Wasser. Von den Beschäftigten waren 76,6 % angestellt, 5,4 % verbeamtet und ebenfalls 5,4 % selbstständig sowie 12,7 % freiberuflich tätig. Interessant ist auch, dass die schon etwas ältere Untersuchung von Ebbinghausen/Grün (Berliner Politologen der Abschlussjahrgänge 1974–1980) 4,8 % der Absolventen in alternativen Projekten aufgespürt hat. Vielleicht erfolgt angesichts des Engagements vieler Studierender in NGO's wie z.B. attac eine Renaissance dieses Sektors. Wolfgang Henning gibt in seinem Buch Karrieren unter der Lupe: Politologen, Soziologen (Lexika-Verlag, Würzburg 2001) eine Verteilung für Sozialwissenschaftler allgemein an. Danach sind nach wie vor die meisten Absolventinnen und Absolventen in den Bereichen Lehre/Forschung/wissenschaftliche Dienstleistung/Ausbildung und Bildung tätig. Fast gleichauf liegen redaktionelle Tätigkeiten/Reportage/Moderation/Medienmanagement sowie Marktforschung/Marketing/Werbung auf den nächsten Plätzen. An Bedeutung gewinnt der Sektor Consulting (Unternehmens- und Politikberatung), Tätigkeiten, die häufig auch freiberuflich ausgeübt werden.

Nach diversen örtlichen Verbleibstudien und auch nach der Volks- und Berufszählung ist die Beschäftigungslage für Absolventen eines politikwissenschaftlichen Studiums also nicht so schlecht, wie manche Klischees behaupten (z.B. später Taxifahrer oder Kellnerin), dennoch bleibt der Übergang in den Beruf schwierig. Auch die allgemeine Arbeitsmarktlage beeinflusst den Teilarbeitsmarkt für Politikwissenschaftler, wie ein Blick in die Zahlen der bei der Bundesagentur für Arbeit gemeldeten Arbeitslosen mit Zielberuf Politologe zeigt. Danach ging die Zahl von 1.433 im Jahr 2005 auf 870 im Jahr 2007 zurück. In der durch die Finanzkrise ausgelösten wirtschaftlichen Rezession ist aber wieder mit einer Erhöhung zu rechnen. Lediglich für Lehrer dürften die Arbeitsmarktchancen noch einige Zeit auf Grund des hohen Ersatzbedarfs recht günstig sein. Auch andere allgemeine Entwicklungen auf dem Arbeitsmarkt verschonen die Politikwissenschaftler nicht. So ist es nicht selten, dass sich Zeiten der Beschäftigung mit Zeiten der Arbeitslosigkeit abwechseln (Patchwork-Biographie). Ebenso sind befristete Arbeitsverhältnisse und Teilzeitarbeit verbreitet. Dennoch: Mit Eigeninitiative und Engagement meistern die meisten Absolventen den Berufseinstieg. In allen Bereichen ist das rechtzeitige Knüpfen von Beziehungen – auch soziale Netzwerke genannt – und der Erwerb und das Training persönlicher Fähigkeiten (z.B. Reden, Schreiben, Verhandeln, sich darstellen können) neben einschlägigen Fachkenntnissen Voraussetzung für den Berufseinstieg. Hilfreich können dabei die Ehemaligen- oder Alumnivereinigungen des Fachs aber auch studentische Initiativen sein. Ironisch und mit viel Power arbeitet z.B. die Fachschaftsinitiative Politik der Universität Erlangen (www.spaeter-mal-Taxifahrer.de). Immer noch zutreffend für die Entwicklung der Berufsaussichten dürften in Anlehnung an Professor Raschke (Blätter zur Berufskunde Politologe/Politologin) die nachfolgenden Faktoren sein:

Bessere Information über die Anwendbarkeit des politikwissenschaftlichen Studiums
Die Kenntnis über das, was im Politikwissenschaftsstudium gelernt wird, ist in der Öffentlichkeit und bei vielen Einstellungsträgern weiterhin gering. Eine verstärkte Information über die Eignung und die Qualifikationsprofile von Politologen, durchaus auch bezogen auf bestimmte Tätigkeitsfelder, könnte die Berufsaussichten verbessern. Zur Zeit muss dies individuell von den Bewerberinnen und Bewerbern um eine Arbeitsstelle geleistet werden.

Durchsichtigkeit des Stellenmarktes
In Anzeigen wird relativ selten außerhalb des Bereichs von Lehre und Forschung direkt nach Sozialwissenschaftlern oder gar Politologen gefragt. Zugenommen hat allerdings in den letzten Jahren die Nachfrage nach bestimmten Qualifikationen, ohne dass ein bestimmter Abschluss eine Rolle spielt. Politologinnen und Politologen müssen deshalb die Qualifikationsprofile von Stellenanzeigen analysieren und sich gegebenenfalls auch auf Ausschreibungen für Wirtschaftswissenschaftler bewerben, wenn sie die notwendige Grundqualifikation für die Stelle besitzen.

Wirtschaftliche Entwicklung
Die Nachfrage nach zusätzlichen Nachwuchskräften in Lehre und Forschung, Bildungseinrichtungen oder der öffentlichen Verwaltung (und darum geht es oft bei der ersten Stelle von Politologen, allerdings zukünftig wohl mit Masterabschluss) hängt stark von der Entwicklung der staatlichen Haushalte und damit dem Steueraufkommen, das u.a. sehr konjunkturempfindlich ist, ab. Rezessionen verschlechtern die Berufsaussichten von Politologen daher.

Institutionelle Öffnung von Berufsbereichen
Eine Verbesserung der Zulassungsbedingungen für den öffentlichen Dienst, etwa der Voraussetzungen für den höheren Verwaltungsdienst, würde die Konkurrenzsituation für Politologen und Politologinnen mit einem Schlag erheblich verbessern. Nach wie vor ist das Verwaltungsreferendariat für Absolventen eines politikwissenschaftlichen Studiums nur schwer zugänglich.

Erschließung neuer Berufsfelder
Im Bereich der Wirtschaft und der Non-Profit-Organisationen wachsen die beruflichen Chancen von Politologen durch den Aufbau neuer Funktionsbereiche und die Herausforderungen der Globalisierung. Hier können durch geschickte Fächerkombination gepaart mit Leistungsbereitschaft und Kreativität neue Positionen erschlossen werden, die bei gelungener Berufseinmündung auch Nachzieheffekte erzeugen.

 Einen Überblick über die Arbeitsmarktsituation für Politikwissenschaftler bietet das Informationssystem Studienwahl & Arbeitsmarkt der Universität Duisburg-Essen. Im Internet sind die Daten unter http://www.uni-due.de/isa zu finden.

Generell haben sich Politikwissenschaftler, ähnlich wie Soziologen, ihr Berufsfeld außerhalb von Lehre, Forschung und Schuldienst erst noch zu schaffen. Dabei spielen informelle Kontakte eine herausragende Rolle, da häufig nur über sie die Chance besteht, sich mit seinem spezifisch politologischen Wissen überhaupt einmal zu präsentieren. Deshalb ist der Kontakt mit der Praxis während des Studiums so notwendig. An vielen Studienorten sind inzwischen mehrwöchige oder gar mehrmonatige Praktika vorgeschrieben, die neuen Bachelorstudiengänge bieten Praxismodule und Schlüsselqualifikationen an. Sie sollten nicht als lästige, mit geringst möglichen Aufwand zu absolvierende Pflicht betrachtet werden, sondern als Chance, sich und die eigenen Ideen für den Berufseinstieg fit zu machen. Denn: Berufliche Praxis ist immer auch gesellschaftliche Praxis, und Veränderung entsteht durch Handeln.

Übrigens steht an der Spitze der Bundesagentur für Arbeit mit Heinrich Alt als einem von drei Vorstandsmitgliedern ein Politikwissenschaftler. An dieser Stelle soll jedoch am Beispiel zweier anderer, für Politologen nicht untypischen Arbeitsplätzen, ein wenig mehr Einblick in den Berufsalltag gegeben werden.

1. Beispiel
Assistent/Referent für Abgeordnete, Parlamentsfraktionen oder Parteiorganisationen
Politisch engagierten Absolventinnen und Absolventen eröffnet sich gelegentlich die Möglichkeit, als Assistent / Referent für Abgeordnete, Parlamentsfraktionen oder Parteiorganisationen tätig zu werden. Oft sind es befristete, an die Legislaturperiode gebundene Arbeitsverträge. Allerdings kann sich auch kaum jemand vorstellen, eine solche Tätigkeit lebenslang auszuüben. Es handelt sich vielmehr um Durchgangsarbeitsplätze mit dem besonderen Charme, eine Vielzahl interessanter und für den späteren Lebensweg durchaus nützlicher Kontakte knüpfen zu können.

Die Arbeit selbst findet im Hintergrund der in der Öffentlichkeit agierenden Politiker statt. „Mandatsträger programmieren" so lautete der Titel eines Artikels in der Zeitschrift UNI über die Tätigkeit einer Diplom-Politologin in der SPD-Parteizentrale.

Eine wesentliche Tätigkeit besteht im Schreiben von Redemanuskripten oder Zusammenstellen von Unterlagen für Ansprachen und Debatten. Formulierungskunst ist also gefragt. Auch die wissenschaftliche Vorbereitung politischer Entscheidungen durch entsprechend aufbereitete Daten und Fakten gehört zur Alltagsroutine. Da Politik jedoch nicht unbedingt wissenschaftlicher Erkenntnis folgt, ist ein gehöriges

Maß an Frustrationstoleranz notwendig. Ebenso gehört die Vorbereitung und Organisation von Tagungen und Kongressen zur Arbeit. Von der Anreise über die Unterkunft bis zu Namensschild und Mikrofonprobe ist alles unter Kontrolle zu halten.

Auch als Beobachter bei von anderen veranstalteten Tagungen werden Referenten eingesetzt. Die Berufstätigkeit des Autors, im Nebenfach auch Absolvent der Politikwissenschaft, begann ebenfalls mit einer Stelle als Assistent für zwei Bundestagsabgeordnete. Bei der Tätigkeit für Abgeordnete spielt natürlich der Wahlkreis eine wichtige Rolle. Nicht nur im Wahlkampf, sondern über die gesamte Legislaturperiode sind Aktionen und Events (neudeutsch) auszudenken und zu organisieren, die dem jeweiligen Mandatsträger die Möglichkeit zur Darstellung seiner Politik und natürlich auch seiner Person bieten. Dazu gehören bei Bundestags- bzw. Europaabgeordneten auch die bei Wählern und Wählerinnen beliebten Besuchsprogramme in Berlin, Straßburg oder Brüssel.

Abgeordnete sind auch die Kummerkästen ihrer Wähler und Nichtwähler. Eine Flut von Briefen mit persönlichen Anliegen erreicht die Mandatsträger. Hier gilt es für den Assistenten, die Spreu vom Weizen zu trennen. In nicht wenigen Fällen kann dann durch einen Anruf aus Berlin, beim örtlichen Landrat, Stadtdirektor oder Amtschef eine Entscheidung herbeigeführt werden, auf die der Antragsteller vergeblich drang. Hier gilt es, die Kunst des diplomatischen Telefonats zur Perfektion zu entwickeln.

2. Beispiel
Pädagogischer oder Wissenschaftlicher Mitarbeiter bei einer partei- oder gewerkschaftsnahen Akademie, einer Volks- oder Heimvolkshochschule oder einem Institut

Ein weiterer typischer Berufsbereich ist die Tätigkeit in der politischen Bildung, sei es nun bei einer partei- oder gewerkschaftsnahen Akademie, einer Volks- oder Heimvolkshochschule oder einem Institut. Die Berufsbezeichnung ist entweder Pädagogischer oder Wissenschaftlicher Mitarbeiter. Die Tätigkeit als Dozent in einem Seminar oder auf einer Tagung macht dabei nur den geringeren Teil der Tätigkeit aus. Im Vordergrund stehen Konzeption, Planung und Organisation von Veranstaltungen bzw. Veranstaltungsreihen. Wo bringe ich ein Seminar unter? Wie mache ich es bekannt? Wen werbe ich als Dozentin oder Dozent an? Wie kalkuliere ich die Kosten? All dies sind Fragen, die zu beantworten sind.

Auch der Aufbau von Archiven, Bibliotheken, Lehrbuchsammlungen sowie EDV-Dokumentationen und Recherchesystemen kann zum Tätigkeitsfeld gehören. Schließlich ist Öffentlichkeitsarbeit zu leisten. Das reicht von der Mitarbeit bei der Programmzeitschrift bis hin zum Hintergrundgespräch mit Journalisten. Gut, wer bereits im Studium auf diesen Sektoren praktische Erfahrungen gesammelt hat.

In der Zeitschrift UNI (Januarausgabe 1997) war der Arbeitsplatz eines Diplom-Politologen am Deutsch-Französischen Institut (DFI) in Ludwigsburg beschrieben und Folgendes nachzulesen: *„Dass die Institutsleitung sich schließlich (unter 150 Mitbewerbern, d. Verf.) für Joachim Schild entschied, lag neben der von ihm schon im Studium forcierten Spezialisierung auf die französische Politik sicher auch an den EDV-Kenntnissen, die er in Berlin in einem Hiwi-Job (Studentische Hilfskraft, d. Verf.) am Otto-Suhr-Institut erworben hatte."*
Gesucht wurde damals übrigens jemand, der die Bibliothek und die Literaturdatenbank mit aufbauen konnte.

Beide Beispiele zeigen, dass es nicht nur sinnvoll, sondern fast unabdingbar ist, sich bereits während des Studiums praktische Fertigkeiten anzueignen. Nach wie vor bietet die deutsche Universität dafür nur selten eine Hilfestellung an. Eigeninitiative und Beweglichkeit im Denken sind daher gefragt.

 Literaturhinweise

Bundesagentur für Arbeit: Beruf, Bildung, Zukunft Nr.27 – Gesellschafts- und Sozialwissenschaften – Arbeitsmarkt und Weiterbildung. Informationen für Akademiker/innen, Ausgabe 2007/2008.

Bundesagentur für Arbeit/Zentrale Auslands- und Fachvermittlung (ZAV): Sozialwissenschaftler. Arbeitsmarkt Kompakt 2007. Informationen für Arbeitnehmer/innen.

Bundesagentur für Arbeit/Zentrale Auslands- und Fachvermittlung (ZAV): Arbeitsmarktinformation Sozialwissenschaftliche Berufe. Arbeitsmarkt-Information 3/2006, Frankfurt 2006

(Publikationen im Netz zum Download www.arbeitsagentur.de, Link Veröffentlichungen und zur Bestellung unter www.ba-bestellservice.de, Stichwort Sozialwissenschaftler)

Caton, Matthias; Leininger, Julia; Stöver, Philip u.a.(Hrg.): Politikwissenschaft im Beruf. Perspektiven für Politologinnen und Politologen, Lit-Verlag 2005 (nur noch antiquarisch)

Henning, Wolfgang: Karrieren unter der Lupe. Politologen-Soziologen. Würzburg 2001 (Lexika Verlag)

Hoppe, Markus (Projektleiter) mit Bender, Marvin; Hanf, Alexandra, Winkler, Lukas: Politikwissenschaftler der Universität Duisburg-Essen in Studium & Beruf. Ergebnisse der Absolventenbefragung 2006/07, Duisburg 2008. (Als Manuskript im Netz, siehe www.p-s-n.org)

Malowitz, Karsten: Politikwissenschaftler – mehr als ein Beruf in Herfried Münkler (Hrg.): Politikwissenschaft. Ein Grundkurs. Reinbek bei Hamburg 2003 (Rowohlts Enzyklopädie Nr. 55648), Seite 623-650

Internet

Bundesanstalt für Arbeit: http://www.arbeitsagentur.de

TIPP: Im Portal www.abi.de unter Suche den Begriff „Politikwissenschaftler" eingeben und es erscheinen die einschlägigen Artikel der letzten zwei Jahre.

Informationssystem Studienwahl und Arbeitsmarkt (ISA): http://www.uni-due.de/isa

Wissenschaftsladen Bonn: www.wilabonn.de bietet eine umfangreiche und aktuelle Auswertung von Stellenangeboten, thematisch geordnet z.B. Bildung, Kultur & Sozialwesen.

2.8 Neugierig? Verbände, Institutionen, Internet, Fachzeitschriften, Bücher

Verbände und Institutionen

Deutscher Politologen-Verband e.V.
Peter-Schwingen-Straße 11, 53177 Bonn
Telefon: (02 28) 3265 00
Internet: www.politologen-verband.de

Deutsche Vereinigung für Politische Wissenschaft (DVPW)
c/o Universität Osnabrück
FB 1 – Sozialwissenschaften, 49069 Osnabrück
Telefon: (0541) 541 969 6264
Telefonzeiten: Mo-Do 9.30 Uhr -12.30 Uhr
E-Mail: info@dvpw.de
Internet: http://www.dvpw.de

Deutsche Gesellschaft für Politikwissenschaft (DGfP)
c/o Universität Rostock
Institut für Politik- und Verwaltungswissenschaften
Lehrstuhl für Vergleichende Regierungslehre
Ulmenstr. 69, 18057 Rostock
Telefon: (0381) 4984 443, Fax: (0381) 4984 445
E-Mail: Nikolaus.Werz@uni-rostock.de
Internet: http://www.dgfp.org

Deutsche Vereinigung für Politische Bildung (DVPB)
mit Landesverbänden in den Bundesländern.
E-Mail: info@dvpb.de
Internet: http://www.dvpb.de

Deutsche Gesellschaft zur Erforschung des politischen Denkens (DGEPD)
Geschäftsstelle: Institut für Bildungs- und Sozialwissenschaften
Fach: Wissenschaft von der Politik, Hochschule Vechta, Driverstr. 22, 49377 Vechta
Telefon: (0441) 15288
Vorsitzende: Prof. Dr. Barbara Zehnpfennig
E-Mail: zehnpfennig@uni-passau.de
Internet: http://www.phil.uni-passau.de/poltheorie

Internet

Portal PolitikON:
http://www.politikon.org. Mit Linksammlung und Lernplattform zum Selbststudium.
TIPP: Eine umfangreiche Linkliste zur Politikwissenschaft mit Datenbanken, politischen und universitären Institutionen, Informationen zu verschiedenen Kontinenten, Gesetzen und Vertragstexten, statistischen Quellen, Medien und vieles mehr findet sich auf der Homepage des Instituts für Politikwissenschaft der Universität Tübingen unter http://www.uni-tuebingen.de/uni/spi/urlpool.htm.

Fachzeitschriften

Es handelt sich um eine Auswahl. Fachzeitschriften sind nicht nur geeignet, einen Einblick in die Themen der aktuellen wissenschaftlichen Diskussion zu bekommen, sondern auch dazu, sich mit der Sprache und den Argumentationsmustern des Fachs vertraut zu machen.
Siehe im Internet auch www.vergleichende-politikwissenschaft.de/fachzeitschriften.htm

American Journal of Political Science
Herausgegeben von der Midwest Political Science Association, Blackwell Publishers

American Political Science Review
Herausgegeben von der American Political Science Association (APSA)

Blätter für deutsche und internationale Politik
Herausgebergremium, Blätter-Verlagsgesellschaft

Leviathan
Herausgebergremium, westdeutscher Verlag

Neue politische Literatur (NPL)
Rezensionen politikwissenschaftlicher Literatur

Political Science Quarterly
Herausgegeben von der Academy of Political Science

Politische Vierteljahresschrift (PVS)
Zeitschrift der Deutschen Vereinigung für Politische Wissenschaft, Westdeutscher Verlag

Review of Politics
University of Notre Dame (USA)

Zeitschrift für Internationale Beziehungen (ZIB)
Herausgegeben von der Sektion Internationale Politik der Deutschen Vereinigung für Politische Wissenschaft, Nomos-Verlag

Zeitschrift für Parlamentsfragen (ZParl)
Herausgegeben von der Deutschen Vereinigung für Parlamentsfragen, Westdeutscher Verlag

Zeitschrift für Politik (ZfP)
Herausgebergremium, Carl Heymanns Verlag

 Literaturhinweise

Bleek, Wilhelm: Geschichte der Politikwissenschaft in Deutschland. München 2001 (Beck Verlag, nur noch im Antiquariat)

Fuchs, Dieter; Roller, Edeltraut (Hrg.): Lexikon Politik. Hundert Grundbegriffe. Stuttgart 2007 (Reclam)

Hartmann, Jürgen: Geschichte der Politikwissenschaft. Grundzüge der Fachentwicklung in den USA und in Europa. Wiesbaden 2003 (VS Verlag)

Hofmann, Wilhelm; Dose, Nicolai; Wolf, Dieter: Politikwissenschaft. UTB basics. Konstanz 2007 (UTB)

Mols, Manfred; Lauth, Hans-Joachim; Wagner, Christian (Hrg.): Politikwissenschaft. Eine Einführung. Stuttgart 20065 (UTB Band 1789)

Rosenberger, Sieglinde; Sauer, Birgit (Hrg.): Politikwissenschaft und Geschlecht. Konzepte-Veknüpfungen-Perspektiven, Stuttgart 2004 (UTB Band 2479)

Schlichte, Klaus: Einführung in die Arbeitstechniken der Politikwissenschaft. Lehrtexte Politik. Wiesbaden 20052 (VS Verlag)

Simonis, Georg; Elbers, Helmut: Studium und Arbeitstechniken der Politikwissenschaft, Wiesbaden 2008 (Nachdruck, VS-Verlag)

3 Das Lehramtsstudium

Schule und Lehrerausbildung sind Kernbereiche der Kulturhoheit der Bundesländer. Dies führt dazu, dass sich die jeweiligen herrschenden politischen Vorstellungen von der Ausbildung und Bezahlung der Lehrer über die Ausgestaltung der Lehrämter bis zur Schulstruktur widerspiegeln. Wir haben es also mit einer Vielfalt zu tun, die noch dazu momentan im Umbruch ist. Einerseits wird auch die Lehrerausbildung auf die gestufte Studienstruktur mit Bachelor- und Masterstudium umgestellt, andererseits ändern viele Bundesländer ihre Schulstruktur von einem dreigliedrigen System mit Haupt- und Realschule sowie Gymnasien (Grund-, Berufs-, Gesamt- und Sonder- bzw. Förderschulen einmal vernachlässigt) auf ein zweigliedriges System, das neben dem Gymnasium nur noch eine den Sekundarbereich umfassende Schulform enthält. Hinzu kommt, dass immer mehr Schulen als Ganztagsschulen geführt werden. An dieser Stelle kann nur ein knapper Überblick mit dem Fokus auf sozialwissenschaftliche Schulfächer gegeben werden.

Die Kultusministerkonferenz (KMK) hat für die gegenseitige Anerkennung der Lehrämter grundsätzlich folgende sechs Lehramtstypen definiert:
Lehramtstyp 1: Lehramt der Grundschule bzw. der Primarstufe
Lehramtstyp 2: Übergreifende Lehrämter der Primarstufe und aller oder einzelner Schularten der Sekundarstufe I
Lehramtstyp 3: Lehrämter für alle oder einzelne Schularten der Sekundarstufe I
Lehramtstyp 4: Lehrämter der Sekundarstufe II (allgemeinbildende Fächer) oder für das Gymnasium
Lehramtstyp 5: Lehrämter der Sekundarstufe II (berufliche Fächer) oder für die beruflichen Schulen
Lehramtstyp 6: Sonderpädagogische Lehrämter

Angesichts gravierender Unterschiede in der Lehrerausbildung und der Schulorganisation, die durch die im Jahr 2006 beschlossene Föderalismusreform und die Studienstrukturreform noch verstärkt werden, sollten Interessentinnen und Interessenten für ein Lehramtsstudium bereits bei der Wahl des Landes, in dem sie ihr Studium und den anschließenden Vorbereitungsdienst (Referendariat) absolvieren wollen, aufpassen. Die zuständigen Kultusminister haben am 22. Oktober 1999 einen Beschluss zur gegenseitigen Anerkennung von Lehramtsprüfungen und Lehramtsbefähigungen gefasst. Darin heißt es in Ziffer 1:
„Die Ersten Staatsprüfungen für die Lehrämter sowie die Zweiten Staatsprüfungen (Lehramtsbefähigungen) werden im Rahmen der durch die Stellungnahme

der Kultusministerkonferenz zur „Studienstrukturreform der Lehrerausbildung" vom 12. Mai 1995 definierten und durch die Rahmenvereinbarungen vom 6. Mai 1994, 12. Mai 1995 und 28. Februar 1997 konkretisierten Lehramtstypen anerkannt...."
und Ziffer 2 macht die Einschränkung;
„Die Möglichkeit der Zulassung zum Vorbereitungsdienst beschränkt sich auf die von dem aufnehmenden Land vorgehaltenen Unterrichtsfächer und Fachrichtungen."
Nachdem die Kultusministerkonferenz (KMK) am 1.3.2002 einen ersten Beschluss zur Anerkennung der in der Bachelor-/Masterstruktur erlangten Abschlüsse für das Lehramt gefasst hatte, wurde diese Anerkennungsübereinkunft 2005 mit dem so genannten Quedlinburger Beschluss präzisiert. Darin werden als Standard für die Anerkennung formuliert:

„1.1 Integratives Studium an Universitäten oder gleichgestellten Hochschulen von mindestens zwei Fachwissenschaften und von Bildungswissenschaften in der Bachelorphase sowie in der Masterphase (Ausnahmen können die Länder bei den Fächern Kunst und Musik vorsehen).
1.2 Schulpraktische Studien bereits während des Bachelor-Studiums.
1.3 Keine Verlängerung der bisherigen Regelstudienzeiten (ohne Praxisanteile).
1.4 Differenzierung des Studiums und der Abschlüsse nach Lehrämtern."
(Beschluss der KMK über Eckpunkte für die gegenseitige Anerkennung von Bachelor- und Masterabschlüssen in Studiengängen, mit denen die Bildungsvoraussetzungen für ein Lehramt vermittelt werden vom 2.6.2005)

Da nach Ziffer 1.3 dieses Beschlusses bisherige Regelstudienzeiten nicht verlängert werden durften, andererseits für das Lehramt ein Masterabschluss vorgeschrieben wurde, tauchten Probleme mit den dafür vorgesehenen insgesamt zu erbringenden 300 ECTS auf (180 im BA, 120 im MA). Hintergrund ist die unterschiedliche Länge des Studiums für die verschiedenen Lehrämter, die nicht zuletzt Begründung für die unterschiedliche Bezahlung der Lehrer ist. So dauerte das Studium für das Grundschullehramt bis zum 1. Staatsexamen in der Regel sechs Semester, während für das Gymnasiallehramt 9 bis 10 Semester vorgesehen waren. Diese Differenzierung findet sich in der neuen Studienstruktur wieder, in der Masterstudiengänge für das Lehramt (Master of Education) ein- oder zweijährig sind. Um dennoch auf die international üblichen 300 ECTS für einen Masterabschluss zu kommen, hat die KMK für die Lehramtstypen 1, 2 und 3 sowie ggf. 6 (siehe oben) die Anrechnung des Vorbereitungsdienstes mit 60 ECTS (entspricht einem Studienjahr) auf den Masterabschluss am 28.2.2007 beschlossen. In einer gemeinsamen Empfehlung von KMK und HRK zur Vergabe des Masterabschlusses in der Lehrerbildung bei vorgesehener Einbeziehung von Leistungen des Vorbereitungsdienstes vom Sommer 2008 ist dieses Verfahren noch präzisiert worden.

> **!** Der jeweils neueste Stand der Beschlüsse ist unter www.kmk.org (dann am besten Eingabe des Suchbegriffs) zu finden. Dort kann auch die Übersicht „Lehrerprüfungen in den Ländern der Bundesrepublik Deutschland" herunter geladen werden, die eine Zusammenstellung der gesetzlichen und laufbahnrechtlichen Grundlagen für die Erste und Zweite Staatsprüfung sowie den Vorbereitungsdienst enthält (derzeit Stand März 2007).

Grundsätzlich gilt aber immer noch das Zitat von Sabine Kimmler-Schad (Landesinstitut für Erziehung und Unterricht, Stuttgart) aus dem abi Berufswahl-Magazin der Bundesanstalt für Arbeit vom Juli 2003: *„Es wird aber empfohlen, das Studium in dem Bundesland zu absolvieren, in dem die spätere Lehrertätigkeit angestrebt wird."* In Zeiten des Lehrermangels sind die Landesgrenzen allerdings durchlässiger geworden. So lautet die Schlagzeile der Berliner Morgenpost online vom 23. Dezember 2008 *„Berlin lockt junge Lehrer mit mehr Geld"*, Dennoch: Spätestens die Bewerbung um ein Referendariat sollte auf das Bundesland, in dem die Berufstätigkeit angestrebt wird, ausgerichtet sein.

3.1 Inhalte und Studienaufbau

Zugangsvoraussetzung für das Lehramtsstudium ist die Allgemeine Hochschulreife oder eine als gleichwertig anerkannte Zugangsberechtigung. Die Fachhochschulreife ist nicht ausreichend. Für bestimmte Fächerkombinationen oder Schularten können zusätzlich Eignungsprüfungen (Kunst, Musik, Sport) oder einschlägige berufliche Tätigkeiten bzw. Ausbildungen (Berufsschullehramt) erforderlich sein.

Die Ausbildung zum Lehrer bzw. zur Lehrerin besteht aus Phasen: dem Studium an der Hochschule und der praktischen Ausbildung in der Schule (Vorbereitungsdienst bzw. Referendariat). Die praktische Ausbildung dauert – je nach Bundesland – zwischen 18 und 24 Monaten. Außerdem handelt es sich beim Lehramtsstudium um das Studium mehrerer Fächer in einer Fächerkombination sowie Bildungswissenschaften (Erziehungswissenschaft) als Grundqualifikation. Jedes Bundesland hat für die verschiedenen Schularten die zulässigen Fächerkombinationen definiert, die bei der Wahl des Studiums unbedingt zu beachten sind. Wer mit dem Gedanken spielt, später einmal in ein anderes Bundesland zu wechseln, sollte darauf achten, dass seine Fächerkombination in möglichst vielen Bundesländern zulässig ist.

> **!** Grundlegende Informationen sind im Netz unter www.studienwahl.de (Internetausgabe von Studien- & Berufswahl) in der Rubrik Studium, Link Studienfächer, Lehrämter zu finden. Die detaillierten Informationen sind bei den jeweiligen Kultus- bzw. Bildungsministerien zu erhalten (Merkblätter, Gesetze und Verordnungen auch im Internet).

Das Studium mit dem Ersten Staatsexamen abgeschlossen, in neuer Form wird der Master of Education dem Ersten Staatsexamen gleichgestellt. Der anschließende Vorbereitungsdienst endet mit dem Zweiten Staatsexamen. Angesichts der Vielzahl der Lehrämter und Fächerkombinationen kann an dieser Stelle kein erschöpfender Überblick gegeben werden. Schon die Bezeichnungen der Studiengänge sind vielfältig und verwirrend. So kann der Studiengang Politikwissenschaft, Sozialkunde, Gemeinschaftskunde oder auch Sozialwissenschaften, Politik und Wirtschaft bzw. Wirtschaftslehre/Politik oder Wirtschafts- und Sozialkunde oder auch schlicht Politik bzw. Politische Bildung heißen. Es ist in der Regel ein Mix von politikwissenschaftlichen und soziologischen Inhalten, oft mit wirtschaftswissenschaftlichen Anteilen angereichert, zu studieren Für die Grundschule heißt das Fach in der Regel Sachunterricht bzw. Sachkunde und umfasst auch Anteile von Geschichte und Geographie. In den Länderübersichten ist die jeweilige aktuelle fachliche Bezeichnung angegeben. Die weiteren Fragen sind am Besten mit der Studienberatung vor Ort zu klären. In Universitäten, die sich in der Regel einem strikten Wissenschafts- und Fachkanon verpflichtet fühlen, dreht sich die Diskussion häufig um den Stellenwert von Schulpraxis und Bildungswissenschaft im Lehramtsstudium. Hinzu kommen angesichts des Wandels von Gesellschaft und Schule eine Reihe von Bereichen, die früher entweder keine große Rolle spielten oder eher nebenbei erledigt wurden. Gemeint sind einerseits diagnostische Fähigkeiten und vertiefte lernpsychologische Kenntnisse, um Schüler und Schülerinnen differenzierter unterrichten zu können, und andererseits Qualifikationen in den Feldern Organisation und Management, da Schulen stärker eigenverantwortlich handeln und Profile ausbilden sollen. Bei den Erkundungen vor Ort sollte deshalb gezielt danach gefragt werden, inwieweit die Vermittlung von Qualifikationen auf diesen Feldern in das Studium integriert ist.

Am 16. Dezember 2004 hat die Kultusministerkonferenz Standards für die in der Ausbildung zu allen Lehrämtern enthaltenen Bildungswissenschaften beschlossen. Bildungswissenschaften ist der Sammelbegriff für die Disziplinen, die sich mit Bildungs- und Erziehungsprozessen, dem Bildungssystem sowie mit deren Rahmenbedingungen befassen. Als curriculare Schwerpunkte der Bildungswissenschaften im Rahmen der Lehrerausbildung wurden festgeschrieben:

Bildung und Erziehung umfasst Begründung und Reflexion von Bildung und Erziehung in institutionellen Prozessen;
Beruf und Rolle des Lehrers umfasst Lehrerprofessionalisierung, Berufsfeld als Lernaufgabe, Umgang mit berufsbezogenen Konflikt- und Entscheidungssituationen;
Didaktik und Methodik umfasst Gestaltung von Unterricht und Lernumgebungen;
Lernen, Entwicklung und Sozialisation umfasst Lernprozesse von Kindern und Jugendlichen innerhalb und außerhalb von Schule;
Leistungs- und Lernmotivation umfasst motivationale Grundlagen der Leistungs- und Kompetenzentwicklung;
Differenzierung, Integration und Förderung umfasst Heterogenität und Vielfalt als Bedingung von Schule und Unterricht;
Diagnostik, Beurteilung und Beratung umfasst Diagnose und Förderung individueller Lernprozesse, Leistungsmessungen und Leistungsbeurteilungen;
Kommunikation umfasst Interaktion und Konfliktbewältigung als grundlegende Elemente der Lehr- und Erziehungstätigkeit;
Medienbildung umfasst den Umgang mit Medien unter konzeptionellen, didaktischen und praktischen Aspekten;
Schulentwicklung umfasst Struktur(en), Geschichte und Entwicklung des Bildungssystems und der einzelnen Schule;
Bildungsforschung umfasst die Ziele und Methoden der Bildungsforschung sowie ihre Interpretation und die Anwendung ihrer Ergebnisse.

Eine lange Liste von Themen, mit denen sich jeder neben dem Studium in den Fachwissenschaften nicht nur zu beschäftigen, sondern gezielt Kompetenzen für den Schulalltag zu erwerben hat.
Seit Dezember 2008 liegen auch die von der KMK verabschiedeten „Ländergemeinsamen inhaltlichen Anforderungen für die Fachwissenschaften und Fachdidaktiken in der Lehrerinnen- und Lehrerbildung" vor. Unter Ziffer 16 finden sich das fachspezifische Kompetenzprofil und die Studieninhalte für Sozialkunde/Politik/Wirtschaft. Das Studium soll danach folgende Kompetenzen vermitteln:
- strukturiertes Grundwissen in den Disziplinen und Teildisziplinen des Fachs (vgl. Politikstudium) und Vertrautheit mit zentralen politikrelevanten Fragestellungen;

- Fähigkeit zur Beschreibung gesellschaftlicher, politischer und ökonomischer Probleme und Konfliktlagen sowie Verbindung dieser Beschreibung mit fachwissenschaftlichen Befunden;
- Vermittlung von Wegen zur rationalen politischen Urteilsbildung und Begründung des eigenen Urteils;
- Beherrschung elementarer sozialwissenschaftlicher Methoden und Arbeitstechniken sowie Ansätze in interdisziplinärer Arbeit;
- Didaktisches Orientierungswissen in Bezug auf Konzepte, Methoden, Befunde der politischen Bildung;
- Arrangieren von fachlichen Lehr- und Lernprozessen, schüler- und problemorientiert auch für heterogene Lerngruppen, sowie Evaluation von fachlichen Unterrichtsversuchen.

Die fachlichen Inhalte umfassen mit den Gebieten „Sozialwissenschaftliche Methoden für die Politikwissenschaft", „Politische Ideengeschichte, politische Philosophie und moderne politische Theorie", „Rechtliche Grundlagen der Politik", „Wirtschaft/Internationale Politische Ökonomie", „Politisches System der Bundesrepublik Deutschland und politische Soziologie", „Vergleichende Politikwissenschaft/Europäische Integration" und „Internationale Politik" den im Kapitel 2 Politikwissenschaft näher beschriebenen Kanon. Hinzu tritt im Lehramtsstudium die Fachdidaktik.

> **!** Sowohl die inhaltlichen Anforderungen für die Fachwissenschaften als auch die Standards für die Bildungswissenschaften sind im Internet unter www.kmk.org/bildung-schule/allgemeine-bildung/lehrer/lehrerbildung.html zu finden.

Generell kann festgehalten werden: Das Lehramtsstudium ist ein Mehr-Fach-Studium. Bei der Fächerkombination sind in den Prüfungsordnungen festgelegte Verbote und Gebote zu beachten. Das Studium eines Lehramtsfachs besteht immer aus dem Studium der Fachwissenschaften (einschließlich ihrer Didaktik) und Bildungswissenschaften (Erziehungswissenschaften), wofür ein mehr oder minder großer Teil des Studiums reserviert ist. In der Regel handelt es sich dabei um einen Anteil von 20–30 %, der nur beim Gymnasiallehramt gelegentlich geringer ausfällt. Darüber hinaus sind schulpraktische Anteile enthalten, die von Hospitationen und Praktika bis zum Probeunterricht gehen können. In der Regel werden diese schulpraktischen Anteile durch Lehrveranstaltungen vor- und nachbereitet. In der neuen gestuften

Studienstruktur ist nach dem Bachelorabschluss ein Masterstudium mit dem Abschluss Master of Education erforderlich. Für Schulleitungsfunktionen kann es hilfreich sein, zusätzliche Qualifikationen im Bereich Management und Organisation zu erwerben.

> **!** Die Universität Potsdam bietet für berufserfahrene Lehrkräfte, die sich für Leitungsfunktionen qualifizieren wollen, einen berufsbegleitenden, drei Schulhalbjahre dauernden Masterstudiengang Schulmanagement (Weiterbildung) an. Im Internet unter www.wib-potsdam.de.

3.2 Neuordnung der Lehrerausbildung – Bachelor und Master

Wie bereits gesagt, macht der so genannte Bologna-Prozess auch vor dem Lehramt nicht Halt. Während in einigen Bundesländern die Umstellung der Studienstruktur auf Bachelor- und Masterabschlüsse bereits erfolgt ist, wird andernorts noch mit Modellvorhaben experimentiert. Die Kultusministerkonferenz hat am 2. Juni 2005 einen grundlegenden Beschluss zur Ergänzung der ländergemeinsamen Strukturvorgaben für Bachelor- und Masterstudiengänge gefasst, der sich auf die Lehramtsausbildung bezieht. Kernpunkte dieses Beschlusses sind
- ein Lehramtsstudium umfasst mindestens zwei Fachwissenschaften und Bildungswissenschaften,
- bereits während des Bachelorstudiums sind schulpraktische Studien zu absolvieren,
- die Studienabschlüsse müssen nach Lehrämtern differenzieren und
- es soll keine Verlängerung der Regelstudienzeiten geben.

Erfreulich nicht nur aus der Sicht der Schule und der Schüler ist, dass im selben Beschluss auch das Plädoyer für eine deutliche Erhöhung des Anteils der schulpraktischen Studien sowie eine bessere Verzahnung der fachwissenschaftlichen, fachdidaktischen und bildungswissenschaftlichen Anteile steht, mithin die Professionalisierung des Lehrerberufs verbessert werden soll.

Generell oszillierte in den Universitäten die Reformdiskussion zur Lehrerausbildung zwischen zwei Modellen:
- einer fachwissenschaftlichen fokussierten Bachelorphase und einem anschließenden berufsbezogenen Masterstudium mit Schwerpunkt Bildungswissenschaft (sequentielles Modell) oder

- einem von Anfang an auf den Lehrerberuf zugeschnittenen Ausbildungsgang mit Bachelor- und Masterphase (integratives Modell).

Ein auf das Lehramt zielendes Bachelorstudium ist immer ein Zwei-Fach-Bachelor. Als Kompromiss und um den Anforderungen der Kultusminister zu genügen, ist vielerorts ein so genannter polyvalenter Zwei-Fach-Bachelor entstanden. Das bedeutet in der Praxis, dass die Studierenden mit dem Berufsziel Lehramt zusammen mit denen, die ein anderes Berufsziel anstreben, studieren. Allerdings müssen zukünftige Lehrer nicht nur bei der Wahl der Fächerkombination, sondern auch bei der Wahl der Praktika (Schule) und der Schlüsselqualifikationen (Bildungswissenschaften) besondere Vorschriften beachten, die eine spätere Bewerbung für den Master of Education ermöglichen. Dieser Masterabschluss ist zwingende Voraussetzung für die spätere Einstellung im Schuldienst.

Ein weiteres Problem war und ist, dass ein Bachelorabschluss auch ohne anschließendes Masterstudium eine Berufsqualifizierung bieten und einen beruflichen Einstieg ermöglichen muss. Mit dem polyvanten Bachelor ist das Problem nur teilweise gelöst. Wer sein Bachelorstudium lehramtsbezogen anlegt, sich nach dem Abschluss aber umorientiert, wird einerseits Probleme haben, die Kriterien für die Aufnahme in einen fachlichen Masterstudiengang zu erfüllen, andererseits ist unklar, für welches Berufsfeld sein Abschluss qualifiziert. Im Gespräch sind hier neben Schulassistentenfunktionen Tätigkeiten in der außerschulischen Jugend- und Erwachsenenbildung. Bei der Auswahl des Studienorts sollte auch darauf geachtet werden, welche Kriterien für die Aufnahme in den Masterstudiengang (Master of Education) zu erfüllen sind und wie das Aufnahmeverfahren gestaltet ist. Spannend wird auch sein, ob alle, die die qualitativen Kriterien für die Aufnahme in einen Studiengang Master of Education erfüllen, auch tatsächlich aufgenommen werden. Hier steht vermutlich den Verwaltungsgerichten einige Arbeit ins Haus.

Die Entscheidung für ein Lehramtsstudium war und ist also immer die Entscheidung für einen Beruf, unabhängig davon, ob sich diese Berufsentscheidung später auch realisieren lässt. Und diese Entscheidung sollte sehr ernst genommen werden, hat doch fast jeder Studierende beim Rückblick auf die Schulzeit auch Lehrer und Lehrerinnen vor Augen, die diesen Beruf besser nicht ergriffen hätten. Wobei wir bei einer aktuellen politischen Diskussion wären, die sich um verpflichtende Eignungsprüfungen vor Aufnahme des lehramtsbezogenen Masterstudiums dreht.

3.3 Das Studienangebot

Das Lehrerstudium findet in fast allen Bundesländern an Universitäten statt, nur Baden-Württemberg hat noch Pädagogische Hochschulen.

Ein verwirrendes, wenn nicht gar chaotisches Bild zeigt sich im Wintersemester 2008/09 bei der Umsetzung der Studienstrukturreform und Einführung gestufter Studiengänge in der Lehrerausbildung. Derzeit (WS 2008/09) können folgende Stadien unterschieden werden:
- die Umstellung auf konsekutive Studiengänge mit polyvalentem Bachelorstudium und Ersatz des Ersten Staatsexamen durch den Master of Education ist in den Bundesländern Berlin, Brandenburg, Bremen, Hamburg, Niedersachsen, Sachsen und Schleswig-Holstein erfolgt;
- die Studiengänge sind konsekutiv aufgebaut, es wird aber zusätzlich zum Masterabschluss eine Erste Staatsprüfung (teilweise Anrechnung der Masterprüfung) verlangt in Bayern, Hessen (Ausnahme: Berufsschullehramt nur Master), Rheinland-Pfalz und Saarland;
- es wird sowohl die klassische Ausbildungsform als auch die neue konsekutive in Modellversuchen angeboten in Mecklenburg-Vorpommern, Nordrhein-Westfalen (unterschiedliche Studienstrukturen in Modellversuchen), Sachsen-Anhalt und Thüringen.

 Der jeweils aktuelle Stand ist unter www.studienwahl.de→Studium→ Studienfächer→Lehrämter in der Internetausgabe von Studien- & Berufswahl nachzulesen.

In der folgenden tabellarischen Übersicht ist das Studienangebot geordnet nach Bundesländern dargestellt. Dabei sind einerseits die Studienorte aufgeführt, andererseits die möglichen Lehramtsabschlüsse und Fachbezeichnungen. Da im Lehramt stets eine Kombination von mehreren Fächern studiert wird, ist auf die Angabe von Zulassungsbeschränkungen verzichtet worden. Diese werden wesentlich durch die Kombination mit bestimmt. Im Bereich der hier aufgeführten Fächer sind Zulassungsbeschränkungen aber mit einiger Wahrscheinlichkeit an den Orten anzutreffen, an denen auch das Bachelorstudium Zulassungsrestriktionen unterliegt (siehe Tabellen 1 und 4).

Tabelle 7:
Studienangebot Lehramt Sozialkunde/Politik/Sachkunde
(Stand: Wintersemester 2008/09)

Wichtiger Hinweis:
Basierend auf der Kulturhoheit der Länder sind die Bezeichnungen für die Lehrämter in den Bundesländern unterschiedlich. In den nachfolgenden Tabellen sind die jeweiligen landesspezifischen Bezeichnungen angegeben.

Baden-Württemberg

Hochschulort	Studiengang	Lehramt
PH Freiburg	Politikwissenschaft	1. Lehramt an Grund- u. Hauptschulen 2. Lehramt an Realschulen
U Freiburg	Politische Wissenschaft	Lehramt an Gymnasien
PH Heidelberg	Politikwissenschaft	1. Lehramt an Grund- u. Hauptschulen 2. Lehramt an Realschulen
U Heidelberg	Politische Wissenschaft	Lehramt an Gymnasien
PH Karlsruhe	Politikwissenschaft	1. Lehramt an Grund- u. Hauptschulen 2. Lehramt an Realschulen
	Europaorientierte Studien	1. Europalehramt an Grund- u. Hauptschulen 2. Europalehramt an Realschulen
U Konstanz	Politikwissenschaft	Lehramt an Gymnasien
PH Ludwigsburg	Politikwissenschaft	1. Lehramt an Grund- u. Hauptschulen 2. Lehramt an Realschulen 3. Lehramt an Sonderschulen
U Mannheim	Politikwissenschaft	Lehramt an Gymnasien
PH Schwäbisch-Gmünd	Politikwissenschaft	1. Lehramt an Grund- u. Hauptschulen 2. Lehramt an Realschulen
U Stuttgart	Politikwissenschaft	Lehramt an Gymnasien
U Tübingen	Politologie	Lehramt an Gymnasien
PH Weingarten	Politikwissenschaft	1. Lehramt an Grund- u. Hauptschulen 2. Lehramt an Realschulen

Hinweis:
Im Land Baden-Württemberg findet die Lehramtsausbildung für Grund-, Haupt- und Realschulen sowie Sonderschulen an Pädagogischen Hochschulen und die Lehramtsausbildung für Gymnasien an Universitäten statt. Das Erste Staatsexamen für das Lehramt an Gymnasien (in einer für Berufsschulen zulässigen Fächerkombi-

nation) berechtigt in Verbindung mit einem dreimonatigen einschlägigen Betriebspraktikum zum Vorbereitungsdienst für Berufsschulen.
Allgemeine Studiengebühren: 500 EUR/Semester.

Bayern		
Hochschulort	Studiengang	Lehramt
U Augsburg	Sozialkunde	1. Lehramt an Grundschulen 2. Lehramt an Hauptschulen 3. Lehramt an Gymnasien
U Bamberg	Sozialkunde	1. Lehramt an Grundschulen 2. Lehramt an Hauptschulen 3. Lehramt an Gymnasien 4. Lehramt an beruflichen Schulen
KU Eichstätt-Ingolstadt	Sozialkunde (auch Modellversuch Lehramtplus)	1. Lehramt an Grundschulen 2. Lehramt an Hauptschulen 3. Lehramt an Realschulen 4. Lehramt an Gymnasien
U Erlangen-Nürnberg	Politikwissenschaft (Studienort Erlangen) Soziologie (Studienort Nürnberg) Bachelor of Education 2-Fach-Bachelor (Schulfach Sozialkunde)	1. Lehramt an Grundschulen 2. Lehramt an Hauptschulen 3. Lehramt an Realschulen 4. Lehramt an Gymnasien 5. Lehramt an beruflichen Schulen
U München	Sozialkunde	1. Lehramt an Grundschulen 2. Lehramt an Hauptschulen 3. Lehramt an Realschulen 4. Lehramt an Gymnasien
U Passau	Sozialkunde	1. Lehramt an Grundschulen 2. Lehramt an Hauptschulen 3. Lehramt an Realschulen 4. Lehramt an Gymnasien
U Würzburg	Sozialkunde	1. Lehramt an Grundschulen 2. Lehramt an Hauptschulen 3. Lehramt an Realschulen 4. Lehramt an Gymnasien

Hinweis:
Besondere Studiengänge für Beratungslehrkraft, Medienpädagogik, Psychologie mit schulpsychologischen Schwerpunkt bzw. Schulpsychologie.
Allgemeine Studiengebühren: 500 EUR/Semester, ggf. ermäßigt auf 300 EUR im 1. Hochschulsemester.

Berlin		
Hochschulort	Studiengang	Lehramt
FU Berlin (HU Berlin) (TU Berlin)	Sozialkunde (Politikwissenschaft) Kombinationsbachelor	1. Amt des Lehrers (L1) für Klassen 1 bis 10 (Grundschule) 2. Amt des Lehrers mit fachwiss. Ausbildung in zwei Fächern (L2) für Klassen 1 bis 10 (Haupt- und Realschule) 3. Amt des Studienrats (allgemeinbildend) 4. Amt des Studienrats mit einer beruflichen Fachrichtung

Hinweise:
Das Bachelorstudium dauert sechs Semester. Bestandteil jedes Bachelorstudiums mit Zielrichtung Schule ist unabhängig von der Fächerkombination der Studienbereich Lehramtsbezogene Berufswissenschaft (LBW).
Nach dem Bachelorabschluss ist ein einjähriges Masterstudium (Klassen 1-10, Grund-, Haupt- und Realschulen) bzw. ein zweijähriges Masterstudium (Klassen 7-13, Studienrat) zu absolvieren und mit dem Master of Education abzuschließen. Danach folgt der Vorbereitungsdienst und das Zweite Staatsexamen.
Amt des Studienrats (allgemeinbildend): Studierende des Kernfachs Sozialkunde können Ev. Theologie, Geographie, Philosophie, Russisch oder Sport als 60-LP-Zweitfächer an der HU Berlin studieren.
Amt des Studienrats mit einer beruflichen Fachrichtung: Die berufliche Fachrichtung wird an der TU Berlin studiert. Sozialkunde nur als Zweitfach wählbar, Studium an der FU Berlin.

Brandenburg		
Hochschulort	Studiengang	Lehramt
U Potsdam	Politische Bildung Kombinationsbachelor, lehramtsbezogen	1. Lehramt an Gymnasien 2. Lehramt für die Sekundarstufe I/ Primarstufe (allgemeinbildende Schulen)

Hinweise:
Das Bachelorstudium dauert sechs Semester. Bestandteil jedes Bachelorstudiums mit Zielrichtung Schule ist unabhängig von der Fächerkombination der Studienbereich Erziehungswissenschaften.
Nach dem Bachelorabschluss ist ein dreisemestriges Masterstudium (Lehramt für die Sekundarstufe I und Primarstufe) bzw. ein viersemestriges Masterstudium (Lehramt

für das Gymnasium) zu absolvieren und mit dem Master of Education abzuschließen. Danach folgen der Vorbereitungsdienst und das Zweite Staatsexamen.
Im Fach Sachunterricht (Primarstufe) sind politikwissenschaftliche Anteile enthalten.

Bremen

Hochschulort	Studiengang	Lehramt
U Bremen	Politikwissenschaft Bachelor mit Haupt- und Nebenfach (Gymnasium, berufliche Schulen) bzw. Bachelor Fachbezogene Bildungswissenschaft mit Fach Politik (Lehramt Sekundarschulen/Gesamtschulen bis Klasse 10)	1. Lehramt an Grund- und Sekundarschulen - mit Schwerpunkt Grundschule oder - mit Schwerpunkt Sekundarschulen/Gesamtschulen (bis Klasse 10) 2. Lehramt an Gymnasien/Gesamtschulen I 3. Lehramt für Sonderpädagogik 4. Lehramt an beruflichen Schulen

Hinweise:
Das Bachelorstudium dauert sechs Semester. Bestandteil jedes Bachelorstudiums mit Zielrichtung Schule ist unabhängig von der Fächerkombination der Professionalisierungsbereich mit erziehungswissenschaftlichen und schulpraktischen Anteilen.
Nach dem Bachelorabschluss ist ein zweisemestriges Masterstudium (Lehramt Grundschulen und Sekundarschulen/Gesamtschulen) bzw. ein viersemestriges Masterstudium (Lehramt an Gymnasien/Gesamtschulen, Lehramt an beruflichen Schulen, Lehramt für Sonderpädagogik) zu absolvieren und mit dem Master of Education abzuschließen. Danach folgt der Vorbereitungsdienst und das Zweite Staatsexamen.
Im Studiengang Fachbezogene Bildungswissenschaft (Grundschule) sind im Fach Sachunterricht/Interdisziplinäre Sachbildung politikwissenschaftliche Anteile enthalten.

Hamburg

Hochschulort	Studiengang	Lehramt
U Hamburg	Sozialwissenschaften Bachelor	1. Lehramt Primarstufe und Sekundarstufe I 2. Lehramt an Sonderschulen 3. Lehramt an Gymnasien 4. Lehramt an berufliche Schulen

Hinweis:
Das Bachelorstudium dauert sechs Semester. Bestandteil jedes Bachelorstudiums mit Zielrichtung Schule ist unabhängig von der Fächerkombination der Studienbereich Erziehungswissenschaften.
Nach dem Bachelorabschluss ist ein dreisemestriges Masterstudium (Lehramt für die Sekundarstufe I und Primarstufe) bzw. ein viersemestriges Masterstudium (Lehramt für das Gymnasium, Sonderschulen, berufliche Schulen) zu absolvieren und mit dem Master of Education abzuschließen. Danach folgen der Vorbereitungsdienst und das Zweite Staatsexamen.
Allgemeine Studiengebühren: 375 Euro/Semester.

Hessen

Hochschulort	Studiengang	Lehramt
TU Darmstadt	Politik und Wirtschaft	Lehramt an Gymnasien
U Frankfurt/Main	Politik und Wirtschaft	1. Lehramt an Haupt- u. Realschulen 2. Lehramt an Gymnasien
	Sachunterricht	Lehramt an Grundschulen
U Gießen	Politik und Wirtschaft	1. Lehramt an Haupt- u. Realschulen 2. Lehramt an Gymnasien 3. Lehramt an Förderschulen
	Sachunterricht	Lehramt an Grundschulen
U Kassel	Politik und Wirtschaft	1. Lehramt an Haupt- u. Realschulen 2. Lehramt an Gymnasien
	Sachunterricht	Lehramt an Grundschulen
U Marburg	Politik und Wirtschaft	1. Lehramt an Gymnasien

Hinweise:
Alle Lehramtsstudiengänge werden modularisiert angeboten. Durch den studienbegleitenden Erwerb von Leistungspunkten und Modulprüfungen werden etwa 60 % des Ersten Staatsexamens abgedeckt. Das Fach Sachunterricht enthält politikwissenschaftliche Anteile.

Mecklenburg-Vorpommern

Hochschulort	Studiengang	Lehramt
U Rostock	Sozialwissenschaften	1. Lehramt an Haupt- und Realschulen 2. Lehramt an Gymnasien

Hinweise:
Im Land Mecklenburg-Vorpommern gibt es zusätzlich das Fach Arbeit-Wirtschaft-Technik, das mit den Abschlüssen Lehramt an Grund- und Hauptschulen, Lehramt an Haupt- und Realschulen, Lehramt an Gymnasien sowie Lehramt an Sonderschulen ebenfalls an der U Rostock studiert werden kann.

An der Universität Greifswald befinden sich gestufte Lehramtsstudiengänge in der Erprobung. Dabei sind im Bachelorstudium zwei Fächer (eingeschränkte Fächerwahl) und die Profilbildung Erziehungswissenschaft zu studieren. Anschließend ist der Master of Education zu erwerben. Dort kann u.a. das Fach Philosophie studiert werden.

Niedersachsen

Hochschulort	Studiengang	Lehramt
U Göttingen	Politik 2-Fächer-Bachelor	Lehramt an Gymnasien
U Hannover	Politikwissenschaft als Fach im B.A Technical Education 2-Fächer-Bachelor	1. Lehramt an Grund-, Haupt- und Realschulen 2. Lehramt an Gymnasien 3. Lehramt an berufsbildenden Schulen
	Sachunterricht 2-Fächer-Bachelor	1. Lehramt an Grund-, Haupt- und Realschulen 2. Lehramt für Sonderpädagogik
U Hildesheim	Politikwissenschaft 2-Fächer-Bachelor	1. Lehramt an Grund- und Hauptschulen, Schwerpunkt Hauptschule 2. Lehramt an Realschulen
	Politikwissenschaft mit Sachunterricht 2-Fächer-Bachelor	Lehramt an Grund- und Hauptschulen, Schwerpunkt Grundschule
U Lüneburg	Lehren und Lernen (Fach Politik und Fach Interdisziplinäre Sachbildung) 2-Fächer-Bachelor	1. Lehramt an Grund- und Hauptschulen 2. Lehramt an Realschulen
U Oldenburg	Sozialwissenschaften 2-Fächer-Bachelor	1. Lehramt an Grund- und Hauptschulen, Schwerpunkt Hauptschule 2. Lehramt an Gymnasien 3. Lehramt für Sonderpädagogik 4. Lehramt an berufsbildenden Schulen
	Interdisziplinäre Sachbildung 2-Fächer-Bachelor	Lehramt an Grund- und Hauptschulen, Schwerpunkt Grundschule
H Vechta	Sozialwissenschaften BA Combined Studies mit Lehramtsoption (Fach Politik und Fach Interdisziplinäre Sachbildung)	1. Lehramt an Grund- und Hauptschulen 2. Lehramt an Realschulen

Hinweise:
Das Bachelorstudium dauert sechs Semester. Bestandteil jedes Bachelorstudiums mit Zielrichtung Schule ist unabhängig von der Fächerkombination der Professionalisierungsbereich mit erziehungswissenschaftlichen und schulpraktischen Anteilen. In Niedersachsen variieren die Anteile der jeweils in der Kombination zu studierenden Fächer von Hochschule zu Hochschule. Die Leuphana Universität Lüneburg hat ein spezielles Studienmodell.
Nach dem Bachelorabschluss ist ein zweisemestriges Masterstudium (Lehramt an Grund- und Hauptschulen, Lehramt an Realschulen) bzw. ein viersemestriges Masterstudium (Lehramt an Gymnasien, Lehramt an beruflichen Schulen, Lehramt für Sonderpädagogik) zu absolvieren und mit dem Master of Education abzuschließen. Danach folgen der Vorbereitungsdienst und das Zweite Staatsexamen.
Im Lehramt an Grundschulen sind im Fach Sachunterricht/Interdisziplinäre Sachbildung politikwissenschaftliche Anteile enthalten (auch U Osnabrück).
Allgemeine Studiengebühren: 500 Euro/Semester.

Nordrhein-Westfalen

Hochschulort	Studiengang	Lehramt (Staatsexamen)[1]
TH Aachen	Politik (Politikwissenschaft/ Soziologie)	Lehramt an Berufskollegs
U Bochum (Modellversuch)	Politik, Wirtschaft und Gesellschaft 2-Fächer-Bachelor (Fach Sozialwissenschaften)	1. Lehramt an Gymnasien und Gesamtschulen 2. Lehramt an Grund-, Haupt- und Realschulen
U Dortmund (Modellversuch)	Sozialwissenschaften/ Wirtschafts- u. Sozialwissenschaften 2-Fächer-Bachelor (Kern- oder Komplementärfach. Vermittlungs- oder rehabilitationswissenschaftliches oder fachwissenschaftliches Profil)	1. Lehramt an Grund- Haupt- und Realschulen, 2. Lehramt an Sonderschulen 3. Lehramt an Gymasien
U Duisburg-Essen	Sozialwissenschaften	Standort Essen 1. Lehramt an Grund-, Haupt-, Real- und Gesamtschulen; Schwerpunkt Haupt-, Real-, Gesamtschule (Klassen 5-10) 2. Lehramt an Gymnasien und Gesamtschulen
	Wirtschaftslehre/Politik	Standorte Duisburg und Essen Lehramt an Berufskollegs

Hochschulort	Studiengang	Lehramt (Staatsexamen)[1]
U Duisburg-Essen	Lernbereich Gesellschaftswissenschaften	Standort Essen Lehramt an Grund-, Haupt-, Real- und Gesamtschulen Schwerpunkt Grundschule
U Köln	Sozialwissenschaften	1. Lehramt an Grund-, Haupt-, Real- und Gesamtschulen; Schwerpunkt Haupt-, Real- , Gesamtschule 2. Lehramt an Gymnasien und Gesamtschulen 3. Lehramt für Sonderpädagogik
	Politik	Lehramt an Berufskollegs
	Lernbereich Gesellschaftswissenschaften	Lehramt an Grund-, Haupt-, Real- und Gesamtschulen; Schwerpunkt Grundschule (7 Semester)
U Münster Modellversuch	Wirtschaftslehre Politik Bachelor (FBJE) Mit Studium einer beruflichen Fachrichtung an der FH Münster	Lehramt an Berufskollegs
	Sozialwissenschaften (Politikwissenschaft) Bachelor KJ (HRGe)	1. Lehramt an Grund-, Haupt-, Real- und Gesamtschulen; Schwerpunkt Haupt- Real- u. Gesamtschule 2. Lehramt an Gymnasien und Gesamtschulen
	Lernbereich Gesellschaftswissenschaften Bachelor KJ (G)	Lehramt an Grund-, Haupt-, Real- und Gesamtschulen; Schwerpunkt Grundschule
U Paderborn	Lernbereich Gesellschaftswissenschaften	Lehramt an Grund-, Haupt-, Real- und Gesamtschulen Schwerpunkt Grundschule
U Siegen	Lernbereich Gesellschaftswissenschaften	Lehramt an Grund-, Haupt-, Real- und Gesamtschulen; Schwerpunkt Grundschule
	Sozialwissenschaften	1. Lehramt an Gymnasien und Gesamtschulen 2. Lehramt an Grund-, Haupt- und Realschulen; Schwerpunkt Haupt- u. Realschule
	Wirtschaftslehre/Politik	Lehramt an Berufskollegs
U Wuppertal	Sozialwissenschaften (Grundlagen der Gesellschaftswissenschaften) Kombinatorischer Bachelor mit den Profilen A Grundschule B Haupt-, Real- und Gesamtschule C Gymnasium D Berufskolleg (Wirtschaftslehre/ Politik)	1. Lehramt an Grund-, Haupt-, Real- und Gesamtschulen 2. Lehramt an Gymnasien und Gesamtschulen 3. Lehramt an Berufskollegs

[1] In Nordrhein-Westfalen werden gestufte Studiengänge in der Lehrerausbildung in Modellversuchen an den Universitäten Bielefeld, Bochum, Dortmund, Münster und Wuppertal erprobt. Nach dem Bachelorabschluss ist das Masterstudium (Master of Education) zu absolvieren. Nach dem Masterstudium bzw. dem Ersten Staatsexamen folgt der Vorbereitungsdienst, der mit dem Zweiten Staatsexamen abschließt. Allgemeine Studiengebühren: bis 500 EUR/Semester nach Entscheidung der jeweiligen Hochschule.

Rheinland-Pfalz

Hochschulort	Studiengang	Lehramt
U Kaiserslautern	Sozialkunde 2-Fächer-Bachelor	1. Lehramt an Realschulen 2. Lehramt an Gymnasien
U Koblenz-Landau	Sozialkunde 2-Fächer-Bachelor	1. Lehramt an Grundschulen 2. Lehramt an Hauptschulen 3. Lehramt an Realschulen 4. Lehramt an Förderschulen (Landau) 5. Lehramt an berufsbildenden Schulen (Koblenz in Planung)
U Mainz	Sozialkunde 2-FächerBachelor	Lehramt an Gymnasien
U Trier	Sozialkunde 2-Fächer-Bachelor (Bachelor of Education)	1. Lehramt an Realschulen 2. Lehramt an Gymnasien

Hinweise:
Im 5. Semester des Bachelorstudiums ist ein schulartenbezogener Schwerpunkt (Grundschule, Hauptschule, Realschule, Gymnasium zu wählen). Politik im Lehramt an berufsbildenden Schulen nur als zweites Fach. Nach dem Bachelorabschluss ist das Masterstudium (Master of Education) zu absolvieren. Nach dem Masterstudium bzw. dem Ersten Staatsexamen folgt der Vorbereitungsdienst, der mit dem Zweiten Staatsexamen abschließt.

Saarland
Im Saarland gibt es für das Lehramt in Politik/Sozialwissenschaft/Sozialkunde kein grundständiges Studienangebot mehr.

Sachsen

Hochschulort	Studiengang	Lehramt (Staatsexamen.)
TU Dresden	Wirtschafts- und Sozialkunde 2-Fächer-Bachelor	Lehramt an berufsbildenden Schulen
	Gemeinschaftskunde/Rechtserziehung/ Wirtschaft 2-Fächer-Bachelor	1. Lehramt an Mittelschulen 2. Lehramt an Gymnasien
U Leipzig	Gemeinschaftskunde Bachelor mit Lehramtsoption 2-Fächer-Bachelor	1. Lehramt an Grundschulen 2. Lehramt Mittelschulen und Gymnasien 3. Lehramt an Förderschulen

Hinweis:
Im neuen polyvalenten sechsemestrigen Bachelorstudium mit Lehramtsoption werden zwei Kernfächer mit ihrer Fachdidaktik studiert. Hinzu kommen die Bildungswissenschaften und das so genannte Modulfenster (u.a. Schlüsselqualifikationen). Für das Lehramt ist anschließend ein Masterstudium mit dem Abschluss Master of Education notwendig. Danach folgt der Vorbereitungsdienst, der mit dem Zweiten Staatsexamen abschließt.

Sachsen-Anhalt

Hochschulort	Studiengang	Lehramt (Staatsexamen.)
U Halle-Wittenberg	Sozialkunde	Standort Halle 1. Lehramt an Sekundarschulen 2. Lehramt an Gymnasien 3. Lehramt an Förderschulen
	Sachunterricht	Standort Halle Lehramt an Grundschulen

Schleswig-Holstein

Hochschulort	Studiengang	Lehramt (Staatsexamen.)
U Flensburg	Wirtschaft/Politik 2-Fächer-Bachelor	1. Lehramt an Grund- und Hauptschulen 2. Lehramt an Realschulen 3. Lehramt an Sonderschulen 4. Lehramt an berufsbildenden Schulen
U Kiel	Wirtschaft/Politik 2-Fächer-Bachelor	1. Lehramt an Gymnasien

Hinweise:
Das sechssemestrige Bachelorstudium umfasst zwei Fächer und den vermittlungswissenschaftlichen Bereich. Das Lehramt an berufsbilden Schulen (U Flensburg) ist

mit einer gewerblich-technischen Fachrichtung zu kombinieren. Nach dem Bachelorstudium ist für das Lehramt an Grund- und Hauptschulen sowie das Lehramt an Realschulen ein zweisemestriges Masterstudium notwendig, für das Lehramt an Sonderschulen, Gymnasien oder berufsbildende Schulen ein viersemestriges. Das Masterstudium wird mit dem Master of Education abgeschlossen, danach folgt der Vorbereitungsdienst und das Zweite Staatsexamen.

Thüringen		
Hochschulort	Studiengang	Lehramt (Staatsexamen)
U Erfurt	Staatswissenschaften-Sozialwissenschaften Baccalaureus Artium (2-Fächer-Bachelor)	1. Lehramt an Grundschulen (Sachkundeunterricht) 2. Lehramt an Regelschulen 3. Lehramt an berufsbildenden Schulen (zusammen mit TU Ilmenau und U Weimar) 4. Lehramt für Förderpädagogik (nur Aufbaustudium für Grundschullehrer/innen)
U Jena	Sozialkunde (Jenaer Modell)	1. Lehramt an Regelschulen 2. Lehramt an Gymnasien

3.4 Beruf und Arbeitsmarkt

Zwar arbeiten ausgebildete Lehrerinnen und Lehrer auch außerhalb der Schule, ihr Hauptarbeitsmarkt Schule wird jedoch durch die Politik und die Finanzlage der Öffentlichen Haushalte bestimmt. Insofern weist er starke Schwankungen auf. Auch unterliegen wichtige Kennzahlen für Lehrerbedarfsberechnungen wie Schulzeitverkürzungen, maximale Klassengrößen, Anzahl der Unterrichtsstunden pro Fach/Jahrgang, Förderunterricht, Umfang der Unterrichtsverpflichtung, Altersentlastung für Lehrkräfte usw. politischen Entscheidungen.

Notwendigen Neueinstellungen im größeren Umfang begegnen Landesregierungen häufiger mit der Erhöhung der Pflichtstunden, die zu unterrichten sind. Dennoch werden zur Zeit und auch in den nächsten Jahren so viele Lehrer pensioniert, dass Neueinstellungen zumindest in den westdeutschen Ländern unumgänglich sind. Nach Berechnungen der Kultusministerkonferenz werden bis zum Jahr 2015 etwa die Hälfte der knapp 789.000 Lehrkräfte in Deutschland altersbedingt ausscheiden. Hinzu kommt, dass auf Grund der schlechten Arbeitsmarktchancen für Lehrer in den neunziger Jahren die Zahl der Studienanfänger stark rückläufig war. Inzwischen ist die Zahl der Lehramtsstudierenden allerdings wieder gestiegen. 2006 haben sich mit etwa 58.000 rund 17.000 Studierende mehr als im Jahr 2000 bundesweit für ein Lehramtsstudium immatrikuliert. Die Ermittlung genauer Zahlen für Studienanfänger mit dem Berufsziel Lehramt wird derzeit schwieriger, da in den neuen polyvalenten Bachelorstudiengängen zu Studienbeginn oft nicht bekannt ist, ob dieses Berufsziel angestrebt wird. Unklar ist auch, wie sich Hürden beim Übergang vom Bachelorstudium in das Masterstudium gestalten und auswirken. Allgemein wird jedoch auch für die nächsten Jahre mit guten Einstellungschancen gerechnet. Im Bremer Weserkurier konnte im Sommer 2008 unter der Schlagzeile „Ruinöse Jagd nach Lehrern" nachgelesen werden, wie sich die Bundesländer gegenseitig gesuchte Lehrergruppen (z.B. Berufsschullehrer) abspenstig machen. Auch der Markt der früher ausgebildeten und bislang nicht in den Schuldienst gekommenen Pädagogen ist weitgehend leergefegt. Mit projektierten 5.730 arbeitslosen ausgebildeten Lehrern ist ein Tiefstwert erreicht, waren doch 1998 noch über 22.000 Lehrer und Lehrerinnen arbeitslos. Dennoch: Bei Vorhersagen über lange Zeiträume ist Vorsicht geboten.

Klaus Klemm, Bildungsforscher an der Universität Duisburg-Essen, fasst die Lage in seinem Arbeitsmarktbericht 2005 für den Teilarbeitsmarkt Schule bereits wie folgt zusammen:

„Angesichts der Tatsache, dass die Zahl der bundesweit eingestellten Lehrkräfte nun das dritte Jahr in Folge unter den Schätzungen der genannten KMK-Prognose geblieben sind (2003: -3.400, 2004: -7.400, 2005: -4.600), ist es nicht unwahrscheinlich, dass die tatsächlich erwartbaren Einstellungszahlen der kommenden Jahre zwischen der Variante mit konstanten Schüler-Lehrer-Relationen (Jahresdurchschnitt 18.500) und der KMK-Prognose aus dem Jahre 2003 (Jahresdurchschnitt 26.300) liegen werden. Wenn dies in etwa eintritt, so ergäbe sich für die Jahre bis 2015/16 eine insgesamt ausgeglichene Bilanz zwischen Angebot und Nachfrage."

Der Arbeitsmarktbericht 2007 für den Teilarbeitsmarkt Schule der Universität Duisburg-Essen (Arbeitsgruppe Bildungsforschung/Bildungsplanung) bestätigt diese Aussage, wurden doch 2007 in den Bundesländern 21.375 Lehrkräfte eingestellt statt der von der KMK prognostizierten 25.000. Allerdings ist die Lage in den Bundesländern nach wie vor unterschiedlich. Während die westdeutschen Bundesländer im Zeitraum von 2003 bis 2007 mit ihren tatsächlichen Einstellungen rund 13,7 % unter der KMK-Prognose von 2003 lagen, wiesen die ostdeutschen Bundesländer ein Plus von 16,5 % aus. Dabei sind jedoch auch die absoluten Zahlen von Bedeutung. Während 2007 im Westen 19.845 Pädagogen neu in die Schule kamen, waren es im Osten 1.530. Auch wenn große Flächenländer wie Bayern, Baden-

Württemberg oder Nordrhein-Westfalen mit ihren Einstellungen erheblich unter den prognostizierten Zahlen lagen, waren ihre absoluten Einstellungszahlen 2007 mit 3.562, 3.370 und 4.932 doch um ein mehrfaches höher als die kleinerer Bundesländer wie das Saarland (311) oder Bremen (208). Da der Lehrerarbeitsmarkt aber wie gesagt in hohem Maße politischen Entscheidungen unterliegt, sind auch stärkere Schwankungen (z.b. nach einem Regierungswechsel) möglich.

> **!** Die jeweils neuen Entwicklungen auf dem Lehrerarbeitsmarkt können in der Internetversion von Studium & Berufswahl (www.studienwahl. de→Studium→Studienfächer→Lehrämter mit Link am unteren Seitenende), beim Deutschen Bildungsserver (www.bildungsserver.de/zeigen. html?seite=5530) sowie bei der Gewerkschaft Erziehung und Wissenschaft (www.gew.de, bei Themensuche: Lehrerarbeitsmarkt eingeben) verfolgt werden.

Neben der allgemeinen Lage sind noch weitere Faktoren von Bedeutung. Zum einen haben Bewerberinnen und Bewerber, die im Bundesland, in dem sie eingestellt werden wollen, Studium und Vorbereitungsdienst absolviert haben, in der Regel bessere Chancen. Außerdem kommt es auf die Fächerkombination an, wobei Politik/Sozialkunde leider selten zu den gesuchten Fächern gehört. Hinzu kommt, dass es oft fachfremd von Lehrern mit anderen Fächern (z.B. Geschichte) unterrichtet wird. Da das Fach aber immer zusammen mit einem anderen Fach, zumeist einem schulischen Hauptfach wie Deutsch, Mathematik oder einer Fremdsprache studiert wird, ergeben sich aus der Fächerkombination Chancen.

Ein weiterer Hinweis soll dem schnöden Mammon gewidmet sein. Nur das Gymnasiallehramt (eingeschlossen das Lehramt für Berufsschulen) bzw. das Lehramt für die Sekundarstufe II garantiert die Einstufung in den höheren Dienst. Die übrigen Lehrämter werden nach den Tarifen des gehobenen Dienstes eingruppiert. So haben wir nicht nur in Schulzentren häufig den Fall, dass in derselben Klasse unterrichtende Lehrer sehr unterschiedlich bezahlt werden. Auch die Zahl der zu erteilenden Unterrichtsstunden differiert je nach Bundesland und Schulart (Gymnasium, Berufsschule, Realschule, Hauptschule, Grundschule, Sonderschule). Dabei spielt es auch eine Rolle, ob der Lehrerberuf im Beamten- oder Angestelltenverhältnis ausgeübt wird. Nachdem die dienstrechtlichen Zuständigkeiten im Zuge der Föderalismusreform I weitgehend auf die Länder übertragen wurden, sind auch hier unterschiedliche Entwicklungen zu beobachten, die unmittelbaren Einfluss auf die Besoldung haben.

Bei der Vergütung von angestellten Lehrern gelten die jeweiligen Tarifverträge, zumeist der Tarifvertrag für den öffentlichen Dienst der Länder (TV-L).

Die Arbeitsbelastung im Beruf hängt auch von der Fachkombination ab. Politik/Sozialkunde ist ein kleines Fach, das in der Regel mit zwei oder gar nur einer Stunde pro Woche im Stundenplan vertreten ist. Das bedeutet Unterricht in vielen Klassen. Allerdings kann hier das zweite Fach einen Ausgleich schaffen, da es sich häufig um ein schulisches Hauptfach handeln dürfte. Schließlich ist der Unterrichtsort von Bedeutung: Eine kleine Landschule hat andere Probleme als eine Schule mit vielen hundert Schülerinnen und Schülern in einem sozialen Brennpunkt einer Großstadt. Immer erfordert der Lehrerberuf die Fähigkeit, sich anderen Menschen zuwenden, Konflikte managen und die eigene Arbeit organisieren zu können. Es lohnt sich also, möglichst frühzeitig den Berufsalltag zu bedenken.

 Das Portal www.cct-germany.de bietet eine Laufbahnberatung für Lehrerinnen und Lehrer und u.a. die Möglichkeit einer Selbsterkundung für Studieninteressierte.

Alternativen für Lehrer mit einem sozialwissenschaftlichen Fach im außerschulischen Bereich gibt es natürlich im selben Maße wie allgemein für Geistes- und Sozialwissenschaftler. Relativ nahe liegt die Arbeit als Pädagogischer Mitarbeiter in einer außerschulischen Bildungseinrichtung (Volkshochschule, Akademie; Seminarhaus). Auch im innerbetrieblichen Bildungswesen (Wirtschaft, Verwaltung) kann mit günstiger Fächerkombination und entsprechendem Engagement ein Arbeitsplatz gefunden werden. Schließlich treibt es nicht wenige Pädagogen auch zu den Medien oder in die Politik.

Neben den bereits oben angesprochenen Alternativen sind noch die folgenden Berufsfelder zu nennen:
- Verkauf, d.h. Referenten, Repräsentanten, Außendienstmitarbeiter. In der Regel geht es um den Verkauf hochwertiger Güter an ein zumeist ebenfalls akademisch geprägtes Publikum.
- Werbung und Marketing, wobei einerseits die im Studium erworbenen Formulierungskünste (z.B. als Texter) andererseits die Kenntnisse in empirischer Sozialforschung (Marktanalytiker) von Nutzen sein können.

- Datenverarbeitung, bei der es einerseits um Schulung gehen kann, was neben der fachlichen auch die pädagogische Seite fordert, andererseits auch um Implementation von Datenbanken und EDV-basierten Wissenssystemen.
- Schließlich ist auch die freiberufliche Tätigkeit zu nennen. Als Existenzgründer werden Pädagogen im freien Bildungssektor (z.B. Nachhilfe, Weiterbildung) ebenso aktiv wie in der Beratungsbrache (z.B. Organisationsberatung, Erziehungsberatung).

Der Zeitpunkt für ein Umsatteln wird häufig nach dem Ersten Staatsexamen/Master oder dem Bachelorexamen sein, insbesondere dann, wenn individuelle Alternativen vorhanden sind und Schule/Unterricht keine hinreichenden Glücksgefühle auslösen. Für Absolventinnen und Absolventen eines Bachelorstudiums stellt sich spätestens nach dem Examen erneut die Frage, ob der Lehrerberuf weiter angestrebt wird. Dann fällt die Entscheidung zwischen den Optionen:
- Einstieg in einen Beruf mit dem Bachelorabschluss,
- Bewerbung um einen Studienplatz im Lehramtsmaster (Master of Education) oder
- Bewerbung um einen Studienplatz in einen anderen, fachlich an das Bachelorstudium anknüpfenden Masterstudiengang.

Literaturhinweise

Dedering, Kathrin; Meetz, Frank: Teilarbeitsmarkt Schule – Arbeitsmarktbericht für das Jahr 2007.
Dortmund im November 2007 (im Netz unter www.gew.de zu finden)

Klemm, Klaus: Der Teilarbeitsmarkt Schule in Deutschland bis zum Schuljahr 2010/2011.
Essen im April 2000 (im Netz unter www.zfl.uni-bremen.de zu finden)

Kultusministerkonferenz (KMK): Lehrereinstellungsbedarf und -angebot in der Bundesrepublik Deutschland. Modellrechnung 2002-2015. Statistische Veröffentlichungen der KMK, Dokumentation Nr. 169, Bonn September 2003

Meetz, Frank; Sprütten, Frank; Klemm, Klaus: Teilarbeitsmarkt Schule – Arbeitsmarktbericht für das Jahr 2005, Essen November 2005
(Internet: www.uni-duisburg-essen.de/bfp/forschung/Teilarbeitsmarkt_Schule_2005.pdf)

> **Internet**
>
> Portal der Tarifgemeinschaft deutscher Länder (TdL) mit Tarifverträgen
> www.tdl.bayern.de
> Informationssystem Studienwahl&Arbeitsmarkt www.uni-due.de/isa

3.5 Neugierig? Verbände, Institutionen, Internet; Fachzeitschriften, Bücher

Für das Studium bedeutsam sind einige grundlegende Beschlüsse der Kultusministerkonferenz (KMK), die unter www.kmk.org im Internet zu finden sind. An dieser Stelle soll besonders auf folgende Beschlüsse hingewiesen werden:

Gestufte Studienstruktur in den Lehramtsstudiengängen; hier: Ergänzung der „Ländergemeinsamen Strukturvorgaben gem. § 9 Abs.2 HRG für die Akkreditierung von Bachelor- und Masterstudiengängen vom 10.10.2003
Eckpunkte für die gegenseitige Anerkennung von Bachelor- und Masterabschlüssen in Studiengängen, mit denen die Bildungsvoraussetzungen für ein Lehramt vermittelt werden vom 2.6.2005 (Quedlinburger Beschluss)
Lösung von Anwendungsproblemen beim Quedlinburger Beschluss vom 28.2.2007
Standards für die Lehrerbildung: Bildungswissenschaften vom 16.12.2004
Ländergemeinsame inhaltliche Anforderungen für die Fachwissenschaften und Fachdidaktiken in der Lehrerbildung vom 8.12.2008

Verbände und Institutionen

Gewerkschaft Erziehung und Wissenschaft (GEW)
Reifenberger Str. 21, 60489 Frankfurt
Telefon: (069) 78973-0, Fax: (069) 78973-201
E-Mail: info@gew.de
Internet: www.gew.de

Deutscher Lehrerverband (DL)
(Dachorganisation von Deutscher Philologenverband e.V., Verband Deutscher Realschullehrer, Bundesverband der Lehrerinnen und Lehrer an Wirtschaftsschulen e.V., Bundesverband der Lehrerinnen und Lehrer an beruflichen Schulen e.V.)

Burbacher Str. 8, 53129 Bonn
Telefon: (0228) 21 12 12, Fax: (0228) 21 12 24
E-Mail: info@lehrerverband.de
Internet: www.lehrerverband.de

Bundesverband der Lehrerinnen und Lehrer an beruflichen Schulen e.V. (BLBS)
Friedrichstr. 169/170, 10177 Berlin
Telefon: (030) 4081 6650, Fax: (030) 4081 6651
E-Mail: Verband@blbs.de
Internet: www.blbs.de

Verband Bildung und Erziehung e.V. (vbe)
Behrenstr. 23/24, 10117 Berlin
Telefon: (030) 726 1966-0, Fax: (030) 726 1966-19
E-Mail: bundesverband@vbe.de
Internet: www.vbe.de (mit E-Mail-Kontaktformular)

Literaturhinweise

Der ebenfalls im Lexika Verlag erschienene Studienführer Lehramt von Margarete Hucht und Andreas Kunkel enthält umfangreiche Informationen zu Studium und Beruf.

Geschichte des Lehrerberufs
Enzelberger, Sabina: Sozialgeschichte des Lehrerberufs. Gesellschaftliche Stellung und Professionalisierung von Lehrerinnen und Lehrern von den Anfängen bis zur Gegenwart. Weinheim und München: Juventa Verlag, 2001.

Lehrerstudium/Schulpraxis
Becker, Georg E.: Lehrer lösen Konflikte. Handlungshilfen für den Schulalltag. Überarbeitete Neuausgabe. Weinheim: Beltz Verlag, 2006.

Bohl, Thorsten: Wissenschaftliches Arbeiten im Studium der Pädagogik. Arbeitsprozesse, Referate, Hausarbeiten, mündliche Prüfungen und mehr. Weinheim: Beltz Verlag, 2008.

Blömeke, Sigrid u.a. (Hrg.): Handbuch Lehrerbildung. Bad Heilbrunn: Klinkhardt Verlag, 2004.

Böhmann; Marc: Fit für das Referendariat. Als Junglehrerin fit und gelassen durch die ersten Jahre. Lichtenau-Scherzheim: AOL Verlag, 2006.

Böhmann, Marc; Schäfer-Munro, Regine: Kursbuch Schulpraktikum. Unterrichtspraxis-Didaktisches Grundwissen-Trainingsbausteine. Weinheim: Beltz Verlag, 2008.

Wiater, Werner: Unterrichten und lernen in der Schule. Eine Einführung in die Didaktik. Donauwörth: Auer-Verlag, 2007.

Wiater, Werner: Theorie der Schule. Prüfungswissen, Basiswissen Schulpädagogik. Donauwörth: Auer-Verlag, 2006.

Wiater, Werner: Der Praktikumsbegleiter. Intensivkurs Schulpraktikum. Beobachten und analysieren, planen und versuchen, überprüfen und verbessern. Donauwörth: Auer-Verlag, 2006.

Schule/Schulorganisation
Blömeke, Sigrid; Herzig, Bardo; Tulodziecki, Gerhard: Gestaltung von Schule. Eine Einführung in Schultheorie und Schulentwicklung. Bad Heilbrunn: Klinkhardt Verlag, 2007.

Brüsemeister, Thomas; Eubel, Klaus-Dieter (Hrg.): Zur Modernisierung der Schule. Leitideen, Konzepte, Akteure. Bielefeld: transcript Verlag, 2003.

Döbert, Hans u.a. (Hrg.): Die Schulsysteme Europas. Baltmannsweiler: Schneider Verlag Hohengehren, 2004.

Hentig, Hartmut von: Die Schule neu denken. Eine Übung in pädagogischer Vernunft. Weinheim: Beltz Verlag, 2003.

Lehrkräfte und Schule
Amman, Thomas: Zur Berufszufriedenheit von Lehrerinnen. Erfahrungsbilanzen in der mittleren Berufsphase. Bad Heilbrunn: Klinkhardt Verlag, 2004.

Reform der Lehrerausbildung und des Unterrichts
Gudjons, Herbert: Neue Unterrichtskultur – veränderte Lehrerrolle. Bad Heilbrunn: Klinkhardt Verlag, 2006.

Habel, Werner; Wildt, Johannes (Hrg.): Gestufte Studiengänge – Brennpunkte der Lehrerbildungsreform. Bad Heilbrunn: Klinkhardt Verlag, 2004.

Seifried, Jürgen; Abel, Jürgen (Hrg.): Empirische Lehrerbildungsforschung. Waxmann Verlag, 2006.

Winkler, Martin: Studienstrukturreform in der universitären Lehrerausbildung – Zum Stand der Umstrukturierung des Lehrstudiums und zum Studienmodell Sachsen-Anhalts in Beiträge zur Hochschulforschung, Heft 4, 30.Jg. 2008 des Bayerischen Staatsinstituts für Hochschulforschung und Hochschulplanung (IHF) im Internet unter www.ihf.bayern.de zum Download.

Ein Blick auf den Schulalltag mit Humor und tieferer Bedeutung
Frydrich, Gabriele: Dafür hast du also Zeit! Wenn Lehrer zu viel Spaß haben. Norderstedt: Books on Demand, 2006.

Zeitschriften (Auswahl)
Die deutsche Schule. Juventa Verlag, Weinheim und München.

Erziehungswissenschaftliche Revue. Rezensionszeitschrift für alle Teilbereiche der Erziehungswissenschaft. Klinkhardt Verlag, Bad Heilbrunn.

Pädagogik. Beltz Verlag, Weinheim.

Unterrichtswissenschaft. Zeitschrift für Lernforschung. Juventa Verlag, Weinheim und München.

Zeitschrift für Pädagogik. Beltz Verlag, Weinheim.

Zeitschrift für Soziologie der Erziehung und Sozialisation (ZSE). Juventa Verlag, Weinheim und München.

III SPEZIAL: EUROPASTUDIENGÄNGE UND SPEZIALISIERTE MASTERSTUDIENGÄNGE, GRADUIERTENSCHULEN

Das nachfolgende Kapitel richtet sich an:
- Studieninteressenten, die sich für Alternativen zum Politik- oder Soziologiestudium im Bereich der Europastudiengänge oder regionalwissenschaftlicher Studiengänge mit sozialwissenschaftlichen Anteilen interessieren,
- an Studierende sozialwissenschaftlicher Studiengänge, die sich über fachlich nahe Masterstudiengänge informieren wollen,
- an Berufstätige mit einem sozialwissenschaftlichen Hochschulabschluss, die ihre Karriere planen und durch eine Weiterqualifikation fördern wollen, und
- an Absolventen und Studierende, die eine wissenschaftliche Karriere im Rahmen einer Graduiertenschule angehen wollen.

Während im Bachelorstudiengang eine wissenschaftliche Grundqualifikation erworben wird, ist die Spezialisierung und wissenschaftliche Vertiefung dem Masterstudium vorbehalten. Auch für Berufstätige, die über einen traditionellen sozialwissenschaftlichen Diplom- oder Magisterabschluss verfügen, kann es durchaus sinnvoll sein, sich nach einer passenden Weiterbildung umzusehen. Dies gilt erst recht, wenn ein Berufswechsel oder Aufstieg angestrebt wird. Prinzipiell können drei Formen der Weiterbildung unterschieden werden:
- der Erwerb zusätzlicher Qualifikationen in berufsbezogenen Kursen der Hochschulen mit Zertifizierung,
- ein Vollzeit-Masterstudium entweder unmittelbar nach dem Erststudium oder später, das auf eine fachwissenschaftliche Vertiefung des Erststudiums, seine interdisziplinäre Ergänzung oder auf berufliche Weiterbildung ausgerichtet sein kann,
- ein berufsbegleitendes Masterstudium in Teilzeitform.

Europastudiengänge, regionalwissenschaftliche Studiengänge und weitere hier vorgestellte Studiengänge stellen eine sozialwissenschaftliche Spezialisierung dar, die es sowohl für Studienanfänger (Bachelorstudiengänge als so genannte grundständige Studiengänge) als auch für Absolventen eines Erststudiums (Masterstudiengänge) gibt.

Eine neuere Entwicklung sind die Graduiertenschulen (graduate schools), in denen in einem strukturierten, forschungsbezogenen und häufig mit Stipendien unterstütztem Studium die Promotion betrieben wird.
Die in folgenden Abschnitten enthaltenen Tabellen geben einen Überblick über die Angebote.

1 Europastudiengänge

Die Verflechtungen zwischen den Staaten Europas nehmen ständig zu, nicht nur im Rahmen der Erweiterung der Europäischen Union (EU). Neben den Institutionen der EU gibt es eine Vielzahl weiterer Organisationen und Verbände, die sich auch auf europäischer Ebene organisieren, um auf dieser für viele gesellschaftlichen Gruppen relevanten Bühne präsent zu sein. Dies gilt für Arbeitgeberverbände wie für Gewerkschaften, Hochschulen oder Wissenschaftsorganisationen. Damit eröffnen sich auch für Absolventinnen und Absolventen eines sozialwissenschaftlichen Studiums neue Berufsfelder. Diese sind einerseits über die Studiengänge Politikwissenschaft und Soziologie zu erschließen, andererseits mit den nachfolgend aufgeführten Studiengängen direkt anzugehen. Für Studienanfänger gibt es in diesem Feld neben sozialwissenschaftlich orientierten Bachelorstudiengängen auch andere mit philologischer, ethnologisch-kulturwissenschaftlicher oder wirtschaftswissenschaftlicher Ausrichtung. Für diejenigen, die erst nach dem ersten Studienabschluss ihre europäische Zukunft entdecken, sind Masterstudiengängen im Angebot. Und im Land Baden-Württemberg gibt es sogar ein Europalehramt (siehe Kapitel II 3 Das Lehramtsstudium).

> ❗ Wer sich für Medien und Kommunikation auf europäischer Ebene interessiert und sich im Studium beispielsweise für journalistische Diskurse und soziale Praxis begeistert, kann nach dem Bachelorexamen den trinationalen Masterstudiengang Medien-Kommunikation-Kultur an der Viadrina in Frankfurt/Oder ansteuern, dessen Abschluss in Zusammenarbeit mit der Universität Nizza Sophia Antiplos (Frankreich) und der Universität St. Kliment Ohridski, Sofia (Bulgarien) gleich drei Zertifikate vereint.

Wer sich für Ethnologie und Anthropologie im europäischen Rahmen interessiert, findet an der Humboldt-Universität zu Berlin den Bachelorstudiengang Europäische Ethnologie (Zwei-Fach-Bachelor), der als Kern- und Zweitfach studierbar ist (www2.hu-berlin.de/ethno) und an der FU Berlin den Bachelor- und Masterstudiengang Sozial- und Kulturanthropologie (Zwei-Fach-Bachelor, www.polsoz.fu-berlin.de/ethnologie). Weitere Anbieter eines grundständigen Bachelorstudiums in diesem Bereich sind die Universitäten Bamberg (Europäische Ethnologie als Nebenfach im Mehrfach-Bachelor), Frankfurt/Main (Kulturanthropologie und europäische Ethnologie, 2-Fach-Bachelor, als Haupt- oder Nebenfach studierbar), Freiburg (Europäische Ethnologie als Nebenfach im 2-Fach-Bachelor), Göttingen

(Europäische Kulturanthropologie/Ethnologie, 2-Fach-Bachelor), Kiel (Europäische Ethnologie/Volkskunde, 2-Fach-Bachelor), LMU München (Volkskunde/Europäische Ethnologie, derzeit noch Magister), Münster (Kultur- und Sozialanthropologie, 2-Fach-Bachelor). Da es sich bei diesen Studiengängen um Kombinationsstudiengänge handelt, ist in der Regel eine Kombination mit einem weiteren sozialwissenschaftlichen Fach möglich. Die Ethnologie untersucht Gesellschaften in ihrer ganzen Breite und hat ein besonderes Augenmerk auf kulturelle und religiöse Phänomene. Methodisch ist ihre Feldforschung stärker qualitativ orientiert (z.B. ethnographische Interviews).

Einige teure, im Bereich der Weiterbildung angesiedelten Masterstudiengänge kommen vorrangig für Beschäftigte im mittleren Management in Frage, die ihren beruflichen Aufstieg planen. Dabei wird in der Regel mit dem Arbeitgeber zu verhandeln sein, ob er die Kosten ganz oder teilweise übernimmt.

Tabelle 8:
Europastudien und regionalwissenschaftliche Studien (Auswahl)

Hochschule	Studiengang/ Abschluss	Zugangsvoraussetzungen/ evtl. Studiengebühren	Dauer (Sem.)	Bemerkungen
TH Aachen	Europastudien Master in Europastudien	Universitätsabschluss u.a. in Sozialwiss. mit Mindestnote 2,3. Deutsch und zwei Fremdsprachen, dreimonatiger Bildungsaufenthalt im Ausland. 500 EUR/Semester.	4	Zulassung WS. Motivationsschreiben u. Hochschulgutachten der bisherigen Hochschule erforderlich. Internationaler konsekutiver Studiengang.
FU Berlin HU Berlin TU Berlin	Europawissenschaften Master of European Studies	Überdurchschnittlicher Universitätsabschluss z.B. in Politikwissenschaft. Perfekte deutsche und englische Sprachkenntnisse, gute Kenntnisse in Französisch oder einer anderen EU-Amtssprache. Kosten: 5.000 EUR.	2	Zulassung WS, örtlicher NC. Unterrichtssprachen Deutsch, Englisch u. Französisch. Weiterbildungsmaster.
FU Berlin HU Berlin	Euromasters Master of Arts in European Studies	University degree in humanities or social sciences, Proficiency in English and another programme language Kosten: 5.000 Brit. Pfund (EU-Studenten), 8.250 Brit. Pfund (Nicht-EU-Studenten).	14 Monate	Zulassung WS, örtlicher NC. Nicht- konsekutiver internationaler Studiengang in Kooperation mit Universitäten in Bath, Madrid, Paris, Prag, Seattle und Siena. Unterricht Deutsch, Englisch, Französisch, Italienisch, Spanisch.

Hochschule	Studiengang/ Abschluss	Zugangsvoraussetzungen/ evtl. Studiengebühren	Dauer (Sem.)	Bemerkungen
FU Berlin	Osteuropastudien Master of Arts	Bachelorabschluss z.B. in Politik oder Soziologie, Grundkenntnisse einer osteuropäischen Staatsprache, sehr gute Englischkenntnisse.	4	Zulassung WS, örtlicher NC. Konsekutiver Studiengang.
	East European Studies Master of Arts	University degree preferable in humanities or social sciences. Fluency in English, basic knowledge of one east European language. Electronic equipment. Kosten: 3.450 EUR/Jahr.	4	Zulassung WS, örtlicher NC. Unterrichtssprache Englisch. Weiterbildungsmaster. Distance learning program.
HU Berlin	British Studies Master in British Studies	Abgeschlossenes Hochschulstudium, sehr gute Englischkenntnisse.	3	Zulassung WS. Nicht-konsekutiver, internationaler Studiengang mit Praxissemester. Unterrichtssprache Englisch.
FH für Verwaltung und Rechtspflege Berlin	Europäisches Verwaltungsmanagement Master of Arts	Abgeschlossenes Hochschulstudium z.B. Verwaltungs-FH. 960 EUR/Semester (1-5), 600 EUR/Semester (6).	6	Zulassung WS, örtlicher NC. Fernstudium gemeinsam mit TFH Wildau. Weiterbildungsmaster. Unterrichtssprachen Deutsch, Englisch, Französisch.
U Bochum	Europäische Kultur und Wirtschaft Master of European Culture and Economy (ECUE)	Guter Bachelorabschluss und gute Englischkenntnisse. 480 EUR/Semester.	4	Zulassung WS, örtlicher NC. Nicht-Konsekutiver internationaler Studiengang. Unterrichtssprachen Deutsch, Englisch.
U Bonn	European Studies Master of European Studies	Sehr guter Hochschulabschluss z.B. in Sozialwissenschaften, sehr gute Englischkenntnisse u. gute Kenntnisse einer weiteren EU-Amtssprache. Kosten: 6.500 EUR (gesamt).	2	Zulassung WS, Örtlicher NC. Internationaler Studiengang. Unterrichtssprache Englisch. Weiterbildungsmaster.

Europastudiengänge

Hochschule	Studiengang/ Abschluss	Zugangsvoraussetzungen/ evtl. Studiengebühren	Dauer (Sem.)	Bemerkungen
U Bremen	Integrierte Europastudien Bachelor of Arts	Allgemeine Hochschulreife. Englisch B2 und weitere Fremdsprache.	6	Zulassung WS, örtlicher NC. Sozialwissenschaftliche oder Kulturhistorische Studienrichtung.
	European Labour Studies Master of Arts	Bachelor in Politik, Soziologie o.Ä. Englisch C1.	2	Zulassung WS. Zur Zeit kein Angebot. Internationaler Studiengang im Hochschulverbund.
H Bremen (FH)	European Studies Master of Arts	Überdurchschnittlicher deutscher oder ausländischer Hochschulabschluss z.B. in Politikwissenschaft, sehr gute Englischkenntnisse. Kosten: 7.900 EUR (gesamt).	2	Zulassung SoSe, WS, örtlicher NC. Internationaler Studiengang. Unterrichtssprache Englisch. Weiterbildungsmaster.
	European and World Politics Master of Arts	Hochschulabschluss in Politikwissenschaft. Gute Englischkenntnisse. Bei B.A.Abschluss einschlägiges Praktikum von 20 Wochen.	3	Zulassung SoSe, örtlicher NC. Konsekutiver Master.
TU Chemnitz	Europa-Studien mit sozialwissenschaftlicher Ausrichtung Bachelor/ Bakkalaureus	Allgemeine Hochschulreife u. Kenntnis zweier moderner Fremdsprachen.	6	Zulassung WS, örtlicher NC. Auch mit kultur- oder wirtschaftswissenschaftlicher Ausrichtung zu studieren.
	Europäische Integration Schwerpunkt Ostmitteleuropa Master of Arts	B.A. Europastudien mit Mindestnote 2,3. Kenntnisse in Englisch und weiterer moderner Fremdsprache.	4	Zulassung WS. Konsekutiver Master.
KU Eichstätt-Ingolstadt	Europastudien Bachelor of Arts	Allgemeine Hochschulreife. 450 EUR/Semester.	6	Zulassung WS, örtlicher NC. Interdisziplinärer Studiengang Sprache, Literatur, Kultur.
	Europastudien Master of Arts	Bachelorabschluss in Europastudien oder in Sprach- und Literaturwissenschaften oder Geschichte und Philologie (Gesamtnote mind. 2,5). 450 EUR/Semester.	4	Zulassung WS, örtlicher NC. Nicht-konsekutiver, interdisziplinärer Studiengang mit Schwerpunkt Sprache, Literatur, Kultur. Unterrichtssprachen Englisch, Französisch, Italienisch, Russisch, Spanisch.

Hochschule	Studiengang/ Abschluss	Zugangsvoraussetzungen/ evtl. Studiengebühren	Dauer (Sem.)	Bemerkungen
U Flensburg	European Studies Master of Arts	Bachelorabschluss u.a. in Sozial- oder Politikwissenschaft. Gute Englischkenntnisse.	4	Zulassung WS, Hochschulzulassungsverfahren. Internationaler Studiengang in Zusammenarbeit mit Syddansk Universitet, Sonderburg (Dänemark). Nicht-Konsekutiver Master in englischer Sprache.
Viadrina U Frankfurt/ Oder	Europäische Kulturgeschichte Master of Arts	Einschlägiger Hochschulabschluss mit Mindestnote 2,5.	4	Zulassung WS.
	European Studies Master of European Studies (MES)	Bachelorabschluss u.a. in Politikwissenschaft. Kenntnisse in Englisch.	4	Zulassung SoSe, WS, örtlicher NC. Internationaler, Nicht-Konsekutiver und forschungsorientierter Studiengang. Doppeldiplom möglich.
	Intercultural Communication Studies (ICC) Master of Arts	Einschlägiger Hochschulabschluss mit Mindestnote 2,5. Nachweis zweier Fremdsprachen.	4	Zulassung WS. Internationaler Studiengang in Zusammenarbeit mit der Adam Mickiewicz Universität, Poznan (Polen)
FH Fulda	Intercultural Communication an European Studies (ICEUS) Master of Arts	Hochschulabschluss z.B. in Sozialwissenschaften, gute Englischkenntnisse.	4	Zulassung WS, örtlicher NC. Internationaler Studiengang in Deutsch und Englisch.
U Göttingen	Euroculture Master Master of Arts in Euroculture	B.A. Politikwissenschaft u.a. sehr gute Englischkenntnisse. 600 EUR/Semester.	3	Zulassung WS, örtlicher NC. Internationaler Studiengang in Englisch.
U Halle-Wittenberg	Interkulturelle Europa- u. Amerikastudien Bachelor of Arts	Allgemeine Hochschulreife, Sprachkenntnisse für das gewählte Land.	6	Zulassung WS, örtlicher NC. Als Ein-Fach-Bachelor (180 ECTS), Zwei-Fach-Bachelor (90 ECTS) oder Zwei-Fach-Bachelor (Major 120, Minor 60 ECTS) studierbar.
	Interkulturelle Europa- u. Amerikastudien Master of Arts	Bachelorabschluss im gleichen oder vergleichbaren Fach.	4	Zulassung WS. Konsekutiver Master.

Europastudiengänge

Hochschule	Studiengang/ Abschluss	Zugangsvoraussetzungen/ evtl. Studiengebühren	Dauer (Sem.)	Bemerkungen
U Hamburg	European Studies (Euromaster) Master of Arts	Bachelor u.a. in Sozialwissenschaften. Qualifizierte Berufsausbildung bzw. -tätigkeit oder Abschlussnote gut. Sehr gute deutsche und englische Sprachkenntnisse. 375 EUR/Semester.	2	Zulassung WS, örtlicher NC. Konsekutiver internationaler Studiengang. Unterrichtssprachen Englisch u. Deutsch. Auch Angebot gemeinsam mit der Akdeniz Universität, Antalya (Türkei).
	Nordeuropastudien Master of Arts	Studiengang in Vorbereitung. 375 EUR/Semester.	4	Zulassung WS, örtlicher NC.
U Hannover	European Studies Master of Arts	Abgeschlossenes Hochschulstudium z.B. in Sozialwissenschaften. Englisch u. eine weitere europäische Sprache. 500 EUR/Semester.	4	Zulassung WS, örtlicher NC. Konsekutiver Master.
U Jena	Südosteuropastudien Bachelor of Arts	Allgemeine Hochschulreife.	6	Zulassung WS. Als Kernfach (120 ECTS) oder Ergänzungsfach (60 ECTS) studierbar.
	Südosteuropastudien Master of Arts	BA Südosteuropastudien oder auch Politikwissenschaft. Kenntnisse mind. einer südosteuropäischen Sprache.	4	Zulassung WS. Konsekutiver Master. Hinweis: Auch Master Slawische Sprachen, Literaturen und Kulturen möglich.
TU Karlsruhe	Europäische Kultur und Ideengeschichte (European Studies) Bakkalaureas Artium (Bachelor)	Allgemeine Hochschulreife. 500 EUR/Semester.	6	Zulassung WS. Kernfach mit 120 ECTS.
	Europäische Kultur und Ideengeschichte (European Studies) Master	Bachelorabschluss. 500 EUR/Semester.	4	Zulassung SoSe, WS, örtlicher NC. Konsekutiver Master.
U Leipzig	European Studies Master of Arts	Hochschulabschluss.	4	WS, Eignungsfeststellungsverfahren. Nicht-Konsekutiver Master.

Hochschule	Studiengang/ Abschluss	Zugangsvoraussetzungen/ evtl. Studiengebühren	Dauer (Sem.)	Bemerkungen
U Magdeburg	European Studies Bachelor of Arts	Allgemeine Hochschulreife. Englisch (TOEFL 550 bzw. 213/Computer).	6	Zulassung WS, örtlicher NC. Unterrichtssprachen Deutsch u. Englisch.
	European Studies Master of Arts	Hochschulabschluss in einem relevanten Fach. Englisch UNICERT III und weitere schwerpunktspezifische Sprachkenntnisse.	4	Zulassung WS. Konsekutiver Master in Deutsch und Englisch.
H Magdeburg-Stendal (FH)	European Perspectives on Social Inclusion (European Master of Development Studies in Social and Educational Sciences)	Sozialwissenschaftlicher Hochschulabschluss. Gute Englischkenntnisse. Gebührenpflichtig. Studiengebühren bei der Hochschule zu erfragen.	4	Zulassung WS (im Zwei-Jahres-Turnus). Standort Magdeburg. Berufsbegleitendes Teilzeitstudium. Weiterbildungsmaster.
U Marburg	Europa: Integration und Globalisierung Master of Arts	B.A. in Politikwissenschaft mit Mindestnote befriedigend. Englisch B2 Level.	4	Zulassung WS. Konsekutiver Master. Hinweis: Auch Master Europäische Ethnologie/Kulturwissenschaft möglich.
U München (LMU) U Regensburg	Osteuropastudien Master of Arts	Guter Hochschulabschluss. Gute Englischkenntnisse und Grundkenntnisse einer osteuropäischen Sprache. 500 EUR/Semester.	4	Zulassung WS. Eignungsfeststellungsprüfung. Studium zweier ggf. dreier Disziplinen in Bezug zu Osteuropa. Forschungsorientierter Master im Elitenetzwerk Bayern.
U Münster	Public Administration Bachelor of Arts	Allgemeine Hochschulreife.	6	Zulassung WS, örtlicher NC. Internationaler Studiengang in Deutsch und Englisch mit der Universität Twente (Niederlande).
	European Studies Master of Arts	Bachelorabschluss, gute englische Sprachkenntnisse.	4	Zulassung WS, örtlicher NC. In Zusammenarbeit mit der Universität Twente (Niederlande).

Hochschule	Studiengang/ Abschluss	Zugangsvoraussetzungen/ evtl. Studiengebühren	Dauer (Sem.)	Bemerkungen
U Osnabrück	Europäische Studien Bachelor of Arts	Allgemeine Hochschulreife. 500 EUR/Semester.	6	Zulassung WS, örtlicher NC. Internationaler Studiengang.
	Europäische Studien Master of Arts	Bachelorabschluss Europäische Studien, Politik- oder Sozialwissenschaft mit Mindestnote 2,8. Fremdsprachenkenntnisse. 500 EUR/Semester.	4	Zulassung SoSe, WS. Eignungsfeststellung. Internationaler, konsekutiver Master.
U Paderborn	Europäische Studien Bachelor of Arts/ Licence Lettres	Allgemeine Hochschulreife. 500 EUR/Semester.	6	Zulassung WS, örtlicher NC und Eignungsprüfung. Internationaler Studiengang in Deutsch und Französisch. 3. u. 4. Semester in Le Mans (Frankreich).
U Passau	European Studies Bachelor of Arts	Allgemeine Hochschulreife. 500 EUR/Semester.	6	Zulassung SoSe, WS, örtlicher NC. Fachspezifische Fremdsprachenausbildung möglich.
	Russian and East Central European Studies Master of Arts	Hochschulabschluss in Gesellschaftswissenschaften. Kenntnisse in Englisch und einer slavischen Sprache. 500 EUR/Semester.	4	Zulassung SoSe, WS. Eignungsfeststellung.
	European Studies Master of Arts	Hochschulabschluss in Gesellschaftswissenschaften mit Mindestnote 2,5. Fremdsprachenkenntnisse. 500 EUR/Semester.	4	Zulassung SoSe, WS, örtlicher NC. Internationaler, konsekutiver Master in Kooperation mit französischen Universitäten (Doppelmaster möglich).

Hochschule	Studiengang/ Abschluss	Zugangsvoraussetzungen/ evtl. Studiengebühren	Dauer (Sem.)	Bemerkungen
U Potsdam	European Governance and Administration Master (MEGA)	Universitätsabschluss. Berufserfahrung. Verhandlungssicher in Französisch.	4	Bewerbung über den Arbeitgeber an das Bundesministerium des Innern. Programm in Zusammenarbeit mit der Sorbonne (Paris). Weiterbildungsmaster.
	Regionalwissenschaften Bachelor of Science	Allgemeine Hochschulreife.	6	Zulassung WS, örtlicher NC. Ein-Fach-Bachelor.
	Regionalwissenschaften Master of Science	Bachelorabschluss Regionalwissenschaft oder vergleichbar.	3	Zulassung WS, örtlicher NC. Konsekutiver Master.
U Regensburg	Europäisch-Amerikanische Studien Master of Arts	Fachverwandter Bachelorabschluss. Sehr gute Englischkenntnisse u. mind. zwei Monate Nordamerikaaufenthalt. 500 EUR/Semester.	4	Zulassung WS. Eignungsfeststellung. Konsekutiver Master.
	Interkulturelle Europastudien Master of Arts	Hochschulabschluss Drei Sprachen, darunter Deutsch und Französisch und/oder Spanisch. 500 EUR/Semester.	4	Zulassung WS, Eignungsfeststellung. Internationaler konsekutiver Master in Zusammenarbeit mit französischen und spanischen Universitäten mit Doppelabschluss.
U Trier	European Master in Labour Studies Master of Arts	Diplom z.B. in Soziologie.	2	Zulassung WS. Aufbaustudiengang im internationalen Hochschulverbund.
U Tübingen	European Studies Master of European Studies	Hochschulabschluss mit bes. gutem Erfolg, möglichst 1 Jahr Berufserfahrung. Englisch. 2.500 EUR (gesamt).	2	Zulassung WS, örtlicher NC. Interdisziplinärer Aufbaustudiengang in Deutsch, Englisch und Französisch. Weiterbildungsmaster.

2 Spezialisierte Masterstudiengänge mit sozialwissenschaftlicher Ausrichtung

In den folgenden Tabellen sind Masterstudiengänge zusammengefasst, die an Qualifikationen und Themen der in diesem Studienführer vorgestellten Fächer anknüpfen, ohne eine direkte Fortführung des Fachstudiums zu sein. Sie sind daher oft dem Weiterbildungssektor zuzurechnen.

Da der Weiterbildungsmarkt von den Hochschulen zunehmend als Einnahmequelle gesehen wird, kann eine dynamische Entwicklung in den letzten Jahren beobachtet werden. Die Zunahme der Angebote in den letzten Jahren weist aber auch darauf hin, dass neue Berufsfelder entstehen, denen zunächst keine Studiengänge entsprachen. Schließlich spielt auch die Notwendigkeit, sein Wissen im Beruf ständig zu erneuern und zu ergänzen, eine Rolle (Stichwort: lebenslanges Lernen).

Die Auswahl bei den nachfolgenden Tabellen – im Wintersemester 2008/09 belief sich das Angebot an Masterprogrammen bereits auf 4.088 Studiengänge – ist hauptsächlich unter drei Gesichtspunkten getroffen worden:
- welche Weiterbildungsinhalte interessieren erfahrungsgemäß Absolventinnen und Absolventen eines sozialwissenschaftlichen Studiums,
- was ist einigermaßen deutlich auf den Arbeitsmarkt bezogen und
- für welche Angebote erfüllen Absolventinnen und Absolventen eines sozialwissenschaftlichen Studiums in etwa die formalen Bewerbungsvoraussetzungen.

Die Studiengänge schließen mit dem aus dem angelsächsischen Bereich bekannten Abschlüssen Master of Arts (M.A.) oder Master of Science (M.Sc.) ab.
Zur besseren Orientierung sind die Studiengänge in themenbezogenen Tabellen zusammengefasst. Die Themenbereiche sind:
- Bildung, Evaluation, Organisation
- Entwicklungszusammenarbeit
- Gender
- Gesundheit und Soziales
- Journalismus
- Multimedia, Medienwissenschaft, Medienmanagement
- Stadt- und Regionalentwicklung, Regionalwissenschaft
- Umwelt, Verkehr, Tourismus
- Wirtschaft und Verwaltung.

Bei der Lektüre der nachstehenden Tabellen wird deutlich, welche Angebote sich an Berufstätige mit Karrierewünschen richten und welche eher für noch nicht im

Beruf stehende Absolventinnen und Absolventen eines Erststudiums von Interesse sind. Viele Schwerpunkte der Angebote liegen im Sektor Wirtschaft und Verwaltung, schließlich ist heute in fast allen Berufsbereichen ökonomisches Grundwissen von Nöten. Ein Markenzeichen ist der Master of Business Administration (MBA). Besonders zu begrüßen sind Angebote, die Beschäftigten ein berufsbegleitendes Weiterbildungsstudium ermöglichen. Interessenten sollten aber auch darauf achten, ob die jeweiligen Studiengänge akkreditiert sind und damit ein Prüfverfahren hinsichtlich ihrer Solidität und Güte erfolgreich durchlaufen haben. Bei den Akkreditierungsagenturen finden sich dann weitere Bewertungen zum Studiengang.

 Auf der Homepage des Akkreditierungsrats ist unter www.akkreditierungsrat.de→Akkreditierte Studiengänge eine Datenbank mit komfortabler Suchfunktion zu finden.

Der Ablauf des Studiums ist unterschiedlich, je nachdem, um welche Art von Masterstudium es sich handelt. Grundsätzlich lassen sich folgende Typen unterscheiden:
- Konsekutive Masterstudiengänge, die in erster Linie den Bachelorabsolventen der eigenen Hochschule ein Weiterstudium ermöglichen sollen, wenngleich sich auch Absolventen anderer Hochschulen bewerben können. Ihr Studienaufbau ist stark an den im zu Grunde liegenden Bachelorstudium erworbenen Kenntnissen und Fähigkeiten ausgerichtet. Sie sind in der Regel kostenlos bzw. es werden die landesüblichen allgemeinen Studiengebühren (Studienbeiträge) verlangt.
- Weiterbildende Masterstudiengänge, die oft erst nach einschlägiger Berufstätigkeit zugänglich sind. Neben den staatlichen Hochschulen tummeln sich in diesem Feld eine ganze Reihe privater Anbieter (Privathochschulen). Die Kosten dieser Masterprogramme belaufen sich, insbesondere wenn Führungskräfte als Zielgruppe angesprochen werden, nicht selten auf höhere fünfstellige Eurobeträge. Besonders interessant aber auch besonders teuer sind internationale Studienprogramme mit verpflichtenden Auslandsaufenthalten. Diese Masterstudiengänge werden öfter in Teilzeitform und/oder berufsbegleitend angeboten.
- Nicht-konsekutive Masterstudiengänge, die in erster Linie eine interdisziplinäre Erweiterung der Qualifikation zum Ziel haben. Dabei kann sowohl ein wissenschaftliches Forschungsfeld als auch ein spezielles Berufsfeld im Mittelpunkt stehen, das Kenntnisse aus verschiedenen Disziplinen voraussetzt.

Generell ist festzustellen, dass nicht nur die früheren Aufbau- und Ergänzungsstudiengänge mit Diplom-, Magister- oder Staatsexamensabschluss in Masterstudiengänge (in der Regel zu Weiterbildungsmastern) transformiert wurden, sondern sich durch die Einführung der gestuften Studiengänge und -abschlüsse eine völlig neue Ebene der wissenschaftlichen Vertiefung und Spezialisierung entwickelt hat.

Tabelle 9:
Spezialisierte Masterstudiengänge (Auswahl)
(Stand: Wintersemester 2008/09)

Bereich Bildung, Evaluation, Organisation

Hochschule	Studiengang/ Abschluss	Zugangsvoraussetzungen/ evtl. Studiengebühren	Dauer (Sem.)	Bemerkungen
TU Berlin	Bildungsmanagement Master of Arts	Hochschulabschluss u.a in Soziologie.	4	Zulassung WS, örtlicher NC. Konsekutiver Master.
FernU Hagen	Bildung und Medien: eEducation Master of Arts	Hochschulabschluss u.a. in Soziologie (mit zusätzlichem Besuch zweier Module in Bildungswissenschaft). Materialkosten: 200 EUR/Teilzeit 400 EUR/Vollzeit	4	Zulassung SoSe, WS. Berufsbegleitendes Fernstudium. Rechner mit Internetzugang erforderlich.
U Hildesheim	Organization Studies Master of Arts	Hochschulabschluss und mind. ein Jahr Berufserfahrung. Gesamtkosten: 5.600 EUR (bei Einmalzahlung) 6.100 EUR (bei semesterweiser Zahlung).	4	Zulassung WS, örtlicher NC. Fernstudium in Teilzeitform. Berufsbegleitender Weiterbildungsmaster.
U Kassel	Higher Education Master of Arts	Hochschulabschluss u.a. in Soziologie, Politikwissenschaft.	4	Zulassung WS. Eignungsprüfung. Internationaler konsekutiver Studiengang in Englisch.
	Empirische Bildungsforschung Master of Arts	Hochschulabschluss u.a. in Soziologie mit Mindestnote gut.	4	Zulassung WS. Konsekutiver Master.
PH Ludwigsburg	Bildungsmanagement Master of Arts	Hochschulabschluss und mind. einjährige Tätigkeit in einer Bildungsinstitution. 1.600 EUR/Semester.	4	Zulassung WS; örtlicher NC. Berufsbegleitendender Weiterbildungsmaster.

Hochschule	Studiengang/ Abschluss	Zugangsvoraussetzungen/ evtl. Studiengebühren	Dauer (Sem.)	Bemerkungen
U Oldenburg	Bildungsmanagement Master of Business Administration (MBA)	Hochschulabschluss und mind. zweijährige Berufserfahrung. 800 EUR/Modul.	4	Zulassung WS. Berufsbegleitender, internetgestützter Weiterbildungsmaster mit 16 Modulen. In Teilzeitform 6 Semester.
FH Osnabrück	Hochschul- und Wissenschaftsmanagement Master of Business Administration (MBA)	Hochschulabschluss und zweijährige einschlägige Berufspraxis. 350 EUR/Modul.	6	Zulassung SoSe, örtlicher NC. Berufsbegleitender Weiterbildungsmaster in Teilzeitform und Englisch.
U Rostock	Medien und Bildung Master of Arts in Media Education	Hochschulabschluss und mind. einjährige Berufserfahrung in einschlägigen Aufgabenfeldern. 1.290 EUR/Semester.	4	Zulassung WS, örtlicher NC. Für BA-Absolventen zusätzliche Prüfung im Auswahlverfahren. Weiterbildungsmaster im Fernstudium.
U Saarbrücken HTW Saarland KHSA Saarbrücken	Evaluation Master of Evaluation	Hochschulabschluss u.a. in Sozialwissenschaften und Nachweis einschlägiger Kenntnisse sowie in Methoden/Statistik. 1.000 EUR/Semester.	4	Zulassung WS, örtlicher NC. Hochschulübergreifender berufsbegleitender Weiterbildungsmaster.

Bereich Entwicklungszusammenarbeit

Hochschule	Studiengang/ Abschluss	Zugangsvoraussetzungen/ evtl. Studiengebühren	Dauer (Sem.)	Bemerkungen
FH Technik und Wirtschaft Berlin	International and Development Economics (MIDE) Master of Arts	Hochschulabschluss u.a. in Sozialwissenschaften mit wirtschaftswissenschaftlichen Anteilen. Bachelor zusätzlich ein Jahr Berufspraxis. Sehr gute Englischkenntnisse. 2.000 EUR (Programm).	3	Zulassung SoSe, örtlicher NC. Internationaler nicht-konsekutiver Master in Englisch.
U Bochum	Development Management Master of Arts	Bachelorabschluss u.a. in Sozial- oder Politikwissenschaft. Gute Englischkenntnisse. Erste praktische Erfahrungen in der Entwicklungsarbeit. 480 EUR/Semester.	4	Zulassung SoSe, WS. Nicht-konsekutiver Weiterbildungsmaster in Deutsch und Englisch. Zusammenarbeit mit Kapstadt (Südafrika).

Hochschule	Studiengang/ Abschluss	Zugangsvoraussetzungen/ evtl. Studiengebühren	Dauer (Sem.)	Bemerkungen
TU Darmstadt	International Co-operation and Urban Development Master of Science	Hochschulabschluss mit Schwerpunkt Stadt- u. Regionalsoziologie. Berufserfahrung, Englischkenntnisse. 5.000 EUR bis 7.900 EUR (Programm).	4	Zulassung SoSe, WS. Hochschulauswahlverfahren. Weiterbildungsmaster in Englisch.
U Marburg	International Development Studies Master of Arts	Hochschulabschluss u.a. in Soziologie, Politikwissenschaft. Kenntnisse in Englisch und einer weiteren modernen Fremdsprache.	4	Zulassung WS. Eignungsfeststellung. Konsekutiver Master in Deutsch und Englisch.

Bereich Gender

Hochschule	Studiengang/ Abschluss	Zugangsvoraussetzungen/ evtl. Studiengebühren	Dauer (Sem.)	Bemerkungen
FU Berlin	Geschlechterstudien/Gender Studies Master of Arts	Hochschulabschluss mit mind. 30 ECTS in Gender Studies.	4	Zulassung WS, örtlicher NC. Forschungsbezogener, transdisziplinärer und konsekutiver Master.
	Gender und Diversity Kompetenz Master of Arts	Hochschulabschluss. 1.200 EUR/Semester.	3	Zulassung WS, örtlicher NC. Anwendungsorientierter, interdisziplinärer Weiterbildungsmaster.
U Bielefeld	Gender Studies Master of Arts	Hochschulabschluss u.a. in Sozialwissenschaften. 350 EUR/Semester.	4	Zulassung WS. Eignungsfeststellung. Interdisziplinärer Master.
U Bochum	Gender Studies Master of Arts	Hochschulabschluss u.a. in Sozialwissenschaften. 480 EUR/Semester.	4	Zulassung WS, örtlicher NC. Konsekutiver Master.
U Oldenburg	Kulturanalysen: Repräsentation, Performativität, Gender Master of Arts	Hochschulabschluss u.a. in Sozialwissenschaften mit mind. 60 ECTS in Kulturwissenschaften oder Gender Studies. 500 EUR/Semester.	4	Zulassung SoSe, WS. Nicht-konsekutiver Master.

Bereich Gesundheit und Soziales

Hochschule	Studiengang/ Abschluss	Zugangsvoraussetzungen/ evtl. Studiengebühren	Dauer (Sem.)	Bemerkungen
ASFH Berlin Alice-Salomon-Fachhochschule für Sozialarbeit und Sozialpädagogik (FH)	Comparative European Social Studies (MACESS) Master of Arts	Bachelorabschluss oder Äquivalent u.a. in Soziologie/Politik. Sehr gute Englischkenntnisse. 2.700 EUR (Programm).	2	Beginn Anfang September. Eignungsfeststellung. Unterricht in Englisch. Auch Teilzeit möglich. Studienort Maastricht. In Kooperation mit 37 weiteren Institutionen.
	Intercultural Conflict Management. Master of Arts	Bachelorabschluss u.a. in Sozialwissenschaft. Sehr gute Englischkenntnisse. 6.900 EUR (Programm).	3	Beginn WS. Eignungsfeststellung. Präsenzseminare kombiniert mit E-Learning. Unterricht in Englisch.
	Sozialmanagement Master of Arts	Hochschulabschluss u.a.. in Sozialwissenschaften und mind. 3 Jahre (leitende) Berufstätigkeit im Sozialwesen. 7.380 EUR.	5	Beginn WS. Hochschulzulassungsverfahren. Weiterbildungsmaster als Fernstudium in Kooperation mit der Paritätischen Akademie Berlin gGmbH.
U Bonn	Sozialmanagement Master of Arts in Social Services Administration	Hochschulabschluss u.a. in Sozialwissenschaften und ein Jahr (Uni-Abschluss) oder drei Jahre (FH-Abschluss) Berufstätigkeit. 5.800 EUR (Programm).	4	Zulassung SoSe, örtlicher NC. Berufsbegleitender Weiterbildungsmaster im Teilzeitstudium.
FH Braunschweig/ Wolfenbüttel (FH)	Sozialmanagement Master of Social Management (MSM)	Hochschulabschluss u.a. in Sozialwissenschaften mit Mindestnote befriedigend und zwei Jahre Berufspraxis. 5.700 EUR (Programm).	5	Zulassung WS, örtlicher NC. Berufsbegleitender Weiterbildungsmaster im Fernstudium.
EvFH für Soziale Arbeit Dresden (FH)	Sozialmanagemen MBA in Social Management	Hochschulabschluss und vier Jahre Leitungsfunktion in sozialer Organisation. 1.900 EUR/Semester (1-4).	5	Zulassung SoSe, örtlicher NC. Berufsbegleitender Weiterbildungsmaster im Fernstudium.
Theologische Hochschule Friedensau	Sozial- und Gesundheitsmanagement Master of Arts	Hochschulabschluss. 2.040 EUR/Semester.	6	Zulassung SoSe, WS. Berufsbegleitender, nichtkonsekutiver Weiterbildungsmaster in Blockwochenform.

Spezialisierte Masterstudiengänge

Hochschule	Studiengang/ Abschluss	Zugangsvoraussetzungen/ evtl. Studiengebühren	Dauer (Sem.)	Bemerkungen
HAW Hamburg (FH)	Sozial- und Gesundheitsmanagement Master of Business Administration (MBA)	Hochschulabschluss mit Mindestnote gut und mind. dreijährige Berufstätigkeit im Sozial- bzw. Gesundheitswesen. Englisch. 375 EUR/Semester.	5	Zulassung SoSe, WS. Berufsbegleitender Weiterbildungsmaster in Teilzeitform in Deutsch und Englisch.
TU Kaiserslautern	Management von Gesundheits- und Sozialeinrichtungen Master of Arts	Hochschulabschluss und mindestens einjährige Berufstätigkeit. 990 EUR/Semester.	4	Zulassung WS, örtlicher NC. Berufsbegleitender Weiterbildungsmaster in Teilzeit und Fernstudium.
H Osnabrück (FH)	Gesundheitsmanagement Master of Business Administration (MBA)	Hochschulabschluss und zweijährige Leitungs¬tätigkeit im Gesundheits- und Sozialsystem. 13.200 EUR (Programm).	5	Zulassung SoSe. Eignungsfeststellung. Berufsbegleitender Weiterbildungsmaster in Teilzeitform.
H Ravensburg-Weingarten (FH)	Management im Sozial- und Gesundheitswesen Master of Business Administration (MBA)	Hochschulabschluss u.a. in Soziologie. 1.700 EUR/Semester.	4	Zulassung WS, örtlicher NC. Berufsbegleitender Weiterbildungsmaster in Teilzeitform (1/3 Präsenz- und 2/3 Fernstudium).

Bereich Journalismus

Hochschule	Studiengang/ Abschluss	Zugangsvoraussetzungen/ evtl. Studiengebühren	Dauer (Sem.)	Bemerkungen
UdK Berlin Universität der Künste	Kulturjournalismus Master of Arts	Hochschulabschluss und künstlerisch-gestalterische Begabung. 435 EUR/Monat.	4	Zulassung WS, Bewerbung 16. Juli ,Studienbeginn Januar. Eignungsprüfung. Praxisorientierter Weiterbildungsmaster.
Hamburg Media School U Hamburg	Journalismus Master of Arts	Hochschulabschluss und mind. sechsmonatige journalistische Praxis. 6.000 EUR/Jahr.	6 Trimester	Zulassung WS. Eignungsprüfung. Kooperation mit der Schweizer Journalistenschule (MAZ).
U Hohenheim	Journalistik Diplom	Hochschulabschluss mit Zugehörigkeit zum besten Drittel. 500 EUR/Semester.	4	Studienbeginn SoSe,WS. Eignungsprüfung. Studienort: Stuttgart Aufbaustudium.

278 Europastudiengänge und spezialisierte Masterstudiengänge, Graduiertenschulen

Hochschule	Studiengang/ Abschluss	Zugangsvoraussetzungen/ evtl. Studiengebühren	Dauer (Sem.)	Bemerkungen
H Magdeburg-Stendal (FH)	Sozial- und Gesundheitsjournalismus Master of Arts	Mindestens guter Hochschulabschluss u.a. in Sozialwissenschaften mit nachgewiesenen journalistischen Anteilen oder publizistischer Tätigkeit.	4	Zulassung WS. Interdisziplinärer konsekutiver Masterstudiengang.
U Mainz	Journalismus Master of Arts	Hochschulabschluss, bei Bachelor mit Mindestnote 2,0. 550 EUR/Semester.	4	Zulassung WS, örtlicher NC. Eignungsprüfung. Nicht-konsekutiver Weiterbildungsmaster.
U München (LMU)	Journalismus Master of Arts	Qualifizierter universitärer Hochschulabschluss. 500 EUR Semester.	4	Zulassung WS. Aufnahmeprüfung an der Deutschen Journalistenschule (DJS). Praxisorientierter Weiterbildungsmaster.

Hinweis:
Als grundständigen Studiengang mit einem Schwerpunkt auf neue Formen des Journalismus (z.B. Internetzeitungen) bieten die FH Magdeburg-Stendal (Journalistik-Medienmanagement) und die FHM Bielefeld (Medienkommunikation und Journalismus) Bachelorstudiengänge an. Die Universität Dortmund bietet den gestuften Studiengang Journalismus mit integriertem einjährigen Volontariat sowie zweisemestriger Masterphase an.

Bereich Multimedia/Medienwissenschaft/Medienmanagement

Hochschule	Studiengang/ Abschluss	Zugangsvoraussetzungen/ evtl. Studiengebühren	Dauer (Sem.)	Bemerkungen
FU Berlin	Medien und Politische Kommunikation Master of Arts	Hochschulabschluss mit mind. 60 ECTS Medienwissenschaft. Englisch.	4	Zulassung WS, örtlicher NC. Konsekutiver Master.
	Visual and Media Anthropology Master of Arts	First degree, fluent English, basic technical skills in film, video or photography, electronic equipment with high speed internet access. 4.450 EUR/Jahr.	4	Zulassung WS, örtlicher NC. Programmstart November. Weiterbildungsmaster im Fernstudium und in Englisch.

Spezialisierte Masterstudiengänge

Hochschule	Studiengang/ Abschluss	Zugangsvoraussetzungen/ evtl. Studiengebühren	Dauer (Sem.)	Bemerkungen
MEDIADESIGN Hochschule für Design und Informatik Berlin (FH)	Medienmanagement Master of Arts	Hochschulabschluss. 599 EUR/Monat zzgl. Immatrikulationsgebühr 450 EUR und Master-Prüfungsgebühr 900 EUR.	4	Zulassung WS. Hochschulzulassungsverfahren der privaten Fachhochschule. Studienorte München und Düsseldorf.
U Bochum	Medienwissenschaft Master of Arts	Hochschulabschluss. 480 EUR/Semester.	4	Zulassung WS, örtlicher NC. Verpflichtende Studienberatung vor Studienaufnahme. Konsekutiver Master.
U Bremen	Medienkultur Master of Arts	Hochschulabschluss mit mind. 20 ECTS in Medien/ Kommunikationswissenschaft. Englisch.	4	Zulassung WS, örtlicher NC. Konsekutiver Master.
U Düsseldorf	Medienkulturanalyse Master of Arts	Hochschulabschluss u.a. in Sozialwissenschaften mit Mindestnote 2,5. Kenntnisse zweier moderner Fremdsprachen. 12 Wochen Praktikum im Medienbereich. 500 EUR/Semester.	4	Zulassung WS. Eignungsfeststellung. Konsekutiver, forschungsorientierter Master.
U Erlangen-Nürnberg	Multimedia-Didaktik Master of Multimedia-Didactics (MMD)	Hochschulabschluss insbesondere Lehramt. Kenntnisse in Pädagogischer Psychologie, Schulpädagogik, EDV. 500 EUR/Semester.	4	Zulassung WS. Eignungsfeststellung. Studienort Nürnberg. Weiterbildungsmaster.
U Frankfurt/ Oder	Medien-Kommunikation-Kultur Master of Arts	Hochschulabschluss u.a. in Sozialwissenschaften. Französisch.	4	Zulassung WS, örtlicher NC. Trinationaler Studiengang in Zusammenarbeit mit Sofia und Nizza in Französisch mit mehreren Diplomen.
U Hamburg	Medienmanagement Master of Business Administration in Media Management (MBA)	Hochschulabschluss. Englisch. 12.500 EUR/Jahr.	6 Trimester	Zulassung WS, örtlicher NC. Standort: Hamburg Media School. Weiterbildungsmaster in Englisch. Auch berufsbegleitendes Angebot.

Hochschule	Studiengang/ Abschluss	Zugangsvoraussetzungen/ evtl. Studiengebühren	Dauer (Sem.)	Bemerkungen
U Leipzig	Web Content Management Master of Science	Hochschulabschluss und mind. ein Jahr einschlägige Berufserfahrung. 2.500 EUR/Semester.	4	Zulassung WS, örtlicher NC. Berufsbegleitender Weiterbildungsmaster.
U Marburg	Medien und kulturelle Praxis Master of Arts	Hochschulabschluss mit mind. 60 ECTS Medienwissenschaft.	4	Zulassung WS, örtlicher NC. Konsekutiver Master.
H für Film und Fernsehen Potsdam-Babelsberg (FH)	Medienwissenschaft: Analyse, Ästhetik, Publikum Master of Arts	Hochschulabschluss u.a. in Gesellschaftswissenschaften mit Mindestnote 2,5, mind. 8 Wochen berufspraktische Erfahrungen und Arbeitsproben.	4	Zulassung WS. Eignungsfeststellung. Nicht-konsekutiver Master.
U Rostock	Medien & Bildung Master of Arts	Hochschulabschluss, B.A. nach Aufnahmeprüfung. Mind. einjährige einschlägige Berufserfahrung. 1.290 EUR/Semester.	4	Zulassung WS, örtlicher NC. Bewerbungsmappe. Weiterbildungsmaster im Fernstudium.
Hochschule der Medien Stuttgart (HdM)	Elektronische Medien Schwerpunkt Unternehmenskommunikation Master of Arts	Hochschulabschluss u.a. mit sozialwissenschaftlichem Schwerpunkt und i.d.R. Mindestnote 2,5. Empfehlungsschreiben. 500 EUR/Semester.	4	Zulassung SoSe, WS. Hochschulzulassungsverfahren. Auch Schwerpunkte Mediengestaltung, Medientechnik und Medienwirtschaft.
U Tübingen	Medienwissenschaft Master of Arts	Hochschulabschluss und möglichst berufliche Erfahrungen im Medienbereich. 500 EUR/Semester.	4	Zulassung WS, örtlicher NC. Auswahlgespräch. Nicht-konsekutiver Master.

Hinweis:
Wer sich gleich dem Multimediasektor widmen will, findet eine Vielzahl grundständiger Studiengänge mit Bachelorabschluss mit technischer bzw. kommunikations- und kulturwissenschaftlicher Ausrichtung. Zu achten ist dabei darauf, ob der Studiengang eher praktisch-beruflich oder theoretisch-forscherisch ausgerichtet ist. Genannt seien hier nur: FH Augsburg (Interaktive Medien), IBS Berlin, BiTS Iserlohn (Communication and Media Management), TU Chemnitz, U Bonn (Medienkommunikation), U Düsseldorf, U Halle-Wittenberg, U Hamburg, U Mannheim und U Leipzig

(Kommunikations- und Medienwissenschaft), TU Dresden (Medienforschung/Medienpraxis), U Weimar (Medienkultur), FH Oldenburg/Ostfriesland/Wilhelmshafen (Medienwirtschaft und Journalismus), U Bochum, TU und HBK Braunschweig, U Paderborn, U Marburg, U Siegen, U Regensburg, TU Ilmenau, U Tübingen und U Potsdam (Medienwissenschaft) und U Trier (Medien, Kommunikation, Gesellschaft).

Bereich Stadt- und Regionalentwicklung/Regionalwissenschaft

Hochschule	Studiengang/ Abschluss	Zugangsvoraussetzungen/ evtl. Studiengebühren	Dauer (Sem.)	Bemerkungen
TU Berlin	Historische Urbanistik Master of Arts	Hochschulabschluss mit Studium zum Gegenstand Stadt.	4	Zulassung WS, örtlicher NC. Konsekutiver Master.
U Bremen	Stadt- und Regionalentwicklung Master of Arts	Hochschulabschluss u.a. in Sozialwissenschaft mit Schwerpunkt Stadt- u. Regionalentwicklung. Englisch.	4	Zulassung WS. Eignungsprüfung. Internationaler Master mit Praxissemester in Deutsch und Englisch.
U Karlsruhe (TH)	Regionalwissenschaft/ Raumplanung Master of Regional Science	Überdurchschnittlicher Hochschulabschluss u.a. in Sozialwissenschaft. Berufspraxis. 500 EUR/Semester.	4	Zulassung WS, örtlicher NC. Nicht-Konsekutiver Weiterbildungsmaster.
U Leipzig	Urban Management Master of Science in Urban Management	Hochschulabschluss u.a. in Politikwissenschaft. Mind. einjährige Berufserfahrung.	4	Zulassung WS. Eignungsfeststellung. Berufsbegleitender Weiterbildungsmaster mit Präsenz- u. Fernstudienanteilen.
U Potsdam	Regionalwissenschaft Master of Science	Hochschulabschluss in Regionalwissenschaften oder vergleichbar.	3	Zulassung WS, örtlicher NC. Konsekutiver Master. Bewerbung über Institut für Geographie.
U Weimar	Europäische Urbanistik Master of Science	Hochschulabschluss u.a. in Soziologie (Stadt- u. Regionalsoziologie).	4	Zulassung WS, örtlicher NC. Weiterbildungsmaster in Deutsch und Englisch.

Bereich Umwelt – Verkehr – Tourismus

Hochschule	Studiengang/ Abschluss	Zugangsvoraussetzungen/ evtl. Studiengebühren	Dauer (Sem.)	Bemerkungen
FU Berlin	Öffentliches und betriebliches Umweltmanagement Master of Arts	Hochschulabschluss u.a. in Sozialwissenschaft. Berufserfahrung im Umweltmanagement erwünscht.	4	Zulassung WS, örtlicher NC. Nicht-konsekutiver Master.

Hochschule	Studiengang/ Abschluss	Zugangsvoraussetzungen/ evtl. Studiengebühren	Dauer (Sem.)	Bemerkungen
U Duisburg-Essen	Management des öffentlichen Verkehrs. Master of Science in Public Transport Management.	Hochschulabschluss und mindestens einjährige einschlägige Berufserfahrung. Englisch 5.000 EUR/Semester (incl. Studiengebühren in den Niederlanden).	4	Zulassung WS, örtlicher NC. Eignungsfeststellung. Kooperation mit Delft (Niederlande). Berufsbegleitender Weiterbildungsmaster in Deutsch und Englisch.
H Eberswalde (FH)	Nachhaltiges Tourismusmanagement Master	Hochschulabschluss u.a. Sozialwissenschaft mit planerischen bzw. umweltbezogenen Inhalten. Englisch.	4	Zulassung WS. Praxisbezogener konsekutiver Master in Deutsch und Englisch. Teilzeitstudium möglich.
U Frankfurt/ Oder Viadrina	Kulturmanagement und Kulturtourismus Master of Arts	Hochschulabschluss u.a. in Sozialwissenschaften mit Mindestnote 2,5. Mind. einjährige einschlägige Berufspraxis. Gute Englischkenntnisse. 450 EUR/Semester.	4	Zulassung WS, örtlicher NC. Praxisorientierter Weiterbildungsmaster.
FernU Hagen	Umweltwissenschaften Master of Environmental Sciences	Hochschulabschluss. 5.730 EUR (Programm).	4	Zulassung SoSe, WS. Weiterbildungsmaster im Fernstudium und Teilzeit.
H Koblenz (FH)	MBA-Fernstudienprogramm Schwerpunkt Freizeit- und Tourismus Master of Business Administration	Hochschulabschluss und einjährige Berufstätigkeit. Kosten: 2.100 EUR/1.-2. Semester, 1.900 EUR/3.-4. Semester, 1.600 EUR/5. Semester.	5	Zulassung SoSe, WS. Studienort Remagen. Berufsbegleitender Weiterbildungsmaster im Fernstudium und Teilzeitform in Deutsch und Englisch.
U Lüneburg	Sustainabiltiy Management Master of Business Administration (MBA)	Hochschulabschluss u.a. in Sozialwissenschaften und zwei Jahre Berufserfahrung. Englisch. 11.140 EUR (Programm).	2	Zulassung SoSe, örtlicher NC. Internationaler Weiterbildungsmaster im Fernstudium und Teilzeitform in Deutsch und Englisch.

Spezialisierte Masterstudiengänge 283

Hochschule	Studiengang/ Abschluss	Zugangsvoraussetzungen/ evtl. Studiengebühren	Dauer (Sem.)	Bemerkungen
U Rostock	Umwelt & Bildung Master of Arts	Hochschulabschluss, bei B.A. Auswahlprüfung. Mind. einjährige einschlägige Berufserfahrung. Bewerbungsmappe. 850 EUR/Semester.	4	Zulassung WS, örtlicher NC. Weiterbildungsmaster im Fernstudium.

Bereich Wirtschaft und Verwaltung

Hochschule	Studiengang/ Abschluss	Zugangsvoraussetzungen/ evtl. Studiengebühren	Dauer (Sem.)	Bemerkungen
U Augsburg	Unternehmensführung Master of Business Administration (MBA)	Hochschulabschluss mit Mindestnote 2,5 und mind. zweijährige verantwortliche Berufstätigkeit. Englisch. Zwei Referenzschreiben (mind. eines vom Arbeitgeber). 28.000 EUR (Programm).	4	Zulassung WS. Eignungsfeststellung. Weiterbildungsmaster in Deutsch und Englisch in Zusammenarbeit mit der Universität Pittsburgh (USA).
Hochschule für Wirtschaft Berlin (FH)	General Management Dual Award Programme Master of Business Administration (MBA)	Hochschulabschluss und mind. zweijährige einschlägige Berufserfahrung. Englisch. 10.900 EUR zzgl. Kosten für Study Visits UK.	4	Zulassung WS, örtlicher NC. Eignungsfeststellung. Internationaler Weiterbildungsmaster in Deutsch und Englisch in Teilzeitform. Kooperation mit der Anglia Ruskin University (Cambridge, UK). Doppelabschluss.
ESCP-EAP Berlin Europäische Wirtschaftshochschule	Master's in European Business (MEB) Master of Science	Hochschulabschluss u.a. in Sozialwissenschaft. Kenntnisse der jeweiligen Landessprache (Englisch, Französisch, Italienisch Spanisch). 14.2000 EUR (Programm).	18 Monate	Zulassung SoSe, WS, örtlicher NC. Eignungsprüfung. Internationaler, nicht-konsekutiver Weiterbildungsmaster mit Auslandsstudium an privater Hochschule.
FHVR Berlin Fachhochschule für Verwaltung u. Rechtspflege mit TFH Wildau	Europäisches Verwaltungsmanagement Master of Arts (MEAM)	Hochschulabschluss u.a. in Sozialwissenschaft. 960 EUR/1.-5. Semester, 600 EUR/6. Semester.	6	Zulassung WS, örtlicher NC. Weiterbildungsmaster im Fernstudium in Deutsch, Englisch u. Französisch; insbesondere für Mitarbeiterinnen u. Mitarbeiter des Öffentlichen Dienstes

Hochschule	Studiengang/ Abschluss	Zugangsvoraussetzungen/ evtl. Studiengebühren	Dauer (Sem.)	Bemerkungen
H Bremen (FH) mit FH Osnabrück	Hochschul- und Wissenschaftsmanagement Master of Business Administration (MBA)	Hochschulabschluss und mind. zweijährige einschlägige Berufspraxis. 7.200 EUR (Programm).	4 Studienendauer nach Vorqualifikation	Zulassung WS, örtlicher NC. Weiterbildungsmaster in Teilzeitform.
FOM Essen Fachhochschule für Ökonomie und Management	Management (Human Resources) Master of Arts	Hochschulabschluss, Berufstätigkeit und wirtschaftswissenschaftliche Vorkenntnisse. 10.290 EUR (Programm).	4	Zulassung SoSe, WS. Nicht-konsekutiver, berufsbegleitender Master in Teilzeitform an privater Fachhochschule mit Studienorten in Berlin, Dortmund, Duisburg, Düsseldorf, Essen, Frankfurt (Main), Hamburg, Köln, Leipzig, Marl, München, Neuss, Nürnberg, Siegen und Stuttgart.
U Hamburg	Human Resource Management/ Personalpolitik Master of Arts	Hochschulabschluss u.a. in Sozialwissenschaft, Bachelor zusätzlich qualifizierte Berufsausbildung /-tätigkeit oder Note gut. 375 EUR/Semester.	4	Zulassung SoSe, örtlicher NC. Teilzeitstudium möglich. (Studiengang der ehem. HWP Hamburg).
U Leipzig	Small Enterprise Promotion and Training (SEPT) Master of Small Business Studies	Hochschulabschluss u.a. in Sozialwissenschaft (vierjähriges Studium). Gute Englischkenntnisse. 1.000 EUR/Semester.	4	Zulassung WS. Weiterbildungsmaster in Deutsch, Englisch, auch besonders für Ausländer (z.B. Dritte Welt).
U Lüneburg	MBA Vertriebsmanagement Master of Business Management	Hochschulabschluss und mindestens zweijährige einschlägige Berufstätigkeit. 15.000 EUR (Programm).	18 Monate	Zulassung SoSe, örtlicher NC. Berufsbegleitender Weiterbildungsmaster in Teilzeitform in Deutsch und Englisch.

Spezialisierte Masterstudiengänge 285

Hochschule	Studiengang/ Abschluss	Zugangsvoraussetzungen/ evtl. Studiengebühren	Dauer (Sem.)	Bemerkungen
U Mainz	Executive Master of Business Administration. (MBA)	Hochschulabschluss und mind. dreijährige Berufstätigkeit in verantwortlicher Position. Englisch. 11.000 EUR/Jahr.	4	Zulassung WS, örtlicher NC. Eignungsprüfung. Berufsbegleitender Weiterbildungsmaster in Deutsch und Englisch. Kooperation mit Universitäten in USA, China und Australien (Auslandsstudium).
H Riedlingen (FernFH)	Health Care Management Master of Arts	Hochschulabschluss und mindestens zwei Jahre Berufserfahrung. 520 EUR/Monat.	4	Zulassung SoSe, WS. Eignungsprüfung. Berufsbegleitender Weiterbildungsmaster im Fernstudium und in Teilzeitform an privater Hochschule.
DHV Speyer Deutsche Hochschule für Verwaltungswissenschaft	Verwaltungswiss. Aufbaustudium Magister der Verwatungswissenschaft (Mag. rer.publ.) und European Master of Public Administration	Universitätsabschluss u.a. in Sozialwissenschaft mit überdurchschnittlicher Note.	2	Zulassung SoSe, örtlicher NC. Internationaler Master im Rahmen des EMPA-Programms durch Auslandssemester und -praktika möglich.
WHU Vallendar Wissenschaftliche Hochschule für Unternehmensführung	Executive Master of Business Administration. Master of Business Administration (MBA)	Hochschulabschluss und mind. 5 Jahre managementbezogene Berufserfahrung, Englisch, zwei Empfehlungsschreiben, Bewilligung Arbeitgeber. 65.000 EUR (Programm).	4	Zulassung WS, örtlicher NC. Eignungsfeststellung. Internationaler Weiterbildungsmaster in Teilzeitform und Englisch an der Privathochschule in Kooperation mit Kellog School of Management (Northwestern University in Evanston/Ill., USA).

3 Graduiertenschulen

Die Studienstrukturreform hat nicht nur die Teilung der bisherigen Langstudiengänge mit Diplom-, Magister- oder Staatsexamensabschluss in eine Bachelor- und Masterphase mit sich gebracht sondern auch die Institutionalisierung eines dritten Studienabschnitts, der die Promotion zum Ziel hat, forciert. Das so genannte Promotionsstudium findet einerseits weiter individuell oder in Graduiertengruppen bzw. –kollegs statt, andererseits sind die durch die Exzellenzinitiative geförderten Graduiertenschulen (Graduate Schools) in den Vordergrund gerückt. Wer bereits zu Beginn seines Studiums mit dem Berufsziel Forschung kokettiert, wird an den Standorten der sozialwissenschaftlichen Graduate Schools vielfältige Drittmittelforschung mit den entsprechenden Beschäftigungsmöglichkeiten als studentische Hilfskraft vorfinden. Wer nach dem Examen weiter machen will oder nach einer Berufsphase die Promotion angehen möchte, findet ebenfalls exzellente Bedingungen vor. Aus diesen Gründen sollen an dieser Stelle im Rahmen der Exzellenzinitiative geförderte sozialwissenschaftliche Graduiertenschulen und auch solche mit umfangreicheren sozialwissenschaftlichen Anteilen kurz vorgestellt werden (vgl. www.dfg.de/forschungsfoerderung/koordinierte_programme/exzellenzinitiative/graduiertenschulen/liste/gsc_gs_nr.html).

Bayreuth

Bayreuther Internationale Graduiertenschule für Afrikastudien
www.bigsas.uni-bayreuth.de

Die seit 2007 geförderte Graduiertenschule der Universität Bayreuth befasst sich in interdisziplinärer Perspektive in vier Forschungsbereichen mit aktuellen Problemen des afrikanischen Kontinents. Es sind dies:
- Uncertainty, Innovation and the Quest for Order in Africa, mit einem Schwerpunkt auf der politischen, sozio-kulturellen und ökonomischen Analyse afrikanischer Staaten und Gesellschaften zwischen Tradition und Erneuerung in einer offenen und ungewissen Perspektive,
- Culture, Concepts and Communication in Africa: Approaches through Language, Literature and Media, mit einem Schwerpunkt der Analyse des „westlichen Blicks" auf Afrika und der Rolle der Medien bei sozialem Wandel und Innovation,
- Concepts and Conflicts in Development Cooperation with Africa, mit einem Schwerpunkt auf der Verbindung von theoretischen Entwicklungskonzepten und praktischem Handeln insbesondere institutioneller Akteure,

- Coping with Environmental Criticality and Disasters in Africa, mit einem Schwerpunkt auf Umweltrisiken und ihrer Wahrnehmung, dem Zusammenspiel von Naturkatastrophen und sozialer Destabilisierung sowie möglicher Bewältigungsstrategien.

Zur Finanzierung des Studiums können Forschungsstipendien beantragt werden.

Berlin

Graduate School of Social Sciences (Humboldt-Universität zu Berlin)
www.bgss.hu-berlin.de

Die BGSS wurde 2002 gegründet und ist seit 2007 Bestandteil des Instituts für Sozialwissenschaften der Humboldt-Universität. Neben den Promotionsstudium bietet sie die internationalen Masterprogramme Euromasters, Transatlantic Masters, Master of European Governance and Administration sowie German-Turkish Master in Social Science an.

Die Forschungsprogramme für Doktoranden konzentrieren sich derzeit auf zwei inhaltliche Cluster:
- Laboratorium Europa: Demokratie und Gesellschaft jenseits des Nationalstaat und
- Schutz, Vorsorge und Sicherheit, Die Transformation moderner Staaten und der Bedeutungswandel von Zivilgesellschaft.

Die BGSS bietet bis zu dreijährige Forschungsstipendien in einem Auswahlverfahren an.

Graduate School Muslim Cultures and Societies
www.bgsmcs.fu-berlin.de

Die seit 2007 im Rahmen der Exzellenzinitiative geförderte Graduiertenschule ist im Fachbereich Geschichts- und Kulturwissenschaften der Freien Universität Berlin angesiedelt. Sie befasst sich mit den islamisch geprägten Kulturen und Gesellschaften im Mittleren Osten, Asien und Afrika, aber auch der muslimischen Diaspora in Europa und Nordamerika. Lehre und Forschung sind in fünf Bereichen konzentriert:
- im Bereich Plural Traditions sollen Geschichtsverständnis und Identitätsdiskurse, islamisches Recht, der Koran und seine Auslegung, inter- und intrareligiöse Dialoge sowie Konzeptionen des Märtyrertums thematisiert werden,
- im Bereich Travelling Traditions stehen Missionierung und Konversion, Bruderschaften (z.B. Sufi-Prediger), Prozesse der Globalisierung, der Einfluss moderner

Medien sowie literarische und ästhetische Ausdrucksformen (Theater, Film, Literatur) zur Diskussion,
- im Bereich Rethinking Social Order steht die Untersuchung des Einflusses der Religion auf den sozialen Zusammenhalt, soziale Schichten und die soziopolitische Ordnung sowie die Geschlechterrollen an,
- im Bereich Governance Contested geht es um Handelnde und Handlungen sowie Institutionen im Sektor Recht und Regierung, Religion als Element der Machtpolitik und ihre Herausforderung durch Säkularisierungsprozesse,
- im Bereich Sacred Topographies schließlich geht es um die Verbindung der in den vier vorhergehenden Forschungsbereichen aufgezeigten Dimensionen, d.h. die Untersuchung sowohl der sakral und/oder profan agierenden Akteure als auch die sozialen, ökonomischen und politischen Folgen ihres Handelns.

Die BGSMCS bietet bis zu dreijährige Forschungsstipendien in einem Auswahlverfahren an.

Graduate School of North American Studies
http://jfki.fu-berlin.de/graduateschool

Die seit 2006 geförderte Graduiertenschule ist dem John-F.-Kennedy-Institut für Nordamerikastudien der Freien Universität Berlin zugeordnet. Im Mittelpunkt ihres Forschungsprogramms steht die interdisziplinäre Erforschung des gesellschaftlichen, ökonomischen, und kulturellen Wandels der nordamerikanischen Gesellschaften zu Beginn des 21. Jahrhunderts. Dies geschieht derzeit in acht Forschungsgebieten:
- der amerikanische Exzeptionalismus im Gegenwartskontext (Schwerpunkt u.a. amerikanische Außenpolitik),
- Nationen, Ethnizität, Diaspora und Grenzland (Schwerpunkt u.a. gesellschaftliche Dynamiken der Migration),
- die konservative Revolution und neue Soziale Bewegungen (Schwerpunkt u.a. wachsende Ungleichheiten und ethnische Segregation),
- die Rolle der Religion im öffentlichen Leben Nordamerikas (Schwerpunkt u.a. die Rolle der christlichen Medien),
- Kunst, Ästhetik und amerikanische Kultur (Schwerpunkt u.a. historisch konkurrierende Konzepte demokratischer Kunst),
- der Kampf um die Öffentlichkeit: Medien und kulturelle Sinnsysteme (Schwerpunkt u.a. Politische Blogs und ihr Einfluss),
- Neoliberalismus als wirtschaftliches und kulturelles Paradigma (Schwerpunkt u.a. NGOs und globaler Widerstand gegen neoliberale politische Ökonomie),

- Globalisierung und die „american centuries" (Schwerpunkt u.a. Multilaterismus und Global Governance).

Die Graduiertenschule bietet bis zu dreijährige Forschungsstipendien in einem Auswahlverfahren an.

Bielefeld

Bielefeld Graduate School in History and Sociology
www.uni-bielefeld,de/bghs

Die seit 2007 geförderte Graduiertenschule ist in der Universität Bielefeld an der Fakultät für Soziologie sowie der Fakultät für Geschichtswissenschaft, Philosophie und Theologie angesiedelt.

Sie bietet eine Promotionsausbildung mit den drei Säulen Akademisches Lehrangebot (Theorie, Methoden, Studiengruppen und eigene Lehre), Forschungskolloquien und Schlüsselqualifikationen (u.a. Didaktik, Moderation) an. Ziel ist es, in einem anregenden Forschungsumfeld – neben disziplinärer Forschung – empirische und theoretische Fragestellungen mit interdisziplinärem Ansatz zu erforschen. Thematisch sind vielfältige Ansätze aus den beteiligten beiden Fakultäten vertreten. Das Forschungsprofil der soziologischen Fakultät umfasst insbesondere: Theorie der Weltgesellschaft, Globalisierung der Sozialpolitik, Migration, Politik sowie Mikrostrukturen der Weltgesellschaft.

Die Graduiertenschule bietet neben dreijährigen Promotionsstipendien und zweijährigen Postdoc-Stipendien auch Qualifizierungsstipendien (ein Semester) und Kurzzeitstipendien (3-4 Monate) an.

Bremen

Bremen International School of Social Sciences
www.bigsss-bremen.de

Die von der Universität Bremen und der privaten Jacobs University Bremen gemeinsam getragene Graduiertenschule (Vorläufer war die Graduate School of Social Sciences/GSSS der Universität Bremen) wird seit 2008 im Rahmen der Exzellenzinitiative gefördert. Ihr gegenwärtiges zentrales Thema ist die Zukunft der sozialen und politischen Integration, die in fünf Forschungsfeldern näher beleuchtet werden:

- Global Integration befasst sich mit weltweiten Prozessen politischer, sozialer und ökonomischer Integration auf über den Nationalstaat hinausgehenden Ebenen mit dem analytischen Schwerpunkt Global Governance;
- Integration and Diversity in the New Europe befasst sich mit der Heterogenität der EU der 27, den Mechanismen der Entscheidungsfindung in der EU und ihrer Legitimation, den Auswirkungen der EU-Mitgliedschaft auf die inneren gesellschaftlichen, rechtlichen, politischen und ökonomischen Verhältnisse der Mitgliedsstaaten;
- Social Integration and the Welfare State befasst sich mit der Veränderung des „Wohlfahrtstaates", der Herausbildung verschiedener Typen dieses Staates und den Auswirkungen der Veränderungen auf verschiedene gesellschaftliche Bereiche wie z.B. Arbeitsmarkt, Haushalte, Familien;
- Attitude formation, Value Change and Intercultural Communication befasst sich mit dem Prozess des sozialen Wandels in seiner individuellen Dimension wie Wertewandel, subjektive Deutung der eigenen Lebenssituation und veränderte Handlungsweisen;
- Life-Course and Lifespan Dynamics befasst sich analytisch mit Zusammenhängen von individuellem Lebenslauf und gestiegener Lebenserwartung mit gesellschaftlichen Rahmenbedingungen und Entwicklungen.

Die Graduiertenschule bietet bis zu dreijährige Forschungsstipendien in einem Auswahlverfahren an.

Gießen

International Graduate Centre for the Study of Culture
http://gcsc.uni-giessen.de

Das GCSC der Justus Liebig Universität Gießen wird seit 2006 gefördert und vereint Forschungen zu kulturellen Fragestellungen mit disziplinären und interdisziplinären Ansätzen. Die Forschungsbereiche sind derzeit:
- Memory Cultures mit einem Schwerpunkt auf Theorie und Praxis der „Erinnerungskultur" z.B. in Literatur, Film, Photographie, Museen,
- Culture and Narration mit einem Schwerpunkt auf Kultur und Erzähltradition zwischen Fakten und Fiktion sowie dem Einfluss sozio-kultureller Milieus,
- Culture and Performity mit einem Schwerpunkt auf Rituale, Feste, Spiele, Zeremonien als gelebter Kultur und sozialer Interaktion,
- Visual Culture mit einem Schwerpunkt auf der Analyse von Bildsprache,
- Culture, Language and the New Media mit einem Schwerpunkt auf neuen Kommunikationsformen beispielsweise im Internet oder E-Learning,

- Culture and Identities mit einem Schwerpunkt auf der Wechselwirkung von Kultur und Identitätsbildungsprozessen,
- Political and Transnational Cultures mit einem Schwerpunkt auf „transnationalisation" als Analysekonzept von Kultur, Gesellschaft und Politik,
- Culture of Knowledge, Research and Education mit einem Schwerpunkt auf der Produktion, Verbreitung und Gebrauch von Wissen in soziokulturellen Prozessen.

Die Graduiertenschule bietet Stipendien für Doktoranden/Doktorandinnen und Post-docs an.

Kiel

Graduate School for Integrated Studies of Human Development in Landscapes
www.uni-kiel.de/landscapes

An der seit 2007 geförderten Graduiertenschule der Christian-Albrechts-Universität zu Kiel sind 15 Universitätsinstitute unterschiedlichster Disziplinen, das Archäologische Museum Schloss Gottorf und das Leibnitz Institut für Pädagogik der Naturwissenschaften beteiligt. Im Zentrum der Forschung steht die gegenseitige Beeinflussung von Mensch und Natur in historischer Perspektive. Drei Forschungscluster bilden derzeit den inhaltlichen Rahmen:
- Society and Reflection mit einem Schwerpunkt auf der Analyse des dualen Charakters von Umwelt als einerseits physikalisch/geographisch und andererseits mental/sozial,
- Social Space and Landscapes mit einem Schwerpunkt auf der Wechselwirkung in der räumlichen Entwicklung durch menschliche (z.B. Besiedlung) und natürliche Faktoren (z.B. Klima),
- Mobility, Innovation and Change mit einem Schwerpunkt auf sozialem Wandel (Werte, Politik, Kultur, Gesundheit, Umwelt), Mobilität von Menschen (u.a. Migration), Gütern und Ideen und daraus resultierenden Innovationen (Produkte, Prozesse).

Die Graduiertenschule bietet Forschungsstipendien an.

Mannheim

Empirical and Quantitative Methods in the Economic and Social Sciences
http://gess.uni-mannheim.de

Die seit 2006 geförderte Graduiertenschule der Universität Mannheim gliedert sich in drei Zentren: Center for Doctoral Studies in Business (CDSB), Center for Doctoral Studies in Economics(CDSE) und Center for Doctoral Studies in Social and Behavioral Sciences (CDSS). Im letzteren sind die Disziplinen Politikwissenschaft, Psychologie und Soziologie enthalten. Der Schwerpunkt liegt auf einer intensiven Methodenausbildung verbunden mit eigener Forschungsarbeit z.B. in den Gebieten Democracy and citizenship; Democracy, parties and parliaments; Democracy and multi-level governance; Comparative welfare state analysis; Education and labor markets; Family and ethnic relations; Social Psychology.

Die Graduiertenschule bietet für das erste Jahr Stipendien an, danach kann bei Erfolg eine weitere Finanzierung über Stipendien oder Forschungsmittel oder Lehrmittel erfolgen.

> **!** Der Newsletter des Berufsverbandes Deutscher Soziologinnen und Soziologen (BDS) berichtet in loser Folge über sozialwissenschaftliche Graduiertenschulen, auch solche, die nicht im Rahmen der Exzellenzinitiative gefördert werden (z.B. Newsletter 3/2008). Die Ausgaben stehen im Netz unter www.bds-soz.de Online-Texte Newsletterarchiv zur Verfügung.

IV Berufsvorbereitung und Schlüsselqualifikationen

1 Berufsvorbereitung für Studierende

An den Hochschulen entwickelt sich langsam ein Verständnis dafür, nicht nur für eine solide wissenschaftliche Ausbildung verantwortlich zu sein, sondern auch für die Förderung des Berufseinstiegs der Absolventinnen und Absolventen. Unterstützt wird dieser Prozess durch die Verpflichtung, in den neuen Bachelorstudiengängen neben einer wissenschaftlichen Grundqualifikation und Methodenkompetenz auch berufsfeldbezogene Qualifikationen zu vermitteln. Kurzerhand wurden die an einer Reihe von Universitäten bereits bestehenden Programme, die neben und zusätzlich zu den Fachcurricula berufliche Qualifikationen zumeist in den Bereichen Betriebswirtschaft, Datenverarbeitung, Präsentations- und Moderationstechniken sowie Projektmanagement anboten, mit dieser Aufgabe in die Curricula eingebunden. Da das straff organisierte Bachelorstudium kaum Zeit für Zusatzangebote lässt, sind sie unter den verschiedensten Bezeichnungen wie Optionalbereich, Professionalisierungsbereich, General Studies, allgemeine Berufsvorbereitung in die Studiengänge integriert. Sie werden in Modulform angeboten und sind mit Leistungspunkten nach ECTS bewertet. Allerdings werden die Module dieses Bereichs öfter nicht benotet oder ihre Noten gehen nicht oder nur teilweise in die Endnote ein. Insgesamt tun sich die Fächer an den Universitäten recht schwer, Berufsvorbereitung nicht lediglich als zusätzliche ungeliebte Verpflichtung, am besten an eine außerfachliche Instanz ausgelagert, zu sehen. Viele der Schlüsselqualifikationen können ihre volle Wirkung nur entfalten, wenn sie zwar separat erlernt und geübt, dann aber in den Fachmodulen auch angewandt werden. Teamarbeit und Moderation von Entscheidungsprozessen spielen beispielsweise im beruflichen Alltag eine große Rolle, wo aber werden sie in Fachmodulen eingesetzt? Selbst für das klassische Berufsbild Forschung, an dem sich nach wie vor viele Lehrende orientieren, taugen Vorlesungen und Klausuren als Arbeitsformen nicht.

Auf den Typ berufsbezogener Masterstudiengänge ist bereits in Teil III ausführlicher eingegangen worden.

Ein weiterer, von den Universitätsleitungen nicht zuletzt unter Marketinggesichtspunkten forcierter Ansatz ist die Einrichtung von Career Services bzw. Career Center. Neben den Zentralen Studienberatungsstellen und einzelnen Institutionen auf Fachbereichsebene organisieren sie Bewerbungstrainings, berufskundliche Vorträge, Existenzgründungsunterstützung und neuerdings auch berufsbezogene Module. Informationen über Praktikumstellen sind hier ebenfalls zu erhalten.

Bei der Beurteilung berufsvorbereitender Programme sollte darauf geachtet werden, ob und in welcher Form mit der Wirtschaft oder anderen Arbeitgebern (z. B. Museum, öffentliche Verwaltung) zusammengearbeitet wird, denn Trockenkurse helfen nur bedingt weiter. Berufsvorbereitende Programme finden sie vom Career-Center, der Zentralen Studienberatung oder auch der Zentralen Weiterbildungsstelle organisiert an einer Reihe von Universitäten. Insbesondere Programme zur Vorbereitung einer Existenzgründung haben in den letzten Jahren einen wahren Boom erlebt. Das Angebot solcher Programme kann durchaus Einfluss auf die Wahl des Studienorts haben. Zumindest sieht es das Zentrum für Hochschulentwicklung (CHE) so, das diesen Tatbestand als zusätzlichen Indikator in ihre Studiengangtests aufgenommen hat. Auch andere Rankings berücksichtigen diese Angebote. Die Arbeit der Career Center wird inzwischen von dem im Februar 2003 unter Beteiligung der Hochschulrektorenkonferenz (HRK) in Berlin gegründeten Deutschen Career Service-Netzwerk (www.csnd.de) unterstützt.

> **!** Das Career Center der Universität Bremen stellt unter der Internetadresse www.careercenter.uni-bremen.de TOP LINKS viele Internetadressen zu Berufsbereichen, Jobs&Praktika sowie internationalen Beschäftigungsmöglichkeiten zur Verfügung.

2 Erwerb von Schlüsselqualifikationen

Der Erwerb von Schlüsselqualifikationen wird heute in jedem Beratungsgespräch erwähnt und empfohlen, wenn es um die Verbesserung der individuellen Chancen auf dem Arbeitsmarkt geht. Was sind aber Schlüsselqualifikationen? Zunächst ist das Verhältnis zwischen einer Schlüssel- und einer Zusatzqualifikation zu klären. Wenn ich einen Kurs in Power Point (Präsentationsprogramm von Microsoft) mache und dieses Programm anschließend technisch beherrsche, habe ich eine Zusatzqualifikation erworben. Die Schlüsselqualifikation Präsentationsfähigkeit beinhaltet aber mehr: nämlich die Fähigkeit, abhängig von der jeweiligen Situation und den Beteiligten einschätzen zu können, wie und mit welchen Mitteln eine Botschaft optimal kommuniziert werden kann. Ein schematischer Einsatz technischer Präsentationsmittel, sei es nun der Beamer oder der alte Overhead-Projektor, ödet oftmals nur an. Diese Hilfsmittel sind vielmehr in eine Gesamtstrategie der Präsentation einzubinden und dazu gehören auch immer noch rhetorische Fähigkeiten.

Ein weiterer Gesichtspunkt ist der rasche Wandel von Aufgabenstellungen im Beruf, egal ob der Arbeitsplatz in der Wirtschaft, der öffentlichen Verwaltung oder im Bereich gesellschaftlicher Interessengruppen angesiedelt ist. Dies führt zu zwei weiteren Schlüsselqualifikationen: Analyse- und Konzeptionsfähigkeit sowie Kooperationsfähigkeit (auch Teamfähigkeit genannt). Das rasche analytische Erfassen bislang unbekannter Probleme, für deren Lösung es keine Patentrezepte gibt, ist eine typische berufliche Heraus- und Anforderung für Akademiker. Sozialwissenschaftlern werden dazu in der fachlichen Ausbildung methodische (empirische Sozialforschung/Statistik) und theoretische (z.b. Sozialisations-, Organisations- oder Systemtheorien) Kenntnisse vermittelt. Die Schlüsselqualifikation besteht nun jedoch in der Fähigkeit, diese Kenntnisse auf den unbekannten Fall auch anwenden zu können. Hier geht es also nicht um das Schreiben eines gelehrten Referats mit vielen Fußnoten, sondern um die Analyse praktischer Probleme und die Entwicklung konkreter Konzepte zu ihrer Lösung. Dabei sollte die Dynamik und der Prozesscharakter eines solchen Vorgangs nicht aus dem Auge verloren werden. Dies führt uns zur zweiten der oben angesprochenen Schlüsselqualifikationen, der Kooperationsfähigkeit. Probleme sind in der Regel so komplex, dass sie nur im Team zu analysieren und zu lösen sind. Dabei prallen unterschiedliche wissenschaftliche Kulturen, Perspektiven und Fachsprachen aufeinander. Sich in den anderen einzudenken, einzuhören und nicht zuletzt auch einzufühlen ist notwendig. Sozialwissenschaftler werden auch die Ergründung der unterschiedlichen Interessen und Wertorientierungen der Handelnden bzw. Betroffenen bei der Analyse und Konzeptentwicklung nicht vergessen, ebenso die institutionellen Rahmenbedingungen. All diese Kenntnisse sind für kooperatives Verhalten von Bedeutung. Schließlich: Projektorientierte Arbeitsweisen spielen schon heute eine große Rolle und dürften in Zukunft weiter an Bedeutung gewinnen.

Wenn nun die Analyse gelungen und das Konzept erarbeitet worden ist, kommt der häufig schwierigste Teil der Arbeit, die Durchsetzung und Realisierung. Damit sind wir bei der nächsten Schlüsselqualifikation: Durchsetzungs- und Führungsfähigkeit. Damit ist nicht in erster Linie der kräftige Gebrauch der Ellenbogen gemeint. Wer diese Taktik überstrapaziert, hat sich schnell zu viele Feinde gemacht. Gemeint ist vielmehr der beharrliche und überzeugende (siehe oben Kommunikationsfähigkeit und Präsentation) Dialog mit den Entscheidungsträgern ebenso wie mit Betroffenen und Mitarbeitern. Dabei hilft die eigene Begeisterungsfähigkeit für die Idee, von der man überzeugt ist. Geht es einem nur um taktische Spielereien oder persönlichen Gewinn, wird dies schnell durchschaut und mit den entsprechenden Gegentaktiken gekontert. Nur wer selbst von einer Sache überzeugt ist, kann auch andere davon überzeugen. Was nicht heißen soll, dass im Alltag nicht auch Entscheidungen ohne Überzeugung aus anderen, z.B. machtpolitischen Gründen getroffen werden.

Hier kommt eine weitere, bereits angedeutete und im sozialwissenschaftlichen Studium quasi im heimlichen Lehrplan verankerte Schlüsselqualifikation zum Tragen: das Assoziationsvermögen und Denken in Zusammenhängen. Sozialwissenschaftler sind anders als Juristen, Ingenieure oder Mediziner gewöhnt, soziale Phänomene aus unterschiedlichen Blickwinkeln zu betrachten. Insofern kann ihre Analyse nicht nur umfassender sein, sondern ihre Lösungsansätze setzen sich auch mit unerwünschten sozialen Nebenwirkungen auseinander.

Soziologen ist der Begriff der intervenierenden Variablen geläufig, mit anderen Worten: Vermutete Begründungszusammenhänge für Entscheidungen, Handlungsweisen, Prozessabläufe usw. können durch Tatsachen beeinflusst werden, die nicht auf den ersten Blick ersichtlich sind. Hier quer zu denken, „Abwegiges" einzubeziehen ist eine Fähigkeit, die man auch mit der Schlüsselkompetenz Kreativität bezeichnen kann.

Abschließend ein Beispiel, wie eine Reihe der oben angesprochenen Schlüsselqualifikationen in Verbindung mit der ebenfalls unter diesen Begriff zu subsummierenden Eigeninitiative zum Berufseinstieg führte. Eine frisch gebackene Absolventin des Magisterstudiums Soziologie las in der Tageszeitung einen Artikel über den Konkurs eines Unternehmens in der benachbarten Kleinstadt. Ein Zeitarbeitsunternehmen sollte im Auftrag des Arbeitsamts die Belegschaft in neue Arbeitsplätze vermitteln bzw. dazu auch weiterqualifizieren. Sie schloss daraus, dass in diesem Zeitarbeitsunternehmen eine Fülle von Arbeit anfallen würde und bewarb sich um ein Praktikum. In ihrem Bewerbungsschreiben ging sie einerseits auf die oben geschilderte Lage ein, andererseits konnte sie auf ein studienbegleitend erworbenes Zusatzzertifikat des berufsqualifizierenden Programms Magister Optimus der Universität Bremen verweisen. Sie erhielt den Praktikumsplatz und wurde anschließend fest als Personaldisponentin eingestellt, obwohl die Firma ursprünglich gar keine neue Stelle ins Auge gefasst hatte.

An diesem Beispiel zeigt sich nicht nur Eigeninitiative, sondern auch Assoziationsvermögen und Präsentationsfähigkeit. Der Initiativbewerbung lag eben keine Stellenanzeige zu Grunde, sondern der Schluss, dass ein großer Auftrag zu zusätzlichem Personalbedarf führen müsste. Die Bewerbung schließlich präsentierte sie überzeugend, da sie auf die konkrete Lage der Firma einging und mit dem Ansatz Praktikum auch eine Probephase anbot. Wenn man will, kann dieses Beispiel auch noch die Schlüsselqualifikationen Lernbereitschaft und geographische Mobilität verdeutlichen. Lernbereitschaft demonstriert einerseits die Teilnahme an einem berufsqualifizierenden studienbegleitendem Zusatzprogramm, andererseits der Einstieg in das für Magisterabsolventinnen eher ferner liegende Personalgeschäft. Mit dem Arbeitsplatz in der benachbarten Kleinstadt wird auch regionale Mobilität praktiziert, angesichts der sehr unterschiedlichen Arbeitsmärkte in den Regionen der Republik ein wichtiger Faktor. Angesichts der Internationalisierung und Globalisierung ist ohnehin der weltweite Arbeitsmarkt ins Auge zu fassen. Sozialwissenschaftler sollten auch in der Lage sein, sich in unterschiedlichen Kulturen schnell einleben können.

Manche sind Naturtalente und vereinen eine Vielzahl der oben angesprochenen Schlüsselqualifikationen schon seit der Geburt in sich. Die anderen können an sich arbeiten. Schlüsselqualifikation im hier angesprochenem Sinne können nicht aus Büchern herausgelesen werden, sondern müssen erarbeitet werden. Das Motto lautet: Übung macht den Meister. Es geht um Verhaltenstrainings, Lösen von Projektaufgaben, Moderation von Teams und vieles Praktisches mehr.

ANHANG

I Adressen der Hochschulen und Studienberatungsstellen
(Auswahl der in diesem Studienführer genannten Hochschulen)

Rheinisch-Westfälische Technische
Hochschule Aachen
Templergraben 55, 52062 Aachen
Tel. (02 41) 80-1
E-Mail: *zsb@zhv.rwth-aachen.de*
Internet: *www.rwth-aachen.de*

Universität Augsburg
Universitätsstr. 2, 86159 Augsburg
Tel. (08 21) 5 98-0
E-Mail: *Studentenkanzlei@ZV.Uni-Augsburg.de*
Internet: *www.uni-augsburg.de*

Otto-Friedrich-Universität Bamberg
Kapuzinerstr. 16, 96047 Bamberg
Tel. (09 51) 8 63-0
E-Mail: *post@uni-bamberg.de*
Internet: *www.uni-bamberg.de*

Universität Bayreuth
Universitätsstr. 30, 95447 Bayreuth
Tel. (09 21) 55-0
E-Mail: *studentenkanzlei@uni-bayreuth.de*
Internet: *www.uni-bayreuth.de*

Fachhochschule für Wirtschaft Berlin
(Institute of Management)
Badensche Str. 50-51, 10825 Berlin
Tel. (030) 85789-0
E-Mail: *fhwbln@fhw-berlin.de*
Internet: *www.fhw-berlin.de*

Freie Universität Berlin
Kaiserswerther Str. 16-18, 14195 Berlin
Tel. (0 30) 8 38-1/8 38-700 00
E-Mail: *info-service@fu-berlin.de*
Internet: *www.fu-berlin.de*

Humboldt-Universität zu Berlin
Unter den Linden 6, 10099 Berlin
Tel. (0 30) 20 93-0
E-Mail: *studienberatung@uv.hu-berlin.de*
Internet: *www.hu-berlin.de*

Technische Universität Berlin
Straße des 17. Juni 135, 10623 Berlin
Tel. (0 30) 3 14-0
E-Mail: *studienberatung@tu-berlin.de*
Internet: *www.tu-berlin.de*

Universität Bielefeld
Universitätsstr. 25, 33615 Bielefeld
Tel. (05 21) 1 06-00
E-Mail: *post@uni-bielefeld.de*
Internet: *www.uni-bielefeld.de*

Ruhr-Universität Bochum
Universitätsstr. 150, 44801 Bochum
Tel. (02 34) 32-201
E-Mail: *zsb@ruhr-uni-bochum.de*
Internet: *www.ruhr-uni-bochum.de*

Rheinische Friedrich-Wilhelms-Universität Bonn
Regina-Pacis-Weg 3, 53113 Bonn
Tel. (02 28) 73-7647
E-Mail: *zsb@uni-bonn.de*
Internet: *www.uni-bonn.de*

Adressen der Hochschulen

Technische Universität Carolo-Wilhelmina zu Braunschweig
Pockelstr. 14, 38106 Braunschweig
Tel. (05 31) 3 91-0
E-Mail: *zsb@tu-braunschweig.de*
Internet: *www.tu-braunschweig.de*

Hochschule Bremen
Neustadtswall 30, 28199 Bremen
Tel. (04 21) 5905-0
E-Mail: *info@hs-bremen.de*
Internet: *www.hs-bremen.de*

Jacobs University Bremen
Campus Ring 1, 28759 Bremen
Tel. (04 21) 200 40
E-Mail: *iub@iu-bremen.de*
Internet: *www.iu-bremen.de*

Universität Bremen
Bibliotheksstraße 1, 28359 Bremen
Tel. (04 21) 2 18-1
E-Mail: *studber@uni-bremen.de*
Internet: *www.uni-bremen.de*

Technische Universität Chemnitz
Straße der Nationen 62, 09107 Chemnitz
Tel. (03 71) 5 31-0
E-Mail: *rektorsekretariat@verwaltung.tu-chemnitz.de*
Internet: *www.tu-chemnitz.de*

Technische Hochschule Darmstadt
Karolinenplatz 5, 64289 Darmstadt
Tel. (0 61 51) 16-01
E-Mail: *stud.sekretariat@pvw.th-darmstadt.de*
Internet: *www.th-darmstadt.de*

Universität Dortmund
Emil-Figge-Straße 66, 44227 Dortmund
Tel. (02 31) 7 55-1
E-Mail: *zib@uni-dortmund.de*
Internet: *www.uni-dortmund.de*

Technische Universität Dresden
Mit den Standorten: Dresden, Tharandt
Mommsenstr. 9, 01062 Dresden
Tel. (03 51) 4 63-0
E-Mail: *infostelle@mailbox.tu-dresden.de*
Internet: *www.tu-dresden.de*

Universität Duisburg-Essen
Mit den Standorten Duisburg, Essen
Campus Duisburg
Forsthausweg 2, 47057 Duisburg
Tel. (02 03) 3 79-0
E-Mail: *studierendensekretariat-duisburg@zv.uni-due.de*
Internet: *www.uni-duisburg.de*

Heinrich-Heine-Universität Düsseldorf
Universitätsstr. 1, 40225 Düsseldorf
Tel. (02 11) 81-00
E-Mail: *willhardt@verwaltung.uni-duesseldorf.de*
Internet: *www.uni-duesseldorf.de*

Katholische Universität Eichstätt
Ostenstr. 26, 85072 Eichstätt
Tel. (0 84 21) 93-0
E-Mail: *info@ku-eichstaett.de*
Internet: *www.ku-eichstaett.de*

Universität Erfurt
Nordhäuser Str. 63, 99089 Erfurt
Tel. (03 61) 7 37-0
E-Mail: *allgemeinestudienberatung@uni-erfurt.de*
Internet: *www.uni-erfurt.de*

**Friedrich-Alexander-Universität
Erlangen-Nürnberg**
Mit den Standorten: Erlangen, Nürnberg
Schlossplatz 4, 91054 Erlangen
Tel. (0 91 31) 85-0
E-Mail: *ibz@zuv.uni-erlangen.de*
Internet: *www.uni-erlangen.de*

Universität Flensburg
Auf dem Campus, 24943 Flensburg
Tel. (04 61) 805 02
E-Mail: *info@uni-flensburg.de*
Internet: *www.uni-flensburg.de*

**Johann Wolfgang Goethe-Universität
Frankfurt am Main**
Senckenberganlage 31, 60325 Frankfurt
Tel. (0 69) 7 98-0
E-Mail: *praesident@uni-frankfurt.de*
Internet: *www.uni-frankfurt.de*

**Europa-Universität Viadrina
Frankfurt (Oder)**
Große Scharrnstraße 59,
15230 Frankfurt (Oder)
Tel. (03 35) 55 34-44 44
E-Mail: *study@europa-uni.de*
Internet: *www.euv-frankfurt-o.de*

**Albert-Ludwigs-Universität
Freiburg im Breisgau**
Fahnenbergplatz, 79085 Freiburg
Tel. (07 61) 2 03-1
E-Mail: *info@zsb.uni-freiburg.de*
Internet: *www.uni-freiburg.de*

Pädagogische Hochschule Freiburg
Kunzenweg 21, 79117 Freiburg
Tel. (07 61) 6 82-0
E-Mail: *studsek@ph-freiburg.de*
Internet: *www.ph-freiburg.de*

Theologische Hochschule Friedensau
An der Ihle 19, 39291 Friedensau
Tel. (0 39 21) 91 6-0
E-Mail: *hochschule@thh-friedensau.de*
Internet: *www.ThH-Friedensau.de*

Zeppelin-Universität Friedrichshafen
Am Seemoser Horn 20,
88045 Friedrichshafen
Tel. (0 75 41) 60 09-0
E-Mail: *Zumaster@zeppelin-university.de*
Internet: *www.zeppelin-university.de*

Fachhochschule Fulda
Marquardstr. 35, 36039 Fulda
Tel. (06 61) 96 40-0
E-Mail: *zsb-fulda@hs-fulda.de*
Internet: *www.fh-fulda.de*

Justus-Liebig-Universität Gießen
Ludwigstr. 23, 35390 Gießen
Tel. (06 41) 99-0
E Mail: *praesident@admin.uni-giessen.de*
Internet: *www.uni-giessen.de*

Georg-August-Universität Göttingen
Wilhelmsplatz 1, 37073 Göttingen
Tel. (05 51) 39-0
E-Mail: *poststelle@uni-goettingen.de*
Internet: *www.uni-goettingen.de*

Ernst-Moritz-Arndt-Universität Greifswald
Domstr. 11, 17487 Greifswald
Tel. (0 38 34) 86-0
E-Mail: *zsb@uni-greifswald.de*
Internet: *www.uni-greifswald.de*

FernUniversität – Gesamthochschule Hagen
Feithstr. 152, 58097 Hagen
Tel. (0 23 31) 9 87-24 44
E-Mail: *info@fernuni-hagen.de*
Internet: *www.fernuni-hagen.de*

Adressen der Hochschulen

Martin-Luther-Universität Halle-Wittenberg
Universitätsplatz 10, 06099 Halle
Tel. (03 45) 5 52-0
E-Mail: *studienberatung@uni-halle.de*
Internet: *www.uni-halle.de*

Universität Hamburg
Edmund-Siemers-Allee 1, 20146 Hamburg
Tel. (0 40) 42 838-0
E-Mail: *online-dienste@uni-hamburg.de*
Internet: *www.uni-hamburg.de*

Helmut-Schmidt-Universität (Universität der Bundeswehr Hamburg)
Holstenhofweg 85, 22043 Hamburg
Tel. (0 40) 6541-1
E-Mail: *pressestelle@hsu-hh.de*
Internet: *www.hsu-hh.de*
Nur für Offiziersanwärter der Bundeswehr

Universität Hannover
Welfengarten 1, 30167 Hannover
Tel. (05 11) 7 62-0
E-Mail: *servicecenter@zuv.uni-hannover.de*
Internet: *www.uni-hannover.de*

Pädagogische Hochschule Heidelberg
Keplerstr. 87, 69120 Heidelberg
Tel. (0 62 21) 4 77-0
E-Mail: *studienberatung@vw.ph-heidelberg.de*
Internet: *www.ph-heidelberg.de*

Ruprecht-Karls-Universität Heidelberg
Mit den Standorten: Heidelberg, Mannheim
Grabengasse 1, 69117 Heidelberg
Tel. (0 62 21) 54-0
E-Mail: *studium@uni-heidelberg.de*
Internet: *www.uni-heidelberg.de*

Universität Hildesheim
Marienburger Platz 22, 31141 Hildesheim
Tel. (0 51 21) 8 83-0
E-Mail: *studienberatung@uni-hildesheim.de*
Internet: *www.uni-hildesheim.de*

Friedrich-Schiller-Universität Jena
Fürstengraben 1, 07743 Jena
Tel. (0 36 41) 9-3 11 20
E-Mail: *zsb@uni-jena.de*
Internet: *www.uni-jena.de*

Technische Universität Kaiserslautern
Postfach 3049, 67653 Kaiserslautern
Tel. (06 31) 2 05-0
E-Mail: *studium@uni-kl.de*
Internet: *www.uni-kl.de*

Pädagogische Hochschule Karlsruhe
Bismarckstr. 10, 76133 Karlsruhe
Tel. (07 21) 9 25-3, Fax (07 21) 9 25-40 00
E-Mail: *studierendensekretariat@ph-karlsruhe.de*
Internet: *www.ph-karlsruhe.de*

Universität Karlsruhe (TH)
Kaiserstr. 12, 76128 Karlsruhe
Tel. (07 21) 6 08-0
E-Mail: *posteingang@verwaltung.uni-karlsruhe.de*
Internet: *www.uni-karlsruhe.de*

Universität Gesamthochschule Kassel
Mit den Standorten: Kassel, Witzenhausen
Möncheberstr. 19, 34125 Kassel
Tel. (05 61) 8 04-0
E-Mail: *poststelle@uni-kassel.de*
Internet: *www.uni-kassel.de*

Christian-Albrechts-Universität zu Kiel
Christian-Albrechts-Platz 4, 24118 Kiel
Tel. (04 31) 8 80-00
E-Mail: *mail@uni-kiel.de*
Internet: *www.uni-kiel.de*

Universität Koblenz-Landau
Mit den Standorten:
Koblenz, Landau, Mainz
Isaac-Fulda-Allee 3, 55124 Mainz
Tel. (0 61 31) 3 74 60-0
E-Mail: *Service@uni-koblenz-landau.de*
Internet: *www.uni-koblenz-landau.de*

Universität zu Köln
Albertus-Magnus-Platz, 50923 Köln
Tel. (02 21) 4 70-0
E-Mail: *zsb@verw.uni-koeln.de*
Internet: *www.uni-koeln.de*

Universität Konstanz
Universitätstr. 10, 78464 Konstanz
Tel. (0 75 31) 88-0
E-Mail: *Posteingang@uni-konstanz.de*
Internet: *www.uni-konstanz.de*

Universität Leipzig
Ritterstraße 26, 04109 Leipzig
Tel. (03 41) 97-108
E-Mail: *zsb@uni-leipzig.de*
Internet: *www.uni-leipzig.de*

Pädagogische Hochschule Ludwigsburg
Mit den Standorten:
Ludwigsburg, Reutlingen
Reuteallee 46, 71634 Ludwigsburg
Tel. (0 71 41) 1 40-0
E-Mail: *studienangelegenheiten@
vw.ph-ludwigsburg.de*
Internet: *www.ph-ludwigsburg.de*

Universität Lüneburg
Scharnhorststr. 1, 21335 Lüneburg
Tel. (0 41 31) 677-0
E-Mail: *info-portal@uni-lueneburg.de*
Internet: *www.uni-lueneburg.de*

Otto-von-Guericke-Universität Magdeburg
Universitätsplatz 2, 39106 Magedeburg
Tel. (03 91) 67-01
E-Mail: *dez.studienangelegenheiten@
uni-magdeburg.de*
Internet: *www.uni-magdeburg.de*

Johannes-Gutenberg-Universität Mainz
Saarstr. 21, 55099 Mainz
Tel. (0 61 31) 39-0
E-Mail: *zsb@verwaltung.uni-mainz.de*
Internet: *www.uni-mainz.de*

Universität Mannheim
Schloss, 68131 Mannheim
Tel. (06 21) 1 81-00
E-Mail: *info@uni-mannheim.de*
Internet: *www.uni-mannheim.de*

Philipps-Universität Marburg
Biegenstr. 10, 35037 Marburg
Tel. (0 64 21) 28-20
E-Mail: *ZAS@verwaltung.uni-marburg.de*
Internet: *www.uni-marburg.de*

Hochschule für Politik München
Ludwigstr. 8, 80539 München
Tel. (0 89) 288 03 99-0
E-Mail: *hfp-muenchen@hfp-mhn.de*
Internet: *www.hfp-mhn.de*

Ludwig-Maximilians-Universität München
Mit den Standorten: Freising, München
Geschwister-Scholl-Platz 1, 80539 München
Tel. (0 89) 21 80-0
E-Mail: siehe Kontaktformular auf *www.*
uni-muenchen.de/studium/kontakt/zsb
Internet: *www.uni-muenchen.de*

Westfälische Wihelms-Universität Münster
Schlossplatz 2, 48149 Münster
Tel. (02 51) 83-0
E-Mail: *verwaltung@uni-muenster.de*
Internet: *www.uni-muenster.de*

Universität der Bundeswehr München
Werner-Heisenberg-Weg 39,
85579 Neubiberg
Tel. (0 89) 60 04-0
E-Mail: *info@unibw.de*
Internet: *www.unibw-muenchen.de*
Nur für Offiziersanwärter der Bundeswehr

Carl-von-Ossietzky-Universität Oldenburg
Ammerländer Heerstr. 114-118,
26129 Oldenburg
Tel. (04 41) 7 98-0
E-Mail:
infoline-studium@uni-oldenbourg.de
Internet: *www.uni-oldenburg.de*

Fachhochschule Osnabrück
Albrechtsstraße 30, 49076 Osnabrück
Tel. (05 41) 9 69-21 04
E-Mail: *zsb.uniundfh@uni-osnabrueck.de*
Internet: *www.fh-osnabrueck.de*

Universität Osnabrück
Neuer Graben/Schloss, 49074 Osnabrück
Tel. (05 41) 9 69-0
E-Mail: *zsb.uniundfh@uni-osnabrueck.de*
Internet: *www.uni-osnabrueck.de*

Universität Paderborn
Mit den Standorten: Höxter, Meschede,
Paderborn, Soest
Warburger Str. 100, 33098 Paderborn
Tel. (0 52 51) 60-0
E-Mail: *zsb@uni-paderborn.de*
Internet: *www.uni-paderborn.de*

Universität Passau
Dr.-Hans-Kapfinger-Str. 22, 94032 Passau
Tel. (08 51) 5 09-0
E-Mail: *studienberatung@uni-passau.de*
Internet: *www.uni-passau.de*

Universität Potsdam
Am Neuen Palais 10, 14469 Potsdam
Tel. (03 31) 9 77-0
E-Mail: *zsb@uni-potsdam.de*
Internet: *www.uni-potsdam.de*

Universität Regensburg
Universitätsstr. 31, 93053 Regensburg
Tel. (09 41) 9 43-01
E-Mail:
registratur@verwaltung.uni-regensburg.de
Internet: *www.uni-regensburg.de*

Universität Rostock
Universitätsplatz 1, 18051 Rostock
Tel. (03 81) 4 98-1013
E-Mail: *studienberatung@uni-rostock.de*
Internet: *www.uni-rostock.de*

**Pädagogische Hochschule
Schwäbisch Gmünd**
Oberbettringer Str. 20,
73525 Schwäbisch Gmünd
Tel. (0 71 71) 9 83-0
E-Mail: *barbara.dittrich@ph-gmuend.de*
Internet: *www.ph-gmuend.de*

Universität-Gesamthochschule Siegen
Postfach, 57068 Siegen
Tel. (02 71) 7 40-0
E-Mail: *info@studienberatung.uni-siegen.de*
Internet: *www.uni-siegen.de*

Deutsche Hochschule für Verwaltungswissenschaften Speyer (DHV)
Freiherr-vom-Stein-Str. 2, 67324 Speyer
Tel. (0 62 32) 6 54-0
E-Mail: *dhv@dhv-speyer.de*
Internet: *www.hfv-speyer.de*

Universität Stuttgart
Postfach 10 60 37, 70049 Stuttgart
Tel. (07 11) 685-0
E-Mail: *poststelle@uni-stuttgart.de*
Internet: *www.uni-stuttgart.de*

Universität Trier
Universitätsring 15, 54286 Trier
Tel. (06 51) 2 01-0
E-Mail: *zsb@uni-trier.de*
Internet: *www.uni-trier.de*

Eberhard-Karls-Universität Tübingen
Wilhelmstr. 7, 72074 Tübingen
Tel. (0 70 71) 29-0
E-Mail: *info@uni-tuebingen.de*
Internet: *www.uni-tuebingen.de*

Philosophisch-Theologische Hochschule Vallendar der Gesellschaft des katholischen Apostolates (Pallottiner)
Pallottistr. 3, 56179 Vallendar
Tel. (02 61) 64 02-0
E-Mail: *info@pthv.de*
Internet: *www.pthv.de*

Hochschule Vechta
Driverstraße 22, 49377 Vechta
Tel. (0 44 41) 15-1
E-Mail: *postmaster@uni-vechta.de*
Internet: *www.uni-vechta.de*

Gustav-Siewerth-Akademie
Staatlich anerkannte wissenschaftliche Hochschule
Oberbierbronnen 1, 79809 Weilheim
Tel. (0 77 55) 3 64
E-Mail: *sekretariat@siewerth-akademie.de*
Internet: *www.siewerth-akademie.de*

Pädagogische Hochschule Weingarten
Kirchplatz 2, 88250 Weingarten
Tel. (07 51) 5 01-0
E-Mail: *studienberatung@ph-weingarten.de*
Internet: *www.ph-weingarten.de*

Bergische Universität – Gesamthochschule Wuppertal
Gaußstr. 20, 42119 Wuppertal
Tel. (02 02) 4 39-0
E-Mail: *zsb@uni-wuppertal.de*
Internet: *www.uni-wuppertal.de*

Bayerische Julius-Maximilians-Universität Würzburg
Sanderring 2, 97070 Würzburg
Tel. (09 31) 31-0
E-Mail: *studienberatung@zv.uni-wuerzburg.de*
Internet: *www.uni-wuerzburg.de*

Internationales Hochschulinstitut (IHI) Zittau
Markt 23, 02763 Zittau
Tel. (0 35 83) 77 15-0
E-Mail: *info@ihi-zittau.de*
Internet: *www.ihi-zittau.de*

Tabellenverzeichnis

Tabelle 1: Übersicht über grundständige Studienmöglichkeiten Soziologie/Sozialwissenschaft

Tabelle 2: Bachelorstudiengänge Soziologie/Sozialwissenschaft – Spezialisierungsmöglichkeiten

Tabelle 3: Masterstudiengänge Soziologie/Sozialwissenschaft

Tabelle 4: Übersicht über grundständige Studienmöglichkeiten Politikwissenschaft (mit Hinweisen zum Lehramt)

Tabelle 5: Bachelorstudiengänge Politikwissenschaft – Spezialisierungsmöglichkeiten

Tabelle 6: Masterstudiengänge Politikwissenschaft

Tabelle 7: Studienangebot Lehramt Sozialkunde/Politik/Sachkunde

Tabelle 8: Europastudien und regionalwissenschaftliche Studien (Auswahl)

Tabelle 9: Spezialisierte Masterstudiengänge
- Bereich Bildung/Organisation/Wissen
- Bereich Entwicklungszusammenarbeit
- Bereich Gesundheit und Soziales
- Bereich Journalismus
- Bereich Multimedia/Medienwissenschaft/Medienmanagement
- Bereich Stadt- und Regionalentwicklung/Regionalwissenschaft
- Bereich Umwelt/Verkehr/Tourismus
- Bereich Wirtschaft und Verwaltung

Stichwortverzeichnis

A

AISEC	71
Agentur für Arbeit	24, 46, 68, 76, 81, 83, 155, 226f
Akademische Selbstverwaltung	37f
→ *Akademischer Senat*	38
Akkreditierung	6, 24, 41, 83, 123f, 132, 192, 202, 272
Allgemeine Hochschulreife siehe Hochschulzugangsberechtigung (HZB)	
Allgemeiner Studentenausschuss (AStA)	35, 38f, 53, 58, 61, 64
Anerkennung von Studienabschlüssen (EU)	21f
Anrechnungspunkte (AP) siehe ECTS	
Anthropologie	262f
Arbeitsmarkt (allg. für Akademiker)	76ff
→ *internationaler Arbeitsmarkt*	80
Auslandsstudium	61ff, 68
→ *Akademisches Auslandsamt*	62f, 70
Auslandspraktikum siehe Praktikum	

B

Bachelorstudium (allgemein)	17, 42, 87, 123ff, 170, 192
→ *Ein–Fach-Bachelor*	87, 100, 159, 168
→ *Zwei–Fach-Bachelor*	87, 100, 159, 164, 238
BAföG (Bundesausbildungsförderungsgesetz)	22, 32f, 51f, 64, 70, 83, 131
→ *BAföG-Amt*	34, 47, 54
Behinderte	37
Beruf	
→ *Berufsvorbereitung*	293f
→ *Lehramt*	20, 159, 201, 222, 238
→ *Öffentlicher Dienst*	18, 19f, 94, 132, 151, 201, 223
Berufsakademien	26
Berufsberatung siehe Agentur für Arbeit	
Berufsverbände	13, 68
Bildung, Evaluation, Organisation (Master)	273
Bildungskredit	54
Bildungswissenschaften (Standards)	234f

Bologna-Deklaration   6
Bundesministerium für
Bildung und Forschung (BMBF)   85

C
Career Center (Career Service)   24, 35, 68, 80, 293f
Centrum für Hochschulentwicklung (CHE)   24, 84, 105, 175
Credit Points (CP) siehe ECTS

D
Dekan/Dekanat   37f
Deutscher Akademischer
Austauschdienst (DAAD)   61, 70, 83
Deutscher Lehrerverband (DL)   256
Deutsches Studentenwerk (DSW)   34, 47, 54, 83
Diploma Supplement   46, 124
Diplomstudium   17, 21,100, 123

E
ECTS   17f, 40f, 63, 101, 123, 125, 171f
Einschreibung siehe Zulassungsverfahren
Ethnologie   262
Europastudiengänge   262ff
Examensarbeit   45
Exkursionen   43

F
Fachbereich   36
→ *Fachbereichsrat*   38
Fachgebundene Hochschulreife
siehe Hochschulzugangsberechtigung (HZB)
Fachhochschule   27
Fachhochschulreife   27f
Fachschaft   35, 46
Fachrichtungswechsel siehe BAföG
Fakultät siehe Fachbereich
Fernstudium   26, 132, 138, 179, 264, 273,
                                                     278, 283
→ *Fernuniversität*   26f
Friedens- und Konfliktforschung   134, 137, 188, 198

G

Gender/Gender Studies	84, 275
General Studies	95
Gesundheit und Soziales (Master)	276
Gewerkschaft Erziehung und Wissenschaft (GEW)	85, 252, 256
Graduiertenschulen (sozialwissenschaftliche)	286ff

H

Hochschulautonomie	13, 37
Hochschul-Informations-Büros (gewerkschaftlich)	68
Hochschul-Informations System GmbH (HIS)	78, 80, 82, 84, 149
Hochschulrektorenkonferenz (HRK)	85
Hochschulstatistik	84
Hochschulwechsel	28, 32
Hochschulzugangsberechtigung (HZB)	27, 30, 104

I

Immatrikulationsamt	34
Informationsquellen (allg.)	48f, 156f
Internationale Hochschulkooperationen	62, 132, 137, 141, 146, 178, 187, 201, 203f, 262, 283, 285
Internet (E-Learning)	36
Institut für Arbeitsmarkt- und Berufsforschung (IAB)	78, 81, 84

J

Journalismus (Master)	277

K

Kirchliche Hochschulen	26
Kreditpunktsystem/Kreditpunkte (KP) siehe ECTS	
Kulturhoheit (der Bundesländer)	13, 231
Kultusministerkonferenz (KMK)	83, 233, 237, 255

L

Learning Agreement	63
Lebenshaltungskosten	50

Lehramtsstudium (allg.)/Lehrerausbildung	87, 231ff, 239, 255
→ *Ausbildungsdauer*	223
→ *Fachzeitschriften*	259
→ *Beruf*	251ff
→ *Lehramtsstudium (sozialwissenschaftliches)*	234ff
→ *Studienangebot(Übersicht)*	240ff
Lehrveranstaltungen (Arten)	41f
Lehrmodule	6, 39, 41f, 98, 123f
→ *Modulbeschreibung*	17, 41, 99, 123, 172, 192
→ *Modulprüfung*	17, 41, 101, 171
Leistungspunkte (LP) siehe ECTS	

M

Magisterstudium	17, 20, 100, 123
Masterstudium (allg.)	18f, 78, 87, 130ff, 200f
→ *Master of Education*	232, 237
→ *Masterstudiengänge (ergänzende)*	271ff
Mensa	34
Miete (Mietkosten)	23
Modul siehe Lehrmodule	
Multimedia/Medienwissenschaft/ Medienmanagement	278ff

N

Nebenfach	87, 100f
Numerus Clausus (NC) siehe Zulassung zum Hochschulstudium	

O

Ordinarius	38

Q

Qualitätssicherung siehe Akkreditierung

P

Politikwissenschaft	159ff
→ *Bachelorstudium (Angebot)*	176ff
→ *Bachelorstudium (Beispiele)*	194ff, 214ff
→ *Beruf*	220ff

→ *Deutsche Gesellschaft für*
   Politikwissenschaft (DGfP)   161, 228
→ *Deutsche Gesellschaft zur Erforschung*
   des Politischen Denkens (DGEPD)   228
→ *Deutsche Vereinigung für*
   Politische Bildung (DVPB)   228
→ *Deutsche Vereinigung für Politische*
   Wissenschaft (DVPW)   220, 228
→ *Deutscher Politologen Verband e.V.* 227
→ *Fachzeitschriften*   229f
→ *Masterstudium (Angebot)*   202ff
→ *Spezialisierungsmöglichkeiten*   184ff
→ *Studienaufbau*   164ff, 171
→ *Studiendauer*   172
Präsident/Präsidium siehe Rektor/Rektorat
Praktikum/Praxissemester   43, 65ff, 101, 164, 170, 185,
                                       217, 219
→ *Auslandspraktikum*   63, 70f
→ *Praktikumsbewerbung*   69f, 71ff
→ *Praktikumsbörsen*   68f
→ *Praktikumsbüro*   68, 73
→ *Praktikumsvertrag*   73
→ *Praktikumszeugnis*   73
Privathochschulen   26, 59, 272
Projektstudium   42f
Promotion   20, 43f, 201, 286
→ *Promotionsstudium*   261, 286ff
Prüfungen   102, 171, 195, 197, 200
→ *Prüfungsamt (Prüfungsausschuss)*   47, 125
→ *Prüfungsordnung/Prüfungsleistungen* 25, 40f, 44f, 48, 101, 124, 145,
                                       147, 215, 218

→ *Staatsprüfung/Staatsexamen*   21, 45f, 123, 234ff
Psychotherapeutische Beratungsstellen 35, 47

R
Ranking (Hochschulen/Forschung)   24, 84, 105, 175
Regelstudienzeit   33
Referendariat siehe Vorbereitungsdienst
Rektor/Rektorat   37f

S

Schlüsselqualifikationen	96, 114, 294ff
Semesterticket	59
Semesterzeiten	39f
Sozialberatung	34, 47, 54, 58
Soziologie (Sozialwissenschaft)	88ff
→ *Bachelorstudium (Angebot)*	106ff
→ *Bachelorstudium (Beispiele)*	125ff, 142ff
→ *Beruf*	98, 148ff
→ *Berufsverband Deutscher Soziologinnen und Soziologen e.V. (BDS)*	68, 89, 115f, 154, 156, 292
→ *Deutsche Gesellschaft für Soziologie (DGS)*	88, 96, 98, 115, 156
→ *Fachzeitschriften*	157f
→ *Masterstudium (Angebot)*	134ff
→ *Spezielle Soziologien (Spezialisierung)*	98, 114ff
→ *Studienaufbau*	95ff
→ *Studiendauer*	102
Sprachkenntnisse	91, 102f, 173, 201, 215
Staatsprüfung (Staatsexamen) siehe Prüfungen	
Stadt- und Regionalentwicklung/ Regionalwissenschaft (Master)	281
Stipendien	54f
Studienabschlüsse (allg.)	16f
Studienbeitragsdarlehen	60
Studienberatung	
→ *studentische Beratung*	84, 102
→ *Studienfachberatung*	36, 47, 101f, 125
→ *Zentrale Studienberatung (Allgemeine Studienberatung)*	31, 35, 46f
Studiendekan	36f, 39
Studienentscheidung (Hilfe)	15f, 93ff, 100
Studiengangswechsel	22
Studiengebühren	59f, 131
Studienkredite	58
Studienordnung	25, 98f
→ *Scheine (Leistungs- und Teilnahmescheine)*	42, 44
→ *Semesterwochenstunden (SWS)*	40
→ *Studienpläne*	40f, 101, 123
Sozialerhebung des DSW	49f

T

Technische Universität (Technische Hochschule)	27
Teilzeitstudium	18, 40, 48, 101, 132, 272
Transferstellen	68
Tutorium	42

U

Umwelt/Verkehr/Touristik (Master)	281
Universität	26f
Universitätsbibliothek	35f

V

Verband Bildung und Erziehung e.V. (vbe)	256
Verwaltungshochschulen	26
Vorlesungsverzeichnis (Veranstaltungsverzeichnis)	25
Vorbereitungsdienst	223

W

Weiterbildung	261ff, 271ff
Wettbewerbe	59
Wirtschaft und Verwaltung (Master)	283
Wissenschaftsrat (WR)	85
Wohnheime	23, 35, 47, 50
Wohnungs- und Zimmervermittlung	23

Z

Zentralstelle für die Vergabe von Studienplätzen (ZVS)	29, 83
Zulassung zum Hochschulstudium (allg.)	28ff
→ *Bachelorstudium*	31, 104, 126, 127, 129, 142f, 144, 146, 183, 214
→ *Bewerbung (allg.)*	32
→ *Einschreibung*	104
→ *Fächerkombination (Zulassung zu einer)*	87, 170, 174, 183, 239
→ *Masterstudium*	18, 29, 132, 200f, 238
→ *Studienplatzklage*	30
→ *Zulassungsbeschränkungen (NC)*	104, 173f, 219
→ *Zulassungsvoraussetzungen (studiengangsspezifische)*	28, 104, 174, 216